乐声/传奇

20世纪中国乐坛往事钩沉

李定国 著

上海大学出版社

图书在版编目(CIP)数据

乐声传奇：20世纪中国乐坛往事钩沉/李定国著．—上海：上海大学出版社，2021.7
ISBN 978-7-5671-4273-2

Ⅰ.①乐… Ⅱ.①李… Ⅲ.①音乐家—列传—中国—20世纪 Ⅳ.① K825.76

中国版本图书馆 CIP 数据核字（2021）第 125271 号

责任编辑　陈　强
封面设计　一本好书
技术编辑　金　鑫　钱宇坤

乐声传奇：20世纪中国乐坛往事钩沉

李定国　著
上海大学出版社出版发行
（上海市上大路99号　邮政编码200444）
（http://www.shupress.cn 发行热线 021-66135112）
出版人　戴骏豪

*

南京展望文化发展有限公司排版
上海华教印务有限公司印刷　各地新华书店经销
开本 710mm×960mm　1/16　印张 27.25　字数 418 千
2021年8月第1版　2021年8月第1次印刷
ISBN 978-7-5671-4273-2/K·237　定价　65.00元

版权所有　侵权必究
如发现本书有印装质量问题请与印刷厂质量科联系
联系电话：021-36393676

李定国在贺绿汀家中与音乐家交谈

李定国和歌唱家李双江在一起

李定国兄弟和歌唱家李光羲

李定国和歌唱家胡松华

（左起）苏盛兰、傅庚辰、李定国、徐有光、李建国合影

李定国和中央乐团男声四重唱合影

李定国兄弟和歌唱家程志与王静合影

李定国与歌唱家臧玉琰

序 言
留下中国乐坛的一段风景

承蒙上海大学出版社的厚爱,我的第一本音乐人物传记和乐评文章的结集《乐声传奇》,即将付梓出版。

岁月匆匆,往事历历。屈指算来,在三十多年的不经意间,我已在上海的主流媒体和全国一些有影响的报纸杂志上,发表过五百余篇拙文。绝大多数是有关音乐方面的,本书仅收入了其中很少一部分。书中的多数长文都是近几年撰写的,其中三分之一是为这本书的出版而专门撰写的,好多文章还未曾发表。

我生在新中国,长在红旗下。从小就受到革命理想主义教育,立志做一个对祖国对人民有用之人。我的父母都出生于世代读书人家,我也是在书堆里和音乐声中成长的。我从小就因父母工作繁忙、无暇照料,而与父母和胞弟一直生活在外婆家。我外婆是个小脚老太,虽不识几个字,却明晓事理,非常善良,乐于帮助任何有困难并有求于她的人,借给人家的钱物都不要人家归还。从小外婆就教导我要与人为善、要懂得行得春风才有夏雨的道理。我母亲则一贯教育我要先做好人,才有可能做成事,她也是处处以身作则的。母亲工资很高,但自己却很节俭。每天清晨都提前步行到学校上课,连4分钱的电车费都要节省,但对经济有些拮据的学生,她都会慷慨解囊予以帮助。母亲孝顺长辈又关爱子女,自己却从无所求。榜样的力量是无穷的,外婆、母亲的善良和乐于助人,我从小看在眼里,牢记心中,以后的处世为人,都是深受她们的言传身教和潜移默化的影响。我的奶妈在我家待了将近有半个世纪,她晚年回绍兴老家后,我还是每月都按时寄生活费给她,逢年过节还要另加许多礼物,一直到她终老。对于做这样能够助人的事，我感到快乐无比。

外公陈锡华，是圣约翰大学的高才生。当年与宋子文、潘公展和张道藩等国民党要人为同窗挚友。但他对政治不感兴趣，信奉蔡元培的教育救国思想，于1927年春创办了青年中学（今比乐中学），推行现代教育。外公是个时尚洋派之人，早在上世纪30年代初，就有自备汽车。他喜欢音乐，家中有钢琴、有最早的百代唱片公司的立式唱机，中外唱片也应有尽有，由此也深刻影响了家中的子女。我二舅陈忠庸后来成为男高音歌唱家，与刘秉义为同门师兄。我大舅也是音乐的狂热爱好者，他收集各种声乐唱片。我大姨妈和母亲早在教会学校学习时就学习钢琴，以后又经常客串多个私立电台的歌唱表演。

正因为家中有这样的氛围，我从小就喜欢上了音乐，最爱听唱片。上小学后，回家的第一件事就是放唱片，此举还影响了正在上幼儿园的胞弟。我对旋律优美的轻音乐和独唱情有独钟，对许多经典的中外名歌和名曲中的唱段和旋律，至今还烂熟于心、如数家珍，甚至能倒背如流。这对于我以后的音乐写作有着极大的帮助。

我父亲李佐华多才多艺。他早在中学时代就与同窗好友、莫逆之交王福龄（《我的中国心》《南屏晚钟》和《今宵多珍重》等歌曲的曲作者）一同跟随陈歌辛学习钢琴、作曲。他虽在大学学习生物专业，以后又长期从事科普教育工作，但骨子里一直对文艺情有独钟，业余时间创作过多部影视剧本。父亲有意识地培养我和胞弟对文艺的兴趣，从而开阔我们的视野。那时的每届"上海之春"音乐会及各地方文艺团体来沪表演歌舞专场，他总会带我和胞弟一同去观摩聆听。

父亲对我寄予厚望，这从他在我的名字中用了"安邦定国"之意，就可见一斑。他期待我也能像先祖中的北宋名相李纲那样，干出一番大事业。但我却是个扶不起的"阿斗"，令父亲非常失望。我刚上小学时，父亲为了让我打好语文基础，为我订阅了当时上海所有的少儿期刊，还经常去少儿书店买来适合我和胞弟阅读的书籍和各种连环画。每年新学期开学前的寒暑假里，曾编撰过数学大辞典的家母陈秀英，总会抓紧时间把新的数学课本教我一遍。从某种意义上来说，我的数学课是学过两遍的，因此我有幸能在静安区的一次速算竞赛中夺魁。

李定国和父母、胞弟在一起

我在中小学时的学习成绩（只是分数），虽然看似一直名列班级和全校的前茅，但实质却并非如此。由于我贪玩，上课不用心，课后又不用功，全凭自己的"小聪明"和"先知先觉"的优势，才有这样的考试分数，其实我真正的学习功底并不扎实。有一次晚饭后，这天早回家的父亲突然检查我的作业。当看到我完成的一篇春游作文，像写流水账，在敷衍了事，父亲很生气，要我立马重新写一篇。此时已晚上8点多，重写的这篇作文，是在半夜才完成的。那天父亲非常耐心、诚恳地告诫我：写作文首先要切题，所写的文字都要围绕主题。其次文章要疏朗轻重有致，重点的事件要展开写，尽量要挖掘其中的细节。作文主要是描写人性，即使是写游记，看似是在写景，但真正表达的是情，是人的情感。好的作文并非是华丽辞藻的堆砌，而是作者真挚感情的流露和抒发。半个世纪过去了，父亲的谆谆教导我至今不忘，一直影响着我以后写作的理念和态度。我认识到，一部好作品的产生，不外乎认真、坚持和捧着一颗真诚的心等几个要素。如今我对自己的写作有更高的要求：对于已去世的人物，要能写得像活人一样鲜活，让读者看后像在与其亲切对话一样；写活着的人，更要努力做到让读者读后能感动、甚至流泪。这也是我永远要追求的一个目标。

我一直没忘小学时的同桌——北京女孩王京嫒，她是三年级转学来我班的。王京嫒一口标准的普通话，能歌善舞又会朗诵，尤其是乒乓球打得出色，但学习成绩却不太理想，我经常帮助她。那时每天放学后，她总邀请我去她家一同做作业、打乒乓。王京嫒的家离学校不远，是一幢独立的小洋楼。她家客厅的大餐桌与正规的乒乓球台大小相近，我们就在桌子中央架个网，便无拘无束地挥拍切磋球艺。王京嫒的父亲是上海警备区的一位师长，家中有好多中国作家送的签名本长篇小说。每次打完球，她总会让我挑喜欢看的书带回家阅读，归还后再轮换，在这几年的时间里，她家的藏书我基本看了个遍。其中印象较深刻的有《上海的早晨》《红岩》《暴风骤雨》《苦斗》《三家巷》等。

小学高年级时，学校奖励我一张市少儿图书馆的借阅证。此证全校同学也没几张，为此我兴奋了好长一段时间。市少儿图书馆离我家近在咫尺，有了借阅证我隔三岔五地往那里跑。少儿图书馆就是一个书的海洋，各类书籍应有尽有。那里有大量我从小就喜爱看的历史和政治类书籍，久而久之，我眼界大开，人生格局也得到了提升。

"文革"开始后，我家和外婆家都受到了冲击。家里所藏的古籍、外语书和中外经典小说及各种唱片，甚至连电唱机也一并作为"四旧"被抄走或毁于一旦。那时学校也停课"闹革命"，我不上学，也没书看，更谈不上能聆听唱片了。但庆幸的是，我外婆家有两家近邻未遭抄家，家中的藏书逃过一劫，而这两户近邻家的孩子，与我又是发小。于是我就变着法儿、想尽一切办法与他们套近乎，来满足自己阅读的欲望。在"文革"的那些年里，我阅读过几乎所有外国名著的中译本，相对比较喜欢巴尔扎克和托尔斯泰的作品。对美国作家海明威和德莱塞的小说印象更深刻，尤其是后者的《珍妮姑娘》和《嘉莉妹妹》。

"文革"中听唱片，和借阅中外小说一样，都是靠地下相互传阅、传听的。我外婆家被抄家后，留下了一台外公购买的百代唱片公司立式的柚木老式手摇唱机。这台看似老掉牙的唱机，如今却是古董级的文物了。发动机有些松懈，而且只能播放78转的粗纹黑胶唱片。为了能过过听唱片的瘾，我想着法儿从亲戚朋友处借来粗纹唱片。同时把外公生前留下的几盒已用过的一次性唱针，重新在砂皮上打磨后再用。虽然唱片在这台已老旧的唱机上播放时，声音已有些失真，但我听来仍感到非常满足。

阅读和赏乐，始终伴随我的青少年时光，而学习音乐则始于青春岁月。我天生有副好嗓子，学生时代带领全校同学领唱《毕业歌》时的场景，至今难以忘怀。因为我家人与许多文化名人有交集，因而我学习声乐的起点很高，跟随过董爱琳、蔡绍序、葛朝祉和温可铮等好多名家。但我三天打鱼、两天晒网，没学得真功夫。那时为了想去报考部队文工团，我还同时学习过单簧管、手风琴等，但由于天性好动，学习又不太认真，不能专心致志。因而我学器乐和声乐一样，还是小猫钓鱼式的三心二意，没能成器。

但这样的学习和从艺经历，无形中使我开拓了视野和认知，并广交了朋友，增长了课堂上学不到的知识。尤其与温可铮大师三十多年情同父子的交往，他耳提面命式的教诲使我能全面深刻了解中国歌坛的过往和现状。正因为我对歌唱有了全面独到的认知和见解，这对我以后从事音乐制作和撰写乐评文章大有益处；更为我策划、组织大型音乐活动，奠定了坚实的基础。

当年改革开放的春风，唤醒了中国沉寂的艺坛，从而迎来气象万千、一派繁荣的演艺新局面。那时，无论正规剧院还是体育场馆、甚至街道社区和工矿企业，都在上演文艺节目。受此激发，我仗着有丰厚的人脉，也开始私下组织演出。但起初只是小打小闹，名不正言不顺地搞几台综艺节目，谁料演出效果颇佳，深受大众欢迎。

1984年初，我的演艺人生迎来转机。应上海几家主流媒体团委书记的盛邀，我有幸参与策划组织了"上海新闻界青年大联欢"。因为我对文艺比较懂行，与演员又熟，因此这台在黄浦体育馆公演的节目，从演员的挑选到曲目的编排，基本都由我把关。好在这台节目的结构比较简单，以上海乐团的乐队和几档独唱节目为主要班底，再穿插几档已在沪上崭露头角的流行歌手的演唱。最令人瞩目的是，此次演出我请来了正在上海拍戏的电影演员姜黎黎、王馥荔及上海籍演员殷亭如和黄达亮等。有这些电影明星的加盟压阵，无疑给演出增色不少，观众反响强烈。

一炮打响后，年轻气盛的我信心大增，心念着如何用好自己的亲属关系而建立起来的绵密的人脉网，加之自己与生俱来的社交能力和"猪头肉三不精"的音乐经历，期盼着能在音乐制作这个新领域里大干一番，闯出一条属于自己独特的新路。

机会很快来临了。1984年深秋，《新民晚报》为读者服务部的成立要举办一台庆贺演出。由于我的为人、能力和工作作风，及两个月前的那场成功演出得到普遍认可，因此我又再次受邀参与节目制作。

20世纪80年代初，港台和海外的大量流行音乐涌入内地，原本主流、传统的音乐作品和一大批人们喜闻乐见的歌唱家，一时间被边缘化，为了以正视听，我建议举办一场有京沪两地著名歌唱家参演的音乐会。理由是经过时光洗礼和岁月积淀的歌曲，能唤起几代国人共同的尘封记忆和对未来生活的美好希冀。我的提议得到了大伙儿认可，确定目标后旋即开始运作。因为我二舅的原因，所以我与中央乐团的许多演员较熟。另外，我与中央歌剧院的女中音歌唱家王惠英（主演过歌剧《卡门》）是曾经一起学唱的伙伴。通过她我结识了李光羲、楼乾贵等中央歌剧院的前辈。有了这样的人脉，晋京邀请演员的事宜很快落实。这台由魏启贤、臧玉琰、孙家馨、罗天婵、楼乾贵、李光羲、李晋玮、邹德华、官自文、李丹丹和海政的吕文科、胡宝善及上海的温可铮、罗巍联袂参演的"著名歌唱家音乐会"于当年12月中旬在静安体育馆举行。所有前辈歌唱家都各自演绎了自己的代表作。这些作品旋律优美，无论是形式和内容、技巧与情感、主题与境界，都呈现了鲜明的时代精神、深刻的思想内涵和独到的艺术风格。群众热烈欢迎追捧，七场演出一票难求。首演那天，上海各界领导都悉数到场，并给予极高的评价。

演出结束后，我在欢送歌唱家返京去车站途中，与吕文科和胡宝善同车。车上，吕、胡两人都谈到了此次音乐会中，部队演员太少了。同时又与我探讨，是否在有条件的适当时候，专门搞一台清一色的部队歌唱家音乐会。这个想法，马上引起我极大的兴趣，也给了我很大启发。其实此前，战友歌舞团的张振富、耿莲凤来沪演出时也与我议论过同样的话题。此后，这件事一直挂在我心头。

翌年春节，我去上海音乐厅聆听薛范的俄罗斯作品音乐会，与电台主持人辛宁不期而遇。他是个工作能力强又雷厉风行的人。因为是老友，我就把这些日子一直想搞台三军歌唱家音乐会的想法和盘托出。辛宁立刻拍手叫好，当即与我商定一起合作，用电台名牌栏目《星期广播音乐会》的名义举办，同时再邀请驻沪三军和武警部队一同协办。这样，音乐会的影响可能会更大。

辛宁把设想举办部队歌唱家专场音乐会的选题向台长高宇汇报。高宇听后连连点头,表示肯定和支持,音乐会运作也由此拉开帷幕。首先组成五人运作班子,"星广会"领导徐敏霞负总责,编辑周以太和我胞弟李建国一同赴京,落实在京歌唱家来沪事宜,而我和辛宁则负责上海的后勤及电话联络各大军区的受邀来沪歌唱家。

因为辛宁的父亲是位老红军,所以他与驻沪部队的首长都很熟,协办音乐会之事顺利完成。而北京方面因为有好多熟悉的歌唱家牵线搭桥、鼎力相助,来沪歌唱家很快全部落实。

但上海方面的联络工作却碰到过一些困难,那时的通信不发达,打长途电话要去邮电局,而且部队的电话与地方根本是两条不相干的线路。但好在我与八五医院、空军招待所多有熟人,每天深夜,等那里空闲时,我和辛宁去试着"偷打"。但有一次,"吃素碰到月大",这两家因故都不能提供方便。正在不知所措之时,辛宁突然想到,自己有位同事的丈夫是上海警备区的一位师长,家里有部队专线电话。于是,我俩想碰碰运气,就骑自行车赶往那里。此时已快深夜11点了,当敲开家门,主人得知情况后,二话没说就让我们进屋工作。当顺利完成任务后,我俩坐在街边吃着柴爿馄饨时,天已露出了鱼肚白色。

经过两个多月的奔忙,克服了许多意想不到的困难。万事俱备,只等音乐会开锣。

5月1日,我在《新民晚报》文化新闻版上撰写了一条新闻,首次披露即将在文化广场举办的三军歌唱家音乐会的消息和演员阵容。不料,一石激起千重浪。顿时,电台音乐部、文化广场的电话几乎要被热情的购票者打爆。

在春意盎然的5月16日,新中国成立以来军队系统规模最大、演员阵容最强最齐整的一台"三军歌唱家音乐会",在上海文化广场隆重首演。来自总政文工团、海政文工团、空政文工团、第二炮兵、铁道兵和十大军区文工团的寇家伦、张越男、贾世骏、马玉涛、马国光、吕文科、胡宝善、杨洪基、程志、王静等三十多位人民群众喜爱的军旅歌唱家,轮番登台献演。整场音乐会精彩纷呈、高潮迭起。四千多名热情的观众完全沉浸在歌海中,持续不断的雷鸣般的掌声,似乎要把剧场的屋顶掀翻。

而场外,等退票者天天挤满了文化广场四周,远比进场的观众还多。很多没能观演者,甚至挤在文化广场的几个边门外,聆听从场内偶尔传出的美妙歌声来过瘾,直到散场。

音乐会连续举办了五场,5月19日,作为《星期广播音乐会》的重头戏在上海音乐厅向全国直播。这天早晨,我受命驱车去接贺绿汀到现场观摩并参加座谈会。会上,贺老对音乐会举办的意义予以高度评价。他说:音乐不应是个人的呻吟,而是要为人民呐喊,替时代高歌。

"三军歌唱家音乐会"的成功,更坚定了我的信念。不久,我注册了一家文化公司,演出更繁忙了。我对自己一直有一个标准和要求,即所办的音乐活动不光是为营利,更要注重弘扬中国文化和高雅艺术,要体现其社会效应,从而得到人民群众的认可。

在以后的日子里,我和胞弟李建国先后在上海策划组织举办了"世界名曲大汇唱"和"中国名曲大汇唱"这两台大型主题音乐会。这也是迄今为止中国歌坛演员阵容最强、影响最广泛的音乐会。

歌曲和音乐一样,都是时代的记录者。它不仅是光阴的坐标,更是一个民族生生不息的印记。这两台音乐会上演的经典曲目,都是踏着流年的脚步,折射出岁月的印痕,仿佛是书不尽的歌坛长卷。诚然,音乐会剪下的那一段段时光,是时代的缩影。它会给观众留下了难以磨灭的印象,这也为继承、传播中国文化起到了不可估量的作用。

此后,我又重点策划组织了旨在弘扬红色文化、江南文化和海派文化的系列音乐会"海上寻梦",每年都要上演几场不同主题、样式、曲目和演员的主题音乐会。我的意图是想通过一场场音乐会,能揽尽歌坛一片芳华,更能使观众拾得"满地黄金",得到精神和感观上的愉悦。

在我的音乐制作生涯中,除了父母的全力无私的支持外,还有两位贵人相助:一位是我从小就景仰的乐坛泰斗贺绿汀,另一位是与我生死相依的胞弟李建国。年少时由家父引见,我与贺老相识,并从此交往很多年,他视我如同自己人。我的音乐观,是长期受到贺老醍醐灌顶般的教诲而逐渐形成的。我每次举办的重大音乐活动,事先总要请教贺老出谋划策,为我把关。最难忘的是,就在"中国名曲大汇唱"上演前夕,来沪参演的歌

李定国与胞弟夫妇在其家中排练三重奏

唱家也都投入合乐时,不料,不知有人出于什么目的企图阻挠此次盛会的举办。正当演出面临夭折时,我无奈只能请贺老出山。当我说明此事前后原委时,贺老二话没说,旋即提笔给上海市文化局局长写信后交我,信中责成其赶紧正确处理此事。在贺老的干预下,演出顺利进行。

我胞弟李建国是名画家,上海美术电影制片厂的高级动画设计师,他作为主创人员参与过多部剪纸影片的拍摄。我人生中的所有音乐活动,基本上都是我和胞弟一起商量、策划、组织的。胞弟常常为了落实演员,走南闯北,往返于京沪。但为了成全我,他甘愿长期默默无闻地在幕后辛劳,对此我一直心存感激。我想,这无疑就是血浓于水的同胞手足情。

1999年初,我父亲不幸突发脑溢血。后经医生全力抢救和家人的精心照顾,在昏迷了一个多月后,才转危为安,父亲又和我们共同生活了十年。但他从此落下了偏瘫的后遗症,我和母亲就成为他的手、脚,一刻也不离左右。自家庭变故后,我的人生轨迹和生活节奏也发生了根本变化。我放弃所有，全力在家与母亲一起照料父亲，大型音乐活动已不可能再策划举办了。此时我审时度势，把今后的工作重心转移到撰写音乐文章上。

在三十多年的音乐制作生涯中，我结交过国内几乎所有的著名音乐家。在交往的过程中，我又不失时机地采访、记录并收集过他们的艺术生涯和生活、思想的素材。但那时由于烦琐的事务比较多，没有足够的时间来撰写文章，虽然那些年也发表过一两百篇短文，但更多的资料只能束之高阁，并未派上用场。如今我在家忙里偷闲时，有更多的时间投入写作。就在父亲生病以后这些年里，我光在《新民晚报》的副刊"夜光杯"上就发表过数百篇文章，其中的《歌曲创作怎么了》还获林放杂文奖提名奖。另外我发表在上海其他主流媒体上的文章荣获过上海市好新闻二等奖、上海市首届新闻大特写三等奖。这些年，我的许多文章被新华网、人民网、新浪、腾讯、百度，以及《新华文摘》《作家文摘》《报刊文摘》等转载。

伟大的时代，给了我一个无穷大的美好舞台，从而能展示我的才华和能量。感谢社会的厚爱，更不忘父母的养育、栽培，以及胞弟、朋友的倾力相助，才会有我今天幸福的生活和自豪的人生。

音乐和写作，是我人生的情怀，更是毕生的追求。

李定国
2021年6月3日

目 录

把心交给音乐 …………………………………………… 1
　　——中国早期音乐家掠影
萧友梅：中国近现代音乐的奠基人 …………………… 7
黎氏兄弟："上海老歌"的开创引领者 ………………… 27
聂耳：中国革命音乐的旗帜 …………………………… 38
冼星海：立志成为中国的贝多芬 ……………………… 64
贺绿汀：一个大写的音乐家 …………………………… 82
麦新：用血火音符谱写壮丽人生 ……………………… 91
百年孟波：乐坛丰碑 …………………………………… 104
刘雪庵：傲霜迎雪一青松 ……………………………… 110
郑律成：用生命激情谱写传世经典 …………………… 121
韩中杰：为中国交响事业穷尽其生 …………………… 130
永远的王洛宾 …………………………………………… 143
沈湘：自是歌坛第一流 ………………………………… 160
张权：中国民族声乐学派的开创者 …………………… 177
林俊卿与"上海声乐研究所" …………………………… 190
沙梅的音乐魂和川剧情 ………………………………… 203
郑德仁：用一生守望轻音乐 …………………………… 215

温可铮：活着，就是为了歌唱 …………………………… 227

刘炽：用一生践行诺言 …………………………………… 239

马可：永远为人民歌唱 …………………………………… 243

久违了，朱逢博 …………………………………………… 246

饶余鉴、任桂珍：歌坛伉俪，德艺双馨 ………………… 253

薛范的歌 …………………………………………………… 258

鞠秀芳：在世界舞台唱响中国民歌 ……………………… 260

何占豪：乐坛竞风流 ……………………………………… 264

屠巴海：在乐海幸福遨游 ………………………………… 270

王述：为艺术，为爱情 …………………………………… 274

石林：夕阳无限好，人生正精彩 ………………………… 278

刘捷：歌坛雄风今犹在 …………………………………… 282

上海交响乐团的前世今生 ………………………………… 299

谱写不朽的"上海老歌" ………………………………… 319

旧上海的"七大歌星" …………………………………… 334

上海的三大口琴会 ………………………………………… 356

勿忘上海管乐团 …………………………………………… 372

"上海之春"诞生前后 …………………………………… 374

"全国音乐周"始末 ……………………………………… 377

大型歌舞《东方红》幕后 ………………………………… 379

《长征组歌》的台前幕后 ………………………………… 381

《梁祝》往事 ……………………………………………… 388

"三军歌唱家音乐会"纪实 ……………………………… 394

附录：乐评九则 …………………………………………… 400

    歌曲创作怎么了？ ………………………………………400

"青歌赛"停办有感 ·············· 401
对当今音乐创作的一点思索 ·············· 403
中国流行歌曲浅谈 ·············· 405
我们向王洛宾们学习什么? ·············· 407
新民歌"新"在何处? ·············· 408
关于"音乐评论"的评论 ·············· 409
《关于乐评的断想》的断想 ·············· 412
从《马兰村歌声》说开 ·············· 413

后记 ·············· 415

把心交给音乐
——中国早期音乐家掠影

上海是中国近现代音乐的策源地，而上海国立音专则是中国音乐家的摇篮。我们在中国音乐史专家钱苑教授、郑德仁先生等前辈音乐家们指引下，穿越时空，去寻访当年那些拓荒者们的心路历程。

早在唐代，西洋音乐的旋律就通过宗教赞美诗的形式，传入中国长安等地。到元、明、清时期，以布教为目的的传教士相继来华，随之而来的教堂管风琴等西洋乐器和音乐，也流入中国。

鸦片战争的失败，拉开了中国近代史的帷幕，同时也导致了西洋文化的迅速涌入。到19世纪末，通商口岸城市中的教会学校数量剧增，那里的学生开始接触到西洋音乐。

甲午战争以中国惨败告终，清政府开始意识到要向西方列强，尤其要向明治维新后迅速崛起的近邻日本学习。于是，清政府派遣大量的青少年赴日留学，其中有上海人沈心工，后来他成为中国近现代音乐的开拓者。

一、沈心工

1897年，沈心工考入南洋公学（上海交通大学前身）师范班，1902年东渡日本，师从日本音乐教育家铃木米之郎，并在江户的中国留学生会馆开办音乐讲习所，传授音乐。他在日创作了日后在中国学堂久唱不衰的《男儿第一志气高》（又名《兵操》）。沈心工回国后，在南洋公学附小任教。从那时起，他自制乐歌，以授学生。我国学校有唱歌一课，便是从此开始。

沈心工所作乐歌题材广泛，积极向上。有反封建、鼓吹民主革命的，有宣传强身益智、奋发图强、振兴中华的，有反迷信、爱科学、敬业乐群、尊老爱幼的……在旧民主主义革命时期，这些歌曲使爱国民主的思想深入人心，无疑起着强有力的宣传、教育、推动作用。

在沈心工先生所作的82首学堂乐歌中，有自己创作旋律的，也有民歌改编和西洋歌曲填词。沈心工的乐歌，通俗易解，明白如话，又朗朗上口，这在"五四"之前的晚清时期，实属难能可贵。

沈心工的乐歌在当时的社会上被广泛传唱，几乎家喻户晓。如革命歌曲《工农兵联合歌》《劳动童子团歌》和东北抗联的《冲锋歌》等，都是用了沈心工乐歌的曲调填词的。我国老一辈女教育家吴贻芳常称沈心工先生作词的《燕燕》为"心中的歌"。她把这首儿时的歌作为座右铭，像燕子一样，永远为祖国、为人民辛勤劳作。

二、李叔同

与沈心工同时期的另一位学堂乐歌的集大成者，是李叔同。比沈心工小10岁的李叔同，也出自南洋公学，与邵力子、谢无量同窗。1904年，他参加马相伯等发起组织的沪学会，并创作生平第一首歌曲《祖国歌》。1905年，编印了《国乐唱歌集》，歌词都取材于《诗经》、《离骚》、唐宋诗词及昆曲。同年他东渡日本，攻读音乐、西画，翌年在日本编辑出版了我国最早的音乐刊物《音乐小杂志》。

李叔同对西洋音乐，尤其是西洋歌曲颇有心得。他的乐歌大都用西洋歌曲的曲调填词，且给人以天衣无缝之感。如他最有名的一首乐歌《送别》，就是用了美国作曲家奥德威的一首抒情歌曲的旋律，而《忆儿时》则用了福斯特的作品。李叔同那些脍炙人口的乐歌，无形中把外国音乐介绍到中国来，在普及西洋音乐的同时，促进了中外音乐、文化的交流。

李叔同也是用西洋作曲法创作中国歌曲的第一人。在他的《早秋》、《春游》（三部合唱）、《留别》等歌中可见一斑。这些歌曲曲式工整，曲调流畅，旋律优美隽永。

三、萧友梅

与沈心工、李叔同等同时期在日本学习音乐的萧友梅，是一位重要的音乐教育家。

萧友梅1884年出生在广东省香山县的一个书香门第，后全家移居澳门，与中国革命的先行者孙中山家为邻。受其影响，萧友梅青少年时代就向往革命。在洋溢着西洋文化气息的澳门，萧友梅第一次聆听到邻家传来的管风琴声。当他有一日触摸着风琴并和着歌唱时，他的内心充满着对音乐的渴望和憧憬。

在日本，萧友梅因与孙中山的关系，成为同盟会成员。因对辛亥革命有功，萧友梅被任命为总统府秘书，参加新国家的建设，但临时政府仅一个月就夭折了。萧友梅想创办音乐院校、普及国民音乐知识的梦想也随之破灭。不久，失落的萧友梅怀着对音乐更大的热望，赴德国莱比锡音乐学院学习作曲理论，并攻读音乐教育博士学位。在德期间，他偶遇访欧的教育总长蔡元培先生。蔡元培很赏识萧友梅的才华，力邀他回国在北京大学、北京女师大、北京艺专等校开设音乐课程。萧友梅表示一直想创办一所中国的专业音乐院校，他的想法得到了蔡元培的全力支持，后者表示将等时机成熟后，在教育部属下设立音乐院，并亲自出任院长，由萧友梅任副院长，负责具体工作。

1927年11月27日，上海国立音乐院在法租界陶尔斐斯路（今南昌路）校舍开学。数月后，萧友梅接替蔡元培院长一职。一年多后，因财政等诸多因素，学院降格为上海国立音乐专科学校。在以后的岁月里，校舍也搬迁过近十次。

选择上海作为创办音乐院之地也是萧友梅的坚持，当时中国缺少足够水平的师资和办学条件，而上海则是中外人士荟萃之地，还有"远东第一"的工部局交响乐团，其中不乏可延聘的师资，甚至在乐器、乐谱和学生的音乐视野开阔方面也能有所借重。

萧友梅办学，把罗致合格的师资列为头等大事。当时在上海的外国音乐家，很多被其聘为教授和客席教授。如钢琴家查哈罗夫、齐尔品，小提琴家富华,大提琴家余甫磋夫及声乐大师苏石林、夏里亚宾等,另外,在国外学成归来的本国优秀音乐家也得到重用,如周淑安、应尚能、赵梅伯、李惟宁。尤其是他聘用了从美国学成归来的黄自担任教务长后,教学更是上了一层楼。

国立音专的教材,全部由萧友梅、黄自编写。为了使学生在音乐艺术的各个方面,包括音乐素质、技术、技巧到全面修养,都打下扎实的基础,学校坚持高标准选择教材,也就是直接从中外音乐史上具有经典意义并适合中国学生现状的优秀音乐遗产中取材。

学校开创阶段,学生素质普遍较低。如大名鼎鼎的丁善德,当初考试时,只会简单地演奏民族乐器,连钢琴、小提琴都没摸过,因为有潜质,慧眼识才的萧友梅破格把他录取,才成就了日后桃李满天下的作曲大师。

而17岁的少女李萃贞考学时,已学琴十年,能不看谱弹奏贝多芬的钢琴奏鸣曲。萧友梅非常爱才,李萃贞一年就完成了专科全部学业,提前毕业并留校任教。果然,李萃贞不负厚望,培养了一大批钢琴家。

萧友梅对自己的亲妹妹萧惋恂却非常严格。她考高级钢琴班时,学分差4分而未通过,只能把整个课程重新学一遍。不过这对萧惋恂日后成为大钢琴家非常有益。

1940年,著名的《卿云歌》作曲者、为国立音专呕心沥血的一代音乐宗师萧友梅,终因积劳成疾病逝。但"萧友梅时代"培养了李献敏、喻宜萱、斯义桂、劳景贤、陈又新、谭小麟、吕骥、张曙、冼星海、沙梅、黄贻钧、范继森、韩中杰、陈传熙、钱仁康、蔡绍序、高芝兰等一大批音乐人才,他们成为中国音乐事业的中坚力量,且薪火相传。

四、黄 自

在上海国立音专发展的里程碑上,黄自是仅次于萧友梅的另一位重要人物,他的教育思想、理念、方法至今还影响着上音。他的四大弟子贺绿汀、刘雪庵、江定仙、陈田鹤,多年后都成为中国主要音乐院校的掌门人。

出生在上海川沙"内史第"的黄自,自幼酷爱音乐,两三岁时就能背唱《沈心工唱歌集》中的许多学堂乐歌。黄自的父亲黄洪培、堂叔黄炎培都是大教育家。他12岁进入为赴美留学作准备而设立的教会学校——清华学校。其间,黄自在鼓笛队中吹单簧管,还参加合唱团的男高音声部。他17岁开始学习钢琴,翌年又随一位留美老师学习和声。1924年,20岁的黄自作为庚子赔款留美生,远赴重洋,前往俄亥俄州的奥伯林求学,两年后转入耶鲁大学音乐系,1929年毕业,获音乐学士学位。在同年的毕业音乐会上,当地的交响乐团演奏了黄自的毕业作品《怀旧》序曲。这也是中国人最早创作的交响作品,是黄自为悼念在留美期间早亡的女友所作,全曲优雅抒情又委婉动人。

黄自在游历了欧洲、对西洋音乐有了更深刻的感受后回国。起初在上海沪江大学附中教音乐,后受萧友梅力邀加盟国立音专,教授音乐理论与作曲。黄自的到来,给音专带来了新的活力和空气。黄自在教学之余,还与著名词作者韦瀚章合作,创作了许多传世的声乐作品。

黄自一生留下的作品虽然不多,但全是经典,如《玫瑰三愿》、《思乡》、声乐套曲《长恨歌》等。"九一八"事变后,义愤填膺的黄自怀着满腔的激情谱写了《抗敌歌》《旗正飘飘》等激励亿万民众抗日的救亡歌曲。1938年黄自的英年早逝,是中国乐坛的巨大损失。

五、赵元任

赵元任在"五四"时期与梁启超、王国维、陈寅恪一同被尊为国学"四大导师",他在音乐上也有很高的造诣。虽然不是音专的教师,但他的创作对当时的乐坛有很深远的影响。他最负盛名的歌曲就是与刘半农合作的《教我如何不想他》。作品通过对四季景色的描绘,抒发了词曲作者对祖国和友人的怀恋之情。《海韵》是赵元任的另一首代表作。这是一首领唱、合唱作品,通过某个人与少女的对话,随着时间的推移来刻画一个追求自由的少女的悲惨命运。赵元任以浪漫主义的手法为徐志摩的诗谱写了戏剧化的曲调。当年租界里外国人组成的业余合唱团"上海雅歌社"在工部局交响乐团梅百器指挥下演唱《海韵》曾引起轰动,媒体好评如潮。

赵元任的作品大都用胡适、刘半农的白话诗。他留美回国后,常到音专演讲,萧友梅在作介绍时,称之为"中国的舒伯特"。

六、青　主

原名廖尚果的大作曲家青主，已鲜为人知且渐为国人忘却，但他的两首力作——为宋人苏轼词《赤壁怀古》谱写的《大江东去》和为宋人李之仪词谱写的《我住长江头》仍时常在人们耳旁回荡。

青主参加过辛亥革命，后公费留德学习音乐，获博士学位。青主的一生，主要从事音乐理论研究和编辑出版音乐刊物。他在国立音专期间，创办了校刊《音》，从1929年11月至1937年7月，一共发行了63期。此后，他又主编了季刊《乐艺》。这些刊物装帧精美，刊有西洋作曲家的肖像画，有音专教师及音乐家的照片，还有曲谱、乐评、作品解说、乐坛展望、理论分析等，样式各异，内容翔实。青主把杂志办成了向校内外人士介绍音专活动成果的重要阵地，也担负起了音乐普及与启蒙的使命。

（本文与李建国合撰）

萧友梅：中国近现代音乐的奠基人

学贯中西、治学严谨又办校有方的萧友梅博士，是中国近现代音乐的主要开拓者和奠基人。无论是早年在蔡元培先生主政的"思想自由、兼容并包"的北京大学所属"音乐传习所"教学时期；还是后来由蔡元培倡议、萧友梅实际一手创办的上海国立音乐院算起，中国就此开启了系统音乐教育的新篇章。这也是中国近现代音乐发端、进展乃至能薪火相传，所具有划时代标志和里程碑意义的举措。无疑，在中国百年音乐的进程中，迄今为止所涌现的几代著名音乐家，几乎都与上海国立音专有着深厚的渊源。这其中除了蔡元培的正确决策，萧友梅是举足轻重的关键人物，居功至伟。

留学日德走上音乐之路

萧友梅1884年1月7日出生于广东香山（今中山）的石岐镇。父亲萧煜增是清末秀才，他在家中开了个私塾。萧友梅5岁那年，随家人移居到附近的澳门。澳门早在1557年后，就有大批的葡萄牙人居住，从1887年澳门割让给葡萄牙后，更是成了葡萄牙及其他西方国家与中国内陆贸易的基地。因此有很多欧洲移民，那里洋溢着浓郁的西方文化气息。当时萧友梅家隔壁居住着一位葡萄牙传教士，他擅长音乐，从

中国近现代音乐的奠基人——萧友梅

他家窗口时常传出管风琴的音乐来，少年萧友梅颇感新奇，总是侧耳倾听。有一次，正当他合着管风琴在忘情地歌唱时，被这位传教士发现并把他请到家里。这是萧友梅第一次见到并触摸这件西洋乐器，内心充满了对音乐的无比憧憬。但遗憾的是，当时萧友梅并未向这位邻居提出想学习音乐的愿望，从而也失去了这样的机会。但青少年时代每天耳濡目染的音乐熏陶，使萧友梅萌发了学习音乐、走音乐之路的初心。

1900年，16岁的萧友梅只身考入广州最早的西式学校——时敏学堂。在学校里，曾饱读中国传统史书的萧友梅不仅要学习历史、地理、算数等原本私塾没有的新科目，还要接受图画、唱歌和体操等新式教育。其中萧友梅最爱唱歌，虽然这些"学堂乐歌"都是模仿日本的样式，但对当时没有音乐教育的中国而言，这种举措显然还是相当进步的。

因为热爱音乐，两年后萧友梅东渡日本，自费进入东京高等师范学校附中学习，同时还在东京音乐学校兼学钢琴和声乐。那时，萧友梅的暂居地没有钢琴，他为了有更多的时间能在学校琴房里多练琴，常常错过了学校的就餐时间，从而只能以面包和着牛奶充饥。

正因为萧友梅的这种认真执着的学习态度，他的钢琴技艺很快便突飞猛进。留日期间，萧友梅撰写了他最早的音乐理论文章《音乐概说》，并在中国留日学生创办的杂志《学报》上连载。这篇论文也标志着萧友梅试图系统地理解音乐的开始。萧友梅除了学业和音乐上令人刮目的长进外，他还积极参加当时由孙中山领导的在东京组织的革命政党——中国革命同盟会的活动。

因为萧、孙两家是香山同乡，孙中山从檀香山回国到澳门行医时，两家又是邻居，因此彼此交往甚密。萧友梅比孙中山小18岁，因此尊他为父辈。他从小就与中山先生相熟，并十分景仰他，视他为大英雄，并一直引以为豪。在孙中山的直接介绍下，萧友梅也加入了同盟会，参加反抗清政府的革命。那时，他把自己租借的宿舍二楼，用作革命党人秘密集会的地点之一。每次在此处开会，萧友梅总会自告奋勇地在门口放哨，有时还会替革命伉俪廖仲恺、何香凝夫妇看管他们的孩子。

1909年夏，25岁的萧友梅从东京帝国大学毕业归国。两年后的辛亥革命，给他带来了人生的转机。由于当年在东京时，萧友梅为同盟会的革命活动作出过贡献,因此在1912年元旦,孙中山就任中华民国临时大总统时,他被奉召委任为"总统府秘书"一职,管理起草文件、侍奉中山先生左右。后袁世凯篡夺了革命果实,萧友梅不愿与其为伍,便追随孙中山回到家乡广东继续革命,并加入新成立的中国国民党。因孙中山的看好和关照,在同年深秋,萧友梅又被公派赴德留学。

萧友梅选择到德国莱比锡大学攻读教育学,同时又进入莱比锡音乐学院学习理

著名教育家蔡元培

论作曲,是因为蔡元培的缘故,此时已辞去教育总长一职的蔡元培也来到了莱比锡学习。萧友梅一直以蔡先生为自己的楷模。教育和音乐一直是萧友梅留日以后最感兴趣的两大课题,而那时日本音乐院校仿效的却是德国的教育模式,当然也就比不上直接赴德学习了。

莱比锡音乐学院创立于1843年,它是一所闻名世界的音乐学府,门德尔松曾担任过校长。在萧友梅学习的年代,全校近千名学生中有三分之一是来自26个国家的留学生,各国学生的交流互补,使大家受益匪浅。

1915年夏,萧友梅结束了莱比锡音乐学院的学业,翌年,向莱比锡大学哲学系提交了题为《17世纪以前中国管弦乐队的历史研究》的博士论文。那时德国规定:有关音乐的博士论文答辩,不在本院进行,而是由另一所大学负责审查。在顺利地通过了著名音乐家胡戈·里曼主持的论文答辩后,萧友梅被授予博士学位。萧友梅是第一位提交音乐方面的论文而获得博士学位的中国人。

萧友梅的博士论文内容分为两大部分,第一部分是"中国乐队概说",第二部分为"乐队乐器概观"。整篇论文从乐器与乐队,以及演奏形式着手,论述了从纪元前3世纪到17世纪中国音乐的变迁。萧友梅的论文里引经据典,涉及了70余种汉文古籍。除了四书五经、二十四史外,还有《乐律全书》和《律吕正义》等古代乐书。文中还使用了很多图表,对141种打击、吹奏和弦乐器一一作了说明。可以想象如若不是中国人,是不可能写

出这样的论文的。虽然后来中国乐坛的一些人士也指出该论文有许多幼稚和不够深刻的地方，但更多的是肯定他的探索和先驱意义。

取得博士学位后的萧友梅原定立即回国，但由于第一次世界大战激战正酣，交通阻塞而无法回国。同年10月，萧友梅去了柏林，在柏林大学他选修了哲学、教育学、伦理学、儿童心理学及音乐和美术课程，从而撰写了《中西音乐的比较》《古今中西音阶概论》等学术文章。同时他又在施特恩音乐学院继续深造，研究理论作曲、指挥及古谱读法，由此奠定了他一生的学术基础。在柏林的一年半时间内，萧友梅还观摩聆听了两百多场音乐会和歌剧演出，其中绝大多数是乐坛巨匠尼基什指挥的柏林爱乐乐团演绎的贝多芬、舒曼、莫扎特、柴可夫斯基等音乐大师的作品。这些音乐的种子，从此深埋在萧友梅的心底。

由于战争的胶着，德国的许多城市已陷入严重的饥荒。在第一次世界大战结束前的1917年春，萧友梅被迫疏散到德国边境的波森农村，他除了教当地小学生音乐，还要参加劳动种植土豆等。由于生活贫困，长期的营养不良又积劳成疾，因此本来就瘦弱的萧友梅染上了肺结核，一度曾住院治疗。此病从此一直困扰着萧友梅，这也是导致他英年早逝的原因之一。

主持北大音乐传习所

随着第一次世界大战的结束，1919年夏，萧友梅又回到了阔别两年的柏林。不久，他便离开生活八年的德国，在周游考察了法国、英国、意大利、美国等国家后，于1920年3月坐船经旧金山回到了南京。此时的萧友梅风华正茂又学富五车，正踌躇满志地想报效祖国。但无奈，归国后他便发现国内的形势已发生巨变，广东已不在孙中山的控制下。于是，萧友梅便奔赴新文化运动的中心北平。他去北平的另一个重要原因，是为了投奔、追随心中的偶像——时任北京大学校长的蔡元培。

萧友梅一到北平就与蔡元培先生取得联系，从而迅速地与北大下属的音乐研究会建立来往。应蔡先生之邀，他很快又在北大音乐研究会创办的《音乐杂志》第3期上，发表了题为《什么是音乐？外国的音乐教育机关。什么是乐学？中国音乐教育不发达的原因》这篇掷地有声的重要文章，社会反响强烈。从此他便一发不可收,接二连三地在《音乐杂志》上发表了许多振聋发聩、令人耳目一新的论文,引领着当时的人们对音乐新的认知和思考。

蔡元培非常器重萧友梅的才华和人品,在他来到北大不久,便邀请其分别担任哲学系和音乐研究会的讲师。萧友梅是中国在欧洲接受过正规音乐教育的第一人,又是蔡校长的爱将,因此他在学校教师和学生中的威望很高,深得大家尊敬。萧友梅在音乐研究会除了教世界音乐史外,还新开设了"和声学"一课,学习者纷至沓来。翌年,萧友梅又在该校中文系的课程中,开设了"普通乐理"和"初级和声学"两个讲座。同时他还希望选修这两门课程的学生必须会弹钢琴或风琴,若不会者则可去音乐研究会补习。萧友梅的本意是想让自己的讲座与欧洲的音乐学校具有同等水准,但在百年前的中国,西洋音乐教育刚才起步,确实有些勉为其难。但在北大,喜欢聆听萧友梅各种讲座的学生还是非常踊跃,总计达一千多人。

其实,早在萧友梅归国之初,他就向教育部提议建立专门音乐学校的设想。那时的教育总长范源廉,是萧友梅留日时的同学,两人关系甚好。但由于政府财政困难,当时连国立学校教员的工资也难以支付,要想新办学校,简直是天方夜谭了。

1922年5月,实际负责音乐研究会教学工作的萧友梅提出建议:让该会升格为学校的一个系公开招生。一向重视音乐教育的蔡元培校长和校务委员们也一致同意,决定把音乐研究会改组成学校直属的音乐传习所。这是中国最早出现的音乐教育机构,在中国音乐史上留下过重彩浓墨的一笔。

这年夏天,北京大学所属音乐传习所正式成立并开始招生。传习所以教授西洋音乐(包括理论与技术)、传承中国民乐为宗旨,并设置了本科、师范科和选科三个类别。本科旨在培养专业音乐人才,设理论作曲、钢琴、小提琴、管乐器和声乐五个班级。只要修完规定科目,积累到一定的学分,学生能无年限毕业。师范科则是培养中小学音乐教师,分甲种(四年制)教中学,乙种(两年制)教小学。选科更是应了蔡校长一直提倡的"有教无类"的理念,但凡音乐爱好者,无论年龄、种族均可参加。

北京大学是中国最高的学府之一,历来就是官僚辈出的地方。尽管蔡元培的改革举措吹来了一股新风,但当时的人们对以音乐为职业,还是有所顾虑的。因此第一年报考的学生不是很踊跃，但以后随着音乐传习所的声名日隆，报考的竞争也趋激烈了。

　　传习所的课程相当完备，堪比国外的音乐院校。不仅有音乐学、和声学、作曲法和音乐史等理论课程，还开设了视唱练耳、独唱、合唱及钢琴、小提琴课程，另有中国民族器乐演奏等技能课程。作为传习所主任的萧友梅亲自挂帅，教乐理、和声、曲式和音乐史。另外他还聘请、起用了杨仲子和嘉祉教钢琴，刘天华教民族器乐。

　　这些教师都是学有所长的大家。杨仲子是中国最早的钢琴家之一，曾留学日内瓦音乐学院。嘉祉是苏联十月革命后流亡到北平的俄国钢琴家，他在中国就是靠教授钢琴来维持生计的。而教授民族器乐的刘天华，出生书香门第、家学渊源，其胞兄刘半农、刘北茂都是新文化运动的干将，人称"江阴三杰"。和许多五四时期的知识分子一样，有着家国情怀和自省精神的刘天华，不仅精于各种民族器乐的演奏，还通晓西洋音乐，从而对中国民族音乐本质的认知和理解，有很高的境界。最初他来传习所任教，是接替刚去世的中国古琴、琵琶大师王心葵的空缺。在北大教授音乐的这些年里，心存鸿鹄之志的刘天华对中国民乐进行了大刀阔斧式的改革。其一，他起用刚从日本传来的简谱，来取代在中国承袭已久的传统宫商调的记谱法。改成简谱后，人们读谱记谱就容易多了，这样有利于民乐的普及和推广，是具有划时代意义的。其二，他又改良了许多民族器乐的本身和演奏方法，使之更有利于在演奏这些器乐时，能随心所欲地发挥技巧，更淋漓尽致地表达作品的内涵。其三，他还尝试把原本像江南丝竹形式的小乐队，改编、打造成能与西洋管弦乐队那样编制和音响效果相媲美的民乐大乐队。刘天华的这种里程碑式、影响至今的改革和创举，都得到了萧友梅极大的鼓励和支持。同时，刘天华还创作了大量的民族器乐独奏与合奏作品。如脍炙人口的二胡独奏曲《光明行》《病中吟》等传承至今的经典。刘天华许多创新思想的产生和对国乐改革的创举，都是在传习所任教期间所形成和付诸实践的。他对中国民乐所进行的一系列的探索、改革和实践，使原来的中国民乐有了颠覆性和本质上的变革，至今仍深刻影响着中国的民族音乐。刘天华所做出的大量基础性和创造性的工作，成就了当今中国民乐的格局和方向。

中国流行音乐的鼻祖黎锦晖，也在北大音乐传习所学习、熏陶过，曾受过萧友梅耳提面命式的教诲。北大的音乐传习所分设中乐和西乐两个部分，并一直奉行着包容一切音乐形式的开放态度。其中，中乐又由古乐、雅乐和通乐三类组成。在通乐里又按区域划为"潇湘乐组""长白山乐组""内蒙新疆乐组"等。黎锦晖在担任潇湘乐组组长时，曾发挥过很大作用，培养了不少新人。同时他也学习吸取了其他少数民族的音乐元素，受益终身。但在中国音乐传统中，民歌和曲艺历来不受重视。尤其在五四新文化运动后，在西洋音乐渐受推崇的状况下，黎锦晖他们所学习、演奏的民间风味浓郁的音乐，更难成主流了。但萧友梅却非常鼓励，他认为：音乐应该百花齐放，而不能一枝独秀，这样更有利于整个音乐的全面发展。黎锦晖就是在萧友梅的支持下，锲而不舍地博采众长，运用中华民族民间戏曲的音乐元素，借鉴、融入西洋音乐的样式和节奏，创作扎根民族沃土、有鲜明中国特色的作品。最终自成一格，开拓引领着中国方兴未艾的流行音乐。

民国时期的小提琴第一人谭抒真，早年也在音乐传习所学习。1922年，从青岛考入北平汇文学校的谭抒真，在了解了有关传习所的情况后，非常感兴趣，于是便登门拜访萧友梅，表达了自己想学习小提琴的愿望。起初，萧友梅以为他只是初学小提琴而已，便派了传习所的一位老师穆志清去教学。谁知，谭抒真早在家乡的青少年时代就跟随白俄音乐家学习过小提琴，琴艺已相当出众，这位老师根本教不了。知情后的萧友梅爱才心切，他旋即寻遍整个北平城为其请来最好的外籍老师来悉心培养。当然，谭抒真也没有辜负萧友梅的厚望，凭借自己的天赋和努力执着，终成长为一代小提琴的大师级人物。几年后，谭抒真又去萧友梅创办的上海国立音乐院深造。毕业后，成为上海工部局交响乐团中最早被聘用的华人演奏家之一。新中国成立后，他又出任上海音乐学院的副院长，主管学校管弦系的教学工作。在他主政的时代，上音培养了一大批承上启下的管弦乐演奏大家。

传习所在每个学期末都要举行一场学生汇报音乐会，雷打不动。在1926年初夏举办的师范科毕业生音乐会上，有一名叫吴伯超的学生格外引人注目。他除了用钢琴独奏门德尔松的《随想回旋曲》外，还用琵琶独奏了名曲《平沙落雁》，并担任学生大合唱的领唱。萧友梅对吴伯超情有独

萧友梅（前排左六）与音乐传习所的师生在一起

钟，认定他是个从事音乐教育的人才。一年后，他带着吴伯超一同到上海创办国立音专。自此之后，吴伯超一直跟随萧友梅从事音乐教育，不离左右。抗日战争爆发后，上海国立音专曾一度一拆为三：一部分留在上海的，仍由萧友梅主政，直至他去世后由李惟宁接班；另一部分像其他高校一样迁至内地，在重庆青木关又建分校；其余的则由吴伯超带领去南京另创国立南京音乐学院，他成为首任院长。斯义桂和温可铮都是该校的著名师生。1949年初，吴伯超乘坐"太平轮"从上海去台湾，途中发生海难事故，船上千余社会名流富豪无一生还。

在吴伯超那届师范科毕业的音乐会上，有位选科生萧福媛（萧友梅的妹妹）出人意料地参加了压轴表演。她在传习所管弦乐队的协奏下，演绎了莫扎特的第23号钢琴协奏曲的终乐章，赢得大家好评。萧友梅有一个哥哥和一个姐姐，以及同父异母的两个弟弟、十个妹妹。当时他在北平，与哥哥一家及继母和弟妹们一起过着大家庭的生活。萧友梅一直鼓励督促侄女和妹妹们好好学习音乐、勤练钢琴。那时，西式教育已开始普及，唱歌和体操教师日趋不足。于是，北平女子高等师范学校在1921年便设立音乐和体育专业。虽然它仅限于师范教育的范畴，但作为专业音乐教育的场所，在国内尚属第一，早于北大的音乐传习所。萧福媛是该校的第一届毕业生，她后来又去北大的音乐传习所当选科生。萧友梅的侄女萧淑娴有着极高的

北京大学音乐传习所乐队

钢琴演奏天赋，因而萧友梅鼓励她去报考女子师范音乐系。但萧淑娴的内心却更热爱绘画，其父又希望她能在文学方面有所建树。最终，萧淑娴还是顺应了叔叔的意见，考入北平女子高师学习钢琴，以后又到上海国立音专继续深造，成为中国著名的钢琴演奏家。

在传习所成立的第二年，萧友梅就组织了传习所附属的西洋管弦乐队。起初建立的是六人的室内乐队，由小提琴两把、大提琴、低音提琴和长笛、单簧管组成。翌年又扩展到有15人组成的小乐队，增加了圆号、长号，一组定音鼓，并增强了弦乐、木管的编制。不久，萧友梅又把天津海关的原赫德乐队中的中国演奏员招至麾下，使自己乐队的门类和编制更齐全，更接近一支正规的双管乐团。萧友梅还有意招募收编原哈尔滨交响乐团中的部分演员，最终因财力不济而未果。这支经过不断扩编和重整的乐队，在萧友梅的指挥调教下，进步神速，积累了一大批人们喜闻乐见的经典名曲。但凡学校有大小庆典活动，这支乐队一定会参与演出，深得师生的欢迎。

北大传习所管弦乐队在成立五年间，光单独举办的音乐会就达400多场。其中上演的观众耳熟能详又喜闻乐见的世界名曲就有：贝多芬的《田园》《英雄》交响曲，舒伯特的《未完成交响曲》，德沃夏克的《新世界交响曲》，等等。这些音乐会都是由萧友梅亲自排练、指挥演出的，连上演的曲目也都由他选定。

1925年3月12日，一代革命先驱孙中山留下"革命尚未成功"的遗嘱，在北平逝世。萧友梅悲痛不已，在葬礼上演奏了他作曲的《哀悼进行曲》，表达了他对这位伟人的无限崇敬和思念。

创办上音培养人才

如今已很少有人知晓，中华民国的国歌《卿云歌》也是由萧友梅作曲的。此歌的歌词取材于上古时期流传下来的《尚书》中的同名诗歌。相传功成身退的舜帝禅位给治水有功的大禹时，君臣百官一齐吟唱《卿云歌》，展现了一幅政通人和、百姓安居乐业的清明画卷。萧友梅把古色古香的歌词配上西方样式的曲调，音乐优美、朗朗上口。

孙中山的去世，加剧了国内各派系和军阀间的争斗和矛盾。很快，革命党人开始北伐。此时的北洋政府因政治状况的变化和长期持续的财政危机，为了节约开支，把以北京大学为首的北平九所国立高等院校，合并为"京师大学堂"，由当时的教育总长刘哲出任校长。在并校时，刘哲认为"音乐有碍教化、且与社会人心无关"，而下令关闭北大、女师大及北平艺专等学校中的音乐系科。这样荒谬的决定，引起了北平无数师生的极大愤怒。原本蔡元培是试图通过音乐的教育，来陶冶人们的情操，提高国民素质，从而达到社会和谐的构想。这种美好的愿望，与以武力来夺取政权为宗旨的军阀政府，根本就是水火不相容的。经过各界人士不断的抗争，最终女师大的音乐系得以保留，但北平音乐教育的氛围已不复存在。

蔡元培离开北大后，又在蒋介石的南京政府任教育行政长官。此时的萧友梅也跟随南下，他再次向蔡元培建议：建立中国专门的音乐学校，地址可选在中西文化交汇的上海。而蔡元培对自己一手建立起来的音乐传习所被无端关闭，也一直耿耿于怀、心存不甘。经蔡元培的据理力争，南京政府终于通过了萧友梅创办国立音乐学院的计划，拨开办费六万元、每月经常费用三千元。每年招生50名，以后按每年招生人数的递增而增加相应费用。

1927年11月27日,国立上海音乐院在法租界的陶尔斐斯路(今南昌路56号)校舍,举办了建校庆典。这在中国音乐史上是一件开天辟地的大事,从而也标志着中国音乐的千秋大业就此拉开帷幕。上海国立音乐院是仓促上马的,因为蔡、萧二人都生怕政府的决定有变,有意赶快将生米煮成熟饭。

当初校址选在上海,是因为那里得天独厚的各种条件。那时上海的租界是华洋杂居之所,其中有许多外国音乐家,尤其是以苏联十月革命后流亡到中国的白俄居多。上海不仅有一支工部局交响乐团,还有日趋成熟发达的广播、电影、唱片、娱乐及传媒业等。而上海富人的居住比又占全国至少一半以上,家中有钢琴且学习者也不少。综上所述,上海无论是师资力量还是学生素质,抑或社会氛围,都具备了办校的必要条件。

国立上海音乐院从当年10月26日登报招生,11月1日起报名,开始因为人们还不太知晓、也没关心此事,因此报考者并不多。好在有著名教育家蔡元培担任校长,大家有时也会在茶余饭后议论此事。因此除了本市的考生,还有全国各地的学生络绎不断地来报考。经过严格的考试,本着宁缺毋滥的原则,第一年录取了23名学生。萧友梅担任教务长并兼作曲教授。后因蔡元培公务繁忙,一个多月后便由萧友梅代理院长。

胸有丘壑的萧友梅一直想用大手笔来描绘、规划上音的美好蓝图,但无奈经济拮据,巧妇难为无米之炊。不要说高薪聘请外籍教授来校执教,在建校之初,因不能按时交纳房租,连校址也不得不频繁迁移。建校后不久,国立上海音乐院先是迁到霞飞路(今淮海中路)的两幢洋房内,半年后又搬到毕勋路(今汾阳路),以后又迁至江湾、漕河泾等处。现今上海音乐学院在汾阳路、淮海路旁的那一大片校区,是贺绿汀院长三番五次向当时的上海市政府力陈学校在偏僻的漕河泾办校的种种困难后,陈毅市长离任即将赴京任职的前夕,专门邀请贺院长与其同乘一辆轿车,在上海市区兜行选址,最终贺老选定了原犹太人的一个俱乐部作为上音新的校址,一直至今。

在上音建校两年后,发生了一件意想不到的大事。1929年6月,因经济原因,校方决定暑假留校学生每人需缴纳8元杂费。按当时的物价计算,这钱已不是一笔小数目了。而很多穷学生根本不堪这样的负担,因此他们自发地组织起来向校方请愿，要求考虑学生的经济状况酌情予以减免。说来也巧，正在此时南京政府公布了《专科学校组织法》，规定所有国立专业大学都降格为专科学校。因此，上海国立音乐院也面临着危机，全校的师生情绪波动很大。师生们组织了护校会，更有人鼓动学生去南京请愿，从而形成了学潮，而且愈闹愈大、愈演愈烈。直到校方锁琴房、断水电，到了剑拔弩张、不可收拾的地步。很快，南京便派来一个改组委员会处理学校的改组和学潮问题。最终，学校降格为国立上海音乐专科学校。对于原音乐院学生的处理方法是：一律凭新发的入学通知书办理入学手续。参与闹事和学潮的学生，只收到一份成绩单，没有入学通知书，实际上被学校除名了。参与护校的有些教师也遭到解聘。

参与学潮的冼星海、熊乐忱、陈振铎、张立松、蒋凤之、李俊昌和洪潘等十多人，也就此失去了上音的学籍。为此，冼星海几乎与恩师萧友梅"恩断义绝"，但他有更多的难言之苦不能吐露。

当初闹学潮时，冼星海并不住校，而是与他靠帮人洗衣来维持生计的母亲，一同无偿地借住在田汉创办的"南国艺术学校"租用的房子里。其实冼星海早已是中共地下组织发展的对象，在学校里他经常与吕骥、沙梅等进步学生亲密交往，接受他们的革命思想。他对学潮的态度十分鲜明，同情和支持同学们向校方斗争，因此常常让闹学潮的同学们到他的居所内开会，一起商量斗争对策。萧友梅知道此事后，便派学生吴伯超教授去劝说冼星海等同学。因冼星海一直饱受贫困之苦，深感贫困同学的不易，因此坚定不移地站在贫苦学生一边，从而拒绝了私下的调解，并骂走了软硬兼施的吴伯超。对此萧友梅十分伤心，并误认为冼星海辜负了他。但冼星海并不认为闹学潮是针对恩师的，而是直指反动当局。这其中当然还存在双方的许多误解。

诚然，萧友梅对这位澳门的小老乡是相当照顾和关怀的。早在北大音乐传习所时，冼星海孤身一人到此学习，全靠萧友梅的帮助。萧友梅不但不收其学费，还让他在传习所里帮助管理音乐书籍和抄写乐谱，用勤工俭学所获来贴补生活费用。也正是因为萧友梅的赏识和推荐，冼星海在1926年秋考入新办的北平国立艺专音乐系。但好景不长，当北平全面取消音乐教育后，萧友梅离开北大到上海创办国立音乐院时，冼星海作为萧友梅昔日的得意门生，又在1928年免试入读上音专修班。他的同班还有作曲家张曙、钢琴家李献敏（后来成为世界著名音乐家齐尔品的妻子）和歌唱家劳景贤等。在上音求学期间，萧友梅为了照顾冼星海的生活，还曾专门陪他去报考上海工部局交响乐团的单簧管演奏员。由于冼星海学习音乐起步较晚，在演奏方面就难有作为了。于是，知人善用的萧友梅努力说服他改学作曲。由于学潮的原因，上音很快被降格为专科学校。心灰意冷的萧友梅辞去了院长之职，此时他旧病复发、肺部咯血，无奈去了莫干山养病。

诚然，对于萧友梅的知遇之恩，冼星海是没齿不忘的。他虽然以后在许多公开场合再也没有提及当年的那次改变他命运的学潮，但在他的许多著述中，提起对中国音乐的发展有过伟大建树的奠基人萧友梅时，便肃然起敬。而且，他一直把恩师的座右铭"岂能尽如人意，但求无愧我心"作为自勉。

萧友梅是一个愿把自己的所有都奉献给音乐的人。他对有才华、有抱负的学生，更是惺惺相惜、呵护有加。在学校被迫开除冼星海等一批无辜的有为学生后，萧友梅深感痛惜，他也只能以辞去院长一职来表示不满。由于难言的误解，从此冼星海与恩师再也没有交往，但萧友梅却一直默默地关注着他的成长和进步。自冼星海回广州到岭南大学执教，不久又去法国的巴黎音乐院深造，萧友梅深感欣慰。直到抗战爆发后，冼星海学成归国，旋即在上海参加并领导抗日救亡的歌咏运动。至此萧友梅才恍然大悟：冼星海作为中共地下党员积极参与学潮是在情理之中，而拒绝私下的妥协也完全顺理成章，同样作为爱国者的萧友梅，当年误解学生的"叛逆"，此刻早已在心中冰释前嫌了。

萧友梅与聂耳也曾有过几次交往。1931年9月11日，萧友梅应学生黎锦晖的盛邀去观看明月歌舞团彩排。在此期间，黎锦晖提出是否能让他的乐队去国立音专进修。萧友梅表示可以考虑办一个专门班来教学，前提是每个学员每学期需交60元学费。但此时明月歌舞团的经济并不宽裕，学习之事也就没有了下文。但从云南初来乍到的乐队小提琴手聂耳对此却有了自己的想法：因他的小提琴演奏是自学的、不太正规，所以他一直梦寐以求想报考上海国立音专，学好演奏小提琴的本领，以期能随心所欲地演奏自己心爱的音乐。为了能打好基础去参加考试，挚友贺绿汀为他请来专门的外籍老师。但当时聂耳在上海的电影圈已是声名鹊起，他为电影谱曲忙得不亦乐乎。音乐创作的繁忙，使他练习小提琴分身无术，只能三天打鱼两天晒网。而且练小提琴是童子功，而此时的聂耳已二十出头，即使拼命地用功练习，其效果也未必能达到理想。1934年2月，聂耳离开了明月歌舞团，正式报考上海国立音专的小提琴科。考试那天的主考官是上海工部局交响乐团的首席富华。聂耳演奏了两首有一定难度的小提琴练习曲，虽然他演奏时的感情真挚、浓烈，音乐也似乎是从心底流淌的，但无奈演奏技巧不太出色，初试就遭淘汰。后来经贺绿汀的疏通，萧友梅同意亲自对他复试，但还是未能通过。原本对自己报考国立音专充满期待的聂耳在复试当天的日记中写下了充满沮丧的四个字——"音专失败"。

但一年后，当聂耳创作的《义勇军进行曲》唱遍神州大地时，他为躲避反动当局的追捕，绕道日本前往苏联留学，途中在日本海滨游泳时溺水身亡。巨星陨落，全国悲哀。萧友梅也深感惋惜，更感到后悔。因为当初复试时，如果给他改学作曲的机会，也许这位天才作曲家完全可以改变人生，成为世界级的音乐大师。

名师云集、桃李满园的上海音专

1929年秋，降格的上海国立音专开学了，教育部长蒋梦麟再次任命萧友梅为校长。诚然，当时的中国乐坛只有德高望重的萧友梅有资格、有能力堪当此任。作为不二人选的萧友梅，在向教育部提出一些办校的条件得到允诺后，又走马上任了。至此到他1940年病逝的十多年间，是国立音专的鼎盛时期，也开启了一个时代的新风，从此奠定了中国音乐发展的基石和方向。

萧友梅主政的上海音专此时虽已降格为专科学校，但他仍沿用国外同类大学的学科和教材，有些缺少的教材，他还亲自编撰。因为当时的学校有了一定的教育经费，萧友梅开始大量聘用在沪旅居的外籍音乐家来校任教，其中不乏世界级的大师。为了保证聘请外籍教师的经费充裕，萧友梅甚至把政府拨给他购买轿车的专款也投入其中。

上海音专初创时，萧友梅除了掌管全校事务，还亲自上作曲课。同时他还聘用了十位教师，其中中国人和外国人各占一半。曾留美的王瑞娴和李恩科教钢琴，著名民乐演奏家朱英教琵琶，萧友梅培养的北大传习所的吴伯超教钢琴兼二胡，侄女萧淑娴也教钢琴。五名外籍教师中有工部局交响乐团的首席、意大利人富华教小提琴，俄国人余甫磋夫教大提琴，匈牙利人华勒教乐理、视唱练耳，俄国人汤姆士奇和吕维钿夫人分别教声乐和钢琴。

上音降格为音专，此时的教师队伍却已兵强马壮。因富华的介绍，俄国著名钢琴家查哈罗夫也来校任教，他培养了丁善德、李翠贞等一批中国一流的钢琴家。就在上海音专开学之初，有位名叫李翠贞的少女被推荐来校面试。她学琴十年有余，能不看谱背奏贝多芬的所有钢琴奏鸣曲。但无奈此时入学考试早已结束，开学在即。爱才心切的萧友梅破格为她一人特设一个考场，由查哈罗夫主考。当考官随意指定贝多芬奏鸣曲中的某一乐章、甚至某一乐句时，李翠贞都能毫不犹豫、毫不费力地正确弹奏，令在场的所有人无不惊叹。这是一位天才的钢琴家，萧友梅当场拍板录取。李翠贞在查哈罗夫的悉心培养下，一年后已学完了初级、中级和高级钢琴课的所有课程，提前毕业。在毕业考试的演奏会上，查哈罗夫给她打了满分。不久，李翠贞赴英国皇家音乐学院继续深造。学成归国后，她一直在母校上音执教，是贺绿汀院长的爱将和学校的中坚力量。

俄国人苏石林也是上海音专极其重要的外籍专家，他被誉为中国声乐界的教父，几乎中国所有著名的声乐教授和歌唱家都出自他的门下。如：斯义桂、应尚能、劳景贤、沈湘、喻宜萱、黄友葵、郎毓秀、高芝兰和温可铮等。

早年的上音，教授理论作曲的只有萧友梅一人，但他同时又是一校之长，并兼教务主任，整天要忙于堆积如山的公务，很难分身教学。就在上海音专开办之初，萧友梅不拘一格地起用了刚留美归来的黄自出任学校的教务主任兼作曲系教授。年仅26岁的黄自是"庚子赔款"的旅美孩童，当时他已从美国耶鲁大学毕业。黄自来上海音专执教，是学校发展史上至关重要的篇章。黄自的到来，给上海音专带来了一股新风。他的作风与萧友梅办事认真又不苟言笑是截然不同的，年轻的黄自非常温和又平易近人，他对待学生如同家人和朋友般亲切，而且教学非常认真负责。因此学生们

萧友梅（中）、黄自（右二）和国立音专的学生裘复生（右一）、喻宜萱（左二）、李献敏（左一）合影留念

都愿意与他交心，做真心朋友，师生关系非常融洽。黄自在中国音乐史上的地位非常重要，他培养了贺绿汀、刘雪庵、江定仙和陈田鹤等四大弟子。这些作曲家以后又影响了无数的中国音乐人薪火相传。但遗憾的是，黄自34岁就英年早逝，这是中国乐坛的巨大损失。黄自短暂的人生中，留下了中国第一部交响乐《怀旧》，和《长恨歌》《玫瑰三愿》《思乡》等音乐作品。他的抗日救亡歌曲《抗敌歌》和《旗正飘飘》曾激励亿万中国军民投身伟大的抗日洪流。

廖尚果是大革命时期的中共党员，广州起义失败后，他被国民政府通缉，从此开始乐坛的流亡生涯。他先经香港到上海的租界，改名青主，开办了一家书店，后因生意惨淡而停业。陷入生活困境的青主此时想到了留德时期结识的好友萧友梅，于是就去拜访投奔他。萧友梅十分同情共产党和青主的遭遇，他二话没说就请他来校工作。因为青主不能抛头露面登上讲台教学，于是，萧友梅就请他主持学校校刊编辑部的工作。萧友梅非常重视校园的学术氛围。在青主主持校刊《音》的工作时，各种学术活动开展得非常踊跃，风生水起。还先后成立了"乐艺社"和"音乐艺文社"，并编撰出版了《乐艺》《音乐杂志》《音乐周刊》《林中》等不定期的刊物。这些期刊的内容非常丰富多彩，有音乐人物专访、曲谱评论、作品解说分析、乐坛展望等。这些刊物成了向校内外人士介绍学校教学和活动成果的重要载体，更肩负着音乐普及和启蒙的任务。除了青主是这些刊物的主要撰稿者，萧友梅、黄自也经常带头发表自己的学术论文。诚然，青主不仅是音乐理论家，他还擅长用西洋曲调谱写中国古典诗词，而且这种探索性的创作非常成功。他根据宋词谱写的歌曲《我住长江头》《大江东去》早已成为艺术院校的声乐教材，传唱至今。

1934年，世界钢琴大师切列普宁在世界巡演途中，来到上海公演。他也是俄国十月革命后流亡到巴黎的俄国贵族。由于出生音乐世家的切列普宁酷爱中国戏曲，他在北平举办音乐会期间，看了中国京剧后成了戏迷，再也不能自拔，于是就拜当时北平的伶界名人齐如山为义父，并取了一个中国名字：齐尔品。

齐尔品到上海后，先后在国立音专、美国妇女俱乐部、大光明戏院和圣约翰大学举办钢琴独奏会。齐尔品非常热爱中国文化，并娶中国钢琴家李献敏为妻。他认为自己游遍了欧美各地，没有比中国更好的地方。他对中国正在发展进步的音乐事业非常理解。尤其在参观、了解了上海音专的现状后，更是赞不绝口，相信此校未来定是世界一流的。他与萧友梅校长也是一见如故、意气相投，两人都有相见恨晚之感。为了鼓励中国学生的创作热情，齐尔品和萧友梅商定：由音专出面举办一次征集中国风格的钢琴作品的创作大赛，题材和内容不限，奖金由齐尔品负责提供。这个好消息如春雷般在校园内炸开了，对于这样的机会，学校的师生纷纷摩拳擦掌、跃跃欲试，以最大的激情投入其中。

来自湖南邵阳农村的学生贺绿汀，有着丰富的生活阅历和深刻的人生感悟，也掌握着不凡的作曲技法。他在极其恶劣的环境和当时酷暑难熬的天气下，趴在自己借住的三层阁的屋面上，在较短时间内，厚积薄发，谱写了三首自己感觉满意的曲子去参加应征。本着公开公平的原则，经由齐尔品、萧友梅、黄自、查哈罗夫和阿克沙可夫组成的五人评委会一致裁定：由充满诗情画意又热烈欢快奔放、充盈着浓郁中国风情的《牧童短笛》为一等奖。原本名不见经传的贺绿汀，在夺魁后声名鹊起，一举奠定了他在中国乐坛的地位。后来他成为中国乐坛的一面旗帜。贺绿汀参赛的另一首作品《摇篮曲》和同门师兄陈田鹤的《序曲》等五首作品荣获二等奖。他的《晚会》虽未得奖，却得到了齐尔品的好评，以后被改成了同名管弦乐，久演不衰。此次获奖得到的两百大洋奖金，贺绿汀买了一架精艺牌钢琴，

萧友梅（右三）和齐尔品为贺绿汀（右一）创作的钢琴小品《牧童短笛》获奖合影留念

此琴一直陪伴着他的音乐生涯，如今还静卧在贺老福寿园的墓地旁。

上海音专在这次征稿活动后，不仅推出了一位未来的音乐大师，而且学生们的学习和创作激情更高涨了。为了感谢齐尔品对上海音专的支持，萧友梅特聘他为学校的名誉教授。在萧友梅主政时期，上海音专不仅教学硕果累累，而且人才辈出。那时原本只有洋人把持的上海工部局交响乐团中，先后有上海音专毕业的谭抒真、陈又新、黄贻钧、徐威麟、张贞黻、毛楚恩、马思宏、秦鹏章、韩中杰、陈传熙、陆洪恩、窦立勋以及司徒兴城、司徒海城、司徒华城三兄弟和柳和堉、郑德仁等十多位华人音乐家加盟，此外学校还培养了谭小麟、李德伦、李焕之、赵枫、李凌、严良堃、周小燕、谢绍曾、范继森、蔡绍序和葛朝祉等后来影响中国音乐发展进程的人物。

在萧友梅的音乐生涯中，他绝大部分精力都用于中国音乐教育的普及和发展，用于发现培养高精尖的音乐人才。他作为中国最早学习西洋作曲技法的作曲家，虽然用于音乐创作的时间非常有限，但也留下了不少经典之作。萧友梅除了谱写过中华民国的国歌《卿云歌》外，还有五四时期创作的歌曲《问》和《五四纪念爱国歌》，在当时流传甚广。他还曾创作过我国第一部弦乐四重奏《D大调弦乐四重奏》和我国第一首大提琴独奏曲《秋思》等。此外，他在繁忙的工作之余，还亲自编撰和声学、普通乐理和小提琴等方面的教科书。

萧友梅也是一位爱国主义者。在"五卅惨案"发生后，他旋即就谱写了《国难歌》和《国耻》等乐曲。在"九一八事变"后不久，他又主持上海音专成立抗日救国会，全校师生纷纷捐钱捐物支援抗战，同时他还谱写了充满激情的救亡歌曲《从军歌》，流传一时。1933年春，上海音专的师生在萧友梅的带领下，在杭州举办了一次轰动全国的抗日救亡专场音乐会。音乐会上，上音的师生高唱萧友梅、黄自、冼星海、聂耳、吕骥、麦新和孟波的抗日救亡歌曲，由此也拉开了中国抗日救亡群众歌咏运动的序幕。

在抗日歌声响彻中国大地之际，上海音专迎来了一个新的时期。在萧友梅多年不断的努力奔波下，国民政府终于批准了上海音专建造新校舍的预算，从此上海音专结束了自己始终没有固定的校舍、只得四处辗转的尴尬局面。新校舍建在江湾的市京路。从1935年秋季开学后，音专的师生就在新校舍上课了。为了表达上海音专师生对蔡元培先生为中国音乐事业的奠基和发展所作出的重要贡献，在萧友梅校长的策划、组织下，1936年的初春，在新建成的音专剧场里，举办了蔡元培先生七十寿辰音乐会。音乐会上演奏了许多中外名曲，有师生的独唱、独奏和管弦乐演奏及交响合唱

1936年国立音专在江湾新落成的校舍

等，展现了上海音专的教学成果和学校的综合实力。蔡元培对为他专门举办的音乐会非常感动，也深感欣慰。那天，他早早来到新校舍，在萧友梅的陪同下，一一参观了新校舍的各种设施，并亲手种下了几棵大树。但不幸的是，在1937年"八一三"淞沪抗战中，上海音专在江湾的校舍也被毁于一旦。

萧友梅一生正气、光明磊落，他克己奉公、从不徇私。为了中国的音乐事业和上海音专的发展、建设，他呕心沥血、鞠躬尽瘁、死而后已。1940年12月31日，萧友梅因积劳成疾又久病不治而不幸去世，享年56岁。这是中国乐坛不可估量的损失。另一位深刻影响中国音乐进程的黄自先生，带着未完成的半部中国音乐史的遗憾，也在两年前英年早逝。这标志着中国音乐的一个时代的结束。

黎氏兄弟："上海老歌"的开创引领者

音乐是世界的语言，上海是中国近现代音乐的摇篮。中西文化的交融和海纳百川的胸怀铸就了灿烂辉煌又影响深远的海派音乐，并成为海派文化的典型代表。

萧友梅、黄自、赵元任、贺绿汀、刘雪庵及聂耳、冼星海、任光、吕骥、麦新等前辈音乐家，创作了一首首精美绝伦的艺术歌曲和无数催人奋进的抗日救亡歌曲，同时，以黎锦晖、黎锦光及陈歌辛等为代表，开创引领了早期儿童歌舞剧、"上海老歌"（以当时的电影插曲为主）的创作，其题材之新颖，风格之多样，旋律之优美，影响之广泛，可谓空前绝后。本文讲述的是黎锦晖、黎锦光昆仲的一些创作和生活片段。

黎锦晖、黎锦光昆仲，在中国近现代音乐史上，是两个既举足轻重又备受争议的人物。长期以来，他俩的作品和人生，饱受世人的误解、质疑、诟病，甚至诋毁，尤其在"极左"的年代里，其作品被视作"黄色音乐"的典型，而被彻底打入冷宫。

"时代曲"鼻祖黎锦晖

出于对黎锦晖曲折人生的好奇和功过是非的兴趣，我一直想撰文还其"庐山真面目"。由于黎锦晖早在"文革"初期的1967年已病逝，我从未见过他。但我父亲李佐华当年与他有过工作上的关系和交往，从父亲口中我了解到他鲜为人知的一面。而且这些年来，我采访过他的遗孀梁惠方，胞弟黎锦光，学生严华、韦骏等，并从上海音乐界的老领导贺绿汀、孟波及当年他在电影厂的同事好友王云阶、葛炎、黄准、吴应炬、郑德仁等老人口中，了解到他很多真实的过往。2019年，我有幸应邀策划参与拍摄了上视名牌栏目《上海故事》之"歌声传奇"，再次重温了两位音乐老人的故事。

黎锦晖出生于湖南湘潭的一户家学渊源的书香门第。谁能想象他家曾经的木匠，后来竟是名扬天下、无人不知的一代国画大师齐白石。黎锦晖在兄弟八人中排行老二，大哥黎锦熙是与赵元任、钱玄同等齐名的语言学家，还是毛主席在湖南师范求学时的老师。三弟黎锦曜是地质学家，四弟黎锦纾是教育家，五弟黎锦炯是铁道桥梁专家，而六弟黎锦明、七弟黎锦光和八弟黎锦扬分别是作家、音乐家和名扬美国百老汇的剧作家。兄弟八人个个了得，人称"黎氏八骏"。

黎锦晖早年追随大哥黎锦熙来到北平，致力于五四时期的新文化运动，在推广国语的过程中，黎锦晖发现用音乐的形式收效更好。当时的中国，没有国人创作的歌曲，所有的"学堂乐歌"都是用外国歌曲的旋律填上中文歌词教学生演唱。有一次，北大校长蔡元培来到自己创办的北平孔德学校视察，发现该校的校歌竟然是用日本国歌的旋律，于是，他马上对陪同在旁的该校教员黎锦晖表示，希望国人能创作自己民族的歌曲。蔡校长的话语，道出了黎锦晖深藏久远的心声，他的人生也就此改变。

黎氏八骏（从左至右）：黎锦扬、黎锦光、黎锦明、黎锦炯、黎锦曜、黎锦纾、黎锦晖、黎锦熙

从小就广泛接触并浸润在花鼓戏、湘剧和家乡民歌中的黎锦晖,早就显露出音乐天赋。他无师自通,能演奏各种民族乐器。在长沙一师求学期间,还专门选修音乐。到了北平后的黎锦晖,更是眼界大开。无论是戏台上的京昆雅韵,还是天桥民间的曲艺说唱,都是他的最爱。在参加北大音乐社团时,他得到留洋的音乐博士萧友梅的悉心教诲。由于蔡元培校长的办学思想是兼容并蓄,因此北大音乐社团也能包容一切形式。那时社团设立中乐、西乐两部,其中中乐又由古乐、雅乐

中国流行音乐鼻祖黎锦晖

和通乐三类组成,在通乐里又分区域划为"潇湘乐组""长白山乐组""内蒙新疆乐组"等,黎锦晖在担任潇湘乐组组长时发挥了很大的作用,同时又学习吸收了其他少数民族的音乐元素。但在中国音乐传统中,民歌和曲艺历来不受重视,尤其在五四新文化运动后,西乐渐受推崇的状况下,黎锦晖他们学习演奏的民间风味浓郁的音乐,更难成主流。但黎锦晖能博采众长又锲而不舍,这对他今后的创作积累和视野拓展帮助不小。

但对于音乐创作,黎锦晖起初也只是把它当作推广国语的一种工具而已。直至他来到上海,参与编写全国首次统一的白话文教材时,才尝到了甜头而一发不可收。黎锦晖用自己熟悉的民歌、小调和戏曲曲牌的元素,谱写成歌曲,让12岁的女儿黎明晖为学堂里的小朋友示范演唱。这些歌曲都是以反封建教育和启迪儿童潜能为主题的,内容积极向上,歌词通俗易懂,音乐语言简练、生动、明快,很容易传唱,因此社会反响强烈。其中《老虎叫门》《找朋友》等儿歌,深刻影响过几代国人。

开创中国儿童音乐先河的黎锦晖,曾创作过20多部歌舞表演剧和11部拥有完整故事的儿童歌舞剧。但有着鸿鹄之志的黎锦晖并未固步自封,为了培养更多的音乐舞蹈人才,他在1927年初,倾其所有开办了中国第一所民办艺术学校"中华歌舞专门学校",原本计划招收150名学员,虽然招生

《春天的快乐》，黎锦晖编导、王人美等表演

《葡萄仙子》，黎锦晖编导、黎锦晖长女黎明晖表演

待遇很优厚，不仅不收学费，还免食宿费，但报考者只有30人。因为当时社会的封建意识还相当浓厚，人们把唱歌跳舞者都视作"戏子"，属于"下九流"。但黎锦晖办学却是认真、坚定的。他请来许多名家来校教授各种音舞表演技能，其中有白俄的舞蹈家、声乐家，国立上海音专的老师，一代歌仙陈歌辛也曾在此教授过钢琴，并由此结识了学员金娇丽而永结秦晋。但对他帮助最大的当属从法国归来的唐槐秋，此人是中国话剧史上教父级的人物，曾与田汉一同创办南国社。由此就不难理解黎锦晖的歌舞剧社，为何能成为明星的摇篮了。

在短短的几个月后，学校的第一批学员已能排演一台完整的歌舞节目公演了。起初，黎锦晖想用学员的演出票房收入再投入办学，但不料虽然演出场场爆满，却没有收入，因为来的观众基本上都是穿军装、穿皮靴、戴徽章的军政人员，他们是白看戏的。一年后，黎锦晖耗尽了所有稿费，学校揭不开锅了，只能关门大吉。

但黎锦晖办校的初心并未改变，不久他又新办了"美美女校"。此举是为了招募歌舞人才去南洋巡演。由王人美、王人艺、徐来、黎锦光、黎明晖、黎莉莉等组成"中国歌舞团"的强大阵容，在香港地区首演就一炮打响，八场演出均一票难求。随即该团又去新加坡、马来亚和印尼的许多大中城市巡演，所到之处均受到热烈欢迎。此次出演，为黎锦晖积累了一大笔财富，为他以后的办学奠定了坚实的经济基础。1929年底，黎锦晖从新加坡回到国内，在原有人马的基础上，他又组建了"明月歌舞团"，并陆续招来了胡茄、张静珠、许蔓莉、聂耳、白虹、严华、周璇等可造之才，实力大增。从此该团的演出红遍大江南北。

明月歌舞团的乐队

1931年，中国电影进入了有声时代。与默片相比，有声电影不仅要求演员有演技，还要求有标准的国语发音，并配有音乐歌唱等。因此有着得天独厚优势的明月歌舞团的演员们，俨然成了各家电影公司争夺的香饽饽。无疑，黎锦晖呕心沥血地办学，为中国艺坛培养了一大批明星，在中国文艺史上留下了重彩浓墨的一笔。

黎锦晖起初涉足流行乐坛，是为了满足上海市民阶层的一种文化需求。这样，既可满足自己的创作欲望，又能用得来的稿酬、版税来填补办学经费的不足。

黎锦晖创作的流行歌曲，音域不宽、朗朗上口，都是用中国的音乐元素融入西方舞曲节奏而浑然天成的，配器模仿美国爵士乐的风格。这样的作品，时称"时代曲"，这种理念也奠定了"时代曲"（即上海老歌）发展的基本方向。

黎锦晖一生写过几百首流行音乐，他的开山之作是《毛毛雨》。此作通俗易懂，朗朗上口，不同于其他一些艺术歌曲的高不可攀，作品用了西洋乐器伴奏，旋律却是浓郁的民间小调，有鲜明的湖南风味。配器的样式很新颖独到，使人眼前一亮。但作为旧时代的知识分子，他的创作有很大的局限性，很多歌曲是为了迎合小市民的偏好和出版商的要求。我读过有争议的《毛毛雨》《桃花江》《特别快车》的词曲，也听过当年的唱片，诚然，这些词曲现在看并无问题，都是些爱情小调，但那时的唱法嗲声嗲气，行腔吐字矫揉造作，听了有些肉麻；而且当年的舞台演出，还有南洋引进的草裙舞相伴，袒胸露脐，舞动双腿，有人就觉得不堪入目。更不合时宜的是，当时正是国难当头、民族存亡之际，于是这些歌曲就会遭到责难。受到共产党影响的热血青年聂耳，两次化名在《申报》上撰文，痛批黎氏歌舞。但聂耳对黎锦晖的人品、艺德还是肯定的，他在东渡日本前的一夜，突然造访黎锦晖的寓所，两人促膝长谈。聂耳诚恳地希望黎锦晖彻底改变自己的创作态度和明月社的事业方向，投入到挽救国难和协助革命事业的斗争中去，临行，又拿出《义勇军进行曲》的初稿与他研讨。

聂耳推心置腹的话语和他在东瀛突然的溺水而亡，都深深地叩击和刺痛着黎锦晖的心灵。眼见流离失所的同胞和身处水深火热的人民，他开始反思，并谱写了《向前进攻》等抗日救亡歌曲。

黎锦晖当年在圈内是出名的正派人,他身旁虽然美女如云,但从未有过非分之举。他不嫖不赌,连当时最时髦的舞厅他也从来不去。他在事业最辉煌的时光,却抱得美人归。在徐来成为他的第二任妻子后,全家搬进了华山路上新建的花园洋房,还买来了钢琴、汽车。为讨徐来欢心,他专门花钱购得"7272"的汽车牌照,简谱谐音为"徐来徐来"。但好景不长,抗战爆发后不久,黎锦晖家道中落,徐来跟着一个国民党高官而去。晚年的黎锦晖与第三任妻子梁惠方一直住在愚园路上的四明别墅,过着普通人的生活。

黎锦晖是个音乐人,无党无派,但他对共产党是有好感的,他的干女儿黎莉莉(原名钱蓁蓁)是中共地下党员钱壮飞的女儿,他一直照顾有加。另一个干女儿黎明健则是郭沫若的前妻。抗战中,国民党想秘密逮捕周恩来,得知此事的中国电影制片厂厂长、国民党少将罗静予(黎莉莉的丈夫)想方设法通知周恩来转移,不料东窗事发,罗静予遭关押。最终,黎锦晖通过各种办法和关系,终于解救了罗静予。

中华人民共和国成立后,黎锦晖继续发挥才能,他除了为动画影片作曲,还创作出版了一本儿童歌曲集。在1956年的"全国音乐周"上,当时主持中央日常工作的刘少奇明确指示孟波:不要漏演黎锦晖的儿童剧,因为它是新文化运动的代表。在同年的"文代会"上,毛主席专门接见他,并谈到了在井冈山中央苏区时期,陈毅曾把《桃花江》中的歌词"桃花千万朵,比不上美人多"改编成"桃花千万朵,送给红军哥",在红军中传唱一事。

1959年,黎锦晖有幸应邀到北京参加国庆十周年庆典。在观礼台上,周恩来总理与他亲切交谈,无意中知道他妻子和七个子女,全靠他119元的工资开销。当黎锦晖回到上海后,发现自己的工资已涨到215元,享受文艺五级在职退休的待遇。当时的那种感激之情,无以言表。

一代歌王黎锦光

海派音乐的另一位横空出世者,是"黎氏八骏"中的七弟黎锦光。他与《苏珊娜》的作者、美国一代歌王S.福斯特一样,无师自通。虽说没拜

黎锦光在创作

师,但黎锦光的老师来自生活、来自实践,他在创作中学习创作。

我在20世纪八九十年代,曾多次前往天平路上的黎锦光寓所,聆听他讲述跌宕起伏的人生和创作过往。他的许多教诲和评论,我至今不忘。有一次谈及当红歌星邓丽君时,黎老认为:邓丽君之所以成为国际巨星,除了她本身的歌唱天赋外,最重要的是处理歌曲的独到完美,咬字吐词的清晰圆润,这主要得益于她运用了京剧中的小腔唱法。

黎锦光在孩提时代就显露出音乐才华。少年时随大哥、二哥到北京、上海求学,接触到钢琴等西洋乐器,并第一次聆听了交响乐演奏。

1926年,黎锦光考入黄埔军校,后参加北伐。大革命失败后,他又来到上海,参加他二哥黎锦晖创办的明月歌舞团,真正开始了他的音乐生涯。八年间,黎锦光随团在全国各地和南洋诸岛巡演,领略了各地的民间小调,也记录了许多民族的民风民谣,这为他今后的创作夯实了基础。同时,黎锦光还向歌舞团的乐手学会了小号、单簧管、萨克斯和钢琴等西洋乐器。聂耳还教他演奏小提琴。黎锦光最初的作曲和配器知识则是向他二哥请教的。有了这些音乐知识的积淀,萌发了黎锦光的创作欲。他的初期歌曲作品《叮咛》《探情》等,小试牛刀便已成功,红遍南洋。

有一次,电影《西厢记》的导演张石川慕名亲自登门,请黎锦光为其影片配乐、谱写插曲。年轻气盛的黎锦光很快用西洋创作的手法,完成三段体大曲。但张石川看后大皱眉头,说《西厢记》是中国古典戏曲,怎么能与这个洋玩意儿相匹配呢?黎锦光决定推倒重来,在几位朋友的建议下,他多次去聆听大鼓书和评弹《西厢记》,大受启发。重新创作后,影片中脍炙人口、富有京腔味的插曲《拷红》很快就流行开来,黎锦光也由此奠定了扎根民族沃土的创作方向。

黎锦光一生与唱片结缘。他从1939年进入百代唱片公司音乐部后,共编辑出版了2 000多首戏曲、歌曲的唱片。当年的百代公司音乐部由任光、聂耳挂帅，他们创立了中国第一支国乐队。聂耳的《金蛇狂舞》、任光的《彩云追月》和黄贻钧的《花好月圆》等传世佳作，都是那个时期创作后，经黎锦光之手发行的。

在百代公司工作的日子里，黎锦光有机会经常与音乐、戏曲大师接触，受益匪浅。他对舶来的音乐也拿捏自如，将其合理地融入自己的创作中。《采槟榔》《五月的风》《香格里拉》《疯狂世界》等代表作体现了他的创作理念。

黎锦光一生创作了200余首电影插曲和流行歌曲，他自己谦称拿得出手的不过80来首。黎锦光的作品主要为周璇和他的前妻白虹所作。他非常注重与歌者的沟通交流与二度创作。在为卜万苍导演的影片《红楼梦》谱曲时，主演周璇认为主题歌《葬花》太悲太消沉，导演也有同感。黎锦光欣然接受批评，几易其稿直至大家满意。黎锦光为白虹也度身定制了《花之恋》《闹五更》等富有湖南风味的名曲。

"金嗓子"周璇

白虹原名白丽珠，形象靓丽、能歌善舞，是清代皇室的后裔。她是被黎锦光、严折西从北京招生到上海的，那时，尽管同团的聂耳在自己家乡昆明已有女友袁春晖，但他对白丽珠一直有着爱慕之意，此情在其日记中多次流露。白丽珠来到上海进入艺坛后，便改艺名为白虹。她在黎氏兄弟的悉心调教培育下，歌技、表演都突飞猛进。在上海首届"广播歌星"竞选中，出人意料地战胜周璇，拔得头筹。白虹演过许多歌舞剧，后来又主演了《国色天香》《日出》《少奶奶的扇子》《云裳仙子》等几十部影片，还配唱其中的主题歌和插曲，一时红遍上海滩。1945年初，歌艺炉火纯青的白虹在上海兰心大戏院举办个人独唱会，演唱了各种风格、样式的中外名曲近20首，她也是第一个在剧场举办个人演唱会的中国歌星。由于对艺术的共同爱好，经过多年爱情的跋涉，黎锦光和白虹在1936年结为夫妻，婚后育有四个子女。但在中华人民共和国成立前夕，两人的感情已出现裂痕。新中国成立后，黎锦光的音乐生涯无法继续，两人的婚姻也走到了尽头，于1950年初离婚。后来白虹回到了北京，参加了部队话剧团。

改革开放后，年逾古稀的黎锦光重新出山。他初衷不改，仍以饱满的激情，陆续谱写了《今夜的雨》《故乡》《相见不算晚》等20多首轻歌。在那段美好时光里，黎锦光每个星期天都要去华亭路上的严华（周璇前夫）家和旧时的一些艺坛名流、京剧票友举办京剧沙龙。他在一次演出中结识了青年歌唱家陈海燕，两人一见如故，相见恨晚，成为忘年交。而陈海燕又是京剧坐科出身，所以每次华亭路聚会，黎锦光总要带上她一同前往，由严华操琴，陈海燕献上几段经典唱段，黎锦光则在一旁点评，有时也会唱上几句。其他参与者也不甘示弱，争相开嗓，聚会总是在大家吃着严华夫人精心制作的点心后才散去。这样的聚会，持续了好几年。

有一次，黎锦光提出要陈海燕唱一首旧上海的老歌，想了解她对此类歌曲的感觉，于是陈海燕就模仿周璇唱起了《天涯歌女》，歌声是那样的甜美飘逸，得到了黎锦光和严华两位前辈的高度评价。不久，黎锦光专门邀请陈海燕来家做客，他给陈海燕听了有世界各国的歌手演唱的爵士、伦巴、恰恰、小夜曲和重金属摇滚等不同风格、不同声部演唱的《夜来香》的CD和唱片，使陈海燕眼界大开。而同时黎老又沉浸陶醉于自己的音乐海洋中，感到无比的幸福。在听完各种版本的《夜来香》后，黎锦光从橱柜里拿出一沓歌谱，共计有20余首新作，郑重地交给陈海燕，并说："海燕啊，这些没发表过的歌曲，你拿去试唱。有几首比较适合你，有几首旋律比较美。因为不同文化经历和不同音乐背景的歌者，对每首作品的理解和诠释，是不尽相同的。我希望你的演唱一定要有独到的表达和鲜明的个性。我已老了，可能等不到那一天了，但愿有一天，你能原汁原味、原腔原调地把这些新歌唱响。但在唱时，千万不要去拔高原作的意境，不要撑大着唱，要像跟人说话那样的娓娓道来。因为这些作品，是反映那个时代市井文化相貌的。"我是亲眼见过这些泛黄手稿的，其中有京腔京味的《桃花姑娘》、吸取印度歌风的《雨中西湖》和怀念台湾同胞的《微风，我少不了你》等。陈海燕只对黎老说了两个字："好的。"陈海燕果不食言，她不仅把黎锦光的这些未面世作品录制成CD发行，而且如今已把这些手稿无偿捐赠给上海图书馆的中国名人手稿馆，让它永存于世。

晚年的黎锦光，有件事一直让他感到很高兴、很自豪，那就是当时最流行的歌曲《乡恋》竟与他青年时代创作的歌曲《叮咛》有异曲同工之妙。《叮咛》是黎锦光为自己的同事周璇、严华新婚燕尔时量身定做的一首二重唱,那时周璇要暂离严华远赴南洋巡演,正当他俩依依不舍时,黎锦光专为他俩写了首爱情的励志歌曲。而《乡恋》则是1979年央视拍摄的一部电视风光纪录片《三峡传说》中的主题歌。原本曲作者张丕基写的是首抒情的艺术歌曲,但导演马靖华认为此歌太文绉绉不易传唱,于是又亲自写了新歌词,要作曲家张丕基将曲子写得轻松优美些。两天后,这首传世经典诞生了。此作的创作风格、旋律走向和演唱节奏,都与黎锦光的《叮咛》如此相像。我想,这大概是科班出身的作曲家张丕基深受上海老歌影响的缘故吧。

20世纪80年代初,李谷一随中央乐团来沪演出。我和胞弟、家父在演出结束后,专门去后台看望送票给我们观演的刘秉义时,见到了李谷一。我父亲李佐华对李谷一说:"你唱的《乡恋》非常好,我很喜欢,这首歌与黎锦光为白虹创作的一首作品很相似……"回家后,父亲旋即找出了旧时的歌曲集,果然查到了这首《叮咛》,也许是年代久远,父亲记错了,歌曲是为周璇、严华写的。后来,我多次见到黎锦光时总说起此事,他也希望能有机会与李谷一见见面,但因种种原因一直未果。

1993年春节前后,央视播放了以《夜来香》的旋律贯穿全剧的电视连续剧《别了,李香兰》,轰动全国。可惜的是,就在该剧播映前夕,黎锦光在上海病逝,享年86岁。当时,我在《新民晚报》上写了篇纪念文章,后来编辑翁思再告诉我,此文已被日本和东南亚国家的许多媒体转载,反响强烈。我想这主要是黎锦光和李香兰的人格魅力和广泛的社会影响所致。

由黎氏兄弟和陈歌辛为代表所创作的"上海老歌",因通俗易懂又雅俗共赏而一直流行于市井街巷,为妇孺皆唱。这些委婉动听的江南小调、典雅细腻的艺术歌曲、慷慨激昂的救亡歌曲,虽然历经风雨坎坷,但从未被历史的尘埃所淹没而繁华落尽、褪尽本色,反而以更顽强的生命力,一直影响着港澳台乃至世界华人乐坛。至今,我们华人的流行音乐中,无不流淌和浸润着它的血脉和风骨。即使歌星邓丽君的作品中,至少有三分之一改编自上海老歌,而像蔡琴、费玉清的代表作,基本上都是上海老歌。

"上海老歌"是海派文化的精髓,更是上海的名片,它犹如静卧在深山老林中的金矿,是中华民族的文化瑰宝,亟待更多的人去发现、挖掘和传承。

聂耳：中国革命音乐的旗帜

人民音乐家聂耳是中国革命音乐的一面旗帜。作为中华人民共和国国歌《义勇军进行曲》的曲作者，他的音乐奠定了无产阶级音乐的道路和方向。他的歌声给人民带来了力量，给祖国以光明和希望。

聂耳是一位天才音乐家，他短暂的23年人生中，留下了44首作品。其中有37首歌曲、4首民乐合奏、2首口琴曲和1首舞曲。因为一次意外的溺水事件，导致他生命的结束。聂耳还未来得及进入音乐院校深造，还未触及歌剧、交响乐和清唱剧等音乐样式的创作，便匆匆离世。这不啻是中国乐坛不可估量的损失和遗憾。

我在30余年的音乐制作和新闻采写中，接触深交过聂耳当年的挚友贺绿汀，同事黎锦光、韦骏，和同时代的音乐家沙梅、王云阶以及电影《聂耳》的编剧于伶、孟波和主演赵丹等前辈，从而采写发表过多篇有关聂耳人生轶事的短文。此次应上海大学出版社之邀，为这本即将出版的新书《乐声传奇》再补写一篇长文，期望能较详尽、完整地再现一个真实、立体的聂耳。

青少年时的音乐修习之路

聂耳1912年2月15日出生于云南昆明，本名聂守信。父亲聂鸿仪是位开业的中医，诊所就在昆明热闹的商业街。底楼为诊疗室和药铺，楼上便是全家的生活区。聂守信家中有同父异母的兄姐六人，他排行最小。在他五岁不到那年，父亲因病去世，全家生活的重担就落在生母彭寂宽的肩上。

幼年聂耳（右一）与家人在一起

聂耳：中国革命音乐的旗帜

在旧社会，一个妇道人家要撑起一个家绝非易事。但母亲知书达理又勤劳能干，她初嫁聂家时，就有心跟随丈夫学习、研究中医，空闲时还自学《本草纲目》等中医书籍，因此具备了行医的能力和资质。如今她要继承夫业，以行医看病来养家糊口。看病之余，除了操持家务，她还要为街坊邻居洗衣、做针线活，以此来贴补家用。

彭寂宽尽管工作、家务繁忙，但对自己孩子的教育从不放松。每晚睡前，她都要用流传在当地民间传统歌舞中的《花灯调》的旋律，用唱戏的形式给孩子们讲故事。彭寂宽是个傣家女子，她的乐感非常好，这种独特的讲故事方法，对聂守信影响很大。久而久之，他也熟知并学会了这些曲调，其中很多深埋在他心底的音乐元素，日后都成了他音乐创作的素材。诚然，母亲是聂守信走上音乐之路的启蒙者。

聂守信在五六岁时，经常在家附近的昆明师范附小围墙外，听里面的音乐课，那美妙动人的歌声深深吸引了他。于是，他就向母亲提出要去这所学校上学。为了满足儿子的愿望，彭寂宽狠心当掉了丈夫留下的心爱的八音钟，就这样送聂守信入读了昆师附小。

那时的中国，军阀混战、社会动荡，民不聊生、物价飞涨。聂守信一家在煎熬中求生。母亲的医术毕竟是半路出家，远不如父亲。因此求医者门前稀落，一家生活非常艰难，母亲只能靠做零活来维持生计。

彭寂宽因生活压力太大，工作又连轴转，休息睡眠严重不足，终于积劳成疾病倒了。从此一病不起并一直昏迷，家中的孩子和亲友们都觉得她

39

此次可能厄运难逃。大家都在想办法准备一副棺材，亲友们还在家中商量三个未成年孩子的安置问题。就在此时，聂鸿仪生前的好友，一位郭姓的医生听说此事后旋即赶来抢救。他开了一帖叫"喳蚂莲"的中药，给病人服后竟发生奇迹，彭寂宽慢慢苏醒过来了。以后，郭医生又根据病情不断调整用药，直至病人完全康复。此次母亲的重病，导致家中又欠了一笔债，但全家能平安厮守却是另一种莫大的幸福。

经过这场劫难，聂守信更爱母亲了。他对学习机会也格外珍惜，加倍用功。聂守信在昆师附小期间参加了学校的一支学生小乐队。在乐队中，他的音乐天赋得到了体现，因此对音乐更痴迷了。当升至五年级时，因校方规定，高年级的学生必须参加童子军，而且都要自费购买童子军的服装、腰带等装束。但此时聂家一贫如洗，根本无力来购买这些服饰。无奈，聂守信只能转学到私立的求实小学。

求实小学虽没有很好的校舍，是暂借在一座孔庙内上课，场地狭小，设施简陋，但教学却不马虎。而且此校非常重视包括音乐在内的素质教育。音乐课除了视唱教歌外，还附带教授一些民族器乐。音乐老师很热心，放学后，还带着学生弹奏风琴等。对此，聂耳是求之不得，陶醉其中。无疑，转学求实小学对聂守信来说真是因祸得福。

求实小学也有一支九人学生小乐队，聂家兄弟凭着自身的音乐能力参加了这支乐队。三哥聂守先（后改名为聂叙伦）拉二胡，聂守信则吹竹笛并兼任乐队队长。聂家兄弟从小爱音乐，除了母亲的启蒙，还受到一位邻居的深刻影响。聂家诊所旁有家木器铺，店主不仅木工活儿好，还擅长吹笛、拉二胡等民乐演奏。那时，只要委婉悠扬的乐声一起，聂家兄弟便会停下手中的活，全神贯注地倾听，他们多么渴望自己也能有笛子和二胡吹奏。可家里经济实在拮据，没法实现夙愿。他们盼望着春节快些到来，用压岁钱来购买自己向往的乐器。有一年的新春期间，三兄弟凑足了压岁钱，不仅买了一支笛子，用多余的钱还买了一把二胡。有了自己的乐器，他们趁邻居有空就向他学习。一段时间后，三兄弟有了一定的演奏能力，他们总会聚在家中吹拉弹唱。每逢此时，彭寂宽总感到无比的自豪和幸福。孩子们玩累了，她还会送去茶水。聂家虽然贫穷，但有了音乐相伴，却充满着快乐。

那时，求实小学乐队排演的都是一些表现抵抗外族侵略的爱国主义题材的歌曲。有一年寒假，学校举办迎新晚会，邀请当地的一些社会名流贤达参加。聂守信率领学校的小乐队演奏了《苏武牧羊》《昭君和番》《木兰从军》等一批人们喜闻乐见的乐曲，他自己一个人还表演了独唱和小品。晚会很成功，参会的一位彝族首领很满意并当场捐赠了四百大洋。这对于经营一直捉襟见肘的求实小学来说，无疑是雪中送炭。这其中聂守信功不可没。

真是穷人的孩子早当家，为了能减轻母亲的重担，聂家的三个孩子在春节前夕，看到街上有人在卖春联，也去尝试。三兄弟的分工很明确，聂守信吆喝着招揽顾客，二哥聂守诚、三哥聂守先的毛笔字写得好，专门负责书写。他们拟定了根据不同人群的许多讨口彩的春联，因此春联卖得非常好，摆摊一直持续到大年夜。三兄弟赚到了人生的第一笔钱，他们把其中的大部分交给母亲用作今后的学费，余下的则每人买了一身新衣。孩子们的这种自立精神使母亲感到很宽慰。这样的摆摊卖春联持续了好几年，直到聂守信进入中学。

经济稍微宽松后，聂守信便埋头学习音乐和传统戏剧。他最着迷的是当地的滇剧。滇剧全盛时期在昆明有两个专门的戏楼：群舞台和玉仙茶园，人们可以在剧场里边喝茶边吃点心边看戏。因为票价不贵，劳苦大众大多也能接受，因此这是民众苦中求乐的一个去处。

聂守信看滇剧总拉着三哥一起去。有一次在群舞台看名角李少兰主演的《黛玉葬花》，楚楚动人、催人泪下。聂守信喜欢这个故事，更喜欢李少兰的表演和乐队的伴奏。他边听边飞快地将上演的乐谱记下来，遗漏和来不及记录的，回家后凭记忆再补充。在家里，聂守信照着记录下来的乐谱，拉起了二胡，还惟妙惟肖地表演起李少兰饰演的林黛玉，看得母亲哭笑不得。几年后，就读云南省立第一师范的聂守信与同学们一起演出莎士比亚的《罗密欧与朱丽叶》时，他反串朱丽叶一角，大概也是深受当年《黛玉葬花》的影响。

聂守信13岁小学毕业，凭他的学习成绩完全可进入当时昆明最好的成德中学。但那是一所寄宿制的学校，入学需交很大一笔费用，聂家是根本无力承受的。好在有昆师附小的恩师杨实之的指点和帮助，聂守信考入了学费不高、但教学质量不错的联合中学，他的学杂费全由杨老师垫付，约定待日后聂家有能力时再偿还。

聂守信进中学后，对英语很感兴趣。他在校外还参加了昆明基督教青年会办的英语学习班。任教的老师是一位年近花甲的法国老人柏励，他有一半的中国血统，其母是广东人。柏励不但会多国语言，还精通西洋音乐。他非常热爱中国，教学认真负责，尤其喜欢成绩优秀者。聂守信因学习出色，是少数几个免费生之一，深得柏励看好。当他了解得知聂守信还非常喜欢音乐并具备出色的音乐天赋后，就经常在教英语的空隙，抽空教授聂守信基本的乐理和一些最浅显的作曲技法。有时还带他去附近的一所美术学校练弹钢琴，聂守信对西洋音乐的认知就是从那时开始的。

聂守信对老师也非常尊敬、关心。有一次柏励没来上课，他就去其暂住的小客栈看望。只见老师躺在床上不停地咳嗽，他急忙赶回家向母亲要了治疗感冒咳嗽的药材煎熬，还带去了家里热气腾腾的饭菜。就这样，在聂守信的精心照料下，老师的病情好转了，师生两人的友情也更加深了。

聂守信在家中，与比他年长三岁的三哥聂叙伦走得最近。他俩经常结伴外出逛公园、访名胜。有一次，在去翠湖公园的途中，路经一座道教的三丰庵，兄弟两人被里面传出的音乐迷住了。顺着乐声，他俩来到了道观的大殿，只见十几位身着黑色道袍的道士手持笛子、箫、唢呐、三弦和七弦等乐器，在一位领头的打板者指挥下，和着大殿两侧的道士们大大小小的锣鼓、钹和木鱼的点子，音乐美妙，蔚为壮观。

兄弟俩全神贯注地看完了演奏，早忘却了去公园的游玩。回家后，聂守信摊开记事本记录下刚才听到的旋律，但有些地方他没有记清，也没搞懂。此刻他想起，这支乐队中有一位乐手是曾经的邻居姚大叔。于是他打听到其新地址后便登门去请教。姚大叔很热心，他告诉聂守信：道家的经文都是谱了曲来唱的，其中有《宏仁卦》《西门卦》《一口风》等十几种曲调，总称洞经音乐。每年道家要开两次洞经会，时间长达一个月，四面八方的信徒都会来参加。临行时，姚大叔还给聂守信一些洞经音乐的曲谱。拿到曲谱的聂守信如获至宝，回家后便与三哥一个吹笛、一个拉二胡，演奏起这些曲调。多年后，已改名聂耳的聂守信在上海创作的那首既悠扬又隽永、节奏感特强的民乐合奏《翠湖春晓》就是以洞经音乐为基调而创作的。

诚然，在聂守信的心目中，他最喜欢的乐器无疑还是小提琴，他一直向往着能学习演奏,但这小提琴似乎也跟他真是有缘。聂守信初三那年,他家楼下搬来了一位新邻居。这户人家中有位叫张庾侯的青年人是云南省立第一师范学校音乐专业的学生,擅拉小提琴和手风琴。那时,只要张庾侯一练琴,聂守信便兴奋异常、不能自已。有一天,他实在忍不住了,鼓足勇气敲开了张家的大门。面对张庾侯,他表达了想学小提琴的念想。热情的张庾侯不仅一口允诺,还积极鼓励。从此,聂守信与小提琴结下了不解之缘。

张庾侯不仅悉心教授聂守信拉琴,还经常带着他去自己的亲戚家串门。由此聂守信结识了他的外甥女李家珍,通过与李家珍的交往,又结交了她的表妹袁春晖。袁春晖是聂守信的初恋,他俩一见钟情。此时的聂守信已是云南省立第一师范的学生,而袁春晖则是云南省立东陆大学(今云南大学)预科的学生。袁春晖娇小玲珑,漂亮大方,性格开朗而且温顺,也喜欢音乐,特别是擅长歌唱,是当时公认的"东陆校花"。袁家是书香门第,其父的伯父袁嘉峪是云南的第一位状元。其父也是省立第一师范的国文教师,可惜英年早逝,留下了她和母亲及姐姐袁令晖三人相依为命。这和聂守信的家境非常相似。

起初,聂守信以借书还书为名常去李家珍家,其目的无非就是想见到袁春晖。而袁春晖也同样期待着与聂守信的相逢,因此她三天两头地往表姐家中跑。虽然此时两人年龄尚小,还未公开恋爱,但彼此似乎谁都不能离开谁,大有一日不见如隔三秋之感。这对情窦初开的少男少女见面时,总有聊不完的话题。袁春晖非常喜欢缅桂花,她常把家中院子里的那棵缅桂树的花瓣摘下,用线串成串挂在胸前。她还喜欢用缅桂花做成书签夹在书中。她每次还聂守信的书时,总会夹着一枚缅桂花,这也许是她对聂守信在意的一种表示。很多年后聂守信去了上海,他俩通信时袁春晖还总是在信中夹带着缅桂花。这样的动作,使聂守信强烈地感受到袁春晖的存在。李家珍还有两个可爱漂亮的妹妹:李家鼎和李家英,她俩也都非常喜欢聂守信,只要他来家总会兴高采烈地又唱又闹。但聂守信真正在意的,还是袁春晖。

随着聂家兄弟、李家姐妹和袁家姐俩在李家聚会的不断频密,这些年轻人的情谊也与日俱增。每次聚会,大家总是尽情地歌唱、奏乐,欢快无比。聂守信用小提琴、张庾侯用手风琴或曼陀铃为姑娘们的歌唱伴奏,她们唱的大多是中国歌曲，有萧友梅的《春闺怨》《渐渐秋深》《饯春》，还有当年流行的《杨花》《春朝曲》及中国的民歌《木兰辞》《周妃怨》等，还有外国歌曲，如舒曼的《夏天最后的玫瑰》《梦幻曲》等。到了大家情绪高涨时，聂守信会情不自禁地和着音乐的变化，手舞足蹈地边演奏边打节拍，这是他的习惯动作。

这些年轻人除了在李家聚会，有时也会结伴去郊游。他们去的都是昆明人最喜爱的昆明湖、大观楼和西山等名胜。其中，聂守信最爱去西山，尤其是从华亭寺到靠近山顶的三清阁那一段。从此处登高远望，昆明湖的美景尽收眼底。每次郊游，聂守信和张庚侯总带着乐器，面对着迷人的湖光山色，用美妙的音乐为姑娘们动人的歌声伴奏。这一刻大家都陶醉了，这是一幅多么美丽的画卷。

告别袁春晖赴上海

聂守信从小就是一个富有正义感的热血男子，他13岁时，就在昆明街头声援上海的五卅运动。在省立第一师范进步师生的影响下，聂守信加入中国共产主义青年团。不久，又背着家人在昆明参加了国民革命军第16军，与其一起入伍的还有昆明许多学校的学生。在以后颠沛辗转湖广等地的军旅生涯中，虽未经历过真正的战争，但聂守信很不喜欢这种生活状态，深感度日如年。此刻他深感旧式军队的腐败，目睹了人民的苦难和多灾的祖国，心中期盼着能与家人和挚友早日团聚，更想与恋人袁春晖相见相守。同时他也在苦苦思索，要找寻一条能给国家和人民带来光明的道路。

1929年初春，第二次北伐结束，16军就地解散。17岁的聂守信重返昆明，回到省立第一师范后，他更积极地参加校内各种进步团体主办的音乐会和文艺晚会。他和张庚侯等一些志同道合者一同创办了"九九音乐社"。有一次，他邀请袁春晖来校参加一场音乐会。在聂守信的小提琴和张庚侯的曼陀铃的伴奏下，袁春晖登台演唱了三首当年流行的歌曲，受到师生的热烈欢迎。在当时的社会，一位16岁的花季姑娘敢于在一所男子学校的舞台上尽情地表演，这是需要莫大的勇气和胆量的。

早在省立第一师范时，聂守信就展露了他的表演才华。那时第一师范的戏剧研究会排演了许多新潮的话剧,其中有莎士比亚的《罗密欧与朱丽叶》、丁玲的《莎菲女士的日记》、郑伯奇的《抗争》和焦菊隐的《女店主》等剧目。由于第一师范是所男校,没有女生,聂守信自告奋勇地来挑战饰演这些女性角色。为深入理解并演好这些人物,聂守信做了大量的案头工作,因此他的表演惟妙惟肖、千人千面。饰演这些角色的服饰,他大都是从袁春晖处借来的。

有过难忘军旅经历后的聂守信,更珍惜家人、朋友的情感,尤其是对袁春晖的爱恋。他俩经常单独约会:有时泛舟昆明湖上,有时在西山看落日和晚霞,有时漫步在绿树成荫的小道……那时昆明的许多游览胜地,都留下过他俩爱的足迹。

彭寂宽也非常喜欢袁春晖,她几次与儿子商量要把这门亲事定下来,但心存鸿鹄之志的聂守信认为:自己尚年轻,还有更多更大的事未做。过早结婚,可能会因家庭的羁绊和束缚而拖累事业。因此他主张结婚可以晚些再议,此事就此搁浅。谁料,后因聂守信远走上海又意外地英年早逝,这段原本美满的姻缘最终成了泡影,这是令所有人感叹的遗憾!

在重返省立第一师范求学期间,聂守信在校外继续跟随柏励老师学习钢琴,同时还参加了大量的社会公益活动。在一次抗灾募捐中,他结识了一位终生难忘的挚友张天虚。此人当时是东陆大学预科的一年级学生,朴实忠厚、干事踏实,与聂守信有相同的爱好和理想。他俩的友谊从昆明开始,一直延伸到上海、北京乃至日本。后来聂耳不幸在日本遇难,其骨灰和遗物也是张天虚带回上海的。

聂守信的青少年时代,昆明到处笼罩着白色恐怖。那时,但凡共产党人和进步人士,包括在校师生,都受到反动当局的监视。聂守信16岁就加入共青团,他是学生运动的骨干,经常带头上街示威游行,并冲锋在前。还为营救被关押的地下党人而出谋划策、四处奔走,因而成为反动当局重点盯梢对象,就在聂守信从一师毕业的前夕,他上了缉捕的黑名单,地下党通知他赶紧外出躲避。在与家人商量后,他决定暂时顶替三哥,去上海的云丰申庄当会计,容日后再作打算。

就在聂守信要去上海的前一天,他先约了袁春晖去他俩过去经常约会的西坝玫瑰园道别。但这次见面的详情,甚至片言只语,聂守信在日记中都没有记载,他也从未向除了他三哥外的任何人提起过此事。但两人分别后一直保持着通信,可以想见,这天他俩是一定有过永不变心的爱情誓约。但遗憾的是,这次离别后他俩此生竟再没能重逢。

话别袁春晖后,聂守信又带着借来的小提琴与三哥一起去了西山。他要为自己的亲人拉上几首心爱的乐曲,来表达此刻自己内心的不舍。这天天公不作美,傍晚时分,突然风雨大作,躲进凉亭的聂守信正拉着法国国歌《马赛曲》。提琴柔韧优美的音色和着那强劲的风雨声,此刻幻化成一种奇妙的和谐。三哥听着乐曲,情不自禁地喃喃说道:"中国要是有人也能写出像《马赛曲》这样的歌曲,那该多好。"聂守信旋即答道:"中国肯定会有这样的人!"果不其然,五年后他为电影《风云儿女》谱写的插曲《义勇军进行曲》,后来就成为中华人民共和国的国歌。

那天晚上,彭寂宽准备了几样儿子喜欢的云南菜来为他送别,聂守信平日的几位好友和邻居也都来为他践行,但唯独不见袁春晖的身影。殊不知,此刻的袁春晖已病倒卧床。因为恋人的突然远行,给已深深坠入爱河的袁春晖以巨大的打击,她一时还未从这个现实中走出来……席间,起初一片沉默,大家都为聂守信的离开不舍。最终还是聂守信打破了这种僵局,他随即起身表演了几段滑稽小品,逗得大家乐不可支。随后又演奏了几首小提琴名曲,践行会一下又变得欢快热闹起来了。

1930年7月10日清晨,18岁的聂守信冒着大雨泪别谆谆叮嘱的母亲和家人,在三哥和张庚侯、廖伯民等几位密友的护送下,登上了前往越南的火车(当时大西南的交通不便,没有直接的交通方式去上海,必须绕道),再转道香港坐轮船前往上海。此刻在火车站,聂守信最想见到的人一定是袁春晖。但在火车鸣笛启动时,仍不见她的踪影。聂守信带着难以言状的惆怅离开了昆明。殊不知,从这一刻起,聂守信再也没能踏上这块生他养他的故土,从此再没见到心爱的亲人和春晖。

经过14天的颠簸旅途,聂守信乘坐的"长江号"客轮于7月24日抵达上海黄浦江的公平路码头。聂守信就职的云丰申庄也在公平路上,离码头不远。上海的云丰申庄是云南昆明总店的分号,主要业务是经营沪滇两地的土特产贸易。那时云南虽然盛产云烟,但价格不菲,而上海则有大量廉价的外国香烟。因此,聂守信在上海的主要任务就是为昆明总店采购各种名牌外国香烟后,进货、搬运、邮寄,以及记账和一些联络琐事。这样的工作周而复始,聂守信很快驾轻就熟了。

因为工作不太繁重,聂守信得以在晚上和休息天能抓紧时间看书学习。有一次去商务印书馆买书,不料邂逅了袁春晖的姐姐袁令晖和她的云南同学周玉麟。她俩刚从昆明来到上海,想在此地学习一段时间然后去日本留学。聂守信从袁令晖处得知,袁春晖的身体尚未康复,但自己远在他乡,帮不上什么忙,感到非常难过。他还了解到,袁春晖希望他能进入上海国立音专学习,他自己也期望着有这么一天。

云丰申庄的老板对聂守信的工作很满意,有时店里空闲,就带他去大世界游玩。在那里他大开眼界,玩了哈哈镜,又看了多出京剧折子戏和其他戏曲,还是意犹未尽。聂守信在常去邮局邮寄香烟的途中,一直路过"天一电影公司"。时间久了,他与公司门卫相熟,就经常进入片场去看拍戏,觉得此事很过瘾。说来也巧,一天挚友张庾侯从昆明来信,说他已辞去音乐教师的工作,在与廖伯民一起经营一家电影院,想请聂守信帮忙在上海租借电影拷贝去那里放映。办事干练的聂守信很快就把此事办妥。他

聂耳在放声歌唱

聂耳在练习小提琴

代表昆明方，与上海的"明星""天一"等多家电影公司签订了一份十分有利的租赁电影拷贝的合同。为表示感谢，张庚侯从昆明寄来了一百大洋。从未见过这么多钱的聂守信，得到这笔意想不到的外快兴奋不已，他将其中的五十元寄给母亲，余下的钱在乐器寄售商店买了一把意大利产的小提琴和一件出客穿的大衣。这把小提琴音色柔和隽永，有了这心爱之物，从此聂守信每天练琴不辍。当时他所居住的这幢石库门建筑，其二楼晒台就面对着黄浦江。清晨随着小提琴声和聂守信有时的放声高歌，周围的邻居都把这当作一道文化风景。

但好景不长，七个月后，云丰申庄在昆明的总店因虚报消费税被查实而受到重罚，从而倒闭，上海的分号也在劫难逃。此时的聂守信又处在十字路口：要么重返昆明能与家人和春晖团聚，但上海有着自己音乐梦想的土壤、气候和机会，决不想轻易放弃。但前提是一定要能在上海立足。

考入联华歌舞踏上音乐之路

20世纪30年代的上海已是远东第一大都市。市中心由法租界、英美公共租界和日租界组成。租界里灯红酒绿，夜夜笙歌。当时西方社会所有的生活方式在上海的租界一应俱全。上海有中国最早的工部局交响乐团；有中国唯一的高等音乐学府——上海国立音专；有"百代""胜利"和"大中华"等唱片公司；有无数的私人电台和雨后春笋般茁壮成长的电影公司；有大量的包括报纸杂志在内的现代传媒业；还有许多歌厅、舞场、电影院和剧场，其时上海上映的好莱坞电影几乎与美国同步。

真是天无绝人之路，正在彷徨、犹豫不决的聂守信在3月28日的《申报》上，看到了一条联华影业公司音乐舞蹈学校招收男女学员的广告后，喜出望外，决定要去报考一试。联华影业公司音乐舞蹈学校的原班底，就是黎锦晖创办的明月歌舞团。因当时有声电影刚诞生，联华影业的老板罗明佑看好未来歌舞片电影的市场，因此决定与黎锦晖强强合作，整合他的资源。既可在影片中用他的演员，还能用他的乐队配乐，使自己的电影制作能力更加强了。而黎锦晖则要利用联华影业的资金来加强、提高其歌舞团的演出能力和社会影响力。

在考试的前一天,聂守信为了稳定自己紧张的情绪,在傍晚时分去南京路上的夏令佩克电影院(即后来的新华电影院)观看了中国第一部有声电影《歌女红牡丹》。但回家后,情绪还是亢奋得无法入睡。第二天清晨,他匆匆吃了点早饭,便带着小提琴徒步去应考。谁知到了考场,离考试时间还有一个多小时。考试由黎锦晖主持,在寒暄了几句客套话后,便直奔主题。黎锦晖要求聂守信先演奏一段含有十六分音符的乐曲,由于心理紧张,聂守信完成得并不理想。随后,已放松心情的聂守信又演奏了一段自选的乐曲。在考官的要求下,还加弹了一段钢琴曲。初试顺利通过,复试定在一星期后。聂守信拿到学校指定的考试曲谱后,回家拼命练习。第二轮考试的内容是乐手与乐队的合作,因聂守信的乐感、视听和节奏感都非常出色,所以与乐队的合作是珠联璧合、相得益彰。黎锦晖非常满意,他被当场录取。就这样,聂守信开始与音乐结缘,朝着自己梦寐以求的音乐方向迈进。

考入联华音乐歌舞学校的聂守信,对新的学习和生活环境感到很新鲜。那时的学校就在爱文义路129号(今北京西路靠近静安寺)的一幢三层楼房。一楼是排练场和办公室,二、三楼分别为男女宿舍。聂守信每天清晨早起就开始练琴,他整天沉浸在音乐的氛围中,感到无比的快乐。黎锦晖为了帮助他提高业务水平,指定乐队首席王人艺当他的专职老师。聂守信为人真诚热情,与许多比他先来的演员王人路、王人艺、王人美、黎莉莉、严华、严励、胡茄等都关系融洽。而与他先后来此学习的白丽珠(歌后白虹)、周小红(金嗓子周璇)、韩国美和于斯咏(后改名于立群,成为郭沫

聂耳与明月歌舞社的同事合影

若的夫人）等学员也相处不错。因为聂守信的耳朵特别灵敏，大伙儿都叫他"耳朵先生"，于是聂守信就改艺名为"聂耳"。在团里，大家都亲切地昵称他为"聂子"。当年他参加北伐军后，在广州报考过欧阳予倩创办的广东戏剧研究所附属戏剧学校时，曾化名聂紫艺。

彭寂宽是反对聂耳参加歌舞团的，她希望儿子能早日回昆明与袁春晖完婚。而此刻，袁春晖也担心与聂耳长时间不相处，可能会节外生枝。此时的袁春晖已从学校毕业，在当地的一所小学任国文教师。她也一直期盼着能去上海探访。但无奈上海路途遥远，教学又走不开，而自己又体弱多病，故一直未能成行。诚然，母亲和恋人的这种担忧也并非是空穴来风和多余的。聂耳是个感情丰富的人，他在远离家乡亲人的孤独状态下，与学校里的少男少女朝夕相处，难免耳鬓厮磨、日久生情。聂耳曾先后懵懵懂懂地暗恋过一同考入联华歌舞学校的同学韩国美和白丽珠，这在他的日记中是有多处记载的。因当时这两位女孩年龄尚小，不满14岁，还少不更事，而聂耳又与她俩相处的时间很短，故未有结果也在情理之中。聂耳对初恋的袁春晖还是一往情深的。他在上海时，无论成功还是失落，最思念的人还是袁春晖。每当收到袁春晖从昆明寄来的夹带着缅桂花香的信笺时，一定是聂耳最期待的时刻。

在黎家班学习工作的这段日子里，聂耳不仅开阔了视野，还结识了一大批电影和音乐界的著名人士，如蔡楚生、孙瑜、金焰、史东山、朱石麟、卜万苍、贺绿汀等，这也为他今后辉煌的电影音乐创作生涯奠定了坚实的基础。在与上海"左联"的田汉、夏衍等进步人士交往后，他的人生观和世界观都开始发生了巨变。他觉得：音乐就是要为人民呐喊，替时代高歌。从此他的这一音乐理念一直贯穿其创作的始终。

由于"一·二八"淞沪抗战爆发，日寇加紧侵华战争，上海的社会萧条，经济很不景气，电影的制作和放映也受到影响。联华影业的音乐舞蹈学校成立不到一年便解散了。黎锦晖为了留住自己的歌舞班底，拿出自己所有的积蓄，又在赫德路（今常德路）的恒德里租了一幢房子，重办明月歌舞社。为了能让歌舞社有更大的生存空间，黎锦晖带领他们四处巡演，先后到达过南京、武汉，甚至远赴南洋群岛。但此时抗日战争激战正酣，亿万中国军民正投身伟大的抗日洪流，而"黎氏歌舞"的这种靡靡之音，无形中在削弱、消磨国人的斗志，显然已和时代格格不入了。因此演出遭遇"滑铁卢"，门庭稀落、难有票房。明月歌舞社的生存正遭遇空前的危机。

聂耳当初报考联华音乐舞蹈学校也只是权宜之计，他最终的目标是考入上海国立音专，当一名音乐家。聂耳是个有思想、有激情又有文采的热血青年。对于日寇的猖狂侵华，他一直义愤填膺。对于日本军国主义，他更是深恶痛绝。如今面对不利于抗战的"黎氏歌舞"，聂耳大义灭亲，拿起笔杆在上海的主流媒体上接二连三地撰文抨击，但碍于情面，他先后化名"黑天鹅"和"黑天使"。

其实，聂耳撰文的本意并非要把"黎氏歌舞"一棍子打死、全盘否定。他认为，"黎氏歌舞"曾经起过反封建、向人民大众普及文化和音乐的积极作用，如今的批评是完全希望它能回到激励人民投身抗战的立场上来。很快，"黑天使"的身份解密了，明月社的成员都不理解聂耳为何要"恩将仇报"去当"叛徒"。社会舆论使本已难以为继的明月歌舞社更是雪上加霜。带着同事们的误解，聂耳离开了自己学习、工作过一年半的明月歌舞社，同时他也离开了上海，前往北平报考北平艺术学院。

诚然，聂耳的内心一直是尊重、感激黎锦晖先生的。黎锦晖为人正派，没有任何桃色绯闻。他把自己创作得到的稿酬、甚至家中的积蓄，大都用来培养艺术人才和维持歌舞团的生存。聂耳虽然对黎锦晖的创作方向并不苟同，但他后来谱写的电影音乐的风格和理念，还是受到黎先生深刻影响的，譬如作品的音域都不宽、在自然声区、易学易唱，而且其旋律大都取自民间的音乐和戏曲元素，再融入现代的作曲技法。在聂耳化名"黑天使"的身份还未被披露前，他曾主动找黎锦晖说明此事。同时，他还阐述了自己为什么要写系列的批评文章，同时希望黎先生能改变立场，用歌舞为抗战服务。黎锦晖除了为自己的一些作品申辩外，也基本同意聂耳的观点。

三年后，一直未与黎锦晖来往的聂耳在去往日本的前夜，突然造访黎府话别黎锦晖。这天两人谈了很多，聂耳还是希望黎锦晖能为抗战多做贡献。打那后，黎锦晖再也没写过轻歌曼舞的作品，而是创作了多首抗日救亡歌曲。

电影音乐创作之路

聂耳坐船经天津再转火车，于8月10日抵达北平。此时，离他报考北平艺术学院一月有余。聂耳落脚在宣武门外的云南会馆。他一到北平，不是去游览闻名遐迩的古都名胜，而是逐一看望昔日明月社的同事白丽珠、韩国美、于斯咏和杨枝露等在北平的家人。在北平，他与朝思暮想的云南挚友张天虚不期而遇，两人有别后说不完的心里话，同时还结伴参观了中国的最高学府：清华和北大。他俩羡慕这些莘莘学子能有这么好的学习环境和条件，是多么的幸福啊。

9月14日，聂耳起了个大早赶往北平艺术学院应考。考试分文化考和专业考两部分。文化考的科目有四项：国民党党义、语文、数学和英语。其中，英语是聂耳的强项，而数学则是他的软肋。因聂耳是个进步青年，他的激进思想与国民党蒋介石当局的所作所为是背道而驰的，而党义和语文考的都是作文形式，因此他的成绩可想而知。专业考试，聂耳选择了小提琴演奏，但表现也不太理想。最终考试落榜了，聂耳有些失落。北平的左联希望他能留下来工作，但此时的聂耳还是想回上海，因为那里有他更广泛的人脉和发展空间。

就在聂耳离开北平前，他应北平左联的于伶和宋之的邀请，参加了北平学联组织的两场反日话剧《血衣》和《起来》的演出。他在这两剧中分别饰演了一位老人和小提琴手。虽然角色不重，但他演得有血有肉、光彩照人，显露出他的表演艺术才华。

"九一八"事变的一年后，日寇占领了全东北，并一手扶植、炮制了伪"满洲国"。同时，又把魔爪伸向山海关内。聂耳在北平之行中看到了华北、平津的告急，中华民族危在旦夕。他决意要拿起音乐当武器，来教育、唤醒、团结、激励全国人民奋起抗战。

1932年11月8日清晨，聂耳又坐船返回阔别半年多的上海。在上海左联及一些电影界人士的帮助下，聂耳开始涉足进步电影的拍摄。起初，他在卜万苍和蔡楚生执导的电影中，担任场记和一些配乐、音响工作。其中，他在影片《母性之光》中，谱写了他人生第一首电影插曲《开矿歌》。

开始谱写电影音乐的聂耳，此时深感自己音乐创作的素材并不多。对生活的感悟和社会的认知，也还不够深刻和全面，作曲的技法更只学到些皮毛。因此，只能在创作实践中不断地学习提高。聂耳想尽快搜寻中国各地的民间音乐，并下功夫去研究一番。于是，他写信给自己的三哥和挚友张庚侯，希望他们在昆明帮忙搜集当地的民歌、民谣、山歌，抑或民间小调、滇戏曲牌等，而且多多益善。

回到上海后的聂耳，在田汉的介绍下，很快就加入了上海左联领导下的音乐家联盟，参加这个组织的还有吕骥、任光、孙慎、张曙、沙梅、贺绿汀、安娥、麦新和孟波等革命音乐家。聂耳加盟组织后创作的第一首歌曲，就是传唱至今的《卖报歌》。那时聂耳住在霞飞路（今淮海路）的一条石库门里弄，他每天去联华电影厂上班都要经过一处十字路口，总会看到一位小女孩在叫卖当天的报纸。时间长了，他与小女孩熟悉起来，并了解了她的苦难身世，十分同情。于是聂耳有感而发，用了一个晚上的时间完成了卖报歌的旋律。第二天，他请安娥和着他的曲调，配上了歌词。这首脍炙人口的歌曲就这样诞生了。

在完成《卖报歌》后，聂耳又应邀为独幕话剧《饥饿线》谱写了主题歌《饥寒交迫之曲》。这是聂耳早期的作品，整个音乐的线条还不够精练，但悲哀的旋律会给听者传递出饥饿、寒冷的感觉，很有感染力。

随着聂耳处女作的成功，他的声名开始鹊起远播，音乐创作的热情也更加高涨了。他为"天一影业"出品的影片《一个女明星》谱写了插曲《走向摄影场》，作品运用了老家玉溪花灯调的音乐元素。《卖报之声》是《卖报歌》的姊妹篇，与《卖报歌》明快清新的节奏相比，《卖报之声》的旋律则比较抒情缓慢。聂耳谱写《雪花飞》的曲调很悲哀，歌曲描述了大雪纷飞之中贫苦人家的艰难生活，想以此唤起社会对穷人的同情和关爱。《小野猫》也是一首儿童歌曲，由著名儿童文学作家陈伯吹作词。歌曲中表现猫和老鼠的声音都非常形象逼真，很有童趣。

聂耳带着新创作的五首歌曲，毛遂自荐地来到百代唱片公司洽谈灌制唱片的事宜。当时百代公司的音乐部主任是留法归来的任光，安娥也在音乐部工作，他们都是聂耳的好友。一天，在任光的钢琴伴奏下，聂耳当众演唱了这五首新歌，受到大家的一致好评。百代公司不仅同意为聂耳的新作灌制唱片，它的英国老板还当场邀请聂耳来公司任职。

从1933年5月1日起，聂耳成了百代唱片音乐部副主任，任光的副手。在进入百代唱片公司后，聂耳不仅积极组织各种畅销唱片的录制，还努力筹建"百代国乐社"，为录制唱片伴奏和补白。国乐社的成员除了他自己，还有黄贻钧、林志音、陈中、徐俊佳、陈梦庚、秦鹏章、杨光曦和王为一等。聂耳还为这支民乐队专门谱写了《翠湖春晓》《金蛇狂舞》《昭君和番》《山国情侣》等多首民乐合奏曲。其中，《翠湖春晓》运用了道教洞经音乐中的《宏仁卦》为基调；《金蛇狂舞》则取材于云南的民间音乐，作品着意渲染了龙灯舞轻快又热烈的氛围。而《山国情侣》是根据山西民谣《大红公鸡》的旋律和云南花灯《玉娥郎》的曲调融合而成的一个作品。《昭君和番》原本是聂耳孩提时代就耳熟能详的一首旧曲，此次新作已将旧曲重新改编，使之焕发出新的生命力，给人耳目一新之感。另外，任光和黄贻钧也分别谱写了脍炙人口的民乐经典《彩云追月》和《花好月圆》。当年的这些民乐作品，如今仍为世人所津津乐道。聂耳除了指挥乐队，有时还要当乐手，操起各种乐器吹吹打打。当年，"百代国乐社"录制的民乐合奏唱片畅销一时，令他们引以为豪。

在百代公司工作不到一年，因为聂耳谱写的歌曲《飞花歌》和《牧羊女》被胜利唱片公司灌制了唱片，而引起了百代老板的不满，他无奈辞职。离开百代后的聂耳全身心地投入电影音乐和舞台剧的创作之中。他也赶上了一个好时代，他开始谱写电影音乐时，正是中国有声电影已拉开帷幕，并迎来蓬勃发展之际，音乐已在电影制作中举足轻重了，英雄有了用武之地。1934年注定是聂耳音乐创作的丰收之年。

1934年初春的一天，田汉拿着一部刚写完的歌剧《扬子江暴风雨》的剧本，来请聂耳谱曲。此剧以码头为舞台背景，描写了搬运工人悲惨艰苦的工作生活和他们的抗争。聂耳对码头工人的了解，在他刚到上海时就有深刻体验。那时，他当伙计的云丰申庄，就在公平路码头旁边，他经常路过码头，目睹搬运工人流血流汗地扛大包，有时力不从心跌倒在地时，还要遭到工头们的毒打……那时他就在日记中写道：以后一定要用音乐来表现苦力们的呻吟和怒吼。如今，田汉给了自己实现这个愿望的机会，强烈的创作欲望此刻在他脑海和心田中不断涌动。

接到剧本后的聂耳，随即就向任光请假，投入创作。他多次深入黄浦江畔的几处码头去体验生活、收集创作素材。按照田汉的要求，剧中的《码头工人歌》《打砖歌》《打桩歌》和《苦力歌》（后改名为《前进歌》）等四首作品很快完成。这些作品歌颂了码头工人不畏艰难贫困的不屈不挠精神，和想要当家做主的坚定信念。歌曲中还破天荒地运用了工人的劳动号子，这在中国音乐史上是首次。聂耳还应邀在剧中扮演了一位重要角色：苦力老王，田汉的儿子饰演他的小孙子。

1934年6月30日，歌剧《扬子江暴风雨》在八仙桥的青年会馆成功首演，受到上海各界人士的高度评价。参加此次演出的赵丹后来回忆：当时演出的条件很差，乐队人很少，演员也必须参加合唱。虽然大家不是很专业，但演出的热情很高涨，观众非常欢迎。尤其是聂耳，不仅歌唱得非常好，没想到他的表演也这么出众……为了避开反动当局的检查，此次演出没有用左联的名义。

1934年7月，中共领导下的电通影业公司开拍处女作《桃李劫》，这是中国第一部真正的有声电影。该片由袁牧之编剧，应云卫导演，聂耳作曲，袁牧之、陈波儿主演。故事以倒叙的手法，描写了狱中的主人公回忆美好的学生时代。影片的最后一个镜头是主人公即将被押赴刑场，此时画面响起他毕业时唱的那首歌。显然，这部影片的成功与否取决于这首未来的《毕业歌》。当聂耳拿到田汉这铿锵有力、像战歌一样的歌词时，周身的热血都已经沸腾了。他旋即用明快而又充满活力的旋律配上短促有力、激昂向上的节奏，一气呵成了《毕业歌》。《桃李劫》在当年的年底公演时，《毕业歌》不仅受到学生和知识分子的喜爱，在广大的普通市民中也广泛传唱，社会影响极大。我至今还非常喜欢唱《毕业歌》，每当唱到这首歌的高潮时，总会热泪盈盈、热血沸腾、激动无比。

1934年的盛夏，是近一个甲子以来最热的一个夏天，白天的温度高达40℃。在如此酷热的时候，大导演孙瑜的新影片《大路》开拍了。影片讲述了六个性格迥然不同，但都坚强、开朗、充满着青春活力的年轻筑路工人间的故事，由大明星金焰、郑君里、韩兰根、黎莉莉、陈燕燕等主演。但当时联华公司的拍摄设备还比较陈旧，影片《大路》也只能拍成只有音乐而没有人物声音的半有声片。孙瑜请聂耳为影片配乐并谱写两首插曲。

他希望这两首作品能像《伏尔加船夫曲》那样深沉有力、影响广泛,能打动观众。

在接到《大路歌》和《开路先锋》这两首歌词,并深刻领会了导演的意图后,聂耳开始投入创作。他还是一贯的创作作风,先去市郊的江湾筑路工地实地观察、体验工人们的劳动生活。此次下生活收获很大。工人的各种劳动号子,给他留下了深刻的印象,后来这些音乐元素都融进了这两首作品之中。9月初,聂耳完成了影片音乐和两首插曲。《大路歌》充盈着对祖国对人民的满腔热望,而《开路先锋》则表现了人民大众对美好未来的执着追求。影片在1935年元旦上映后,场场爆满。许多观众还特地向影片制作公司索要电影中的歌谱,聂耳在影坛的声望越来越大了。

不久,聂耳又接到曾成功执导《渔光曲》的大导演蔡楚生的盛邀,为他即将开拍的影片《新女性》谱写音乐。这部影片以当时的电影明星艾霞之死为故事原型,控诉、鞭挞了旧社会的黑暗和不公。聂耳在仔细阅读了剧本和体会导演的拍摄基调后,把原本孙师毅撰写的冗长歌词分为六段,分别谱写成《回声歌》《天天歌》《一天十二点钟》《四不歌》《奴隶的起来》和《新的女性》等六首既独立成曲又能串联成一个组曲的作品《新女性组曲》。这部作品流畅婉转又激昂有力,朴实的音乐语言激荡着人心,导演和剧组的主创人员都非常满意。由于当时上海没有现成的女子合唱团体来演唱影片中的歌曲,于是聂耳就建议在《申报》上刊登广告,招聘组织联华影业公司女子合唱团,由他来训练后再演唱录音。广告刊登仅三天,就有一百余人来报考,最终录用了三十名。

电影《新女性》的主演由当时红极一时的阮玲玉担纲。因为她与所饰角色有许多相似的经历,所以演来得心应手、入木三分。由于此片中有一些描写有关小报记者的负面内容,所以影片在公映前还遭遇过一场风波。后来剪掉了一些"有辱记者"的镜头后,影片才得以通过。由于主演该片的阮玲玉当时身缠与前夫张达民和同居者唐季珊之间的官司,是社会舆论的焦点人物,因此影片在1935年2月2日、也就是这年的除夕夜公映后,便引起轰动,这其中除了影片本身的观赏性和电影音乐及插曲的感染力外,还有人们争相一睹阮玲玉芳容的原因。聂耳虽然与阮玲玉交往不深,但他十分同情这位女明星的不幸遭遇,想为她写首歌曲,但终因自己意外身亡而未果。

在为影片《新女性》谱写音乐的同时，聂耳又应邀为左联组织排演的三幕话剧《回春之曲》创作了四首插曲：《告别南洋》《春回来了》《慰劳歌》和《梅娘曲》。其中《梅娘曲》是聂耳一生中谱写的唯一一首情歌。此后，聂耳又分别为影片《逃亡》谱写了《逃之歌》和《塞外儿女》，为影片《凯歌》谱写了《打长江》和《采菱歌》等。

贺绿汀与聂耳的交往

聂耳对自己这一时期的音乐创作非常满意。他化名王达平在《申报》上发表了乐评文章《一年来之中国音乐》，全面、客观、准确地剖析了中国乐坛的近况。其中有赞扬，也有批评，旗帜鲜明。他在文中热情地肯定了自己的音乐创作方向和理念，同时也表达了会永远用生命的激情去谱写、讴歌一切美好事物的强烈愿望。

我和乐坛巨匠贺绿汀是交往很多年的忘年交，他在晚年非常怀念聂耳，多次向我讲起他年轻时与聂耳的一些交往。贺绿汀年长聂耳9岁，早在1932年，聂耳随明月歌舞社赴武汉巡演时，经王人艺介绍，就与正在武昌艺校担任音乐教员的贺绿汀相识，两人一见如故、相见恨晚。一年后，贺绿汀重返上海国立音专学习，在上海与聂耳重逢。因为聂耳从未进过音乐院校深造，为了帮助他提高小提琴演奏水平和作曲基本功，贺绿汀先后为聂耳介绍了上海工部局交响乐团的中提琴首席普杜世卡和俄裔作曲家阿甫夏洛穆夫为他专门授课。聂耳一直梦想能进入上海国立音专学习，他在1934年春曾报考过该校，但未被录取。为此，贺绿汀又专程说通了萧友梅校长能给聂耳一次补考的机会。补考由萧友梅和上海工部局交响乐团的首席富华一同主持。那天，聂耳演奏了几首他拿手的曲目，而且演奏时感情非常投入。但由于聂耳的小提琴演奏，因初学时弓法和指法不太正规，以后的练习即使再努力，也已很难达到专业级的高水平了。因此，他的小提琴演奏离入学要求还是有相当距离的。最终，聂耳还是被上海音专拒之门外。但没能进入音乐院校学习，并不能阻挡聂耳的音乐创作成就和前进步伐。1935年夏，萧友梅在惊闻聂耳意外去世的消息后，感到非常后悔。如果当初发现聂耳的作曲才能,让他改行来校学作曲,那么他完全有可能成为世界级的华人作曲大师,他的音乐人生也可能完全改变。

聂耳发表在《申报》上的化名乐评,社会反响强烈。文中的许多观点和对新创作的钢琴曲《牧童短笛》的赞誉,也引起了贺绿汀的共鸣和关注,他很想有机会能与这位"王达平"先生探讨他文中所提出的一些问题。有一天,贺绿汀突然接到聂耳的邀约,请他来家有要事相商。此时的聂耳在上海的电影圈如日中天,不断而来的片约使他分身无术。于是,他想请老朋友来分担、分享。当时,聂耳住在霞飞路高安路口的一家店铺楼上,而贺绿汀则借住在襄阳路上的一家裁缝铺三层阁,两家相距不远。这晚,两人相谈甚欢。聂耳滔滔不绝,他从音乐谈到电影,又从电影涉及音乐,言语间充满着自信和自豪。从他的言谈中,贺绿汀已隐约感觉到:他所想要见的"王达平",八九不离十就是聂耳。果不其然,在贺绿汀的询问下,聂耳道破了自己就是"王达平"。

这天,聂耳讲得最多的还是音乐对电影的作用,他希望贺绿汀也能加入电影音乐创作的队伍。这样既可在音乐创作上闯出一条新路,同时又能得到不菲的酬劳,以维持学业和贴补家用。他郑重地邀请贺绿汀为即将开拍的影片《船家女》谱写音乐。这部影片原本是请聂耳作曲的,但他向导演沈西苓力荐了贺绿汀。此片讲述了西子湖畔一个摇船姑娘的悲惨命运,音乐在影片中可发挥的余地很大。聂耳的真诚和好意,贺绿汀感受到了。此刻他也有了向电影音乐发展的念想,于是便欣然接受。

影片《船家女》一炮打响,贺绿汀也开始在影坛崛起。此后,他先后为《马路天使》《十字街头》《古塔奇案》等20多部电影配乐写歌。其中《四季歌》《天涯歌女》《春天里》和《秋水伊人》等经典歌曲传唱至今。对此,贺绿汀对聂耳一直心存感激。

《义勇军进行曲》的诞生

随着电影音乐佳作的不断面世,聂耳的名声在电影圈、乐坛和民间已如雷贯耳。在电影《桃李劫》大获成功后,电通公司于1935年初,在荆州路上大兴土木,建造了两幢新的摄影棚,准备迎接第二部影片的开拍,该片是由夏衍、田汉、阳瀚笙和赵铭彝等一批"左联"人士一同策划的一部抗战影片，暂名为《凤凰的再生》。影片描写了一个知识分子为参加抗日救亡而毅然冲破世俗的桎梏奔赴前线的故事。电影从几位主人公在上海亭子间的偶遇开始，最后以他们出现在长城外的抗日战场上结束。剧本原定由田汉编剧，但不幸的是2月19日，他与阳瀚笙、赵铭彝等已被反动当局逮捕了。

但此时电影开拍在即，而田汉的剧本只完成了一个故事梗概。于是，夏衍就接过了这个重任，他花了一个多月的时间最终完稿，改名为《风云儿女》。影片由许幸之导演，袁牧之、王人美等主演。片中有一首主题歌《义勇军进行曲》和插曲《铁蹄下的歌女》，分别由田汉和许幸之作词。聂耳在得知《风云儿女》要拍摄的消息后，便主动向夏衍请缨担纲作曲。其实，已成功谱写过《毕业歌》《大路歌》和《开路先锋》等影响深远作品的聂耳，无疑也是这部抗战影片曲作者的不二人选。

影片主题歌《义勇军进行曲》的歌词，选自田汉为剧中塑造的主人公——诗人辛白华量身定做的长诗的最后一段。由于这首长诗是田汉在被捕前匆忙写下的，歌词是写在包香烟的锡纸背面，因纸上沾有茶水渍，有些字已经被茶水化开很难看清。夏衍和许幸之、孙师毅等主创人员一起将歌词一字一字仔细辨认后，再抄录下来。

为写好和写出一个完整、真实又生动的聂耳，我曾在写作本文前做过大量的案头工作，并再次采访了许多与聂耳有交集的人物。其中抗日将领朱庆澜将军的孙子和孙女向我披露过一段往事：当年田汉为《风云儿女》主题歌取的歌名是《军歌》，而聂耳从日本寄回国的正式歌谱的歌名为《进行曲》，因为当时朱庆澜是辽西抗日义勇军的总司令，又是电影《风云儿女》的投资人之一，因此当他看到聂耳从日本寄来的歌谱后，旋即就在"进行曲"的前面加上了"义勇军"三个字。在此部影片在酝酿筹备时，朱庆澜还邀请田汉、聂耳和许幸之等前往锦州的辽西义勇军总部参观访问、体验生活。在那里，聂耳听到了一首《反满抗日救国军歌》，给他留下深刻印象。后来他在创作影片的主题歌时，借鉴运用了其中的旋律和节奏。

聂耳花了两天时间完成了影片的主题歌。他在第一时间就把作品唱给导演许幸之听，想征询他的意见。歌曲引起了许幸之强烈的共鸣，他对聂耳说：整首作品相当好，激情澎湃、催人奋进、节奏感极强。但开篇和结尾的两个乐句能否把装饰音去掉，使之更加充满力度。聂耳对着乐谱沉思了一会儿，随后拿起笔对其中的三处做了些修改。修改后的歌曲唱来更加铿锵激昂有力。几天后，许幸之又为影片补写了一首插曲《铁蹄下的歌女》，请聂耳谱曲。这悲哀的歌词，深深打动了聂耳。他经过两个星期的苦思冥想，写了又改，改了又写，终于完成了一首自己满意的作品。当聂耳在钢琴上试唱这首作品时，许幸之已听得热泪滚滚、不能自已。

巨 星 陨 落

1935年的初春，面对日本军国主义的加紧侵华，上海的抗日救亡运动已如火如荼。为此，国民党也加强了对中共成员及进步人士的镇压。危险正一步一步地逼近聂耳。4月初，聂耳在联华影业公司邂逅孙瑜，此时的孙瑜还沉浸在影片《大路》成功的喜悦之中，他当场邀请聂耳为他即将开拍的新片《无愁君子》谱曲。几天后，聂耳又接到袁牧之的邀约，为中国第一部音乐喜剧片《都市风光》配乐。此时的中国已迎来了电影有声片的拍摄高潮，电影音乐已越来越显重要了。聂耳对自己的未来充满着希望和憧憬。

但不料有一晚，于伶突然来访，通知聂耳赶快转入地下，他已被当局列入追捕的黑名单。于伶的到来，无疑给了聂耳当头一棒。其实，他写的爱国进步电影歌曲，早已引起反动当局的反感和恐慌。殊不知，聂耳也早在1933年初，由田汉介绍、夏衍监誓，加入中国共产党。当年他从昆明逃亡上海，全靠三哥帮忙，如今在上海遇难，党组织安排他去日本避难学习。因为那时到日本不需要护照签证，而且交通便利，有大轮船往返。聂耳也想通过日本再转道去欧洲，来实现自己学习音乐的夙愿。

临行前，聂耳把《风云儿女》的主题歌和插曲灌制唱片的事务，委托给吕骥，并向上海的一些老友如夏衍、司徒慧敏、欧阳予倩、黎锦晖、金焰、蔡楚生、吴永刚、袁牧之、许幸之、贺绿汀、郑君里、赵丹和王人美等一一辞行。4月15日清晨，聂耳从公平路的汇山码头登上了日本邮船"长崎丸"号离开了上海。出于安全考虑，聂耳去日本的具体时间没向任何人透露。但这天,郑君里、袁牧之和赵丹还是悄悄地来到码头,不舍地目送聂耳登船远行。

经过一天一夜的海上颠簸,聂耳到达了日本长崎,旋即又辗转来到东京,去投奔已在那里留学的挚友张天虚。与张天虚一起租住的云南同乡杨式谷、吴琼英也是留日学生。聂耳一到东京住下,就把《风云儿女》的主题歌和插曲,仔细斟酌修改后,重新誊清寄回国内。一个多月后,随着影片《风云儿女》的上映,《义勇军进行曲》那激昂的歌声已不胫而走,传遍华夏大地,激励着亿万中国军民。

聂耳到了东京,品尝了当地的美食,观赏了多场音乐会和演出。其中有日本国宝级的歌舞团体宝塚剧团的歌舞表演,使他眼界大开。在日本的三个月里,聂耳考察了日本的音乐、电影和戏剧,其中包括日本的新剧,收获颇丰。他还和中国留学生广泛交流,观看了他们表演的话剧《雷雨》。还应邀为中华留日基督教青年会举办的艺术聚餐会作报告,受到与会者的热烈欢迎。

东渡日本后不久,聂耳与他的日语家庭教师渡部带小姐等的合影

转眼到了7月，日本的语言学校都放假了。聂耳应留日学生李相南的盛邀去神奈川的藤泽度假。7月17日下午，聂耳和李相南及两位日本朋友一同来到鹄沼海滨游泳。谁料这一去，聂耳竟永远地消失在这大海的波涛之中。当时他只有23岁零5个月，他的艺术之花尚未盛开，却已永远凋零，令世人唏嘘不已。

聂耳意外遇难的消息传到国内，举国悲哀。8月16日，聂耳追悼大会在上海的金城大戏院（今黄浦剧场）隆重举行。上海文艺界的头面人物几乎悉数到场。蔡楚生致悼词，吕骥讲述聂耳创作生涯，云南同乡郑雨笙介绍其生平，龚秋霞、胡萍等演唱了聂耳创作的歌曲。大会在悲哀、肃穆而又庄重的气氛中进行。被反动当局通缉的夏衍不顾自己的安危，也偷偷来到现场。

聂耳身亡的消息，很快传到了昆明，聂耳的兄长和恋人袁春晖痛不欲生，但他们还是瞒着年迈的彭寂宽。但纸终究包不住火，有一天，一位邻居见到彭寂宽，便安慰儿子去世的她。至此，彭寂宽才知道事情的真相。很长一段时间，深爱着聂耳的袁春晖天天去聂耳家，陪伴彭寂宽老人。

8月底，聂耳的骨灰和遗物由张天虚等人从日本带回上海。为了让骨灰和遗物能回到昆明，聂叙伦专程来到上海。但那时昆明到上海是要绕道越南的，而法国人统治下的越南是禁止外国人将骨灰带入境内的。于是，聂叙伦只能将骨灰一层层地包裹伪装好，通过邮局寄回昆明。

1937年10月1日，聂耳的骨灰被安葬在他生前最钟爱的西山，青石垒起的坟墓朴实无华。聂耳的亲属、好友及恋人袁春晖参加了葬礼。就这样，聂耳终于又回到了自己梦牵魂绕的故乡。新中国成立后，党和政府把聂耳的墓地重新翻修扩大，如今已成为昆明的一处人文和旅游景点。

新中国成立前夕，全国政协第一届会议通过：由田汉作词、聂耳作曲的《义勇军进行曲》被选定为国歌（代）。2004年3月14日，第十届全国人民代表大会第二次会议正式将《义勇军进行曲》作为国歌写入宪法修正案。

1992年，为纪念聂耳诞辰八十周年，由著名雕塑家张充仁耗时多年创作的一尊名为《起来》的聂耳塑像，落成在上海的淮海中路与复兴中路交会的一处绿地内，这里的附近曾是当年聂耳生活战斗过的地方。雕塑栩栩如生，意气风发的聂耳正激情地挥舞双手指挥着激昂的歌声。面对这神采飞扬的聂耳塑像，每天路过此地的无数行人，都会情不自禁地向聂耳像驻足、凝视、回眸，投以崇敬的目光。人们是永远不会忘却这位人民音乐家和他的歌声的。

聂耳的生命虽然短暂，但却活得波澜壮阔、壮丽无比。他留下的那些用生命的激情谱就的不朽旋律，将永远激励亿万中华儿女奋勇向前！

冼星海：立志成为中国的贝多芬

冼星海

被毛主席赞誉为"人民音乐家"的冼星海，是继聂耳之后，中国革命音乐的又一面大旗。他在短暂的四十年人生中，不仅留下了《黄河大合唱》《民族解放交响乐》等四部大型音乐作品，还谱写了《热血》《二月里来》《到敌人后方去》《在太行山上》等500多首脍炙人口、传唱至今的经典歌曲。同时，又为党和人民培养了麦新、孟波、周巍峙、郑律成、刘炽、黄准等众多举足轻重的革命音乐家。

我从小就非常景仰冼星海，经常聆听他的经典之作，许多代表作我都会吟唱。当年，我就读的中小学的音乐教室里都悬挂着聂耳、冼星海的大幅照片，这是党和政府对这两位音乐家的极大肯定。在我三十余年的音乐制作生涯中，曾不失时机地采访、深交过冼星海在上海国立音专的同学沙梅，在抗日救亡歌咏运动中与他并肩战斗的战友吕骥、学生孟波，在延安鲁艺的同事瞿维、学生刘炽和黄准，以及八路军音工团的战友向异等。从这些音乐老人那里，我了解了冼星海的苦难人生和他不凡的艺术过往。深感他能历经常人难以想象和忍受的磨难，一路披荆斩棘，向着自己理想中的音乐王国勇往直前，立志成为中国的贝多芬。

与萧友梅的师生情

1905年，冼星海生于澳门，他是个遗腹子。他在人生之初，就随母亲黄素英生活在外祖父家。外祖父去世后，母亲只能带着年幼的儿子去新加坡打工。黄素英非常重视对儿子的教育，哪怕生活再辛苦、经济再拮据，还是节衣缩食把他送入华侨在新加坡办的私塾里读四书五经，稍大后又送往英文学校。在冼星海12岁那年，母亲到新加坡养正学校做勤杂工，他也随母就读这所学校。当时的养正学校有支军乐队，从小就对音乐一往情深的冼星海对能参加军乐队欣喜不已，他在乐队中学会了多种西洋管乐。一年后，黄素英携子回国。不久，冼星海考入了岭南大学附中，几年后，又进入大学预科，前后半工半读达六年之久。

冼星海从小就饱受贫困之苦，但为了心中的音乐梦想，他愿意也能够承受所有的苦难。从13岁在岭南大学附中起，他为了能免费在校读书，就承担起为学校摇铃、擦黑板、打扫卫生等杂务，还为学校代售文具等。年少的冼星海在学习打工两不误的同时，已展露其不凡的音乐天赋。虽然冼星海是整个学校最贫困的学生，平日"衣冠不整"，但他有着穷人的骨气和坚韧不拔。因此，同学和老师并没因为他的贫穷而看低他，反而以他的学习成绩出色，又有音乐才能而引以为豪。那时他吹奏单簧管，被全校师生尊为"南国箫手"。19岁那年，有位旅美归来的华侨因看好冼星海的音乐潜能，赠送他一把价值不菲的小提琴，还免费教授他演奏。就这样，冼星海在点点滴滴中感受到音乐的熏陶和带给他人生的欢乐。

1925年，20岁的冼星海独身一人前往北平求学，并考入了当时中国唯一一所音乐教育机构——北京大学音乐传习所。在那里，他有幸结交了传习所的负责人、中国近现代音乐的奠基人萧友梅。两人一见如故、惺惺相惜，他由此走上了真正的音乐之路。因为冼星海和萧友梅是澳门同乡，在异地相遇备感亲切。冼星海虽然穷得叮当响，但他有自己坚定的信念。那时，他就在无意中多次向萧友梅流露出自己不当中国贝多芬誓不休的远大志向。

萧友梅爱才更惜才，尤其对这位小老乡的鸿鹄之志更是刮目相看，将

冼星海在国立音专与萧友梅等合影

他作为重点培养对象。在冼星海的音乐学习中,萧友梅是一位严师;但在生活中,他却像位慈父。当了解到冼星海经济上的困难后,又知道他是从不接受任何施舍的情况下,萧友梅不仅免去了他所有的学杂费,还让他在传习所里兼职:管理音乐书籍、抄写乐谱,用打工所得来维系他的学习生活费用。一年后,在音乐上大有长进的冼星海因萧友梅的力荐,入读了新创办的北平国立艺术专科学校。1927年,萧友梅离开北平,跟随蔡元培去上海创立上海国立音乐学院。翌年初秋,作为萧友梅的得意门生,冼星海免试就读上海国立音乐学院的专修班。

冼星海刚进入上音学习之初,萧友梅就抽空专门陪他去报考上海工部局乐队的单簧管演奏员,想以此来帮他勤工俭学。但由于冼星海学习音乐起步较晚,而且也没有受专业老师系统地教授过,他的演奏水平还没有达到专业水准,所以未被录用。此次考试使萧友梅感觉到,冼星海若要在器乐演奏上大有作为已不太可能,于是建议他改学作曲。

当年,冼星海在上音的学习生涯中,走得最近的同学是同寝室的沙梅。那时的沙梅早已是中共地下党的外围组织成员,他的进步思想和言论,无形中也影响着冼星海。1929年盛夏,上音发生了一件始料未及的大事。因那年暑假较长,许多外地的学生不想回家,想留校继续进修。但此时因为上音刚建校不久，政府拨给的经费也未全到位，学校的开支有些入不敷出。所以校方决定：每位留校学生需缴纳水电房租等杂费8元，以缓解校方暂时的经济困难。8元钱以当时的物价计算，已是一个不小的数目了。尤其是对大多数经济拮据的穷学生来说，更是一种不菲的负担。因此，同学们请求校方予以减免，但遭拒绝。

原本这是一件可以在校内协商解决的小事，但不料此事被闹大了。学生们组织了护校会，不久又集体去南京请愿，从而形成了事实上的学潮，而且愈闹愈大。直到校方出面锁琴房、断水电，双方到了剑拔弩张、不可收拾的地步。

当萧友梅校长了解此事经过后，得知冼星海是学潮的参与组织者之一，便想凭借自己这些年来对冼星海的提携帮助，请他斡旋。为了学校的建设和利益，大事化小、小事化了，不要闹得两败俱伤，他想与学生私了此事。于是，他派自己的得力助手吴伯超去找冼星海商谈。其实，此事原本与冼星海毫无关系。他当时并不住校，而是与他母亲一同借住在其母打工所在地——田汉创办的"南国艺术学院"的租用房里。由于冼星海一直饱受贫穷之苦，所以他非常同情支持贫穷学生的行动，立场鲜明。闹学潮的学生们经常在他的借住地开会，讨论对付校方的策略。

当吴伯超找到冼星海，说明萧友梅校长的本意后，不料遭到一口拒绝，而且根本没有任何回旋余地。因为冼星海认为：此次学潮针对的不是萧校长，而是反动当局，所以没有任何妥协。当吴伯超无果而返后，萧友梅得知了冼星海的态度，感到极度的失望和气愤，顿觉自己这么多年花费心血培养的学生，竟对自己如此的冷漠无情。由于两人没有直接沟通交流，因而造成了许多根本不该发生的误解，致使原本情同父子的师生两人，从此恩断义绝、再无往来。

上音的学潮还未平息，国民政府已派员来校介入整顿，首先宣布上海国立音乐学院降格为上海国立音乐专科学校，同时解聘萧友梅从北京大学音乐传习所带到上音的几位老师，理由是他们支持、参与过学潮。冼星海与十几位一同带头闹学潮的同学则遭到开除学籍的处分。对于国民政府的决定，虽然萧友梅强烈反对、甚至抗争，但毫无结果。因内心的气愤加之长期的劳累，一心为了上音的建设发展而殚精竭虑的萧友梅，因此大病了一场。他辞去校长一职，去莫干山养病了。

　　对于上音的学潮之事，冼星海从未在自己的日记或自传里，抑或公开场合中提及谈论，但他的同窗挚友沙梅了解事件的来龙去脉。当年冼星海母亲能到田汉创办的南国艺术学院打工，母子两人又能免费暂居此地，全因沙梅的引荐和帮助。因为当时冼星海已是中共地下党发展培养的对象，试想一个地下党的秘密居所，如果不是党的可靠之人，怎么能够入住其中呢？几年后，冼星海从法国学成归来，参与并领导了上海的抗日救亡群众歌咏运动，同时创作了许多激励中国军民投身抗日洪流的救亡歌曲，影响甚广，声名在外。萧友梅通过报刊对自己的学生也略知一二，暗自为他的成绩感到由衷的高兴。这时他方才明白，冼星海在学潮中的那种态度，是因为他是一个革命者，爱憎分明，不能徇私，以前的误解也就冰释了。

　　诚然，萧友梅在冼星海心目中的地位从未改变过。作为中国近现代音乐的奠基人，又是自己音乐生涯的引路人，在冼星海的许多著述中，不仅总会提及恩师，而且每每提及都表达出肃然起敬。冼星海一直把萧友梅挂在寓所的对联"岂能尽如人意，但求无愧我心"，当作自己终身的座右铭。

留法音乐生涯

　　辍学后的冼星海又只身回到了岭南大学去教授音乐，但他的内心还是渴望着能有学习音乐和作曲的机会。有一次，他在广州街头无意中邂逅了儿时的伙伴，此人当时已是广州往返于新加坡的轮船水手。当这位伙伴得知冼星海向往去巴黎学习，但又苦于没有路费，于是答应把他藏在船舱底下的水手房里，偷渡去新加坡。就这样，冼星海到了新加坡，在当地打工攒够了路费就去了巴黎。

　　冼星海在法国巴黎求学的六年多，受尽了屈辱和磨难，巴黎并非想象中的天堂，他的生活非常艰难。但他为了心中的目标，忍辱负重。初到巴黎，人生地疏又举目无亲，语言不通又几乎身无分文，他一时不知所措。

　　最初他找到了一家华人开的餐馆当跑堂，虽收入不多，但管吃管住，已很满足。但冼星海来巴黎的目的，并非打工而是学习音乐。为了积攒学习音乐的学费，他每天兼几份职业，干过理发店的杂役、宾馆的服务员、浴室里的小工、看守电话的佣人和被人看作下贱的跑腿。在这些繁重琐屑的工作里，他还要忙里偷闲来练习小提琴、看乐谱、写曲子。冼星海练小提琴是要等到餐馆所有的工作人员下班后才得以躲在厨房里练习。他几乎每天早晨5点就起床，一直要工作到晚上12点。学习音乐的时间，都是安排在工作完成以后。有一次，因为工作、学习连轴转，实在太劳累了，在端菜上桌时，因为一时晕眩连人带菜都摔倒了。冼星海被老板责骂了一顿后，便被开除了。有时打工没着落，他无奈只能背着心爱的小提琴，去街边、酒吧或餐馆拉琴卖艺，有时还遭到来酒吧吃喝玩乐的中国留学生的冷嘲热讽。这些学生都是当时中国达官贵人家的纨绔子弟，他们赴法留学只是镀镀金，买张文凭而已，并非为了学成报国。他们对自己穷苦的同胞，没有丝毫的同情，更谈不上慷慨的帮助，相反还白眼相对，责备冼星海丢了中国人的脸面。对于这些伤害他自尊的言行，冼星海并不放在心上，因为他有更远大的理想。

但他在卖艺中也碰到过好心人。一对流亡巴黎的白俄夫妇是音乐爱好者，他俩常听冼星海拉琴，在得知他的身世后伸出了援手，不仅帮他解决经济上的一些困难，还给他介绍了一位免费教学的巴黎音乐院作曲教授加隆。在加隆的门下，冼星海学习了曲式、和声、复调和赋格等作曲基本功。

冼星海来到巴黎的一年间，失业过十多次，饿肚子和居无定所是常有的事。有一次，冼星海在去打工的路上，因为又冷又饿，一下瘫倒在街边。幸亏有好心人把他送往医院，这才逢凶化吉。忍受着生活折磨的冼星海，就是在这样的逆境中挺过来的。在常人看来他非常不幸，但冼星海的内心充盈着对音乐的憧憬和热望。

在巴黎的底层社会打拼了一年多后的冼星海，积累了一点学费，他想去报考向往已久的巴黎音乐院。说来也巧，也许是天意，此时他无意中结识了在巴黎音乐院攻读小提琴的广东老乡马思聪，因为两人有着共同的爱好和理想，相谈甚欢。当马思聪了解到冼星海的抱负和处境后，旋即就把自己的老师、巴黎歌剧院的乐队首席奥别多菲尔介绍给冼星海。奥别多菲尔非常欣赏冼星海，他不仅免费教冼星海拉琴，还常常安排他去聆听当时社会的一流音乐会，有机会还会邀请他参加乐队的排练演出。这一切，对于常常得不到别人尊敬的冼星海来说，是一种莫大的鼓舞，为此，他学习音乐的劲头更高了。打那之后,他又结识了巴黎音乐院的多名教授:拉卑、丹地、多隆姆和保罗·刁克(又译保罗·杜卡),并跟随他们学习过指挥和作曲。其中,刁克教授最看好冼星海。刁克是与德彪西同时代的艺术大家,又与拉威尔、施米特等并称法国三大印象派作曲家。

能拜在刁克教授门下学习,无疑是冼星海留法音乐人生的重要转折。刁克不仅允诺冼星海报考巴黎音乐院作曲高级班,还义务为他作考前辅导。报考那天,冼星海一大早便兴冲冲地来到巴黎音乐院,但

冼星海在巴黎留学时留影

学校的门卫却不让他进门。原因是他的衣着极其不得体,而且又是个中国人,完全不像一个高级作曲班的考生。当冼星海向门卫解释自己确实是来报考的,但门卫根本不相信。正在僵持不下难堪之时,刁克教授也来到了校门口。他见状,二话没说搭着冼星海的肩膀就一同进校去了。

考试非常顺利,冼星海不仅以高分考入高级作曲班,还得到了荣誉奖。当校方询问他需要什么奖品时,冼星海不假思索地回答:饭票……

入学后,冼星海在刁克教授的门下潜心攻读,并付出了比常人更多的精力和心血。平日里,他基本不出校门。即使节假日里,他也把自己关在琴房,让悠扬的琴声随着自己的思绪飞翔。冼星海虽然品学兼优,享受奖学金,但还是不能完全满足学习和生活上的需求,譬如买书、买乐谱、听音乐会等。其实冼星海理应得到政府的全额资助,但他既没靠山、又没背景,也只能自生自灭了。好在有导师无微不至的倾力相助,这些问题也都迎刃而解了。

1935年5月17日,刁克教授因突发心脏病去世,冼星海的学业也就此结束了。在这年的初夏,冼星海作了最后一次欧洲旅行后,便启程回国了。在法国的几年,冼星海到过欧洲好多国家的首都和名城,增长了许多见识,

冼星海（前排右二）在巴黎音乐学院作曲班

也开阔了自己的视野和格局。但此次伦敦之行并不顺利。冼星海刚登岸时，边检人员看到冼星海的护照和他的穷酸样子，以为他是打着旅游的幌子来此打工的，因此将他扣留了，直到中国公使馆出面才得以保释。冼星海深感帝国主义对弱小民族的歧视，爱国激情更高昂了。

回国投身抗日救亡歌咏运动

冼星海旅法期间，起初是为了生存打工，后来又一直潜心于学习，因此音乐创作不多。他自谦拿得出手的作品也就七八首，其中最满意的一首当属女高音、单簧管和钢琴三重唱奏的《风》，作品通过对各种风的描述，抒发着自己人生感悟及祖国的苦难和不幸。整首作品既充满着东方风韵，又不失规范的西洋奏鸣曲格式。此作后经巴黎广播电台录播后，反响不俗，受到了刁克教授和流亡在巴黎的俄国大作曲家普罗科菲耶夫等乐坛人士的好评。另外，冼星海还谱写了小提琴和钢琴二重奏《索拿大》，和表达海外留学生对祖国无限思念和眷恋的歌曲《游子吟》等。

冼星海浏览了伦敦后，便乘船路经香港回上海。在香港逗留期间，他再次深感到殖民主义对自己同胞的压迫和剥削，愤愤不平，决意要拿起音乐的武器，替广大民众呐喊，为亲爱的祖国歌唱。

冼星海一回到上海，见到的第一人就是自己阔别近七年的老母。两人相见时，紧紧相拥，禁不住的泪水夺眶而出，冼星海感到母亲苍老多了。这些年，她为了满足儿子的理想和追求，舍弃自我。冼星海感到非常愧疚，想要用自己学到的本领，为母亲创造一个美好的晚年。

甫到上海的冼星海，很快就与昔日音专的同学、校友沙梅、吕骥及南国社的田汉等进步人士取得了联系。此时的上海，在经过"一·二八"淞沪抗战后，眼下，日本军国主义又加紧侵华的步伐，全城已群情激昂，同仇敌忾，正在掀起一场全民抗战救亡歌咏运动。原本，聂耳是抗日救亡歌咏运动的一面旗帜，但前不久，他刚写完电影《风云儿女》的音乐，便遭到国民党当局通缉。聂耳为了躲避追捕，无奈只能绕道日本前往苏联留学。1935年7月17日，聂耳在日本海滨游泳时不幸溺水身亡。他的人生也就此定格在23岁。聂耳的生命之花尚未盛开、还未怒放，艺术之树更没有茁壮成长、枝繁叶茂，便已凋零、枯萎。失去聂耳，是中国乐坛的莫大损失。

巨星陨落，举国悲哀。就在此时，刚回上海的冼星海便接过了聂耳的这面大旗，成为上海左翼音乐家新的领军人物。聂耳在上海崛起、当红的年代，冼星海却在巴黎留学，两人就此失之交臂，从未有过交集，这也许是一种历史的遗憾。但冼星海从聂耳的那些激情澎湃、催人奋进的音乐作品中，强烈感受到他那种炽热的家国情怀和卓尔不群的音乐才华，并引以为豪，把他当作自己终身的学习榜样。

冼星海在上海的这段时光里，经常与吕骥、任光、塞克、许幸之、沙梅和贺绿汀等革命音乐家聚会，商讨抗日救亡歌曲的创作。那种积压、蕴藏在冼星海心底的爱国激情此刻都迸发出来了。他接二连三地创作了《救国进行曲》《战歌》《前进》《我们要抵抗》及传唱至今的儿童歌曲《只怕不抵抗》等一大批抗日救亡歌曲。

在抗日救亡歌咏运动中，冼星海还发展、培养了两位后来举足轻重的革命音乐家：麦新和孟波。那时上海群众歌咏运动的骨干经常在冼星海家开会，讨论斗争的策略和方向。有一天，报载蒋介石在庐山会议上的讲话。

他为了压制全国人民风起云涌的抗日救亡热潮，竟宣称"眼下，牺牲还未到最后关头，绝不轻言牺牲"等谬论，引起全国上下及舆论的一片哗然。上海旋即举行了声势浩大的群众歌咏集会。这天歌咏会结束后，许多骨干照例来冼星海家开会。会上，冼星海愤怒地谴责蒋介石集团的卖国行径，并要求与会者拿起音乐武器，创作歌曲来揭露其卖国行为。当天他就指定由麦新和孟波合作，共同完成一首针对蒋介石讲话的歌曲，歌名就叫《牺牲已到最后关头》。

心潮澎湃的麦新和孟波，很快就完成了歌曲《牺牲已到最后关头》的创作，这首歌一炮打响，成为抗日救亡歌曲中的经典。不久，麦新又创作了令亿万国人为之振奋的《大刀进行曲》。在冼星海和吕骥的指导下，麦新和孟波等还创办了抗日救亡的歌曲集《大众歌声》，有力地推动了救亡歌咏的发展壮大。

冼星海留法回沪后，原设想要与上海工部局交响乐团合作举办两场音乐会。一场是由他指挥工部局乐队演奏一些西方的经典交响名作，以展示他的指挥风采和能力；另一场则是请工部局乐队和沪上的几位歌唱家演奏、演唱他创作的器乐和声乐作品的专场音乐会，以检阅他的作曲成果。但不料，这两场计划中的音乐会却遭到了工部局乐团的无理拒绝和各种刁难，从而流产。冼星海也感到非常失望和痛惜。

但也有慧眼识珠者，他就是任光（《彩云追月》和《渔光曲》的作者）。同样留法的任光十分欣赏冼星海，他请冼星海来自己任职的百代唱片公司音乐部担任自己的助手，以取代去世不久的聂耳。冼星海在百代工作期间，不仅录制了大量爱国救亡歌曲唱片，还为许多电影和话剧配乐谱曲。其中《运动会歌》《热血》《黄河之恋》《拉犁歌》《搬夫歌》《打江山》和《青年进行曲》曾传唱一时。在任光离开百代唱片去参加新四军后，冼星海也离职了。

1937年"七七事变"后的一个多月，上海也爆发了"八一三"抗战。在日寇加紧侵华步伐的同时，中国也开始了全面的抗战。冼星海与在沪的一批文化名人和左翼人士（包括中共地下党员）洪深、金山等一起组织成立了上海抗日救亡演剧二队，旋即开赴苏州、南京及河南一带宣传抗日。

1937年10月，冼星海随演剧二队来到了当时中国抗战的文化中心武汉。此前已有大批的音乐家到达武汉，并已开展了轰轰烈烈的抗日救亡歌咏运动。次年初，冼星海与沙梅、刘雪庵、盛家伦和张曙等一同发起组织了"中华全国歌咏协会"，旨在以歌咏作为斗争的武器，在全国各地有计划地开展救亡歌咏运动，把广大群众"唱"上战场去。

在武汉如火如荼的歌咏运动中，冼星海收获了意想不到的爱情。在武汉的一支歌咏队中，他结识了一位名叫钱韵玲的当地姑娘。两人一见钟情，很快坠入爱河。钱韵玲刚去世的父亲钱亦石，是中共湖北党组织的早期创始人之一，30年代在上海与周扬、夏衍、田汉和阳翰笙等一起领导过文化界的统战工作，冼星海虽也有幸与钱亦石相识，但并不了解他。当得知他的红色身世后，便与他的女儿走得更近了。冼星海把诗人应修人的三首爱情诗谱曲后，送给钱韵玲当作定情之物。1938年初夏，两人订婚。

此前，很少得到社会尊重和温暖的冼星海，也曾有过三段爱恋。在巴黎求学时，有位法国姑娘对他产生好感，为他报考巴黎音乐院鞍前马后地奔忙。起初，冼星海对她只是感恩，但时间久了逐渐地产生了好感。法国姑娘希望他能留在巴黎生活和工作，但最终冼星海还是选择回国，这段跨国恋也就无疾而终了。

回上海后，冼星海在歌咏活动中又邂逅了钢琴家盛建颐。这是一位让他怦然心动的美丽姑娘，家学渊源，举止得体大方，极有教养。冼星海曾把卞之琳的诗句"明月装饰了你的窗子，你装饰了别人的梦"，谱成曲后题赠予盛建颐。用这样的诗句谱曲，送给一位年轻异性，其意图已不言而喻了。用音乐作品来表达自己内心的感受，是冼星海的浪漫之举。最终冼星海因为投身抗战而离开上海，这段有可能的美好姻缘就此夭折，但双方都留存着对彼此的难忘记忆。在演剧二队中，冼星海又对一位叫刘坚励的上海姑娘有过爱慕。他把新创作的《"三八"交响乐诗》献给了她，对方也欣然接受，但两人交往不多时，因钱韵玲的出现而告终止。

在延安创作《黄河大合唱》

刚到武汉那阵子，冼星海的创作欲望被这座城市的抗日氛围所点燃，谱写了《保卫武汉》《五一工人歌》《新中国》《到敌人后方去》和《斗争就有胜利》等一大批人民群众喜闻乐见、又能激发他们抗日热情的歌曲。但上海来的多支抗日演剧队，不久便被国民政府军委会政治部收编了，全部归属于第三厅管辖。此时虽是国共合作时期，共产党人周恩来、郭沫若和田汉也都在那里任职，但以蒋介石为代表的国民党奉行的是消极抗日的方针，坚决压制中共不让其壮大。因此，对待中共或其外围人士一律采取排斥态度。中共领导下的20多个歌咏团体先后被裁减合并，冼星海谱写的进步歌曲非但得不到重视，有些还被打入冷宫。

冼星海与夫人钱韵玲及孩子在一起

虽然那时冼星海在第三厅拿着高薪，能过舒适生活，但这样的日子他觉得没有任何意义。

就在此时，冼星海收到了八路军武汉办事处转来的延安鲁迅艺术学院音乐系全体师生的邀请信。信中充满了鲁艺师生对他的无比崇敬和殷切期盼，冼星海看后十分感动，决定与新婚妻子钱韵玲同赴延安。在延安期间，夫妻俩育有一女：冼妮娜。

1938年11月，几经辗转的冼星海夫妇到达了延安。延安原本是座名不见经传的小山城，但自中国工农红军二万五千里长征来到此地后，名声大震。当时又成为中国抗日的革命圣地，全国无数的有志热血青年纷纷来此求学抗战。当时的延安，军民团结、官兵平等、没有剥削，充满着青春的力量，勃发着昂扬的朝气。冼星海感受最深的还是延安的歌咏。你刚唱罢、我就应和，这种此起彼伏的激昂歌声，回荡在山野田间和城镇乡里，身临其境令人心旌激荡。

初来乍到的冼星海带着妻子，怀着激动的心情游览参观了延安城后，旋即就被分配到北门外的鲁迅艺术学院教授作曲。延安古城的一半蜿蜒在山上，它的绝大部分建筑都是依山而筑的窑洞。延安的生活条件虽然与大

冼星海怀抱女儿在延安的生活场景

城市不能相比，但分配给冼星海的窑洞却空气很好、光线也不错，只是窑顶是穹形的。那时在延安能吃上小米饭已很不错了，起初冼星海吃不惯，但他暗下决心：一定要像其他的革命者一样勇于克服所有困难。因此，他很快就和大家一样喜欢上这样艰苦简单的生活。

冼星海在延安打响的第一部作品，就是《黄河大合唱》。1939年初春三月的一个寒意料峭的上午，冼星海去看望正在病中的诗人光未然（张光年），他也是从上海参加抗敌演剧三队辗转演出后刚到延安的。这天，躺在病床上的光未然向来访的冼星海朗诵了他新创作的叙事长诗《黄河吟》，这首作品是他一路演出途中路经陕西宜川的壶口东渡黄河时，亲眼看见了黄河船夫们与狂风恶浪搏斗的场景，也聆听到了船工们高亢悠扬的号子，留下了难以忘怀的深刻印象后创作的。在到达延安后，他便情不自禁、一气呵成地写下了这首动人的诗篇。冼星海听着光未然的深情朗诵，已完全陶醉、进入角色而不能自拔了。一直熟知民众痛苦，更深感祖国危亡的冼星海，此刻已萌生了创作的欲望。

他想要以黄河为背景和主题，谱写一曲颂扬、激发中华民族斗志的战歌。于是，他向光未然袒露了自己的创作打算，同时索要了这首千载难逢好诗的手稿后，便径直回自己的窑洞去了。

冼星海：立志成为中国的贝多芬

冼星海在创作《黄河大合唱》

冼星海虽未见过壶口黄河那奔腾呼啸的壮观，但他曾在上海，跟随吴永刚执导的爱国影片《壮志凌云》剧组，去过黄河沿岸的外景地拍摄。他感受过这条母亲河那汹涌澎湃、一泻千里的恢宏气势和英雄气概，终生难忘。同时，他也为黄河两岸人民流离失所的痛苦生活，深感不平。从那时起，冼星海便记录、了解、积累了关于黄河的音乐素材。如今积压在心中多年的旋律要派上大用场了，奔腾的旋律此刻已在冼星海的脑海和心田里涌动着。从当月26日起，他自己一人关在窑洞内，聚精会神、心无旁骛地构写这部未来的旷世之作。冼星海首先对整部作品进行谋篇布局，他把原诗分成8个段落，每个段落都用不同的音乐形式来表达，既独立成章又不失关联，整首作品借鉴了西洋清唱剧的结构。这种样式的作品，当时在中国也只有黄自创作的清唱剧《长恨歌》。

在这部定名为《黄河大合唱》的作品中，冼星海把许多中国民歌和戏曲音乐的元素，巧妙合理地融入朗朗上口的旋律中。他在作品的8个段落中，采用了男女声独唱、男声对口唱、男女声齐唱、轮唱及混声四部合唱等许多西洋歌唱的表现手法，再加上激动人心的朗诵，给人耳目一新之感。《黄河大合唱》的旋律隽永优美、易学易唱，曲式规范，各种西洋的作曲技法在整部作品中被运用得天衣无缝。在短短的六天内，能完成这样一部史诗般的传世经典，真乃奇迹。

《黄河大合唱》原先是冼星海为上海抗敌演剧三队演出而创作的。因为时间仓促，作品要赶在演剧三队离开延安时完成，所以最初的写作用的是简谱。经过演剧三队认真投入的排练，1939年4月，在纪念鲁艺成立一周

冼星海在指挥鲁艺演唱《黄河大合唱》

年的大会上,演剧三队首演了《黄河大合唱》,指挥是该队的邬析零。演出非常成功,观演者好评如潮。

当年的5月31日,毛泽东、朱德等中央领导在中央党校大礼堂观看了《黄河大合唱》的公演。此次演出是由鲁艺师生参加的,冼星海亲自担任指挥。激昂动人的歌声,令在场的观众无不为之动容。演出结束后,毛泽东连声说好,并来到后台紧握冼星海的手,此刻冼星海只有激动和泪水。

在延安鲁艺的教学生涯

因中央领导的关心,1939年6月14日,冼星海经鲁艺的领导赵毅敏、徐以新的介绍,加入了梦寐以求的中国共产党。冼星海被邀来鲁艺的主要工作,就是教作曲。在吕骥调离鲁艺后,冼星海接替其音乐系主任的职务,负责该系全面的工作。冼星海的音乐理念和创作态度,曾深刻影响过鲁艺的师生。他一贯强调:音乐就是人的情感表达,生活又是音乐的不竭源泉,而旋律则是音乐的生命和根本。他认为这是一个亘古不变的真理。因而鲁艺音乐系的师生长期深入生活，去采撷民间的音乐和戏曲元素，将其作为音乐创作最重要的积累。

曾是一张白纸来到鲁艺求学的刘炽、黄准、张棣昌和向异等，都受到过冼星海耳提面命式的教诲和悉心辅导。他们也继承了冼星海的创作道路，深入生活和民间，采用中国的音乐元素，又借鉴融入西洋科学的作曲技法，从而谱写了《祖国颂》《英雄赞歌》《我的祖国》《红色娘子军连歌》《人说山西好风光》等一大批好作品。冼星海给延安鲁艺带来的创作新风，一直传承到新中国的沈阳音乐学院（原延安鲁艺搬迁改名），首任院长李劫夫也一直秉承着鲁艺和冼星海的创作方向，培养了秦咏诚、傅庚辰、谷建芬和孟庆云等几代旋律大师。

冼星海与鲁艺合唱团在一起

冼星海在鲁艺的日子里，在教学之余还抓紧时间创作。他首先完成了交响乐《民族解放交响乐》的总谱，这部作品是他在巴黎留学时构想的，回上海后谱写了主要旋律和主题，在延安完成了配器和乐队谱。延安的斗争生活中，冼星海的创作又达到了一个新的高峰。他谱写了《生产大合唱》《军民进行曲》《九一八大合唱》《在太行山上》《二月里来》等一批风格鲜明、体裁各异的音乐作品。

生命的最后时刻

1940年5月14日，冼星海和导演袁牧之为拍摄大型纪录影片《延安与八路军》做后期剪辑和配音工作，一同前往苏联莫斯科。不料，苏德战争很快就爆发了，由于交通中断，冼星海从此再也没有回到他魂牵梦绕的祖国。

在苏联的时光里，冼星海把《黄河大合唱》最初的简谱版本改写成五线谱，还重新配器，并补写了序曲与管弦乐队的总谱。与此同时，他又开始构写《民族解放交响乐》的姊妹篇：第二交响曲《神圣之战》。由于苏联处于战争状态，生活条件非常艰苦，冼星海在那里的暂居生活也是颠沛流离。当1941年9月，德军开始围攻莫斯科时，冼星海被安排撤离到中亚地区的阿拉木图。原本，冼星海与袁牧之想绕道蒙古人民共和国回国，但几经尝试都未果。无奈，他们只能暂居在中亚的几座城市里，边工作边等待回国的机会。1944年秋，冼星海应库斯坦那依城（今属哈萨克斯坦共和国）政府的邀请，去帮助那里筹建国立音乐馆。此时的冼星海已身染重病，因当地医疗条件比较差，他并没有去就医。严重的营养不良，加之他因无法回国内心长期焦躁，导致肺病复发，自己却并不知晓。此时的冼星海虽然已有些力不从心了，但还是努力地为筹建音乐馆倾力工作。这时，有位苏联犹太姑娘拉伊闯进了他的生活。拉伊是当地中学的一名英语教师，她是筹建音乐馆的志愿者，与冼星海在工作中相识。拉伊非常赏识冼星海的才华和人品，在了解到他的苦难人生和艺术过往后，对他产生了仰慕。当时冼星海的身体已非常虚弱，常常咳嗽还伴有鲜血，需要有人照顾。拉伊是位热情奔放的姑娘，没有任何的世俗偏见，她喜欢冼星海，就主动去照料他的生活起居。身心疲惫的冼星海也渴望着温暖和关爱，就这样，两人走到了一起。拉伊陪伴了冼星海生命的最后一段光阴。我曾听留苏归来的作曲家瞿维说过：冼星海最后是死在拉伊的怀抱里的。新中国成立后，拉伊向中国驻苏使馆送来了冼星海的全部遗物，其中大部分是他在苏期间的音乐手稿。

1945年10月30日，冼星海因多种疾病并发，不治身亡。他病死异国的消息传到国内后，延安为他举行了隆重的公祭大会。11月14日，按照毛主席的指示，延安鲁艺大礼堂举行了冼星海追悼大会，林伯渠、吴玉章、谢觉哉、徐特立和李维汉等700多人参加。毛主席题写了"为人民的音乐家冼星海致哀"的悼词。翌日的《解放日报》出版了冼星海追悼特刊，登载了吕骥、贺绿汀、周巍峙、向隅和张鲁等革命音乐家的纪念文章。

冼星海作为与聂耳齐名的人民音乐家，在新中国受到亿万人民的敬仰。北京和上海等大城市，每逢重要的日子都会举办"聂耳冼星海纪念音乐会"。改革开放后，哈尔滨还每年定期举办"聂耳冼星海声乐大赛"。冼星海脍炙人口的代表作《黄河大合唱》更是常演常新，成为中华民族团结奋进的一首战歌。

贺绿汀：一个大写的音乐家

新年伊始，我应上海电视台的名牌栏目《上海故事》之邀，策划参与拍摄了纪录片《难忘的上海歌声》。为此，我又重新来到音乐巨匠贺绿汀的故居，并采访了他的女儿贺元元，许多如烟的往事仿佛又在眼前。

与贺老的忘年交

作为音乐制作人，我能成为一代音乐大家贺绿汀老人的忘年交，是人生一大幸事。当年，我和胞弟李建国及同道们共同策划、组织、举办的"世界名曲大汇唱""中国名曲大汇唱""三军歌唱家音乐会""著名歌唱家音乐会"等一系列重大的音乐活动，都是在贺老的直接指导、关心和帮助下，才得以实现的。

记得"中国名曲大汇唱"演出前夕，40余位歌唱家齐聚沪上，但就在此时，出现了人为干扰，公演甚至可能夭折。万般无奈之下，我去贺老家求援。贺老知道缘由后，十分气愤，并说："这么好的、弘扬中华民族文化精神的活动，是一定要办好的。"正因为贺老的出面干预，此次演出才逢凶化吉，成为上海乐坛乃至中国音乐史上的一大盛事。

贺老的晚年，我是他泰安路寓所中的常客。因家父李佐华与贺老交往甚笃，他待我如同亲人。我甚至不需预约、通报，就能随时登门造访。而我每次到访，贺老总要亲自为我倒水沏茶，还常让我分享他的点心，如遇饭点，也定会留我就餐，这些都使我这个小人物诚惶诚恐。和贺老相处久了，他崇高的人品和艺德，深深感染和影响着我。在他身上，总能感受到无限的温暖，更能汲取无穷的力量。贺老对音乐的许多见解和教诲，是我策划、组织音乐活动的基调，更是我音乐写作永远追求的方向和境界。

贺老的生活很简朴，三餐以稀饭、面条为主，佐以鱼和蔬菜，有时也会尝尝家乡带来的腊肉。他的点心更简单，不是白煮蛋，就是面包片蘸着花生酱。贺老年

1992年，本文作者李定国曾拜访贺老并在其书房合影

事已高，衣着都以轻暖为主，内衣经常缝缝补补，却把工资的很大部分以及音乐创作的稿酬和香港百代唱片公司汇来的版税，全部用在了家乡的筑路、架电线、办学校、支援当地贫困乡邻等公益上。

《游击队歌》与抗日救亡

纪念抗日战争胜利70周年之际，贺老生前捐赠的《游击队歌》手稿，首次在中共一大纪念馆展出。那几页已泛黄的乐谱，仿佛在默默叙述着这位音乐巨匠波澜壮阔的辉煌人生。

在长达近70年的音乐创作生涯中，德高望重的人民音乐家贺绿汀始终"替时代高歌，为人民呐喊"，并留下了《牧童短笛》《游击队歌》《森吉德玛》《晚会》等一大批各个时期不同题材、样式和风格的传世佳作。主持上海音乐学院工作期间，他又把学校打造成世界一流的音乐学府，为国家培养了大批顶尖的音乐人才。"文革"时期，面对"四人帮"的淫威，贺老更是表现了一个真正的革命者的节操，堪称学界楷模。

"八一三"淞沪会战后，在上海的音乐和电影圈已大名鼎鼎的贺绿汀，放弃优越的生活，毅然加入上海抗日救亡演剧队，用音乐、文艺的形式，唤醒、鼓舞国人抗日救亡。贺绿汀的第一首抗日救亡歌曲，就是将塞克作词的《全面抗战》谱成大合唱。此歌在当时的抗战中心武汉三镇引起了轰动，到处传唱。

1937年"八一三"后，贺绿汀参加抗日救亡演剧队在河南时的留影

演剧一队从上海出发一路辗转演出，来到晋察冀边区。沿途，贺绿汀目睹了中国军民浴血抗敌的悲壮场面，更见证了中国共产党领导下的人民军队克敌制胜的英勇气概。当年，贺绿汀在参加广州起义时，曾写过一首《暴动歌》，影响甚广，此时他更想写一首表现人民军队抗击日寇的作品。

酝酿、构思这部未来的作品期间，这位大革命时期的老党员寝食难安。贺绿汀当年参加各种战斗的画面和此行的所见所闻，不断在脑海中闪回、定格。好多天，贺绿汀绞尽脑汁，彻夜不眠，沉浸在创作之中。一日深夜，贺老突然灵感出现，枪声和人影正幻化成旋律和节奏，一连串的音符喷涌而出，成为抑扬顿挫的乐句。贺绿汀自己也仿佛与神枪手一起，进入密密的树林和高高的山岗。作品的音乐形象跃然纸上，流淌在贺老心底的《游击队歌》词曲，就这样一气呵成。

《游击队歌》的曲调工整无瑕。无论其乐句的音韵，还是歌词的平仄，抑或节奏的变化和调性的对比，甚至整首作品的起承转合，都是那样的自然、流畅，没有一点矫揉造作、刻意而为的痕迹，显示其炉火纯青的作曲功力。轻快、愉悦又刚毅的旋律，充分体现了革命的乐观主义精神和革命必胜的信念，具有浓郁的浪漫色彩。作品的思想和艺术能如此完美地结合，在中国音乐史上具有里程碑的意义。

《游击队歌》的首演，是在山西临汾刘庄的八路军高级干部会议上，贺绿汀亲自指挥演剧一队的演员纵情高唱。那时而舒缓、时而激昂的歌声，感染了在场的每一位八路军高级将领。朱德总司令听后，连连赞扬："写得好，写得好。"

因为通俗易唱,《游击队歌》很快就在人民军队中广为传唱。后来,贺绿汀又谱写了《嘉陵江上》《垦春泥》《中华儿女》等一批抗日救亡歌曲。

《牧童短笛》:成名作的诞生

1903年7月20日,一代音乐巨匠贺绿汀,降生在湖南邵阳东乡马王塘的一个祖辈务农之家。父亲贺生春请人给其子起了个大名:贺楷,号抱真。但很多年后,已到上海国立音专求学的贺楷,目睹了风云变幻的世界,断然给自己改了个新名字——贺绿汀,希冀祖国能成为和平安详的"绿洲"。

贺绿汀在中国乐坛的崛起,缘于他创作的钢琴曲《牧童短笛》。1934年5月,俄籍钢琴大师齐尔品,委托上海国立音专的校长萧友梅出面举办一次有奖"征求有中国风味之钢琴曲"的活动,要求"来稿者必须是中国人""需有中国风味""曲体不限、作法不论",但"长度不得超过五分钟"的钢琴小品。

贺绿汀得知这一消息后,觉得这是一个能展现自己音乐才华和抱负的千载难逢的机会,心绪久久难平。贺绿汀最熟悉也最难忘的生活,莫过于他年少时在家乡村野牧牛的悠闲时光,这也成了他此次创作的题材。进入状态后的贺老,无论眼帘还是脑海中,全是挥之不去的诗情画意般的田园风光,而胸中涌动、升腾着的,则是那空灵飘逸的隽永旋律。

那时,贺绿汀借住在襄阳南路84号一家裁缝铺的三层阁上。此屋矮小且不透风,夏日酷热,更不可能放架钢琴来试奏作品的效果了。因此,贺绿汀只得一大早趁太阳还未出来,就从晒台爬到瓦面上写作。就这样,经过多日断断续续的创作,一首清新脱俗、卓尔不群的钢琴曲便在如此恶劣的环境中完成了。经过反复斟酌,他才把新作定名为《牧童短笛》。几天后,贺老又陆续创作了钢琴小品《摇篮曲》和《思往日》,用这三首曲子去应征。最终,贺绿汀的《牧童短笛》一举夺魁,《摇篮曲》也获二等奖。

获奖后的贺绿汀用两百大洋的奖金,买了一架"精艺牌"钢琴。从此,这架钢琴成了他音乐生涯的伙伴。如今,钢琴已捐赠给了贺老的安息地"福寿园",在那里永远地陪伴着他。

《牧童短笛》的成功,也开创了中国音乐创作"洋为中用"的先河,奠

"文革"后，贺绿汀在与自己相伴一生的"精艺牌"钢琴上创作

定了贺绿汀在中国乐坛的地位。当年他翻译普劳特的《和声学理论与实用》一书，原本已被商务印书馆打入冷宫，但就在贺绿汀获奖见报几天后，对方突然通知贺绿汀：译稿已通过审阅，即将付印，而且还给予世界名著的规格待遇。不久，齐尔品带着《牧童短笛》去世界各地巡演，当地的媒体对此作好评如潮，于是它的乐谱也在各国出版。

聂耳与贺绿汀

1932年春，聂耳随明月歌舞团去武汉公演时，邂逅了正在那里当音乐教员的贺绿汀。两人初识，便一见如故，惺惺相惜，从此结下莫逆之交。

翌年初秋，贺绿汀重返音专学习，在上海与聂耳重逢。此时，聂耳在上海电影圈已声名显赫，作品等身。但这位无师自通的年轻人并不满足，他一直想找一位专业老师，系统地学习作曲理论。因此，贺绿汀热心地为他介绍音专的白俄教授阿甫夏洛穆夫，教他作曲技法和钢琴。就这样，每周一课，聂耳从不缺席，一直坚持到离开上海东渡日本为止。

1933年的深秋，聂耳得知贺绿汀因经济拮据而准备辍学回家的消息，急邀他来家中长谈。聂耳把原本已列入自己创作计划的两部影片《船家女》和《马路天使》，请贺绿汀来作曲配乐。这样既解决了他的经济来源，使其得以在音专继续学业，又能使他开辟出一条新的音乐创作之路。那时的默片已过渡到有声电影，音乐已成为影片的重要部分。聂耳为电影《桃李劫》

和《大路》所配插曲《毕业歌》和《开路先锋》已传遍了北国南疆，正在唤醒亿万中国军民的斗志和激情。贺绿汀也充分意识到这一点，便欣然接受聂耳的盛邀和他的一片良苦用心。

贺绿汀谱曲的《马路天使》一炮打响，影片中的两首插曲《四季歌》和《天涯歌女》在街头巷尾传唱。影片也成就了第一次担纲女主角、日后成为一代影后的"金嗓子"周璇。极具天赋的周璇，在贺绿汀的悉心点拨和谆谆教诲下，对歌唱的技巧、音乐的理解和作品的把握，有了质的飞跃。为此，周璇对贺绿汀一直心存感恩。在以后的几年间，贺绿汀又陆续为《十字街头》等20多部进步影片谱曲，社会影响广泛。

主持上音，"洋为中用"

新中国成立后，贺绿汀风尘仆仆地从华北解放区赶到阔别多年的故地上海，接管曾经的母校上海国立音专，担任上海音乐学院的首任院长。正值创作高峰期的贺绿汀，从此把所有的工作重心完全转向学校的建设和人才的培养之中。

贺绿汀到来时的上音已是一派萧瑟，教师队伍良莠不齐，总共不足20人，在校的学生几乎跑光，连教学必用的钢琴也仅存22架，而且其中有些已不能弹奏。为了尽快地收拾这副烂摊子，早日把这座百废待兴的昔日名校打造成世界一流的现代化音乐学府，贺绿汀身先士卒、呕心沥血。他甫一上任就旋即在海内外不拘一格地广泛招贤纳士，还不断地在上海本地的报刊上求购旧钢琴及学校教学必需的教材。

在贺绿汀的不懈努力和带领下，新上音的教学已循序渐进步入正轨，各种教学器材也基本完备。钢琴一下猛增到150架，贺老还亲自挂帅，组织编写了一批新教材。

但为了上音更美好的明天，在贺老不遗余力的呼吁和奔波下，学校两度搬迁。起初由狭小简陋的江湾旧址，搬入新建造的漕河泾校区（今上海师范大学东部校区）。虽然新校舍的硬件和师生的工作、学习及生活条件都得到了极大的改观，但新校区地处近郊，那时的交通和通信还很不发达，晚上没有公交车往返学校，而上音作为艺术院校，师生经常要去市中心的剧场举办或聆听各类音乐会，参加学术交流，这就成了新的问题和矛盾。

为此，贺绿汀多次向当时的上海市市长陈毅面陈上音发展的新瓶颈。一向重视教育和文艺的陈毅市长，在亲自调研后决定，在他任期内一定要把上音校舍置换到市中心。1957年深秋的一个下午，即将离任赴京的陈毅市长，亲自陪同贺绿汀驱车去为上音寻觅合适的新址。几经勘察、对比和平衡后，贺绿汀最终选定了汾阳路上的一家外国人俱乐部，也是今天上音大院的所在地。

在贺绿汀先进的办学理念指导下，上音先后设立了附中、附小，体现了现代音乐教学的合理和科学性，还在学校设立了原本没有的民乐系，并在声乐和作曲系中分设民族教研室。贺老在学术和教学上，提倡百花齐放、百家争鸣和洋为中用，用人则更注重任人唯贤、人尽其才、唯才是举。在贺绿汀的引领下，那时的上音可谓人才济济、人才辈出又硕果累累，呈现一派和谐蓬勃向上的景象。

20世纪50年代初，上海有位盲人青年王叔培报考上音钢琴系，这在常人看来无疑是天方夜谭式的荒唐和不可思议。不料贺绿汀得知这一情况后，竟破例亲自主考。经过一系列严格的考试，由贺绿汀拍板，王叔培竟奇迹般地被破格录取。在其五年寒窗生涯中，贺绿汀无微不至地关怀他，不仅请专人为王叔培单独编写钢琴盲谱，另派钢琴专家为他开小灶，还托人专门照顾他的生活，并经常给他精神上的鼓励。面对贺绿汀如此的厚爱，王叔培更加倍地刻苦努力，以优于常人的成绩毕业。最终，还是由贺绿汀点将，将其留校任教。由此可见，贺绿汀对培养人才的渴望。像王叔培这样的事例，在国内外都是绝无仅有的。上影厂曾以王叔培为故事原型，拍摄了一部影片《石榴花》，影响甚广。

1958年，贺绿汀为了促进中国民族声乐更好地发展，委托王品素教授挂帅，率先在上音开办民族声乐班，在全国范围的少数民族青年中遴选歌唱好苗子。经过几轮严格的筛选，20多名各族青年脱颖而出，他们中的才旦卓玛、何纪光、傅祖光、古兰、高娃等，后来都成为中国的民歌大家。

"洋为中用"是贺绿汀一生音乐创作和办校的理念。他一贯重视中国民族音乐的挖掘、传承和发展，并一直告诫上音师生：民族民间音乐，是我们音乐创作取之不尽、用之不竭的唯一源泉。为此，贺绿汀请来全国各地的民间艺人、曲艺大家、戏曲流派的创始人等来上音执教兼课，让他们破天荒地登堂入室，而上音的学生又能最大限度地接触、了解到中国传统文化。有时，贺绿汀还亲自上讲台教学生唱民歌，并明确规定：所有上音学生必修民族民间音乐课。这样能弥补生活在都市中的学生的艺术和知识盲点，更拓宽他们创作的视野。

1959—1961年的"三年困难"时期，时任农垦部长的王震将军，为了更好地建设新疆，发展新疆的音乐文化，向老友贺绿汀求援，希望能有音乐学院的学生去那里工作。贺绿汀也一直认为：我们的音乐应该为祖国的建设和人民服务。当他动员学生，并把新疆招人的海报在校园张贴后，许多热血青年学子积极报名响应，其中有19位上音附中即将毕业的学生奔赴新疆。虽然以后的局势风云变幻，但贺老对这批学生一直关注、牵挂着。当他晚年见到其中的几位学生，学生们向他讲述他们多舛的命运和跌宕的故事，贺绿汀激动得潸然泪下……

1963年的春夏之交，音乐出版社出版了一本法国印象派作曲家德彪西的音乐评论集《克罗士先生》，姚文元在《文汇报》上发表了一篇题为《请看一种新颖而独到的见解》的文章来抨击德彪西。由于姚文元对音乐一知半解、似懂非懂，因此文中有不少地方断章取义，通篇有失偏颇，有一定音乐知识的读者看后都颇觉可笑。贺绿汀看到此文，旋即打电话给《文汇报》表达自己的不同看法。第二天，《文汇报》就派记者来贺绿汀家。贺绿汀认为音乐出版社出版德彪西的书是存在不足之处，原因是没有掌握好批判吸收的精神，但德彪西是处在19世纪末到20世纪初的人物，他对当时陈腐、世俗的音乐创作和表演的各种条条框框发表了许多尖锐的意见，是值得肯定的。由于德彪西有他的时代局限性，因此我们不能用今天马列主义的标准来评判他。而且姚文元文中的许多话，大部分是歪曲了德彪西的原意。更可笑的是，原本德彪西是用来反面讽刺的话，姚文元竟当作德彪西正面的艺术见解。对于外国音乐作品和新书，我们应该多介绍，以开阔我们的眼界，增强我们的学识，现在这方面的工作不是做得多了，而是太少。现在刚出一本新书，还没看明白就劈头盖脸地一棍子打下去，实在不该，而且此风不可长。

为了来访的记者更了解他的本意，贺绿汀又解释说：我不是要为德彪西辩护，而是要维护《文汇报》的影响和中国音乐人的尊严，否则国外的同行会认为中国的音乐家和评论家是那么的肤浅。临别时，那位《文汇报》记者就邀请贺绿汀把刚才的那通谈话，写成一篇文章给《文汇报》刊用。贺绿汀不假思索地应允了，一个星期后，通知报社把他写的文章取走，文章的标题是《对批评家提出的要求》，但文章没用贺绿汀的真名，而是取了个"山谷"的化名。文章三个多星期后才刊出。四天后，《文汇报》又召开了有关德彪西音乐的座谈会。此后，不断有文章来批评、攻击贺绿汀一文。

正是贺绿汀的这篇文章惹下了大祸。"文革"中，姚文元权倾一时，而贺绿汀则饱受折磨凌辱、九死一生。但他一身正气、铁骨铮铮、从不屈服，表现了一个真正知识分子和革命者的气节。

贺绿汀劫后余生、重见天日后，以更大的激情，继续谱写不朽的旋律。在其生命最后的岁月，他仍一直致力于整理自己过去的理论和学术著作，并对一些管弦乐作品总谱进行修改，准备重新结集出版。

1998年寒冬，贺绿汀因年高体弱，只能在华东医院度过。原本准备来年开春回家，但病情忽然开始恶化，最后不省人事。有一天，贺绿汀突然睁开眼问陪伴在旁的小女儿贺元元："是谁在唱《四季歌》《天涯歌女》？"这是贺绿汀弥留之际最后的话语。

1998年9月27日，贺绿汀在生命最后时段抄写的乐谱

麦新:用血火音符谱写壮丽人生

革命音乐家麦新的短暂人生,犹如一首用血火交织的音符谱就的雄壮进行曲。20世纪30年代,在上海抗日救亡歌咏运动的声浪里,麦新已是那永不干涸洪流中的一滴水;他在波诡云谲的地下斗争中,创办进步刊物《大众歌声》,则展现了他过人的机智、沉着和果敢;当肩负国共合作的"抗日战地服务团"特殊任务后,他冒着枪林弹雨,在转战浙赣鄂的岁月里,又大展其艺术才华;在阳光铺洒的革命圣地延安,他更表现出冲天的革命激情和忘我的斗争精神。在毛主席"延安文艺座谈会"讲话精神的鼓舞下,他走出"小

麦新

鲁艺"来到人民群众的"大鲁艺"中,走知识分子与工农兵相结合的革命道路。他在解放战争时期的土改斗争中,为党为人民洒尽了最后一滴血,1947年6月,因遭国民党残匪袭击而壮烈牺牲,年仅34岁。无疑,麦新在革命洪流中,为争取民族独立、大众解放而不屈不挠、前仆后继的跌宕人生和家国情怀,已镌刻在历史的丰碑上,是我们后人学习的楷模和榜样。

在中华民族危亡时期,作为冼星海的学生和得力助手,麦新用生命的激情谱写了《大刀进行曲》《牺牲已到最后关头》等一批激情澎湃、催人奋进的抗日救亡歌曲,激励亿万中华儿女同仇敌忾地投身抗日洪流。

孟波与麦新是在白色恐怖下一同成长又出生入死的战友,他一生难忘与麦新的革命情谊,曾多次向我讲述过麦新的人生和他的创作过往。

参加"民众歌咏会"投身抗日救亡

1914年12月5日，麦新降生在上海法租界的一户普通市民家中。那是民国初期，家人对这名男婴寄予厚望，故取名孙培元。后因其参加革命、投身于音乐创作，改艺名为麦新，谐音意为迈向新的斗争和生活。

麦新天资聪慧又刻苦好学。但初二时，父亲不幸病故而家道中落，无奈只能辍学。但他凭着出色的英语，考入美商开设的美亚保险公司。这在当时的社会，是一份既体面又收入颇丰的好工作。从此，他担负起养活全家的重任。

麦新从小受父母和家庭影响，立志要做一个正直善良的人，由此也养成了愤世嫉俗、敢作敢为又爱憎分明的侠骨豪爽性格。

麦新的青年时代，正逢乱世。第二次国内革命战争激战正酣，而蓄谋已久的日本军国主义更加紧了侵华步伐，民族危亡、国家动荡。但蒋介石却奉行"攘外必先安内"的政策，对日寇侵略不抵抗，却全力围剿共产党领导的红色苏区。蒋介石之流的倒行逆施，激起全国各阶层人民的反对和声讨。尤其在"一·二八"淞沪抗战和卢沟桥"七七事变"后，中国军民更是义愤填膺，"反对内战、一致抗日"的呼声，一浪高过一浪。作为爱国的热血青年，麦新也积极参与当时正在上海风起云涌的抗日救亡群众歌咏运动。

1935年初的上海租界里，街头巷尾到处在传唱抗日救亡歌曲。此时的麦新已参加离工作单位较近的、由基督教青年会组织的"民众歌咏会"。在那里他有幸结交了志同道合、小他两岁的新朋友孟绶曾（参加革命后改名为孟波）。两人一见如故、惺惺相惜，很快便形影不离，成了无话不谈的挚友。他俩互相传阅《大众生活》《街头讲话》等进步书刊，还常在一起议论抗日救亡的形势，共同为祖国和人民的命运焦虑担忧。

有一天，麦新去浙江电影院观看国产新片《桃李劫》，这是一个专门放映三轮影片的小影院。当时的国产电影还处在萌芽时期，无论规模还是质量都很难与外国的大片相匹敌。而作为进步电影，它又遭到当局的严控和管制，故只能找机会在此类电影院上映，打擦边球。

麦新被影片的故事内容和人物深深打动。片中由田汉作词和聂耳作曲的主题曲《毕业歌》更使麦新热血沸腾。电影散场后,《毕业歌》激昂奋进的旋律,依然在麦新的脑海和心田中激荡。他觉得自己所在的"民众歌咏会"应该多唱聂耳的歌,因为它能带给人们更多的鼓舞和力量。于是,麦新没有马上回家,而是径直去了孟波家商量:如何让"民众歌咏会"跟上时代的步伐,去倾听大众的声音,也要唱人民喜爱的歌,不愧冠于"歌咏会"前面的"民众"二字。

"民众歌咏会"的组织者和指挥是爱国人士刘良模,他欣然接受了麦新、孟波的建议和要求。他首先把会员们已经唱熟的一首《摇小船》的歌名改为《救中国》,歌词也改为:"救、救、救、救中国,一齐向前走。努力!努力!努力!救国要奋斗!"歌词这样一改,大伙儿唱起来更有劲。每次轮唱,都要唱得汗流浃背才肯罢休。刘良模先生的救亡热情也高涨起来,他教唱的歌曲更加灵活生动。很快大家就学会了《义勇军进行曲》《打回老家去》《自由神》和《毕业歌》等抗日救亡歌曲。由此,"民众歌咏会"声誉鹊起,队伍一天天壮大,很快发展到几千人。原本在北四川路青年会礼堂的排练,已容纳不下。无奈,新加盟的部分会员只能去八仙桥青年会礼堂活动。

当年上海的这些群众歌咏团体,基本都是中共地下党组织所领导并受其影响的。"民众歌咏会"的发展和突起,引起了上海许多革命作曲家和音乐活动家的关注。

1935年6月的一天,"左联"中的革命音乐家吕骥来到"民众歌咏会"演讲,引起轰动。因为在抗日歌咏中,人们都唱过他创作的《自由神》和《新编九一八小调》等歌曲,所以总把他与聂耳联系在一起。这天,能容纳千余人的北四川路青年会礼堂被挤得水泄不通。吕骥操着略带湖南口音的普通话作了热情洋溢的报告,他说:"我们中国新音乐运动的伟大意义,就在于它的活动是为着全民族的解放而斗争。过去我们的音乐运动,虽然也有这种特质,但是没有现在这么鲜明,也没有《义勇军进行曲》《毕业歌》《打回老家去》等救亡歌曲所产生这么强大的号召力和战斗性。"接着,吕骥又高度评价了聂耳在《大路》《桃李劫》《风云儿女》《新女性》等进步电影中,所创作歌曲的广泛社会作用;更讲述了中国新音乐运动应肩负为全民族解放而斗争的伟大现实意义。吕骥认为：聂耳的歌曲之所以能成为千百万人的歌声，因为他的创作不是抒发个人的情感，而是发出了亿万人民的心声和呐喊，因此这些歌曲能唤醒民众、教育民众和团结民众。聂耳作品的广泛影响，使原来发展迟缓的中国音乐加快了前进的步伐，并且转向了一个完全崭新的正确方向。

吕骥的讲演，不时被热烈的掌声所打断。为大众、为民族解放是中国音乐发展的新方向的论述，就此深烙在麦新的心中。他决心要学习聂耳，走他的路。

1935年初夏，刚完成影片《风云儿女》谱曲工作（包括主题歌《义勇军进行曲》）的聂耳，为躲避国民党当局的追捕，无奈只能暂离祖国绕道日本前往苏联求学。不料，7月17日他在日本鹄沼海滨的一次游泳中，不幸溺水身亡，时年23岁。巨星的突然陨落，全国为之震惊。8月16日下午，上海各界在金城大戏院（今黄浦剧场）召开"聂耳追悼大会"。参加会议的麦新在听了多位乐坛前辈发自肺腑的感言和评论后，深受教育，心绪难平。他也决心要用音乐作为武器，用歌曲来唤醒、激励国人。

麦新、孟波在抗日救亡歌咏运动中的坚定性及骨干作用和出色表现，被中共地下组织看好，并有意要培养、发展、吸收他们。在吕骥的推荐下，麦新和孟波一同参加了左翼音乐小组领导的业余合唱团和"中国歌曲作者协会""歌曲研究会"等进步组织，从而结识了冼星海、贺绿汀、任光、安娥、张曙、沙梅、孙慎、周巍峙等一批心中久仰的革命音乐家，视野顿开，境界更高，使命感也更强烈了。

在党组织的指引下，麦新开始下工厂、去农村、走基层，接触社会各阶层。他教纺织和烟厂夜校的女工唱歌、识字，向她们讲解宣传反帝反封建的道理，从而使她们了解党的抗日主张。

创办《大众歌声》 推动群众歌咏

1936年中，上海的抗日救亡歌咏团体正迅猛发展，人们的抗战情绪也日益高涨，从而引起国民政府当局的恐慌，处处限制这种正当的活动。

为了团结更多的人民，发挥群众歌咏活动更广泛、更积极的社会作用，以更强大的队伍和力量，与政府当局抗衡，中共地下组织要把全市的各歌咏团体组织起来，拧成一股绳，使之更加强大。在吕骥、冼星海的领导下，由麦新和孟波出面，以"民众歌咏会"的名义四处联络，准备成立上海的歌咏联合会。经过一段时间的奔忙，"量才""怒吼""立信""晨风""华联""吼声""扬子江""蚁社""沪东""沪西"等几十家歌咏团体达成了共识，成立"歌联"，并推举麦新为负责人。

"歌联"成立后，上海各歌咏团体的负责人经常定期开会讨论工作。8月中旬的一天，大伙又聚在北四川路的青年会礼堂举行例会。这天要研究如何进一步开展救亡歌咏运动的问题，会议很重要，因此各团体的负责人悉数到场。会上谈论十分热烈，有的说：救亡歌咏活动一天天发展，可是我们却没有一本像样的歌曲集供大家使用；有的说：现在有不少新歌，因反动派的管制，得不到传播；还有人无奈指出：由于找不到群众喜爱的新歌，参加活动的人越来越少了。与会者众说纷纭，大家集思广益后决定，由"歌联"出面编辑一本专门登载抗日歌曲的集子，来解决目前存在的问题，同时推荐麦新和孟波负责编辑工作，并希望未来的新歌集，一定要旗帜鲜明地为抗日救亡服务，能得到人民群众的喜爱。大家还为未来的歌集起了好多名字。

这时，麦新拿出一本《生活星期刊》杂志，打开陶行知的一篇题为《什么叫大众歌曲》的文章说："这篇文章给我很大启发，文中说大众歌曲就是大众心灵的呼声。从大众的心里唱出来，再唱回大众的心里去。我看用'大众歌声'做刊名很恰当。"麦新一番感人肺腑的话语，说到了大伙的心坎里。于是大家一致决定，未来的新歌集就叫《大众歌声》。

打那以后，麦新和孟波开始了紧张而又繁忙的新歌集的编辑工作。很快，各歌咏团体送来了他们经常排练的救亡歌曲。"左联"中的音乐家任光、张曙、沙梅、塞克也及时送来了各自的新歌，吕骥和冼星海则表示，要为新歌集专门创作。这些作品经过试唱和大家的审定后，大多被收录在新歌集中。

秋日的一个早晨，麦新和孟波专程去吕骥的住所汇报工作。在一间简陋的亭子间里，吕骥详细询问了歌集编辑的进展。麦新把收集到的近百首歌曲及办刊的初步打算，作了介绍。吕骥听后很高兴，思忖片刻说："我这里还有聂耳的一部分遗作，你们可以拿去发表。"接着他又说："这本歌集在题材和形式上，一定要多样化。听了你们刚才谈的情况，觉得反映妇女生活的作品还不多，希望你们在这方面多做些工作。而且作者的面还可以更广泛一些，不要只发表一些名家的作品，有些青年之作也要重视，也可选登。黄自和赵元任等人的歌曲，只要好的和爱国的，都可登载。抗日救亡歌咏运动是大家的事，是全民族的事，要团结所有人一道去做，不要有门户之见。"吕骥还向他俩推荐了一些外国革命歌曲，如《青年战歌》《美国五一歌》《快乐的人们》，并答应为新歌集写篇论述当前音乐运动方向的文章。临行时，吕骥还拿出了一摞自己谱写的抗日救亡歌曲手稿，并叮嘱可任意选用合适的，但用后要及时归还。

当晚，麦新和孟波又去看望了老师冼星海。当时他正参与影片《壮志凌云》的谱曲工作，刚从外景地河南回到上海。当两人向冼星海全盘介绍了新歌集出版的前期工作后，冼星海很欣赏。随即拿出他刚为影片《壮志凌云》谱写的一首插曲《拉犁歌》，又拿出了不久前与塞克合作的几首歌曲。同时还为新歌集出版提出了自己的一些想法，出了不少好点子。

为了出版这本大众欢迎的救亡歌曲集，麦新和孟波不知度过了多少不眠之夜，更付出常人难以想象的辛劳。在他俩征集到100多首歌曲后，在9月下旬的一次"歌联"会议上，大家确认收录87首。第一册的编辑工作就此结束后，他俩开始寻找印刷厂。

但当时的国统区白色恐怖笼罩，连租界的巡捕房也是限制共产党活动的，因此，麦新和孟波用了一个多月时间，几乎跑遍了上海所有的书店和印刷厂，印厂都因为这本歌曲集内容革命激进，怕引来麻烦而不敢接单。最终，他们还是通过救国会的关系，找到了虹口提篮桥附近的一家里弄小厂来承印。

但这家小厂从未印过歌曲，也没有验排歌曲的工人，工作一开始就遇到了很大困难。于是，麦新和孟波想了一个办法，他俩先教一个工人识谱，然后在排版时与他一起工作。这样既能提高效率，又可及时纠正错误。这一招奏效后，三人就每天工作到深夜才罢手。1936年10月28日凌晨两点，在完成了最后一首歌曲的校对后，麦新和孟波才如释重负。

《大众歌声》第一集　　　　　《大众歌声》第二集　　　　　《大众歌声》第三集

　　1936年12月9日,《大众歌声》第一集正式出版,售价大洋1角。书中刊登了最新创作和翻译的各类歌曲87首,其中有聂耳遗曲和纪念歌曲、救亡歌曲、工农歌曲、外国革命歌曲等,并附有吕骥、刘良模、陶行知和般木四位大家撰写、值得参考的文章。封底有国难地图一幅,封面是丁里设计的木刻画:一位正气凛然的高大工人,举着一面飘展的大旗,旗上用拉丁字母写着"起来,不愿做奴隶的人们",后面浩荡的游行队伍,手挽着手,肩并着肩,高歌猛进。而书名《大众歌声》更像一道闪电,划破长空。

　　《大众歌声》发行后,社会反响强烈,很快被抢购一空。40天后再版,却遭国民党和租界当局查禁。但是真正代表大众的歌声是禁不住的,歌集还是通过救国会和"歌联"的各种渠道,继续在暗中发行,四个月就再版了四次。

　　《大众歌声》在1937年和1938年又出了第二、第三集。其中有贺绿汀的《游击队歌》、麦新的《大刀进行曲》、孟波作词、麦新作曲的《牺牲已到最后关头》和黄自的《救国军歌》等抗日救亡歌曲中的经典。麦新和孟波在这场没有硝烟的斗争中,得到了锻炼和成长。

　　《大众歌声》出版的时间虽然短暂,但它的社会影响却是巨大的。那些被刊登的不朽战歌,为艰苦卓绝又旷日持久的抗日战争的最后胜利,起过不可估量的积极作用。

从《牺牲已到最后关头》到《大刀进行曲》

救亡歌曲，在抗战时期起过千军万马的作用。但麦新苦于自己的音乐基础是张白纸，于是急起直追。每个星期天早晨，他向沈知白先生学习钢琴，又潜心自学吕骥赠送的作曲工具书《和声学的理论和实用》。当冼星海留法学成归国后，他旋即就接过聂耳的旗帜，成为中国革命音乐的新旗手。在麦新成为冼星海的助手紧随左右时，他潜心体察老师的"生活和实践是一切音乐创作源泉"的创作作风和作曲理念，并不失时机地向先生求教、学习各种作曲技法与合唱指挥。

麦新的歌曲创作，是从写歌词开始的。自他的处女作《九一八纪念歌》由冼星海谱曲一炮打响后，麦新的创作激情更高涨了。很快他又写出了《女工救国歌》《妇女进行曲》，以及那首脍炙人口的儿童歌曲《只怕不抵抗》的歌词，都由冼星海谱曲。

麦新的成名作，是和孟波合作的歌曲《牺牲已到最后关头》。1936年夏，蒋介石在国民党的一次会议上公然发表卖国言论，称：中国的牺牲还未到最后关头，引起全国一片哗然。上海旋即举行声势浩大的抗日示威游行。游行结束后，许多革命音乐家不约而同地汇集到冼星海家中，一起商讨应对之策。冼星海提议要拿起音乐的武器，与蒋介石一派胡言针锋相对。同时点名要麦新和孟波共同完成一首歌曲，标题就是"牺牲已到最后关头"。

当天晚上，受命后的麦新和孟波心绪难平，他俩徜徉在黄浦江畔，漫步于附近的几条小马路上，直至天明。在昏暗的路灯下，多少激动人心的难忘画面闪现脑海，那滚滚而来的乐思，似乎要喷涌而出。在黎明前的黑暗中，两人时走时停，不时还发出些争论……快到拂晓时，麦新在小纸片上，急促地记下了刚才两人探讨拟定的歌词和曲调。一首发自他俩心底，充满着激昂铿锵的歌曲《牺牲已到最后关头》的雏形已完成。几天后，经两人多次推敲、斟酌、润色后才定稿。作品很快发表在《大众歌声》第二集上，成为抗日救亡歌曲中的经典。

麦新的代表作，无疑就是《大刀进行曲》。1937年的"七七事变"后，日寇加紧侵华步伐，驻华北的29军为抵御外敌，在长城脚下的喜峰口奋勇杀敌。那时的抗日捷报频传，光大刀队19岁的战士陈永德，一人一刀，就杀敌9名，极大地鼓舞了中华儿女的斗志。人民欢欣鼓舞、热血沸腾，麦新也被这样的抗战气氛包围着。

一天，他在参加上海各界声援29军的群众集会后，激荡的心久久不能平静，脑海中一直闪现着大刀队战士奋勇杀敌的画面。这夜麦新失眠了，整夜地琢磨，一直待到一抹晨光折射到他的床边时，望着东方绚丽的曙色，他自言自语地说："抗战的一天来到了！"当他再重复这句话语时，竟兴奋地唱了起来。这从心底流淌出来的曲调，顺畅自然又热情奔放，极富号召力。麦新反复哼唱了多次，觉得很满意。这句旋律既表达了看到抗战到来的兴奋，又蕴含着抗战必胜的信念。他急忙起床，把这句旋律和歌词写了下来。找到了主题音乐中的主旋律后，麦新兴奋不已，他沿着这种情绪和音乐走向，不断地向这句旋律的前后延伸开去，作品很快一气呵成。一首时代的不朽之作，名扬天下的《大刀进行曲》，就这样在一个安静的早晨，从一颗不安静的心中迸发出来。

几天后，在南市文庙举办的大型抗日救亡歌咏会上，麦新站在台阶上，亲自向万余群众教唱《大刀进行曲》。这是新作的首唱。人们唱了一遍又一遍，群情激昂的歌声划破天际，直冲云霄。自此之后，《大刀进行曲》成了每次重大歌咏活动的必唱曲目。但群众在演唱时，总是习惯地把原作中第一句歌词——原本节奏和旋律四平八稳的"大 刀 向"唱成了切分音符并有延长音，这样的音乐语言和节奏更显铿锵有力，更有气势。而且在歌曲的高潮和结尾处，群众又总要加上一声激昂的呼喊："冲啊！杀！"这种发自群众内心对作品两处不经意的画龙点睛式改动，无疑使歌曲增色不少。不久，在冼星海家中的碰头会上，又有同志建议把原歌词"二十九军的弟兄们"改成"全国武装的弟兄们"，把"咱们二十九军不是孤军"改为"咱们中国军队勇敢前进"。

麦新高兴地接受了同志们的建议和群众的见解、呼声，对作品加以重新修改。不久，这首歌随着抗日将士在浴血战场上的高歌，很快传遍大江南北，成为激励亿万中国军民打败日寇的号角。

"西安事变"后，国共为一致抗日再度合作。此时的中国共产党已是合法政党，工农红军也被改编成八路军和新四军。"八一三"淞沪抗战后不久，中共上海地下组织根据党中央的指示精神，要把上海文化界的人士组织起来，组成各种形式的团体。包括各"抗战演剧队"和"战地服务团"等，用文艺的形式，到祖国广大内地去开展全民抗战的宣传，其中包括深入国民党军队。

麦新也接到党组织的指示，安排他参加由张发奎为总司令的第八集团军属下的战地服务队。当时的麦新刚完成《大众歌声》第二集的发行工作，第三集的稿件也基本安排妥当。在移交手头工作、离开上海的前夜，麦新挥泪告别了一同战斗了多年的挚友孟波。在辗转浙江、江西和湖北的烽火岁月里，麦新经受了炮火连天的战争考验，终于加入了朝思暮想的中国共产党，从此他以更高的标准来要求自己。

麦新在战地服务队的工作，除了教官兵新歌，还要创作文艺节目，主要是谱曲。有一次，有一出新编的独幕话剧《保卫浦东》，麦新为其中几个唱段谱曲。导演石凌鹤对麦新说：眼下的排练，剧中缺一位老农民的角色，此角色虽然戏不多，但很重要，关键是老农要讲浦东话，我看你来演比较合适。要从未登过台的麦新来演戏，似乎对他有些勉为其难，但为了宣传抗战，完成这出戏的演出，麦新还是欣然接受了。

为了演好老农民，麦新白天忙完教歌和排戏，晚上熄灯后还要背台词、温习导演教他的一些动作。他特别注重导演强调要求的演员在台上的交流。

在正式演出的前夜，麦新真有些紧张了。这是他平生第一次登台演戏，生怕自己的表演不好而影响整台戏。因此，他一人跑到室外的打谷场上，趁着月色，边背台词，边比划边表演。此时，正巧有一小队巡逻兵经过，见到这位指手画脚、形迹可疑的人，便悄悄把他围了起来。最后发现是麦教官在练习演戏，才知道闹了一场误会。

1938年春，麦新所在的战地服务队来到了当时全国的抗战中心：武汉。在那里他遇到了自己的恩师冼星海和久别的革命音乐家任光、张曙等。冼星海对麦新说，《大刀进行曲》唱遍了抗战前线和国统区，非常好，希望他能多写这样的作品。

武汉到处响起的抗战歌声和浓郁的抗日气氛，使麦新感到前所未有的兴奋。而老师的赞美和鼓励，更坚定了他的革命斗志。他在日记中写道：

向星海学习,沿着聂耳的路走到底!

在延安的岁月:"自由的土地,人民的世界到了!"

1940年底,麦新被调往延安学习工作。车从陪都重庆出发,途经西安,又路过洛川,进入鄘县。这里是陕甘宁边区的第一站,多么神圣的土地,到处充满阳光,一切蕴含生机。此时的麦新情不自禁地在卡车上呼喊:"自由的土地,人民的世界到了!"

车到延安时,天空突降大雪。麦新望着飞雪中高低起伏的延安城墙,思绪万千。这么多年心中一直向往的革命圣地延安,今日终于投入了它的怀抱,这种喜悦是无法用语言表达的。

来到延安后的麦新,被分配到鲁艺音乐系工作。那里有当年引领他革命、教授他音乐的导师吕骥和冼星海,还有很多他仰慕已久的革命音乐家,如马可、瞿维、寄明、向隅、李焕之、李劫夫。

麦新在延安创作的第一首作品,就是与贺敬之合作的歌曲《红五月》,这也是麦新到延安后深入生活、收集许多陕北民歌,把这些丰富的民间音乐素材运用到自己创作中的一种尝试。《红五月》一炮打响后,麦新在短短的三年间,又创作了三十几首歌曲。这也是麦新初到延安后,工作最繁忙、创作最旺盛的时期。

1942年5月23日,延安举办世人瞩目、影响深远的文艺座谈会。毛主席在会上发表了划时代、具有历史意义的重要讲话,明确指出:文艺要为无产阶级政治和广大工农兵服务。当年麦新在上海时,虽然也读过鲁迅翻译的一些文艺理论书籍,但对许多是非问题,仍似懂非懂。如今学习讲话,心胸豁然开朗,犹如迎春风之感。

一个星期后,鲁艺师生正在轰轰烈烈地学习文艺座谈会讲话的热潮中,毛主席来到了桥儿沟专程看望师生们。这天,毛主席在师生中间,多少双渴望的手伸了过来,期待能与领袖握握手!当毛主席向占据有利位置的麦新伸过手来,那宽厚的手掌,给了他无比的力量,一股暖流顿时传遍全身。应师生的要求,毛主席在礼堂旁的广场上即席讲话。他生动地把课堂里的鲁艺比作"小鲁艺",而把陕甘宁边区和各解放区的广阔天地及丰富斗争生活,称作"大鲁艺"。毛主席号召广大师生走出"小鲁艺",投身到广阔无垠的创作源泉——"大鲁艺"中去。

为了响应毛主席的号召,鲁艺师生纷纷行动起来,到359旅开垦不久的南泥湾去下生活,从而留下了流传至今、百唱不厌的歌曲《南泥湾》;同时又创作了《兄妹开荒》《夫妻识字》等样式新颖的秧歌剧,由此开启了延安的秧歌剧时代。边区的老乡都说:鲁艺的秧歌剧真好,把咱们军民开荒种地的事都编成了歌、演成了戏。庄稼人上了舞台,可真是翻了身。毛主席和朱总司令也多次看了秧歌剧的表演,赞许说:这才像个为工农兵服务的样子!

麦新在此次下生活中,也创作了歌曲《南泥湾垦荒》,同时还拿起文艺批评的武器,撰写了《新的聂耳在工农兵中生长着》《略论聂耳的群众歌曲》《创作不是少数人的事》《是改变工作作风的时候了》和《群众需要什么样的歌曲》等论著。

麦新在延安的这些年,是他人生中最幸福的时光,不仅思想觉悟提高很快,艺术创作也硕果累累,而且还收获了爱情。其实麦新刚来鲁艺时,同样来自上海的音乐系学生程迈姑娘就已对他产生好感。在以后的日子里,两人因音乐结缘,那《纺织姑娘》优美旋律中的一个个音符,如同一根根扯

人民群众悼念麦新

不断的情丝,把两颗纯洁炽热的心紧紧地拴在一起,两人很快走向婚姻殿堂。

抗战胜利后,国民党撕下了伪装和平的假面具,对各解放区发动疯狂进攻,妄图一举消灭中国共产党及其领导的人民军队。为了粉碎敌人的阴谋,在毛主席和党中央的英明领导下,各解放区军民奋起反击,由此也拉开了解放战争的帷幕。麦新也随部队离开延安,转战南北。延安鲁艺在解放战争后期,整体搬迁至东北。最后落户沈阳,新中国成立后改名为沈阳音乐学院。

麦新在内蒙古开鲁的纪念碑

麦新参加东北野战军的土改工作后,于1947年6月4日,在茫茫的科尔沁草原遭遇匪徒的袭击,经过惊心动魄的战斗,麦新不幸中弹壮烈牺牲,年仅34岁。

麦新的一生是在烽火岁月里,受党的教育培养而茁壮成长的。他为党和人民洒尽了最后一滴鲜血。无疑,他的人生,就是一首战歌。麦新虽未看到新中国的曙光,但他创作的《大刀进行曲》会在神州大地永远唱响。

百年孟波：乐坛丰碑

孟波

孟波是新中国音乐事业的卓越领导人之一。他策划、组织的"全国音乐周""上海之春"等大型音乐活动及其衍生出的音乐舞蹈史诗《东方红》，在我国音乐史上产生过巨大而又深远的影响。

作为我国著名的音乐家，孟波曾在战争年代与和平时期谱写过《牺牲已到最后关头》《高举革命大旗》《祖国万岁》等歌曲，激励过亿万中国人民投身伟大的抗日洪流和忘我的社会主义建设。孟波在担任上海音乐学院领导期间，用他的创作理念，影响、指导并促成了中国交响乐的代表作——小提琴协奏曲《梁祝》的诞生。

2015年，99岁高龄时，孟波悄然走完了他的人生路。与先他一步前去天堂的爱妻、著名作曲家严金萱（舞剧《白毛女》作曲）相会。

孟波与严金萱相识相恋于延安的鲁艺。这对乐坛伉俪为了共同的革命理想和对音乐的追求，历经了一个甲子多风云变幻的考验，始终相濡以沫。晚年的严金萱双腿骨折，不能行动，孟波除了一些必须参加的会议和社会活动外，全身心地陪伴严金萱，形影不离，被业界视为楷模。我和孟波是相识相交近三十年的忘年交，他曾给我讲述过许多鲜为人知的往事。

《牺牲已到最后关头》的诞生

孟波在青少年时代，就深受同乡瞿秋白、张太雷、恽代英等革命前辈激进思想的影响。"九一八"事变后,他毅然离开故乡常州,奔赴上海投身抗日救亡运动。孟波虽没有音乐院校的学习经历,但凭着自己出众的音乐天赋和对祖国对人民的满腔热忱,带领着民众开展抗日歌咏活动,点燃起他们反对、抵抗日寇的激情。

其间,孟波加入了中国共产党,结识了聂耳、冼星海、吕骥、麦新等一批革命音乐家,在并肩战斗中成为挚友。为了能更好地运用音乐这一武器去团结人民打击敌人,孟波拜冼星海为师,学习作曲、指挥,并与麦新(《大刀进行曲》的作者)一起,创办、主编了对抗战胜利起过重要作用的歌曲期刊——《大众歌声》。

1936年,日寇已染指华北,局势非常危急。但此时,蒋介石却在国民党"五大"上大放厥词,说"牺牲还未到最后关头"。此话一出,全国哗然,上海旋即就爆发了声势浩大的抗日救亡示威游行。游行结束后,许多革命音乐家不约而同地汇集到冼星海家中,商讨应对之策。冼星海对大家说:我们要拿起音乐的武器,与蒋介石的一派胡言针锋相对,并点名要孟波和麦新去创作一首歌曲,标题就是《牺牲已到最后关头》。

那天晚上,受命后的孟波和麦新心绪难平。他俩徜徉在黄浦江畔,漫步于附近的几条小马路上,直至天明。在昏暗的路灯下,多少激动人心的难忘画面闪现脑海,那滚滚而来的乐思,似乎要喷涌而出。在黎明前的黑暗中,两人时走时停,不时地发生些争论,孟波在小纸片上急促地记下了歌词和曲调。一首发自他们心底、充满着激昂铿锵的歌曲《牺牲已到最后关头》就这样诞生了,很快发表在《大众歌声》第二集上,成为抗日救亡歌曲中的经典。

创办"推新人、出新作"的全国音乐周

新中国成立后,孟波历任天津、广州、北京及上海的音乐文艺工作领导。1956年初,中国音协主席吕骥因兼任中央音乐学院院长,需长时间在天津工作,故调孟波进京,与周巍峙一道主持中国音协的日常工作。

当时,国内工农业建设突飞猛进,成就辉煌。在取得了抗美援朝和万隆会议的胜利后,中国的国际地位正日益提高。在这样大好的形势下,孟波提议于当年夏天搞一次全国性的音乐会演,来检阅我国音乐工作者的整

体水平，并达到"推新人、出新作"的目的。

孟波的建议得到了中国音协的首肯，此事很快由中宣部上报党中央。不久，在京主持中央日常工作的刘少奇召见孟波谈话，说："你们准备的会演'推新人、出新作'很好，但历史和文脉不能割断。'五四'以来的新文化运动中，曾出现过许多优秀音乐作品，你们都应该演一下，这样才能承前启后……"

遵照中央指示，孟波和周巍峙等中国音协的领导几经商讨后，为此次活动定名为"全国音乐周"，并开出了一张"五四"以来著名音乐家及代表作的名单供排演。

规模空前的"全国音乐周"于1956年8月1日至15日在北京如期举行。全国各省、市、自治区和解放军的各文工团，都分别派出了强大的演员阵容和优秀节目参演。此次活动，光演员就达4 000多人。会演本着勤俭节约的办事原则，经费除文化部拨一小部分外，其余全靠票房收入。赴京的演员住进了正值暑假期间的北京大专院校免费的学生宿舍。孟波又找到了当年新四军的老战友、总后勤部的王兴纲，请他帮助解决运送演员的车辆。

100多台绚丽多姿的节目，精彩纷呈。《祖国颂》《歌唱二郎山》《我站在铁索桥上》等许多好歌应运而生，还涌现了温可铮、胡松华、郭颂、李光羲、孙家馨和黄虹等一批青年歌唱家。

"五四"优秀作品分三场演出，它云集了当时中国歌坛最优秀的音乐家。黎锦晖的早期儿童歌舞作品《小小画家》引人注目，作品由他的女儿黎明晖演唱。朱德总司令在看完这场演出后，专门向孟波询问演唱电影《渔光曲》主题歌的王人美的近况。

在"全国音乐周"即将闭幕时，中央领导在中南海怀仁堂与参演的主要音乐工作者座谈。会上，毛主席发表了关于音乐工作的长篇讲话，并提出了"洋为中用、古为今用、推陈出新"和"百花齐放、百家争鸣"的文艺方针。

《梁祝》：中国音乐史的里程碑

1958年春，孟波调任上海市文化局党委书记兼上海音乐学院党委书记。

他上任伊始，就主抓音乐创作的民族化、群众化。在其影响下，上音管弦系组织何占豪、俞丽拿、丁芷诺、沈茜蒂、朱英等学生组成"小提琴民族化实验小组"。用中国民族乐曲和音乐元素改编的《二泉映月》《旱天雷》《步步高》《四季调》等西洋器乐小品，受到广大群众的热烈欢迎，并在上音校园内引起强烈反响。

正在这时，文化部党组书记钱俊瑞来上音视察。在了解了实验小组的情况，并听了何占豪创作的弦乐四重奏《梁祝》后说："外国的乐器，演奏中国的戏曲音调，这是条新路，但音乐可以再美一点……"，并希望这种探索能继续下去。

为了向国庆十周年献礼，上海市文化局和市音协组织并指定本地的著名作曲家创作一批反映重大革命题材的交响作品，而孟波则希望上音的年轻人，尤其是实验小组的成员，也能出部大作品。孟波在否定了"女民兵""大炼钢铁"等题材后，决定要何占豪在弦乐四重奏《梁祝》的基础上，搞一部小提琴协奏曲。

深谙越剧音调的何占豪，经过反复的酝酿、推敲，执笔《梁祝》主旋律的框架和走向。但当时的何占豪没学过作曲理论，于是，孟波又请作曲系应届毕业的高才生陈钢火线加盟。陈钢首先把已完成的乐曲重新进行构思，即把故事内容和西方传统的奏鸣曲式，有机地结合起来。这样，既能适应中国听众艺术欣赏的习惯，又符合科学的音乐陈述规律。同时，陈钢又对主题音乐进行了升华、变奏、展开，并为整部作品配器。

1959年5月4日，《梁祝》在上音大礼堂首次试演，两位曲作者何占豪和陈钢分别担任小提琴独奏和钢琴伴奏。对此次演出，作曲系师生颇有争议，褒贬不一。但孟波却旗帜鲜明地认为："年轻学生不受条条框框的束缚，敢于创新，走自己民族的音乐路。这种精神和举动，是值得提倡发扬的。"

在经过一些小修改后，在5月27日，《梁祝》首次以小提琴协奏曲的形式在兰心大戏院亮相，参加上海市的音乐舞蹈会演。小提琴独奏和协奏的乐队及指挥，全由上音的学生担纲。同台参演的还有好几部上海新创作的民族化器乐作品。来自中央及全国各主要文艺团体和部队文工团的主创人员，观摩了此次会演。演出大获成功，尤其是《梁祝》让人耳目一新，大家纷纷索要总谱。由此，《梁祝》开始走向全国，成为中国音乐史上的一座里程碑。

"上海之春"的成功策划

因为会演的成功,孟波和众多上海的艺术家,都希望这样的演出能每年一次固定下来。在报经上海市委批准后,成立了以孟波为主任的常设机构,由于演出在春季,故取名"上海之春"。为了选定演出主场馆,孟波和几位音乐家四处寻觅,最终择定南京大戏院,并将其改建成上海音乐厅。1960年5月,第一届"上海之春"就在此地拉开帷幕。从此,"上海之春"成了上海音乐舞蹈工作者的盛会和全市人民文化生活中的一件大事。

为了更好地"推新人、出新作",从第一届到"文革"前的第六届"上海之春",孟波作为主要策划者和实际操作者,可谓倾其所能,事无巨细一一过问。他除了每年对上海本地的文艺团体下达具体的创演任务外,还分别邀请过华东六省及中央和解放军的文工团参演交流。其间,还亲自组织了全国二胡、小提琴大赛,发现并成就了闵惠芬、郑石生等后来影响中国乐坛的青年演奏家。同时,推出了新编民族舞剧《小刀会》,还创作了《红旗颂》《黄浦江大合唱》等多部音乐作品。

1963年,为了配合蓬勃兴起的世界民族解放运动,"上海之春"举办"亚非拉音乐会专场",孟波特请上海民族乐团专门排演了两首非洲乐曲:《几内亚舞曲》和《达姆达姆》,陈毅外长陪同几内亚总统塞古杜尔访问上海时,出席了音乐会。当塞古杜尔总统听到《几内亚舞曲》时,闪烁着泪花对陈毅外长说:"法国侵略者统治我们这么多年,他们的乐队从来没有演奏过我们的音乐,今天中国人做到了,我非常感动……"后来,陈毅赞扬孟波说:"你们的音乐,帮助了我们的外交工作。"

翌年5月,为迎接建国15周年,上海在文化广场举办了新中国成立以来规模最大的歌舞晚会"在毛泽东旗帜下高歌猛进"作为本届"上海之春"的压轴戏。

此时恰逢陈毅外长陪同坦桑尼亚总统卡瓦瓦访问上海,顺道聆听晚会。整台晚会高潮迭起,展现了中国人民在共产党的领导下取得胜利的艰难历程。演出结束后,陈老总对陪同观演的孟波表示:"北京正在筹备建国15周年的庆祝晚会,上海的这台演出不错,可以作为方案之一推荐。"两个月后，孟波突然接到陈老总的电话，说他和周总理在出访越南的返京途中，明天将在上海逗留，要观看"在毛泽东旗帜下高歌猛进"这台晚会。

当时的上海正值夏日炎炎，文化广场又极其简陋，屋面是铁皮的，场内酷热难熬。为了保证演出的成功，孟波重新集结所有演员排练，又专门调来消防车，在广场的屋顶上洒水，同时又从机关事务局借来许多电扇，并在广场四周安放大量冰块降温。

在各方的努力下，演出获得超乎想象的成功。当晚11时，周总理和陈老总在锦江文艺俱乐部接见孟波和市文化局的另一名领导许平，大家共进夜宵，每人一小碗赤豆汤。席间，总理说："晚会总体是好的，但有两个问题：第一是历史跨度太长，就演到建国时止为好。第二是晚会没有表现遵义会议，这是很大的不足。在我们党的历史上，遵义会议很重要，它确立了以毛泽东为代表的正确路线，从此带领中国人民从胜利走向新的胜利……"

周总理还当即决定：以在京的文艺团体为骨干，抽调上海的一些创演人员和全国的精英，以上海的"在毛泽东旗帜下高歌猛进"和空政文工团的"革命历史歌曲音乐会"为蓝本，搞一台庆祝国庆15周年的大型晚会，这就是后来影响几代国人的大型音乐舞蹈史诗《东方红》。

刘雪庵：傲霜迎雪一青松

刘雪庵是中国早期的著名作曲家，作为与贺绿汀、陈田鹤、江定仙齐名的黄自四大弟子之一，他一生作曲无数。当年他因创作了一首舞曲（后经填词并被改名为《何日君再来》）而红遍上海滩，但成乃萧何、败亦萧何，也正因为这首作品，刘雪庵先后在民国时期、新中国成立之初和"文革"中，被误解为卖国媚日的反动派、汉奸、"黄色歌曲"的作者而遭受磨难，他的大名和作品几度在中国的歌坛消失。

《何日君再来》风波始末

其实，所谓的电影插曲《何日君再来》，原本只是一段没有歌词的舞曲音乐，乐曲本身只有抽象的情感含义，并没有确切的叙事指向。这是刘雪庵在上海国立音专求学期间，有一次学校举办舞会时，他应邀即兴为舞会专门谱写的一首音乐。当时由学校的管弦乐队演奏时，并未引起多少人的关注。

不久，刘雪庵因剧作家潘子农的邀请，为他的影片《弹性女儿》写一首舞场里用的音乐。为了能体会创作此类音乐的感觉，刘雪庵多次去舞厅聆听探戈、华尔兹、布鲁兹、伦巴和吉特巴等各种节奏的舞曲音乐，大受启发。此时他的脑海里交织流动着各种音乐样式的旋律，于是他随手就写下了《双双燕》《满园春色》等几首轻松活泼、样式新颖的舞曲音乐。连同那首《何日君再来》的音乐旋律，一起提供选用。最终，潘子农根据自己剧本所需采用了新创作的两首舞曲。由于刘雪庵创作的舞曲，旋律优美、节奏鲜明又形式多样,让人耳目一新,这些舞曲很快就在市面上流行起来。

随着刘雪庵在上海影坛的声名日隆,上海艺华影业公司正在拍摄的一部模仿好莱坞风格的歌舞片《三星伴月》的导演方沛霖,也慕名请刘雪庵为影片中马陋芬和周璇分别饰演的男女主角在别离时的那场戏写段音乐。在那个年代,跳交谊舞和看电影,无疑是当时生活的一种时尚。由于此时刘雪庵的学习和音乐创作都很繁忙,他对时尚的生活方式不屑一顾。因此,他对受约的此类音乐的写作也并不太重视,所以就把那段现成的《何日君再来》的音乐给了导演。诚然,对于这部影片的剧本刘雪庵根本没看过,因此对故事内容都不知晓。但他写的这首布鲁斯节奏的音乐,影片的主创人员都非常满意。编剧黄嘉谟想发挥歌星周璇在影片中更大的作用,于是在未经曲作者同意的状况下,自己专门为这段音乐填写了四段歌词并起了歌名《何日君再来》,由当时红极一时的主演周璇演唱。

待到影片《三星伴月》即将公演前,刘雪庵在看了样片后才知道此事,但碍于情面,当时未提出异议。他只是觉得填写的歌词比较颓废,就把作曲的署名改为"晏如",词作者黄嘉谟也化名"贝林"。

影片上映后,一炮打响。人们不仅冲着这部影片曲折的故事和男女主角出色的表演,更多的人是为了聆听片中周璇演唱的那首缠绵悱恻的歌曲《何日君再来》而走进影院的。百代唱片公司也不失时机地旋即就灌制了唱片发行。此作很快红遍十里洋场,大街小巷到处传唱。周璇也因此成了上海歌坛的焦点人物,原本悬挂在百代唱片公司大厅上方的一代名伶梅兰芳的大幅照片,此时竟被正在崛起的周璇的照片所替代,由此可以想象这部作品当年的社会影响。

不久,《何日君再来》又被蔡楚生执导的新片《孤岛儿女》用作插曲,但演唱者改为主演黎莉莉。令人意想不到的是,远在东北伪"满洲国"的满映也看中了这首作品。在拍摄美化日军侵华的影片《白兰之歌》和《患难之交》中也选用了这首作品,演唱者是当红的歌星李香兰。显然,此歌已被日伪用作心理战工具,此时远在国统区大后方的刘雪庵知情后心急如焚,但又有

年轻时的刘雪庵

口难辩。很快，更灾难性的事情也发生了。日寇将此歌的标题《何日君再来》改成《贺日军再来》，歌词和内容也作了大幅修改，并在他们占领的地区到处演唱。至此，原本只是一首描写爱情的电影歌曲的性质已完全改变了，成了卖国歌曲。潜伏在敌后斗争的国民政府情报人员发现这一情况后马上汇报给重庆政府。此事竟惊动了蒋介石，他亲自下令全国禁唱这首歌曲，所有电台禁播此歌，所有库存的唱片也一律就地销毁。由此，《何日君再来》也由极盛走向衰亡，很快就沉寂了。刘雪庵因此背上了一辈子的黑锅，不仅毁掉了他的音乐创作生涯，更多的是给他以后的人生带来了无尽的灾难和痛楚，他跳进黄河也已洗不清了。

抗战胜利前夕，李香兰在上海大光明影院举办独唱会，因演唱《何日君再来》也招来了麻烦。当时汪伪政府的巡捕房在音乐会结束后传唤李香兰，怀疑她演唱此歌是为重庆政府招魂。李香兰辩解说：这只是一首好听的情歌，没有任何的政治含义。但当局认为：这天的舞台背景是蓝色的，而李香兰又身着白色礼服，两相映衬，有"青天白日"的效果。而审问李香兰的中国警员根本就不知道李香兰是日本人。这又是一个不该发生的大笑话。

诚然，所有事件其实与刘雪庵并没多大关联。事发当初只要早说明真相，本可大事化小，小事化了的。那既不会有社会舆论的压力，也不会惊动高层，更不会给敌伪日寇有机可乘搞阴谋，借此大做文章。但知情者方沛霖、黄嘉谟及其他一些相关人员，先怀着侥幸心理，想蒙混过关，又甩锅他人。但不料事情愈闹愈大，发展到不可收拾的地步。此时为了明哲保身，更怕引火烧身，他们从此都缄默不言了，致使刘雪庵蒙冤受难几十年。无疑，知情者不站出来澄清事实真相，这无论从道义还是人格来说，都是极不应该和不道德的。

新中国成立后，因"极左"思潮的原因，原本上海滩的那些老歌都已作为靡靡之音而被打入冷宫，已不再是人们生活中的主流音乐。刘雪庵因为那首《何日君再来》，非但得不到重用，又几度蒙冤受屈。但此时的香港邵氏影业公司拍摄的影片《蓝与黑》中，仍在用《何日君再来》作为片中的插曲和主题音乐。

"文革"结束后，曾经在大陆遭禁的港台歌曲大量地涌入内地，其中以邓丽君的作品为代表。她清新脱俗、朗朗上口的演唱风格，雅俗共赏又沁人心脾，那些甜美亲切、易学易唱的歌曲，又使内地民众耳目一新，因此很快赢得了市场。一时邓氏经典歌曲到处传唱，已融入当时人们的生活。在邓丽君的作品中，当年的上海老歌占据很大比例，《何日君再来》是邓丽君1979年翻唱的，她的演绎别有风情、撩人心魄，禁演几十年的歌曲经她传唱后，在中国大陆又重新风靡。由此也带来了褒贬不一、众说纷纭的激烈争论，为此，《北京晚报》在1980年初开辟专栏专门来讨论这首作品，整个事件也由此一点点浮出水面，逐渐清晰起来。与此同时，知晓这首作品来龙去脉的电影编导潘子农，不知是出于良心的发现，还是觉得时机已经成熟，终于发话了。他撰写了以正视听的文章，事件真相才大白于天下。此时的刘雪庵已是双目失明、风烛残年的老人，但终究在其去世前还是还了他一个清白。

十多年前，日本NHK电视台经过多年的筹备和收集素材，拍摄制作了一部名为《一首歌的故事》的纪录片。此片详尽披露了《何日君再来》这首歌曲，这么多年来在日本和中国的遭遇。令人啼笑皆非的是，曾经彼此敌对的政权，都曾以几乎相同的理由查禁此歌。这真是开了一个天大的历史玩笑。

一桩近似荒唐的冤案，几乎完全断送了才华横溢的作曲家刘雪庵的锦绣前程。但他在蒙冤以后的漫长岁月里，即使已完全失去了展示自己才华、抱负的平台和机会，仍初衷不改，一直追求潜心于心中的音乐。刘雪庵的无端出局，不啻是中国乐坛的巨大损失，更是一种悲哀。

踏上作曲之路，《中国组曲》露头角

1905年，刘雪庵出生在四川铜梁（今属重庆市）的一户士绅家庭。他自幼父母双亡，年幼时就在同父异母的兄长办的私塾中接受中国传统文化的教育和熏陶，因此他的古典文学基础很好，这也为他今后创作歌词奠定了坚实的基础。

刘雪庵聪慧好学，从小喜爱艺术。青年时代入读成都私立美术学校学习钢琴、小提琴和作曲，同时学唱昆曲。有着远大抱负的刘雪庵，并不甘

刘雪庵和国立音专的同学在一起

于长期在闭塞偏远的巴蜀地区学习发展。1929年，他只身出川来到当时远东第一大都市上海学习。起初他进入陈望道创办的中华艺术大学，受教于戏剧大家欧阳予倩、洪深等。翌年又考入上海国立音专，师从萧友梅、黄自学习理论作曲中的曲式与和声。在校期间，求知欲强烈的刘雪庵一刻也不停歇。他跟随白俄钢琴家吕维钿夫人学习钢琴，又师从朱英学琵琶，向吴伯超学指挥，去龙榆生处学习中国古典文学，还追随李惟宁学赋格和复调。刘雪庵也是迄今为止，上海国立音专的学生中学习科目最多最全的一个，可谓"学贯中西、习通古今"。

因为刘雪庵的古典诗词功底好，所以他在学习作曲的同时，也创作了很多新体歌词。1933年，黄自和应尚能等音专教授，受商务印书馆之托编写一套中学的音乐教科书。黄自为这本教材专门谱写了许多歌曲，其中用学生刘雪庵写的歌词最多，有《农家乐》《游戏》《踏雪寻梅》《总理逝世纪念》等十首。诚然，最具代表的作品当属朗朗上口的《踏雪寻梅》，温婉灵动的曲调、隽永优美的旋律，沁人心田，歌词更是典雅质朴、直抒胸臆。这首歌一直是我国艺术院校声乐教材里的必选作品，更是传唱至今的经典之作，刘雪庵也因此作引起乐坛的关注。

刘雪庵在上海国立音专求学期间和他的音乐创作之初，正是中国有声电影在上海蓬勃发展之时。当年几乎所有的中国作曲家都参与了电影音乐的创作。因为这样既有展示才能的平台，又能获得不菲的酬劳，从而还能具备财力来维持其他音乐样式的创作，可谓一举三得。不甘落后的刘雪庵也应邀谱写过许多电影音乐和插曲，譬如《父母子女》《桃花扇》《十里街头》《新婚大血案》《满园春色》《弹性女儿》《双双燕》等多部娱乐故事片。刘雪庵还为《关山万里》《中华儿女》《孤岛天堂》《保卫家乡》等多部抗战影片谱写过电影音乐。刘雪庵的电影音乐样式独到、旋律优美、风格各异，可谓独树一帜，其中许多插曲和主题歌，如《长城谣》《满园春色》《思故乡》和《飘零的落花》曾传唱一时。

其实从内心来说，除了那些抗战影片的歌曲，刘雪庵对自己创作的这类迎合市民口味和心理、同时又要渲染并引起人们共鸣的音乐，并不太认同。尤其对自己的舞曲音乐被改编成电影插曲《何日君再来》更是不满意的。他曾在1934年的上海《音乐杂志》第三期上撰文抨击黎锦晖的音乐创作方向及其他的时代曲。刘雪庵认为，黎氏音乐不应成为上海民众的主流音乐。他主张把祖国各地的民歌和民间音乐，包括戏曲音乐都收集起来，根据现有的作曲技巧进行改编、整理、再创作，使之能适合广大民众的审美情趣和价值取向。这样久而久之，就能创作一种新的乐风，成为新的国民音乐，中国也从此可在国际乐坛获得相当的地位。

为此，刘雪庵是以身作则、身体力行的。他早年就谱写了《早行乐》《采莲谣》《布谷》《西子姑娘》《淮南民谣》等许多委婉动听、通俗易唱又极具生活气息的民族风情歌曲，以及《菊花黄》《枫桥夜泊》《红豆词》等一批意境深远、曲调典雅又充满艺术韵味的传世之作。其中《红豆词》至今还是中国屈指可数的著名艺术歌曲，许多歌唱家都争相演绎。这首创作于1943年的作品，原本是为话剧《隋垒》写的一首插曲。刘雪庵把自己一直热爱《红楼梦》的情结和痛惜林黛玉的心情，全部倾注在这首《红豆词》中，如泣如诉的音乐，催人泪下。诚然，刘雪庵的创作风格深受黄自和赵元任的影响。

1934年，中国乐坛发生了一件大事。俄裔美籍音乐家齐尔品与上海国立音专校长萧友梅商定：由齐尔品出资聘请一批著名音乐家担任评委，在上海音专内举办一次有中国风味的钢琴作品创作大赛。消息一出，就在上音激起了千层浪。全校的师生热情高涨，几乎都参与了此次大赛。比赛好戏连台，佳作频出。最终黄自的几位弟子脱颖而出。贺绿汀以一曲《牧童短笛》独占鳌头，他的同门师兄陈田鹤也有斩获，而另一位同门师兄刘雪庵的参赛作品《中国组曲》虽未进入三甲，但也引起了齐尔品的关注和好评。

钢琴作品《中国组曲》是刘雪庵创作的第一首器乐曲。它由"头场大闹""傀儡舞俑""西楼怀远"和"少年中国进行曲"四个乐章组成。"头场大闹"是以钢琴的敲击性演奏来模仿四川的锣鼓音乐，"傀儡舞俑"则取材于四川民间木偶戏的音乐素材，"西楼怀远"是一段抒情的慢板音乐，而"少年中国进行曲"又采用了回旋曲式的结构。齐尔品对这首未获奖的作品非常喜欢，评价甚高。他认为：刘雪庵在钢琴和音乐创作上是有巨大潜力的，他的创作风格已具有鲜明的民族性，这是难能可贵的。齐尔品是一位非常喜欢中国音乐的世界级音乐大师。他在欧美的许多钢琴独奏音乐会上，多次演奏了刘雪庵的《中国组曲》，也正因为齐尔品的力荐，《中国组曲》的乐谱能先后在巴黎和纽约等地出版，影响广泛。

谱写救亡歌曲，发出民族最强音

生逢乱世的刘雪庵是一个爱国的热血青年。面对日寇对自己祖国和民族猖狂的侵略和践踏，愤怒的刘雪庵用音乐作为武器与之战斗。1931年的"九一八"事变后，刚进入音专的刘雪庵义愤填膺地与同学们一起上街游行示威抗议日寇侵略，同时还在学校出墙报、组织抗战演讲等。上海的"一·二八"抗战后，音专老师龙榆生写了一首揭露日寇在上海卑劣行径的新体歌词《过闸北旧居》，刘雪庵便主动为这首新词谱曲，这也是他谱写的第一首抗日歌曲。

1935年，日本首相近卫文麿的弟弟，曾留学德国的音乐家近卫秀麿访问上海，并专程到上海音专演讲。由于中日两国当时正处于战争状态，萧友梅校长认为近卫用日语演讲会伤害中国人民的情感，因此要求他用德语。但近卫的演说结束后，愤怒的刘雪庵要求发言。他历数了日本侵略者的滔天罪行，有理有节地谴责控诉了日寇的侵略行径。刘雪庵的即兴精彩演讲，大长了中国人民的志气和威风，也赢得了在场音专师生的喝彩。

1937年的"卢沟桥事变"后，中日爆发了全面战争，此时的上海已掀起了一个全民参与的抗日救亡歌咏运动。抗日歌曲此刻已成了抗战中的一种很重要的武器。为了更好、更多地谱写抗日救亡歌曲，并且能更广泛地传播，刘雪庵和音专的同学陈田鹤、江定仙、谭小麟等一起组织成立了"中国作曲家协会"，同时又创办了专门刊登抗日救亡歌曲的刊物《战歌》。协会的会址和《战歌》的编辑部都设在刘雪庵租住的寓所内。刘雪庵拿出自己谱写电影音乐所得的稿费积蓄，用于创办歌刊《战歌》所用。

由刘雪庵主编的《战歌》是当时一本非常有影响的进步音乐杂志。它与麦新、孟波创办的《大众歌声》彼此遥相呼应，是抗战时期传播抗日救亡歌曲最重要的两本刊物。《战歌》先后在上海、武汉和重庆出版过18期，刊登过聂耳、吕骥、贺绿汀、向隅、张曙、任光、夏之秋、沙梅等革命音乐家创作的抗日救亡歌曲。唯独没有登载过新音乐代表人物冼星海的作品，其原因是刘雪庵与冼星海这位昔日上海音专校友，在音乐创作理念上有很大分歧，由此产生了芥蒂。刘雪庵在晚年曾感慨道：因为自己的好恶，当年《战歌》没有登载冼星海的一些佳作，实际上对抗战是不利的。他对此表示遗憾和歉意。

刘雪庵曾创作过《募寒衣》《前进曲》《满江红》《保卫大上海》《前线去》《民族至上》《游击队歌》《伤兵慰劳歌》等100多首抗日歌曲。由张寒晖词曲的《松花江上》在关内流传后，刘雪庵旋即就续写了《流亡》和《上前线》两首作品，与前者组成了《流亡三部曲》，此作在当年影响甚广。

1938年8月，上海艺华影业公司拍摄爱国影片《关山万里》，由潘子农编剧、导演，刘雪庵应邀担任作曲。此片描写了"九一八"事变后，在日寇统治下的一位京剧老艺人，为了生活携妻拖女流浪关内，过着居无定所的凄苦生活。片中有一场艺人养女在电台演唱的戏，她演唱的歌曲《长城谣》就是刘雪庵根据她养父口述的曲调改编的。不久，随着影片的上映和电台的播放，《长城谣》的歌声很快传遍了大江南北、长城内外，不仅激励着亿万军民投身伟大的抗日洪流，还成了家喻户晓、人人喜爱的爱国歌曲。翌年，歌唱家周小燕在出国留学路经新加坡时，在当地录唱了《长城谣》的唱片，在海外华侨中反响强烈，他们纷纷捐钱捐物支援抗战。

上海沦陷后，刘雪庵又随大批的进步文艺人士转移至武汉。在那里，他参加了由吕骥、冼星海、张曙、贺绿汀等革命音乐家组织的"中华全国歌咏协会"。那时的武汉和当年的上海一样，抗日救亡的群众歌咏运动也是如火如荼。无疑，抗日救亡歌曲是那个时代的民族最强音。

1938年冬，武汉被日寇占领后，刘雪庵又来到陪都重庆。他先在军队里担任音乐教官，在此期间，他创作了《空军军歌》《巩固统一》《中国海军军歌》等。从1941年起，他又受邀担任上海音专内迁至重庆青木关音乐学院的教授。次年，重庆的进步人士排演郭沫若的新编历史剧《屈原》，以此借古喻今来推动抗日。导演陈鲤庭认为剧中的几场戏，如"橘颂""雷电颂"等场景需要音乐的强烈烘托，因此，此剧的音乐创作很重要。于是潘子农就建议邀请刘雪庵来担任创作。受邀后的刘雪庵在与导演陈鲤庭和主演金山等主创人员反复研讨音乐的设计后，花了三天三夜才完成任务。同时，刘雪庵组织了一支管弦乐队来现场演奏，自己还亲自担任指挥。话剧《屈原》公演后，旋即在国统区引起反响。不久，刘雪庵又受邀为另一部借古讽今的话剧《李秀成之死》谱写音乐，也大获成功。当时的国民政府为了抵消话剧《屈原》《李秀成之死》的社会影响，也推出话剧《苏武牧羊》，请刘雪庵作曲。但刘雪庵在研读了剧本后，觉得此剧的故事内容与史实相去甚远，而且剧情也不利于抗战，因而婉拒了这一邀约。但刘雪庵很快就遭到了报复，他被政府无端解聘青木关音乐学院教授一职。

坚守信念的坎坷人生

1953年，中国青年艺术剧院将郭沫若的历史话剧《屈原》再度搬上舞台，演员队伍基本维持了当年的原班人马。但此时该剧的曲作者已换成了马思聪，主演也改为赵丹。对此刘雪庵顿生疑窦。他专程去询问编剧郭沫若和导演陈鲤庭换人的缘由，但得到的答案都是模棱两可、不置可否。殊不知真正的原因，还是刘雪庵的历史问题。但对此剧一直情有独钟的刘雪庵，先后在1962年和1980年两度重写话剧《屈原》的音乐和插曲，他一直想在舞台上树立一个更新的屈原的音乐形象。

刘雪庵一生先后在国立青木关音乐学院、苏州社教学院、苏南文教学院、江苏师范大学、华东师范大学、北京艺术师范学院及中国音乐学院等大专院校任教，桃李满园。即使在他受屈辱的漫长岁月里，他也并未放弃手中那支为祖国、为民族大众呐喊歌唱的笔。新中国成立后，他谱写了许多贴近工农兵的歌曲，其中有：组歌《人民解放大合唱》，以及《挖去千年老穷根》《来唱个翻身乐》《歌唱人民新生活》和《我要爱祖国最可爱的人》等歌曲。

在1957年的"反右"斗争中，敢于说真话的刘雪庵完全忘却了自己的"严重历史问题"，发表了许多自己心中积累多年的对乐坛状况真实看法的言论。当时中国音协的主要领导人由吕骥、孙慎、周巍峙、李焕之和孟波等延安过来的红色音乐家，以及以贺绿汀、马思聪、李凌等为代表的学院派音乐家组成。他们各自对中国音乐发展的方向、中国音乐创作的理念、作品的内容和形式孰重孰轻及音乐院校如何建设的问题，都有重大的分歧。当然，有思想的刘雪庵也有自己的独立见解和看法。趁着"大鸣大放"，他把自己内心所有真实想法和盘托出。但也许他的言论过激，更重要的是他有"严重的历史问题"，因而招来了灾祸，最终被打成音乐界的"大右派"。同时由一级教授降至六级，被调往图书馆当资料员。但刘雪庵即使在逆境中也没有完全消沉，他又为多首毛主席诗词谱曲，创作了《雷锋组歌》和钢琴曲《我爱北京天安门》，还译配了法国著名歌剧《卡门》的全部唱段。

在"文革"中，刘雪庵全家遭受罹难。妻子乔景云为了保护丈夫而被打得皮开肉绽，不治身亡。刘雪庵作为"大右派"和"历史反革命"，更是厄运连连。他先被关进牛棚，随后又被押解到农场劳动改造，由于身心疲

刘雪庵（右一）和家人

急、劳累过度，不久便双目失明了。晚年的刘雪庵更是凄惨，他陋室残破、中风瘫痪。除了睡眠外，整日就坐在一辆装有便桶的轮椅上，一边挂两个馒头，另一边挂瓶水，饿了渴了就啃几口馒头，喝点水。有亲朋好友来探望，这也是孤独的刘雪庵最期盼的幸福时光。当大家互诉衷肠时，刘雪庵总是泪流满面、哽咽在喉，多少往事仿佛又在眼前，令在场者潸然泪下、唏嘘不已。他即使在这样屈辱的生活中艰难度日，但还是坚信真理是一定会战胜邪恶，光明也是一定会到来的。无论在任何境遇中，刘雪庵都一如既往，始终坚持自己的信仰和追求。他也犹如陈毅元帅颂扬的"大雪压青松，青松挺且直。要知松高洁，待到雪化时"中的那棵傲霜迎雪的青松。

  1985年3月15日，已经平反昭雪、恢复名誉的刘雪庵因多种疾病并发，在北京医学院第一附属医院去世，享年79岁。刘雪庵的人生虽然是场悲剧，但他全心全意投入抗日救亡运动，尽心尽力地创作爱国歌曲，倾尽一生从事音乐教育工作，他对中国音乐事业作出的巨大贡献，还是得到党和人民肯定的。尤其是他创作的《长城谣》《踏雪寻梅》《红豆词》等许多不朽的旋律，已流淌在亿万国人的心中，人民是不会忘却刘雪庵的。

郑律成：用生命激情谱写传世经典

在2019年国庆盛大阅兵、游行及新创大型音乐舞蹈史诗《奋斗吧中华儿女》中，再次奏响、颂唱了著名作曲家郑律成的两首代表作：《中国人民解放军进行曲》和《延安颂》。聆听着这激昂奋进的旋律和歌声，我也和亿万国人一样，心旌激荡、热血沸腾。当年采访郑律成遗孀——新中国首位女大使丁雪松的场景，依然清晰、历历在目。

那是1985年的暮春，我们策划组织在上海举办"三军歌唱家音乐会"。为联络、落实军旅歌唱家们来沪参演事宜，我和胞弟李建国多次往返于京沪。

有一次，我在时任中国音协主席李焕之家中，偶遇丁雪松。因为音乐会中有总政歌剧团张积民演唱的《延安颂》，而且本次音乐会还准备出一本介绍军旅作曲家和歌唱家的专辑，于是我不失时机地与丁老师相约，采访了解郑律成的创作往事。

奔赴延安投身抗日歌咏

1914年初夏，郑律成出生于现今韩国光州的一户农家。那时整个朝鲜半岛都是日本殖民地。虽生于乱世，但作为这个能歌善舞民族中难得的音乐天才，郑律成一直想用自己石破天惊般的歌喉，唱出朝鲜民族的不平和希望。

郑律成从小就受到三个流亡中国开展抗日活动的哥哥激进思想的影响，15岁时就在自己求学的全州反日学生运动中冲锋陷阵了。他印传单，贴标语，领头上街示威。面对日寇、军警的疯狂镇压，他毫不示弱。大批的同学被捕，郑律成因机智过人而躲过一劫，反日反侵略的思想已深深扎根脑海。

1932年，郑律成随三哥郑义恩来到中国南京，参加由朝鲜人在此地创办的朝鲜革命军事政治干部学校，校址设在南京郊区江宁镇的一座庙宇里。同期入学的有55名同样流亡中国的朝鲜学员，主要学习政治、军事知识，包括战术、射击、爆破和世界史、朝鲜独立运动史及唯物史观等。这些学员在课余时间经常用歌声来抒发自己的情感。这正好发挥了郑律成的特长，他从小就是在大舅家听着世界名曲成长的，如今再唱起这些耳熟能详的作品，更是热血沸腾、激情四溢了。

两年后，郑律成学成毕业。起初他被派往南京鼓楼电话局去收集日本人的情报，后因上级知道他有音乐天赋，不久又被调往上海，到白俄声乐大家克利诺娃门下学习歌唱，想借音乐学习来掩护他所从事的地下革命活动。克利诺娃非常欣赏他得天独厚的天籁般嗓音和超凡脱俗的音乐感觉，非但不收其学费，还要出资保送他去意大利留学，希望他能成为顶级的男高音歌唱家、东方的卡鲁索。

在那时上海风起云涌的群众歌咏活动中，郑律成结识了冼星海及"左联"的一些革命音乐家，思想发生了很大的变化。他想用音乐作为武器来唤醒人民投身抗日，于是萌生了投奔革命圣地延安的念想。冼星海是郑律成最崇拜的音乐家，他蕴满情感、发自肺腑创作的《到敌人后方去》《救国军歌》等抗日救亡歌曲，是那样的激情澎湃、催人奋进。冼星海也十分看好郑律成，认为他唱得太好了，并承诺他：以后我写歌，你来唱，为我们唱电影插曲、灌唱片。

"卢沟桥事变"后，中国进入全面抗战。但不久后淞沪抗战失利，上海沦陷了。冼星海和他的演剧队离开上海，前往内地做抗日宣传活动，最终到达延安。为了追随冼星海，郑律成急切地想去延安求学。在"左联"成员、时任上海妇女救国会领导杜君慧的引导下，他开始筹划延安之行。因没有路费，郑律成在朋友的引荐下，求助于乐善好施的"七君子"之一的李公朴先生。得知这位青年要去延安却苦于没有路费，李公朴先生二话没说立刻拿出三十块银元，以解他燃眉之急。也是在"左联"的关照下，八路军总部的高级参议宣侠父亲自给八路军西安办事处主任林伯渠写了介绍信。因为那时前往延安的青年鱼龙混杂,除大批工农子弟外,还有莘莘学子和一些宁可放弃锦衣玉食的富家子弟,但同时也混迹了国民党派遣的特务。因此,当时去延安求学是要有人证明或担保的,况且郑律成还是个朝鲜人。

郑律成非常感激杜君慧,在告别她的那个夜晚,他特地弹起了曼陀铃,唱着悲壮激昂的歌,表达了他此时此刻无法用语言表达的情感。

背上心爱的小提琴和曼陀铃,带着两本《世界名曲歌集》,郑律成像战士带着武器一样奔赴心中向往的延安。在到达西安后前往延安的六百里路上,他目睹了人流滚滚的壮观景象。无数革命青年义无反顾、不畏艰险地选择了抗日救亡之路,这样的情景深深感染了他。

1937年金秋,郑律成到达延安进入陕北公学后,旋即就把自己的原名郑富恩改为郑律成,意即自己未来的音乐之路和韵律成功顺利。那时的延安是全国抗日的革命圣地,郑律成如鱼得水,他的音乐才华有了施展的舞台。当时艰苦的生活需要充满激情的艺术来振奋,于是,中国共产党人便发起了轰轰烈烈的歌咏运动,充满着青春、激情的延安顿时成为一片歌的海洋。无论城中的街头还是旷野上、延河边,那山岭之上到处人如海、歌如潮。郑律成沉浸其中,有种挣脱了多年束缚在身上的绳索重获解放的感觉。由衷的幸福和欢喜油然而生,汇涌成奔腾在胸中的激情澎湃的音符和旋律。

延安时期的郑律成

郑律成所在的陕北公学和抗日军政大学是延安歌咏运动的主力，光抗大师生就有万余人。每逢开会，各个连队都要指挥拉歌。你刚唱罢，我就应和，互不相让，歌声此起彼伏。延安城依山傍水，很拢音，几万人的合唱，简直地动山摇。学生唱，老师唱，军人唱，百姓也唱。有新创的革命歌曲，也有传统的陕北民歌。延安这座名不见经传的西北小山城，不但是全国抗日的中心，一时还成了音乐之城、歌咏之城。歌声更坚定了这批投身革命的年轻人不可动摇的信仰。郑律成亲耳聆听过毛主席的演讲，也亲眼看见了革命事业在延安的辉煌前景，更与一批志同道合的同学谈理想、侃人生，他从未有过这样的自信和自豪。

很多天，郑律成茶饭不思、夜不能寐，多少激动人心的画面在脑海中挥之不去。有一晚，他再也不能抑制心中的冲动和欲望，为了表达对延安无比的崇敬和无限的热爱，挑灯夜战，一气呵成完成了一首歌颂延安的主题音乐，翌日，即请鲁艺的女诗人莫耶填写歌词。但当时的莫耶还未找到创作的灵感，故没有马上动笔。

莫耶在延安小有名气。那时，她刚完成由向隅作曲的歌曲《纪念一·二八》，这首歌在延安广泛传唱，影响甚广。来年的春天，郑律成从陕北公学调入鲁艺，与莫耶同学。一天，全校师生去延安城里开会，回归时已近黄昏，爬上鲁艺所在的半山坡，放眼望去，一派迷人景象：夕阳辉耀下的延安宝塔，清澈的延河水在哗哗奔流，初升的月亮把这庄严雄伟的古城照亮。只见一队队从城里走向山野、田间的战士雄姿勃发，那激昂的歌声和口号声，响彻云霄……

此情此景，怎不教人思绪联翩、心潮难平。莫耶再也按捺不住内心激情的涌动，旋即在随身所带小本子上，以《歌唱延安》为题，写下了那动人心魄的歌词。

第一时间拿到歌词的郑律成激动无比。他把原先已谱就的主题音乐稍作调整、发展和变奏处理，完成了曲谱。不久后一次有中央领导出席的晚会上，郑律成怀抱曼陀铃在中央大礼堂的舞台上，与在上海学习声乐时的同学唐荣枚（向隅的爱人、新中国最早的女高音歌唱家）一同合作齐唱了这首新作。歌声是那样的隽永抒情，又激昂奔放，毛主席和许多中央领导热烈鼓掌并予以高度评价。郑律成感动得热泪盈眶。演出第二天，中宣部便要去了歌谱,后经其定稿改名为《延安颂》。随着作品的不断传播,《延安颂》唱遍了大江南北,成为中国音乐颂歌的开篇。

一个作曲家要写出旷世经典,必须要把握时代的情感和脉搏,表达亿万人民的心声,这样的作品才有强大的生命力,而真正美好的旋律,也一定来自真实情感的表达。《延安颂》是用颂歌的形式开篇,并运用西洋的七声音阶和大调式的曲法,抒情又极富浪漫主义色彩,作品庄严大气,听后令人肃然起敬。《延安颂》为延安留下了一首永恒的颂歌。

1939年,郑律成又创作了一首有着浓郁陕北民间风味的抒情歌曲《延水谣》,此作可谓《延安颂》的姊妹篇。此歌曲调明亮宽广,通俗易懂又朗朗上口,不失为郑律成音乐创作上的又一华彩乐章。

郑律成的《延安颂》在陕甘宁边区广泛传唱后不久,冼星海的《黄河大合唱》又轰动了延安。郑律成深受其启发和鼓舞,也想写一部与之媲美的《八路军大合唱》,于是他请来了延安最有名的词作家公木合作。郑律成对公木说:未来的大合唱既要大气磅礴,又要独立成篇,这里面要有军歌、进行曲、骑兵歌、炮兵歌,再添上官兵颂……

抗大师生在演唱郑律成的作品

起初，公木的创作信心并不十分高涨，但看到郑律成如此热情，他的劲头也被带动起来了。在短短的三四天里，他陆续写出了《八路军军歌》《八路军进行曲》《快乐的八路军》《子夜岗兵颂》《骑兵歌》《炮兵歌》《军民一家》《八路军和新四军》等八首歌词。公木这么快完成创作，郑律成兴奋不已。但那时的延安没有一架钢琴，郑律成在谱曲时，只能打着手势，敲打着脸盆、桌子和石头，甚至拍打着大腿，用鼻子哼哼成曲调。那长短相间、韵律谐和、节奏明快、旋律雄壮的《八路军进行曲》的曲调，就是在这样恶劣的条件下写就的。此曲立意高远，构思精致，大气磅礴，有一种超越时代的魅力。作品首先在抗大唱响，随后流传于整个八路军。在解放战争中，该曲被改名为《中国人民解放军进行曲》，如今已成了人民军队的军歌。

结缘丁雪松，收获美满姻缘

正当年轻的郑律成音乐创作如日中天之际，他又意外收获了热烈纯真的爱情。他与同样来到延安寻求真理的重庆姑娘丁雪松因歌结缘，互相爱慕，彼此欣赏，成就了当年延安的一段异国恋情。

丁雪松比郑律成小四岁，她年少时就有远大的理想，每天看到长江上过往的船只，就一直想走出这山城去闯世界。抗战爆发后，深受中国共产党影响的丁雪松，爱国热情高涨，她多次在重庆的报刊上发表评论文章，唤醒国人投身抗日洪流，19岁时就已成为重庆妇女救国会的领导者之一。一年后她奔赴延安，立志做一名以解放全民族为己任的革命者。

在延安抗大，她是众多女学生中的佼佼者。她带领的女生队纪律严明、队列整齐，即使有千余人的大队伍出操，她也指挥得井井有条、有声有色。盖因她出色的组织能力和扎实的文字功底，被边区政府主席李鼎铭先生相中，点名要去当了秘书。艰苦战争岁月的磨炼，使她更迅速地成长；而长期革命斗争的锤炼，也成就了她的革命之路。

丁雪松最早关注到郑律成，是因为在延安的多台文艺晚会上聆听到的他美妙动人的歌声。抗战中的延安不仅是革命之城，也是领风气之先的文化精英的汇聚之地。长征过来的官兵，大多是农民出身，而从国统区来的青年学生和知识分子，文化素质都很高，他们引领着那时的生活潮流。文娱活动在延安广泛开展，连中共中央的领导也带头跳舞，观摩演出。这些都给这座原本荒凉的山城，带来了时尚和优雅。

作为鲁艺的学生，郑律成经常在各种晚会上表演，嘴里吹着口琴，手里弹着曼陀铃，脚上还踏着打击乐器，身兼三职。放下口琴时，他那极富感染力的男高音，有时演唱聂耳、冼星海的歌，有时也会唱些外国名曲，尤其当演唱自己创作的《延安颂》时，那令人心旌激荡的旋律从他高亢的歌喉中涌出，多少人为之倾倒。在丁雪松的心中，他更有一种说不出的动人心魄的魅力。

在抗战那个特殊年代里，延安云集了众多知识女性和名媛。她们冲破世俗的旧封建礼教束缚，奔赴延安参加革命，后来大多成为文化精英和女中豪杰，而美丽又有才华的丁雪松则嫁给了一位异国艺术家。

郑律成似乎与丁雪松有着前世姻缘。就在丁雪松注意到郑律成的时候，郑律成也早已暗恋上了她。每每看到这位年轻的女军官在操场上威风八面地指挥训练队伍，郑律成总是暗自喜欢，但又不敢表白。

可谓无巧不成书。有一晚，郑律成与丁雪松在晚霞照映下的延水河边不期而遇。这对青年男女的四目刹那间互相对视，碰撞出像磁铁般的耀眼火花。丁雪松害羞地低头疾走，而郑律成又生怕惊跑这位美丽的佳人，也没有鼓足勇气上前招呼。两人就这样擦肩而过，错过了一次能正面交流的天赐良机，但事后双双都陷入思恋之苦。

真是苍天有眼，偶作天成。不久，郑律成从鲁艺毕业被分配到抗大担任音乐指导，除了到各大队教歌，其余时间则培训歌咏骨干。其间，他有了更多与丁雪松直接交往的机会，而且这种交往越来越频繁。秋去冬来，两颗年轻的心靠得更近了。有一天，丁雪松回到自己所住的窑洞，感觉屋里被收拾得特别干净，窗台上多摆放了几枝野花，桌上出现了两本书：《安娜·卡列尼娜》和《茶花女》，边上还留了一张纸条：送给小鬼女军官——郑律成。这时，丁雪松的心中一热，心都快要跳出来了，有一种从未有过的幸福和愉快。从此，那层"窗户纸"被捅破了。

自那以后，郑律成和丁雪松经常相约在清凉山下延水河边散步，在黄土窑洞里秉烛长谈，共同的理想使他们很快走到了一起。他们的热恋期，也正是郑律成创作的高峰期。除了《八路军大合唱》外，他还有《十月革命进

郑律成和丁雪松合影

行曲》《抗战突击运动歌》《生产谣》《在森林中》等一大批新作面世。

当年延安的生活非常艰苦，物资匮乏。郑律成用自己打猎得到的两头黄羊，举办了一场热烈的婚礼。他先用一头黄羊与老乡交换，用得来的黄米和红枣做成年糕，而另一头黄羊则烤成一堆羊肉串，招待客人。婚礼在鲁艺文学院的一间大平房举行，在周扬的主持下，延安的许多文化名人纷纷前来祝贺。这对有情人在历经风雨的考验后终成眷属。20世纪80年代末我采访丁雪松老师时，郑律成已去世十多个年头了。当谈及她的爱人时，丁老师依然含情脉脉，毫不吝啬赞美之词：郑律成不仅才华出众，相貌也俊朗，又会作曲，歌唱得更好……这对革命伉俪无论面对"反右"还是"文革"所遭受的罹难，始终相濡以沫、不离不弃、忠贞不渝。

一年后，他们的女儿降生了。但当时营养不良的丁雪松没有乳汁喂养女儿，眼看嗷嗷待哺的小女饿得不成样子，郑律成只能无奈地把从上海带来的那把一直陪伴着他音乐创作的小提琴卖掉，换回一头带羊羔的母羊，用羊奶喂养女儿，才算渡过难关。为了铭记这段难忘的岁月和那把救命的小提琴，他们为女儿取名为"郑小提"。

重返中国佳作频出

抗战胜利后，朝鲜也从日寇铁蹄下解放，在中国参加抗战的朝鲜同志都要回国了。丁雪松和女儿也随丈夫郑律成回朝鲜了。回到祖国后的郑律成还秉承着在延安时期的创作风格，谱写了《朝鲜人民军进行曲》等十多部音乐作品。

中华人民共和国成立后，经朝鲜领导人金日成和周恩来总理的批准，郑律成和丁雪松夫妇重返中国工作，而且郑律成加入了中国国籍。在以后的十多年间，郑律成创作了200多部各种题材、样式的风格鲜明的音乐作品。

此时郑律成的创作，已不仅限于军事题材。有一年他来到白雪皑皑的大兴安岭，那里的神秘和富饶，激发了他的创作灵感。在《兴安岭组歌》中，有一首《兴安岭上雪花飘》广为传唱，作品充满了诗情画意和无限遐想。

1952年，文化部周巍峙同志约请郑律成与词人方平一同去四川下生活，搜集川江号子，从而写出一首有中国民族特色的声乐作品，去参加世界青年联欢节。经过长途跋涉，郑律成一行来到了岷江，见到了纤夫们逆流拉船上滩的一幕幕壮观而难忘的场面。冲天的号声气势动人心魄：号子一吼，一唱百和，大江上顿时回声四起，余音悠远绵长。郑律成的心被震撼了，他开始在川江边寻找一些唱号子的拉船纤夫，一曲一曲地记录。川江号子内容丰富，变化多端，是很好的创作素材。在回京的途中，作品《江上的歌声》顺利完成。不久此作就由中央乐团合唱团在严良堃的指挥下首演，好评如潮。这是来自老百姓的旋律，更唱出了人民的心声。

1963年，郑律成创作的歌剧《望夫云》在北京首演，大获成功。他为毛主席诗词谱曲的五首大合唱《长征路上》也堪称大手笔。粉碎"四人帮"后，年逾花甲的郑律成重新焕发艺术青春，他与好友、著名词作家乔羽共同构思了一部描写周总理的大型声乐作品。孰料，1976年12月，他竟在北京郊区的一次垂钓中突发脑溢血，不治而亡。此作未竟，是他人生的遗憾。

郑律成二十四五岁时就留下了经典，而他六十二载的人生，共谱写了360多首各种样式和题材的音乐作品。他的歌像火一样炽热，流淌在亿万人民的血脉中，温暖着人们的心房，是我们伟大时代的颂歌。

当年郑律成在下生活

韩中杰：为中国交响事业穷尽其生

韩中杰

2020年是一代指挥大家韩中杰的百年诞辰，他曾长期执棒的中国交响乐团将举办纪念音乐会。

2020年新年伊始，我赴京去落实将于初夏在上海举办的"海上寻梦"系列音乐会之"草原的歌"的演出事宜，同时又顺道去拜访老友——韩中杰的女儿韩文彦和女婿温欲耕（声乐大师温可铮的亲侄），聆听他们讲述韩老的那段历史和那些故事。

韩中杰是中国交响乐的拓荒者和奠基人之一。新中国成立之初，他和黄贻钧及军代表罗浪，就在上海工部局交响乐团的基础上，重组上海交响乐团，并任副团长，两年后奉调进京，组建中央歌舞团交响乐队。在此基础上，他和李凌、李德伦于1956年创建了国家级的交响乐团——中央乐团，并与李德伦、严良堃、秋里等任常任指挥，人称"乐团四杰"，一同开创了乐团的鼎盛时期。

韩中杰的指挥风格严谨细腻，既含蓄又明了。看似不张扬的挥手之间，却蕴含着无限的能量和激情，能最大限度地点燃、调动乐手们的热情和全身心投入的欲望，这都源于他的人格魅力和精湛高超的指挥艺术。

韩中杰在一个甲子多的指挥生涯中，与许多中外交响乐团合作过，其中包括一些世界顶尖的名团。他演绎过的经典交响、舞剧和歌剧音乐，更是无数。作为中国乐坛指挥音乐会最多的指挥家，韩中杰几乎为所有中国著名的作曲家、歌唱家和演奏家的独唱、独奏音乐会执过棒。

韩中杰曾受公派去苏联留学并获指挥专业博士。回国后，不仅继续活跃在交响乐舞台上，还兼任中央音乐学院指挥系教授，几十年的悉心投入，如今桃李满园、硕果累累，为中国乐坛培养了几代指挥家。

韩中杰自九十华诞告别音乐会后，因年事已高又腿脚不便，从此很少在公众场合露面。他专心致志地在家著书立说、研读乐谱、编写教材、指导学生，直至98岁高龄离世，还一直心心念念中国交响乐的发展。

从国立音专毕业的华人长笛手

韩中杰于1920年11月29日出生于上海的一户普通市民家庭，他生不逢时，成长的年代适逢第一次国内革命战争和军阀连年混战，社会动荡，民不聊生，再加之日本军国主义开始发动蓄谋已久的侵华战争，那是一个风雨飘摇的年代。

但韩中杰的家人对他寄予厚望，全家节衣缩食供他上学，盼他将来能获取功名、有出人头地的好前程，光宗耀祖。韩中杰虽从小天资聪慧，但对读书没有多大兴趣，学习热情也不高，却对音乐情有独钟。那时，他就读的教会学校开展的是西化教育，设有音乐、美术课，课外还有童子军的军乐队训练。耳朵灵敏、极富乐感的韩中杰报名参加了军乐队，潜心学习短笛吹奏。到他高二时，演奏已像模像样，能演绎一些有难度的作品了。那年学校组织学生去兰心大戏院观摩由外国人组成的上海工部局交响乐团音乐会，韩中杰第一次在现场聆听到如此规模和美妙的音乐，激动不已。他暗下决心，将来也要参加这样的乐队，为国人争光。

在高中毕业前夕，韩中杰背着家人独自前往那时还地处近郊的江湾，去报考上海国立音专。当时正值"七七事变"前后，全国如火如荼的救亡运动一浪高过一浪。热血青年韩中杰也积极投身其中，他上街刷标语、参加游行集会和群众歌咏，竟错过了考试日期。音专的教务主任黄自教授得知这一特殊情形后，决定准许他单独重考。就这样，这位音乐天才被独具慧眼的黄自破格录取，并享受免费生的教学待遇。

在国立音专这个音乐家的摇篮里，韩中杰尽情地享受着音乐带来的快乐和尊严。几许辛劳、几多收获，在校园里，韩中杰拾得满地黄金，揽尽一片芳华，音乐造诣达到很高的境界。

那时有声电影已在上海初露峥嵘，不久风起云涌，大量的电影音乐也应运而生。同学黄贻钧、窦立勋、秦鹏章等已在百代唱片公司组织乐队，为电影配乐录音。当时乐队缺一名长笛手，于是在音专已改学长笛的韩中杰受邀加盟乐队。当时录音一小时就有三块大洋的可观报酬，韩中杰把勤工俭学所得全部贴补家用，来改善生活。而在音乐实践中，他的技艺也得到长进。

年轻时的长笛手韩中杰

国立音专毕业后的韩中杰，已是最出色的华人长笛手，被上海工部局交响乐团相中，聘为乐团的首席长笛。他成为继谭抒真、陈又新、黄贻钧、窦立勋、陆洪恩、陈传熙、秦鹏章等之后，该团12位华人演奏家之一，从此开启了他真正的音乐生涯。

原本韩中杰从事音乐，家人从不以为然。但有一年的盛夏，工部局乐团在中山公园举办露天音乐会，韩中杰第一次邀请祖父等家人来观赏。那天的演出，韩中杰在一首交响序曲中有一段独奏。那美妙的乐声打动了在场所有观众，包括观演的家人，他们由此感到荣耀和自豪。自此之后，家人全力支持韩中杰的事业。

创建中国人自己的交响乐团

1949年上海解放后，陈毅担任首任市长。当时对于旧社会遗留下来的一些电影厂、电台及文艺团体，尤其是基本由外国人统治的工部局交响乐团如何处置，众说纷纭、莫衷一是。在上海人民代表大会的筹备会上，有些人就提出：在人民当家做主的今天，在人民的舞台上，却被洋人和洋作品占据，甚至还有来自法西斯国家的指挥，简直不可思议。这个乐团应当解散，这种作品应当禁止……

陈毅市长高瞻远瞩，力排众议。他认为：上海是远东第一大城市，需要更多的一流艺术团体。况且国民党能用这样的乐团来为自己服务，而我们今天的人民政权更应当比它用得更出色百倍千倍。他希望乐团能在逐步的改造和传帮带中，有更多中国演奏家的涌现。对于中外作品之争，应该辩证对待，取其精华、去其糟粕。陈毅市长的远见，使一些原本困惑的同志茅塞顿开。

不久，陈毅市长又去乐团实地调研，并决定由军代表罗浪和原乐团的黄贻钧、韩中杰担任乐团领导，由此开启了上海交响乐团的新篇章。

陈毅的态度，使受到重用的韩中杰对自己所选择、从事的交响乐，更充满了信心，他也以更大的热情投入其中。

1951年，韩中杰和杨秉孙、司徒志文、陈传熙、秦鹏章五人从上海交响乐团被邀进京，参加临时组建的中国青年文工团。这也是新中国成立后第一支出访苏联及民主德国、波兰、匈牙利、罗马尼亚、保加利亚、捷克斯洛伐克、奥地利和阿尔巴尼亚等九国的国家级文艺团体，演出为期399天，足迹遍布152个城市，共演出437场，观众达242万人次。其间，韩中杰还要代表中国去参加在东柏林举办的第三届世界青年联欢节的长笛比赛。接到比赛任务后的韩中杰兴奋异常，他在第一时间就选择了自己根据贺绿汀的钢琴独奏曲《牧童短笛》而改编的同名长笛独奏曲去参赛。这首极具中国风格的作品，经韩中杰的出色演绎后，赢得了众多评委的首肯，他也成为新中国在世界音乐大赛中的第一批获奖者。他的此次获奖，也引起了中国乐坛的关注。

1952年，韩中杰又作为中国"五人艺术家"代表团的成员出访东欧，并取得成功。他回京时，北京正在筹建中央歌舞团，其中包括交响乐队。当时，全国只有上海和哈尔滨有两支旧时留下的由外国人组建的交响乐团。当年延安那支编制不全的管弦乐团也已整体去了沈阳，而偌大的首都北京竟没有一支像样的管弦乐队。负责组建新乐队的周巍峙非常看好韩中杰，

20世纪50年代，韩中杰在指挥

并想倚重他，点名要其参加组建工作，还亲自与韩中杰秉烛长谈，做动员工作。

这次长谈改变了韩中杰的人生，而立之年的韩中杰似乎从谈话中，看到了中国交响乐的发展蓝图和希望，他也愿意为中国交响乐献身，于是义无反顾地放弃了在上海舒适的工作和优渥生活，携妻带儿毅然决然地踏上了漫长的进京之路，与全国各地许多有才华、有志向的乐手们一样，为了在首都北京建成一支中国人自己的交响乐团而竭尽所能。

作为中央歌舞团乐队组建重要参与者的韩中杰，受到团长周巍峙的重用。他不仅被任命为乐队队长，还兼任指挥。当时中国的音乐院校还没有指挥专业教授，更谈不上有指挥系来培养新人了，而作为乐团灵魂的指挥，又至关重要。那时中国乐团的指挥，如上海交响乐团的黄贻钧、陆洪恩都是由乐手改行而来的，而韩中杰的音乐履历完整，专业出色，音乐修养和学识渊博丰富。早年在上海工部局交响乐团时，他曾随外籍指挥富华、梅百器学习过指挥。新中国成立后，他还临时客串指挥过上海交响乐团的音乐会，且相当成功。无疑，韩中杰是胜任指挥一职的。

中央歌舞团乐队的组建，是以原中国青年文工团乐队主要骨干和调京的天津音工团为基本班底。从1952年直至1956年底，在改制为独立的中央乐团交响乐队的四五年间，乐队曾代表中国出访过许多友好国家，收获很大的成功。韩中杰为了乐队的成长和发展，可谓呕心沥血、殚精竭虑。他

韩中杰与黄贻钧、罗浪在一起

韩中杰：为中国交响事业穷尽其生

从广罗人才、培训乐手，直至排练曲目的选择、演出节目的编排，都精心运作、亲力亲为。

为打造世界一流的乐队，韩中杰有一整套规划和自己的主张。首先要提高整个乐队的演奏水平，这里除了乐手个体水准的体现，更多的是乐队整体配合，从而逐渐形成乐团独特鲜明的风格。其次是乐团演奏曲目的积累，韩中杰一贯主张两条腿走路，既要有西洋经典的交响作品，也要选择一些旋律优美、通俗易懂、适合中国国情、能为广大人民群众所接受的音乐，再循序渐进，不断提高。

但韩中杰更重视中国作曲家创作的本国民族交响曲目。在他的指挥生涯中，许多中国著名作曲家的新作，都由他执棒首演。其中有：马思聪的管弦乐组曲《山林之歌》，刘铁山、茅沅的管弦乐《瑶族舞曲》，吴祖强、华彦钧的弦乐合奏《二泉映月》，陈培勋的交响诗《黄鹤楼》，辛沪光的交响乐《嘎达梅林》和王西麟的交响乐《云南音诗》等，甚至还有新锐作曲家谭盾、瞿小松、郭文景等创作的一些现代派新作。他指挥场次最多的作品，是李焕之的《春节序曲》。

李焕之创作的管弦乐《春节组曲》，曾前后酝酿了十年时间。1953年，李焕之又重进中央音乐学院大师班，跟随苏联专家学习作曲。毕业时要交一首作品，于是他想到了当年在延安过春节时，领袖和军民同欢同乐鱼水情的难忘场景，想以此作为音乐的主题，来不断地发展，写一首组曲。此作采用了我国民间的秧歌音调、节奏和陕北民歌作为基本素材，以中国传统的春节为切入点，展现了人民群众热烈欢腾的美好生活。作品由四个乐章组成，旋律隽永优美、流畅动人、沁人心脾。每个乐章间既承上启下，又独立成篇，其中第一乐章《春节序曲》表现的是热烈奔放的大秧歌，常演常新，久演不衰，令人百听不厌，如今还是每年春节必演的曲目。

韩中杰与李焕之是上海国立音专求学时的校友，两人相熟相知。当韩中杰得知李焕之在创作《春节组曲》时就向他约稿。当他第一时间得到第一乐章《春节序曲》的总谱时，顿觉喜出望外，如获至宝。虽然此时李焕之创作的《春节组曲》另三个乐章还未完全杀青，但当时韩中杰正急于要率领中央歌舞团乐队去华沙参加第五届世界青年联欢节，需要带上一些让人耳目一新的中国作品，他认为，能有《春节序曲》这样鲜明风格的交响作品压阵，能为国争光。

果不其然，经过两个星期的刻苦排练，此作如期在华沙首演，便轰动整个联欢节。圈内外的好评如潮，苏联和东欧的一些国家交响乐团，纷纷索要此作的总谱。

1956年盛夏，孟波和周巍峙在北京策划组织了"全国音乐周"，这是新中国成立以来全国规模最大的一次音乐舞蹈会演，为期一周的演出，精彩纷呈、高潮迭起。毛泽东、刘少奇、周恩来和朱德等党和国家领导人出席了音乐周的开幕式。那天，韩中杰指挥中央歌舞团乐队演奏了完整的《春节组曲》，作为开幕式压轴曲目，这也是此作在国内的首演。那美妙的音乐，把观众带入了如痴如醉的境地。曲毕，掌声雷动，观众欲罢不能。于是韩中杰又重新返场，加演了组曲中的第一乐章《春节序曲》。

"全国音乐周"结束后不久，文化部举办了一次影响深远的座谈会。毛主席出席并发表了重要讲话，其中讲到"百花齐放、百家争鸣""古为今用、洋为中用、推陈出新"，成为后来中国文艺发展的纲领和方向。出席座谈会的韩中杰备受毛主席讲话的鼓舞，从而也更坚定了自己的音乐道路。

这年初冬，在周总理的直接关心安排下，原中央歌舞团乐队正式改制为文化部直属的国家级交响乐团——中央乐团管弦乐队，由音乐家李凌担任团长，韩中杰出任乐团常任指挥，以后又调李德伦、严良堃和秋里来团指挥。这四位指挥家，人称"乐团四杰"，由此也开启了该团的鼎盛时期。不久，乐团又组建了合唱队，许多歌坛高手纷至沓来，魏启贤、臧玉琰、刘淑芳、孙家馨、胡松华、刘秉义和罗天婵等歌唱家先后成为团里的独唱演员。

韩中杰与李德伦、严良堃

韩中杰：为中国交响事业穷尽其生

培养几代指挥家的伯乐

20世纪50年代初，我国开始陆续向苏联及东欧的一些社会主义国家公派各学科的留学生。50年代中期后，派遣留学生达到了顶峰。

1957年，韩中杰也作为研究生将赴苏联深造。那时已有瞿维、吴祖强、杜鸣心、朱践耳、黄晓同、黄飞立、杨鸿年、曹鹏、盛中国、郭淑珍等音乐家先后赴苏学习，还有胡宝善、施鸿鄂、王秉锐、吴天球等赴保加利亚学习声乐。韩中杰在临行前，收到了已在莫斯科音乐学院就读的同事李德伦和严良堃的来信，信中希望他能选择去列宁格勒音乐学院，因为那里有一位世界级的指挥大家穆辛。

得到告知后的韩中杰，坚持要去列宁格勒，并如愿以偿地拜在穆辛门下。在三年的寒窗生涯中，韩中杰几乎没有离开校园外出游玩。即使在节假日里，同学们都结伴而行，但他却把自己关在琴房里勤学苦练，那美妙的琴声随着自己的思绪尽情飞扬。

穆辛教授几近严苛的教学和学校浓郁的音乐氛围，使韩中杰尽情地享受着音乐。学校另一位大名鼎鼎的作曲教授阿拉托夫，对他耳提面命式的教诲，也使他受益终身。但在留学生涯中，韩中杰印象最深刻的还是钢琴课。钢琴老师是位参加过第二次世界大战的老兵，他把部队里的那套高标准、严要求，全用在了课堂上。原本钢琴技术比较薄弱的韩中杰，经过刻苦努力，钢琴水平竟达到了能随心所欲地演奏一些有难度的钢琴小品的程度。起初韩中杰对上形体课比较反感，觉得有些画蛇添足，无关痛痒。但学习后他才明白，其实不然。形体的好坏，会直接影响舞台上的形象塑造，需认真对待。到1960年，韩中杰获指挥专业博士学位回国时，他的指挥造诣和音乐学识，已达到了很高的境界。

在留苏期间，能再次在现场聆听到毛主席的讲话，让韩中杰十分难忘。那时刚来列宁格勒不久的韩中杰，突然接到中国驻苏大使馆的通知，要他即刻赶往莫斯科参加重要会议。1957年11月17日那天，第二次访问苏联的毛主席，接见了近千名中国留苏学生，并发表了激情洋溢的讲话，"世界是你们的，也是我们的，但是归根结底是你们的。你们年轻人朝气蓬勃，好像早晨八九点钟的太阳……"那字字千钧的话语，从此铭刻在韩中杰的心头，不断激励他在音乐之路上勇往直前。

韩中杰留苏时，已有三个年幼的孩子，全靠妻子张仁泓一人照料。这位贤内助出生于上海名门，从小学习音乐，她的胞妹张仁清是上海音乐学院的声乐教授。张仁泓与韩中杰因音乐结缘，结婚后，为了丈夫的事业，甘愿付出一切。当年随丈夫到北京工作，她放弃了在上海洋行的舒适工作和不菲收入，随丈夫进入乐团在乐团资料室工作，全心全意地辅助丈夫。两人在一个甲子的婚姻生活中，从未红过一次脸。韩中杰把一生都献给音乐，从未操持过任何家务劳动，而家中的一切，都由张仁泓承担。在韩中杰的"军功章"里，无疑应有张仁泓的一半。

韩中杰留苏回国后，重回中央乐团，继续活跃在交响乐的舞台上，同时又兼任中央音乐学院刚开设的指挥系的教授。那时他除了乐团安排的排练外，经常转换几辆公交，横跨半个北京城，从中央乐团的宿舍去中央音乐学院上课。这样来回的路程，需要三个多小时。这么多年来，日复一日、风雨无阻，韩中杰从不抱怨，也没提出任何要求。那时与韩中杰同在指挥系兼课教学的还有李德伦、黄飞立、严良堃和杨鸿年等。教学的大纲和教材，都由韩中杰来

韩中杰与夫人张仁泓

制定和编写。在几十年的教学生涯中，韩中杰先后培养了卞祖善、程寿昌、陈佐煌、胡咏言、叶聪和李心草等几代指挥家。当年，作曲系的天津籍学生邵恩，因为喜欢上指挥，想转系学习，但遭到婉拒，原因是他的形象不太漂亮。但唯才是举的韩中杰得知此事后，就主动找邵恩深谈。在窥知他的内心世界和了解他的音乐才华后，韩中杰力排众议，决定收他为徒，此举改变了邵恩的人生。在韩老的悉心培育下，邵恩茁壮成长，日后成为著名指挥家，大放异彩，他一直不忘韩老的提携和培养。

韩中杰一生光明磊落、胸襟坦荡。他正直善良又乐于助人，而且爱才、惜才。1953年，北京为即将在罗马尼亚举行的第四届世界青年联欢节钢琴比赛举办国内选拔赛，韩中杰有幸担任评委。比赛中，来自上海的选手傅聪的演奏，使他耳目一新。傅聪的演奏富有激情，又柔中有刚，很适合演绎肖邦的作品。虽然傅聪从未上过音乐院校，但却是俄国钢琴家勃隆斯丹夫人和意大利钢琴家梅百器的嫡传弟子。由于没有学历，他遭到了大多数评委的否定。唯有韩中杰认为，此人将来必成大器，力主由他参赛。在评委的意见争论不下之时，周巍峙请示文化部和中国音协，权衡再三后，傅聪胜出。他也不负厚望，在布加勒斯特一举成名，受到世界乐坛的关注。

翌年，波兰政府破天荒地邀请傅聪前往华沙音乐学院深造，并给予他全额奖学金。在1955年的第五届肖邦国际钢琴大赛中，崭露头角的傅聪与来自世界各国74名高手角逐，一路过关斩将，荣获季军，这也是当时中国钢琴家在世界大赛中取得的最好成绩。傅聪也由此被冠以"钢琴诗人"的美称，扬名世界。他从未忘却并一直感恩当年韩中杰的慧眼。

与小泽征尔的友谊

1969年，"文革"中的中央乐团已基本瘫痪，大家无所事事。此时，韩中杰被紧急调往中央芭蕾舞团，去担任舞剧《红色娘子军》的指挥，并兼任该团的音乐指导。韩中杰的到来，无疑使中央芭蕾舞团如虎添翼。他调教下的乐队，上了一个台阶，所演绎表达的音乐与舞蹈的节奏和情节，融合得天衣无缝，为此剧增色不少。在芭蕾舞团的几年间，他还为该团排演了《白毛女》《草原英雄小姐妹》《沂蒙颂》等多部芭蕾舞剧，并出访阿尔

韩中杰与小泽征尔在谈论音乐

巴尼亚、罗马尼亚和南斯拉夫等国,获得了好评。

1978年初夏,世界著名指挥家小泽征尔应中央乐团盛邀,来京指挥演出。世界乐坛有个不成文的习俗,就是来访指挥要到被访问的客团的常任指挥家中小住数日,小泽征尔也不例外。他来华前,就向中国文化部提出了这个要求。经安排,他在京演出的最后一个晚上,要住在韩中杰家中。

那时,韩老一家六口住在位于和平里的中央乐团宿舍,大约50多平方米,两间半屋。为了小泽征尔的到来,韩老让儿子和保姆离开,腾出一间屋。这样他能跟小泽征尔住一间,老伴和两个女儿住另一间。为了小泽征尔的到来,全团上下大动员,为了更好地营造艺术氛围,大家借来了名人字画、录音机及沙发、茶几等。那是一个物资匮乏的时代,招待小泽征尔的饭菜也由北京饭店送来,其中有北京烤鸭、爆炒羊肉、京葱牛柳等京城名菜,还包括包饺子的材料。那天,客人来了,大家一起动手包饺子,好不热闹。严良堃、秋里、吴祖强和团里的一些演奏家也一同共进晚餐。韩老和小泽征尔一见如故、惺惺相惜。那一夜,他俩几乎是彻夜长谈,谈音乐、说人生,似乎有聊不完的话题,从此结下了深情厚谊。

2007年底,小泽征尔再次来华访问,韩老特地邀请他再次来家小住。这时韩中杰的新家位于北影小区一幢高层的顶层,两套三居室的房屋打通,足有200多平方米。韩老是想让小泽征尔看看他现在真实的生活条件,感受中国音乐家现在的美好生活。

1980年盛夏,韩中杰应小泽征尔之邀前往美国访问演出,作为华人乐

韩中杰：为中国交响事业穷尽其生

韩中杰在美指挥波士顿交响乐团

坛第一人，他成功指挥了世界十大著名交响乐团之一的波士顿交响乐团。

那天，他与担任乐团艺术总监的小泽征尔同台演出，上半场，由小泽征尔指挥肖斯塔科维奇的《第七交响曲》和中国作曲家吴祖强的二胡与管弦乐《江河水》。下半场则由韩中杰执棒演绎柴可夫斯基的《罗密欧与朱丽叶》幻想序曲。压轴的是中国作曲家吴祖强、刘德海创作的琵琶与管弦乐《春江花月夜》，那沁人心脾的旋律，引起全场观众的热烈反响，此起彼伏的掌声和欢呼声，一浪高过一浪。韩中杰又返场加演了他的代表作——李焕之的《春节序曲》，当地媒体的好评如潮。

当年，中央乐团首演的一些年轻作曲家的作品，基本上都由韩中杰执棒。那时韩老已六七十岁了，精力不济。但他为了提携新人和中国交响乐的发展，还是全力以赴。这些新作基本都是现代作品，非常复杂，需要耗费韩老很多心血，对于一些尚不成熟的作品，更要用心去排去演。

九十高龄告别乐坛

2006年，已86岁高龄的韩中杰，应新加坡国立中乐团的盛邀执棒"乐中杰"音乐会，这也是他最后一次出国访演。那天，新加坡中乐团的音乐厅里高朋满座，1 000余张门票，早在一个月前就被抢购一空。音乐会上演奏了中国作曲家吴祖强、杜鸣心、彭修文和瞿春泉的代表作，还演奏了由韩中杰亲自改编的以日本和欧洲的一些民间音乐舞蹈的旋律为素材的民乐曲目。整场音乐会得到与会观众的热烈反响，演出几度返场，还是欲罢不能……

2010年，中国交响乐团为九十华诞的韩中杰在国家大剧院举办告别音乐会。这场音乐会由韩中杰及陈佐煌、卞祖善、邵恩、胡咏言、叶聪等九位他的弟子轮番登台执棒。随着李心草指挥的《第一交响曲》最后一个音符的落下，所有观众都把期待的目光投向舞台的入场口。在持续不断雷鸣般的掌声中，韩老在李心草的搀扶下走上舞台，并发表即席感言，还介绍了《春节序曲》的过往。此作是韩老在1955年，第一次率团参加在华沙举办的第五届世界青年联欢节上首演的作品，也是中国交响乐首次走出国门，作品倾注了他一生的情感。在韩老的带领下，那隽永优美又激荡人心的音乐感染了所有观众，好多人的眼眸饱含着热泪。曲毕，韩老的夫人、88岁高龄的张仁泓坐着轮椅被推上舞台，两位老人紧紧相拥……

韩中杰最后一次在公众场合露面，是在2017年的6月。那天，中国交响乐团在国家大剧院举办纪念指挥家李德伦百年诞辰音乐会。当时已97岁高龄的韩中杰接到学生陈佐煌和邵恩的来电，希望老师在身体许可的情况下，能出席纪念李德伦的音乐会。

那天音乐会非常成功。就在结束前的那一刻，韩中杰坐在轮椅上被推上台，并发表了激情洋溢的讲话。韩老深情地回顾了与乐团四位指挥间的友谊。他说："当年我们四兄弟，李德伦和我，严良堃和秋里，特别有缘，也特别巧，每人年龄都相差三岁。现在老大李德伦和老四秋里都已故去，我很怀念他们，也非常想念过去在上海学习、在北京共同工作的时光。这些往事，仿佛就在眼前……"韩老的讲话几度哽咽，全场的气氛肃穆，所有观众无不为之动容。那天，现任乐团首席指挥李心草表示要为韩老举办百岁诞辰的音乐会，韩老听后乐得像个大小孩似的。但十天后，严良堃病逝；半年后，韩中杰也驾鹤西去。至此，一个时代落下帷幕。

韩中杰在近八十年的音乐生涯中，用自己的青春、才华，甚至整个生命，追寻自己的梦想。他为中国交响乐穷尽其生，也为后来者树立了一个榜样。韩老是一座丰碑。

永远的王洛宾

被国人誉为"西部歌王"的王洛宾，是名扬世界乐坛的殿堂级人物。

如今流传于世的我国西部民歌中，除了黎英海编配的《送我一支玫瑰花》和丁善德的《玛依拉》等少数几首歌曲外，其余基本出自王洛宾之手。但对于这些作品的归属，学界是有过争论的，争论的焦点就是作品署名，究竟算是作曲呢，还是改编，抑或编配？对此，王洛宾

王洛宾像

始终坦然处之，他嬉称自己只是一个西部民歌的传歌者而已。

诚然，王洛宾用全部的青春年华和聪明才智，甚至整个生命，发现、挖掘并改编、创作了1 000多首中国的西部民歌，其中不乏许多濒临失传和即将消亡的民间音乐。正因为王洛宾矢志不渝的付出和坚持，今天这些绚烂多姿、瑰丽无比、隽永动人、风格各异又精彩纷呈的西部民歌才得以薪火相传、绵延不绝，被亿万国人传唱。许多优美的旋律已融入人们的血脉和心底，一生难忘。一些经典之作，甚至被外国友人视作中华民族的音乐图腾。因此，从某种意义上来说，王洛宾对于我们国家的影响和贡献，已远远超越了一位作曲家所能的范畴。无疑，王洛宾的作品是中国音乐百花园中不可或缺的瑰宝，是中华文化的自信，更是中华民族精神的一种体现。

王洛宾的一生悲喜交织。他史诗般辉煌的作品，有过无数的光环和荣

耀。但其命运多舛，三次身陷囹圄，经历过常人难以想象与忍受的遭遇和罹难。淡泊明志、荣辱不惊的王洛宾，为了心中神圣的音乐，信念执着。他穷尽一生，百折不挠，勇往直前。王洛宾是为歌而生，又为歌而活着的！

因受家庭的影响，我从小就在唱片和歌曲集中，知道王洛宾其人，并会唱他的好多歌曲。他也一直是我心中景仰的人物。20世纪90年代初，上海人民广播电台的音乐编辑刘纪民在上海静安体育馆策划、组织了"王洛宾作品音乐会"，我有幸参与其中，从而结识并与心中的偶像成为忘年交。在王洛宾逗留上海期间，除了五场正常的演出外，我还陪同他拜访贺绿汀、司徒汉等音乐前辈，带他各处转悠购物，还与他有过多次的深入访谈，并目睹他在舞台上演唱歌曲《赶巴扎》时的风采。

王洛宾的故事已讲过许多，这里将略述他的人生轨迹和一些鲜为人知的生活和创作片段，以飨读者。

王洛宾与洛珊

王洛宾本名王荣庭，字洛宾，1913年12月28日出生在北平东城艺华胡同（旧称"牛角湾"）的一座四合院。兄妹六人，他排行老四。祖父王昭先是个民间艺人，曾在京城画梁雕栋，空闲时喜好吹拉弹唱。父亲王德祯则酷爱京昆雅韵，兴起时总会有板有眼地唱上几段。王洛宾从小就是在笛声阵阵、唢呐声声、昆曲柔美、京剧多韵的艺术氛围中成长起来的。

王洛宾的青少年时光是在教会学校里度过的。在那里，他开始接触到西洋乐器，并学习过一些基本乐理。由于王洛宾有一副得天独厚的好嗓子，他一直担任学校唱诗班中的领唱。

王洛宾15岁那年的盛夏，父亲病故了。受家人委托，他去给远嫁哈尔滨的二姐报丧。在那里，他无意中结识了一批进步有为的文艺青年，其中有塞克（诗人、剧作家、音乐家）、沙蒙（电影《上甘岭》的导演）、萧军（著名作家）等。

塞克和王洛宾一见如故，特别投缘。年长10岁的塞克觉得王洛宾有思想、有追求、有抱负，又有音乐天赋，将来必定是个可造之才，于是就把伴随自己多年的一把老式俄国吉他送给王洛宾，并教他弹奏，同时还教授他科学的歌唱发声和演唱、基础的作曲技法等。在那个暑假里，王洛宾学到了许多。塞克为他打开了一扇通向音乐殿堂的大门。在两人以后的交往中，王洛宾试着为塞克的诗歌和话剧谱音乐、写插曲，但王洛宾真正的处女作，是为萧军的成名小说《八月的乡村》创作的主题歌《我要恋爱》。这篇小说后经鲁迅先生推荐发表后，影响甚广，因此王洛宾谱写的这首插曲也在北平的大中学生中不胫而走。不久，随着东北学生的大批流亡，这首歌唱遍全国。

王洛宾的音乐才华不断地被人发现、看好。1931年夏，他高中毕业时，北平师范大学破格免试把他招入音乐系。不久，沈阳爆发了震惊中外的"九一八"事变。刚进入北师大的王洛宾与其他同学一样义愤填膺，他们在中共北平地下党的领导下，义无反顾地上街游行示威，参加南下请愿团等抗日活动。

在北师大学习期间，王洛宾遇到了艺术生涯的伯乐——学校的一位白俄教授，除了歌唱技艺获得长进，他的作曲天赋也得到极大的挖掘和发展。这位看好王洛宾的白俄教授，希望他在北师大毕业后，能去法国的巴黎音乐院深造，从而成长为一个世界级的作曲大家。王洛宾铭记老师的殷切期望，刻苦用功学习，一刻也不懈怠。

王洛宾的大学时期处于时局动荡又多难的年代。日本军国主义不仅侵占我国的东北，还不断地向华北等地蚕食。在这民族存亡的危难时刻，作为热血青年、进步学生，王洛宾经常参加抗日义演，组织指挥群众歌咏，以唤醒广大民众投身伟大的抗日洪流。

有一次，同班同学曹试甘请王洛宾帮忙，加入他新编的一档节目，去参加市学联在北平青年会大礼堂举办的抗日募捐义演。在这档钢琴伴奏的芭蕾舞节目中，曹试甘自己担任钢琴伴奏，芭蕾舞者是北平艺术专科学校的河南女孩杜明远。在那个年代学习西洋油画兼修芭蕾的女性，可谓凤毛麟角，而王洛宾则受邀担纲男高音伴唱。

这档节目，其实是曹试甘特意为杜明远安排的。当时他正暗恋着杜明远，因此想方设法地去接近、取悦于她。在排练中，曹试甘忙前奔后，不亦乐乎。杜明远不仅舞姿优雅出众，而且身材颀长、面容姣好。曹试甘的钢琴也弹奏得流畅舒婉，再加之王洛宾金属般高亢激越的歌声，三者水乳交融，相得益彰。短暂的合作，就取得了演出的成功。但最令人意想不到的是，原本素昧平生的杜明远和王洛宾，竟因为这样一次相遇、合作而一见钟情。

富家女杜明远的性格外向率真，她毫不掩饰自己对王洛宾的喜欢。而王洛宾的内心也对杜明远情有独钟，但碍于曹试甘的情面，他刻意回避着杜明远。官宦家庭出身的曹试甘，仗义豪爽，视金钱如粪土，但骨子里总还透着些纨绔子弟的习性，尤其对学习不很认真。而王洛宾虽出身低微，却有思想、有见地，对音乐的追求和抱负，令杜明远非常欣赏和崇拜。

自那次义演后，曹试甘每次约会杜明远时，她总会提出一同带上王洛宾。而且见面时，她对曹试甘的态度也没过去那样热情了。随着时间的推移，即便最傻的当事人也会明白了。终于有一天，曹试甘忍不住对王洛宾说："杜明远爱的人是你，你大胆地去追求吧。希望你一定要好好珍惜，一辈子对她好……"也许是爱得太深，也许是曹试甘再也没遇上像杜明远那样优秀的女性，他终身未娶。半个多世纪后，在北师大的一次校友会上，曹试甘与王洛宾两老重逢，老泪纵横，一时竟相对无言。

曹试甘的退出，成全了王洛宾与杜明远的恋情。由于共同的理想、爱好和相互的爱慕，两人很快深深坠入爱河，同时爱情又带给他俩更多的力量。在学习上，两人共同切磋、促进；而在生活中，则互相关心呵护。在此期间，王洛宾特意谱写了歌曲《偶尔》送给杜明远，以表达此时自己的心境。

一日不见如隔三秋的数年校园生活，很快就结束了。王洛宾与杜明远也到了谈婚论嫁的时候，他俩商定：毕业后先各自工作一段时间，然后完婚并一同去巴黎深造，待学成归来再报效祖国。于是杜明远先回到了家乡，在开封的一所中学里当美术教师，而王洛宾则留在北平的一所铁路学校里做音乐教员。在此期间，王洛宾创作了一首歌颂中国铁路先驱詹天佑的歌曲《詹天佑之歌》。

1937年的"七七"卢沟桥事变，打破了王洛宾与杜明远原本的计划。那时的交通已基本瘫痪。那年的夏秋之交，王洛宾几经辗转来到开封，准备带杜明远绕道新疆，通过苏联再前往巴黎。当王洛宾来到开封后，杜明远的父亲杜继增热情接待，他非常认可这位未来的女婿。杜父是河南有名

王洛宾（左三）、洛珊（左四）等人合影

的开明绅士，还是中共地下党员。因为战争的缘故，杜父只能为他俩举办了简单的婚礼。为了旅途的安全方便，杜父给女儿改名为洛珊，与王洛宾兄妹相称。

1937年底，准备去新疆的王洛宾夫妇抵达了抗日的前线——山西临汾，这也是八路军总部的所在地。在那里，王洛宾意外地遇见了多年不见的塞克，他是应著名女作家丁玲之邀，与上海来的抗日演剧队一同参加八路军的西北服务团。出于对日寇的同仇敌忾，而且参加服务团还能顺道去新疆，于是王洛宾夫妇也毅然加入这支队伍，穿上了八路军军装。

因为王洛宾有作曲和歌唱的才能，他在这支队伍里被分配到歌咏组，经常与老友塞克、萧军及新结识的萧红、贺绿汀、刘白羽、欧阳山尊等进步文化人，一起议论中国时局，琢磨演出剧目，探讨歌词曲谱，几乎没有一刻空闲。贺绿汀就是在这一时期，创作了影响深远的《游击队歌》，而王洛宾也耳闻目睹了八路军的英勇抗敌，先后谱写了《老乡上战场》《风陵渡的歌声》等30多首抗日救亡歌曲。但这些作品，对于创作、改编过1 000多首西部民歌的王洛宾而言，显得有些微不足道，因此后人很少提及此事。

1938年春,王洛宾夫妇所在的八路军西北服务团,为远赴新疆宣传抗日而一路西行。一天,因为一场大暴雨的阻挡,这支队伍只能在甘肃与宁夏交界的六盘山脚下的一个小村庄歇息过夜。当王洛宾无意中听说所住旅店的女掌柜"五朵梅"是当地有名的"花儿"演唱高手,便和同行的塞克等人商量着邀请"五朵梅"来一次联欢活动,以打发这黑灯瞎火的时光。

　　晚饭后,"五朵梅"特意换上了一身回族服装,非常投入地演唱了几首"花儿"的代表作。她清泉般的歌声,空灵飘逸,将"花儿"演绎得淋漓尽致。王洛宾听得如痴如醉,全身的血液似乎在沸腾。天底下还有如此动人的天籁之声,一种难以抑制的冲动,使他再也按捺不住,迅速地将刚才听到的旋律和节奏记录下来,还自言自语地反复念叨:音乐的源头到底在哪里?身旁的作家萧军对他说:中国的大西北有这么好的民歌等待发掘,你还需要去巴黎留学吗?王洛宾不假思索地回答:最美的旋律,最美的诗,就在中国的西部,就在我们自己的国土之上,我为什么还要去巴黎呢?

　　在队伍开拔前,王洛宾非常全面仔细地了解"花儿"的来龙去脉,并又认真地跟随"五朵梅"学唱"花儿"。就这样,王洛宾很快谱写出他自己第一首风格清新、曲调流畅的"花儿":《眼泪的花儿把心淹了》。

　　六盘山之行,彻底改变了王洛宾的人生和命运。他对中国西部的民歌像发了疯一样的痴迷,但却忽略了对新婚妻子洛珊的关怀和疼爱。此时的王洛宾已决定不去巴黎,而留在大西北了。长期受到父亲进步思想影响的洛珊,原本也不想去巴黎,她一直向往革命圣地延安,想去那里的鲁艺工作,去抗大学习。但为了深爱着的丈夫,无奈只能忍痛割爱,舍弃自己的意愿,"嫁夫随夫"。但这对于内心充满革命激情的洛珊来说,是一个永远不能弥补、释怀的遗憾。

　　西北服务团不久行进到了甘肃兰州,以后又到达了条件更艰苦的青海西宁。在此期间,王洛宾踏遍了那里的山山水水,了解到很多风土人情,最重要的是采撷到了大量的西部少数民族的音乐素材。王洛宾是一个只要有歌就能得到满足,并可以舍弃一切的人,音乐是他生命中的一切。

　　但妻子洛珊就不同了。当时的西宁落后闭塞,生活单调,不要说娱乐活动,就连电灯也没有,而且饮食也让她很不习惯。这对于过去一直生活在城市的洛珊来说,可谓度日如年。洛珊还患有严重的高原反应症,缺氧所造成的间歇性头疼，更令她备受煎熬。那时，她在西宁女中教授美术课，这些初级、重复又毫无激情的教学工作，与洛珊理想中的延安革命大学的朝气蓬勃，是大相径庭的。

而最主要的是，王洛宾在此期间全身心地扑在音乐的开采上，就像大禹治水时那样，三过家门而不入。即便难得回家，也投入创作之中，很少过问妻子的生活和给予精神上的慰藉，似乎忘掉了她的感受和存在。

洛珊伤心极了。她为王洛宾付出了所有，却换来如今这样的结局。当她执意要回兰州时，王洛宾这才意识到自己这几年对洛珊的关心呵护不够。两人曾经甜蜜浪漫而又充满诗意的感情已出现了巨大裂痕。王洛宾试图并极力挽回，但洛珊已心灰意冷。一切都已晚了，1941年3月，两人在兰州登报离婚。

洛珊是王洛宾的初恋、发妻，也是他人生中最刻骨铭心的女性，他至死也不能忘却。在王洛宾的音乐创作中，他谱写的《在银色的月光下》《嘎俄丽泰》《我等你到天明》等许多情歌中的女主人公，都有洛珊的影子。显然，这些作品都是为想念洛珊而谱写的。我现场聆听过王洛宾老人饱含热泪演唱的《在银色的月光下》，歌声如泣如诉。以后我每每听到这歌声，脑海里总会呈现出一幅画面：一身西部牛仔装束的王洛宾策马扬鞭，在追寻着失去的姑娘和昔日爱情。

1975年，还在新疆服刑的王洛宾，因为要为监狱排演一段豫剧，但又因一时没有豫剧本子而犯愁。他想起了发妻洛珊是河南人，于是，他按照新中国成立前的地址，试着写了一封信求援。不可思议的是，王洛宾不久就收到了洛珊寄自开封的包裹，里面除了豫剧本子外，还有一套专门为他编织的绒衣绒裤，王洛宾感动得热泪直淌。

20世纪80年代末，重新穿上军装的王洛宾，专程去河南开封看望40多年未曾见面的洛珊。他心中始终挂念着她，并一直想知道当初洛珊为何一定要离他而去。

王洛宾的突然出现，洛珊一时无措。虽然旧时爱人重逢，当年那种激情早已荡然无存，但洛珊还是以贵宾的礼节来款待。当王洛宾看到洛珊儿孙满堂、其乐融融的幸福宁静生活，他不忍心去打破。这么多年，王洛宾的内心是痛苦酸楚的，原本他有多少话儿要向洛珊倾诉、表白，但此时

"此情可待成追忆，只是当时已惘然"，所有一切尽在不言中了。

几日后，王洛宾要回新疆了。真是相见时难别亦难，他是多么的依恋不舍，因为此生可能再也不会与洛珊相见了。

萨耶卓玛、黄玉兰与三毛

王洛宾的人生，除了与发妻洛珊外，还有三位女性曾与他有过交往和故事。

29岁时的萨耶卓玛

一位是1939年他在参加著名导演郑君里拍摄的大型纪录片《祖国万岁》时，和他搭过戏并相处过三天的藏族姑娘萨耶卓玛。美丽善良的卓玛和草原的美好生活，给王洛宾留下了难以忘怀的印象。离开摄制组后，王洛宾几天彻夜未眠、乐思滚滚。他想写首歌来表达，于是就大胆地借鉴俄罗斯音乐的曲式和它的一些音乐元素，一气呵成谱写了这首名扬世界的情歌《在那遥远的地方》。当作品完成后，王洛宾兴冲冲地在第一时间赶往卓玛驻地，想亲自把这首歌唱给她听。谁知，萨耶卓玛和她的千户长父亲、家人及同住的大批藏胞，已离开了青海湖畔，迁徙到水草更丰饶的地方去了。

王洛宾非常懊恼、惘然，他想，这大概就是命运的安排。很多年后，一直在打听、寻找萨耶卓玛的王洛宾，终于知道了她的下落，两人重又见面，了却了他自己的心愿。

王洛宾的第二任妻子黄玉兰（又名黄静）是个朴实本分的西北姑娘。她与王洛宾的六年婚姻中，没过上几天好日子，更谈不上有花前月下的浪漫了。她23岁因病在北京离世时，王洛宾还远在新疆服刑。黄玉兰为王洛宾留下了三个儿子：王海燕、王海星和王海成。而专门写歌的王洛宾却从未为她留下片言只语，更没为她写过一首歌，但在其家中的钢琴上方，却一直悬挂着一幅披着黑纱的黄玉兰遗照。

王洛宾的晚年，又遇到了来自祖国宝岛台湾的奇女子：著名作家三毛（原名陈平）。

改革开放之初，拨乱反正，王洛宾的问题也得到了平反昭雪。在以后的岁月里，他的作品大量发表、到处传唱，他的传奇经历更成了人们茶余饭后的谈论话题。台湾地区这么多年对王洛宾及其作品知之甚少，人们对此既陌生又新鲜。随着两岸经贸和文化的开通交流，台湾著名艺人林峰曾率一支电视摄制组来大陆拍摄有关祖国风土人情及文化人物的电视纪录片《八千里路云和月》，其中有很大篇幅介绍"西部歌王"王洛宾的人生及其作品。节目在台湾播出后，反响强烈，王洛宾得到了无数台湾同胞的热爱和崇拜，三毛就是其中一个，而且她的痴迷，达到了无以复加的地步。

80年代末的一个早晨，三毛不远万里风尘仆仆地从台湾飞抵乌鲁木齐，敲开了王洛宾的家门。因为两人此前从未谋面，此次登门造访比较唐突，所以三毛作了一番自我介绍。她的此次新疆之行，特意给王洛宾转带来台湾《明道文艺》编辑部的稿费，但主要还是为了采访这位传奇老人，用第一手材料写篇报告文学。此前，三毛曾聆听过香港作家夏婕讲述王洛宾的许多往事，那时就有一种难以抑制的兴趣。如今两人一见如故、相见恨晚，天南地北、海阔天空、无拘无束地谈论着音乐、文学和人生。分别时，三毛为王洛宾演唱了自己作词的歌曲《橄榄树》，而王洛宾则弹着吉他，唱起了许多自己的代表作。当三毛听到《高高的白杨》一歌中"孤坟上铺满了丁香，我的胡须铺满了胸膛"时，感动至极，泪如雨下。此次短暂的相会，加深了三毛对王洛宾的印象，也更坚定了她的爱慕之心，而王洛宾也为此写下了一首小诗《海峡来客》，诗中充满了对三毛的赞赏。

从那以后，两人常有书信往来。1990年的春夏之交，三毛第二次专程赴乌鲁木齐。此时的王洛宾正参加新疆电视台拍摄的、介绍他人生和作品的长纪录片《洛宾交响曲》，因为王洛宾要请假去机场接三毛，故该片导演临时决定改变拍摄计划，加拍几组王洛宾与三毛交流互动的镜头，使纪录片的内容和画面更丰富、翔实。所以，当三毛一下飞机后，就被摄制组跟踪拍摄。这使一贯特立独行的三毛很不高兴，原本她此行的目的，是想与王洛宾单独相处一段时间，并不想让外界知道自己的到来，但碍于王洛宾的情面，她还是接受并配合了拍摄工作。

在三毛逗留乌鲁木齐的九天里，她虽然被安排住在王洛宾的家中，但外出和生活中的大部分时间，全由他的学生陪伴，专注于纪录片拍摄的王洛宾根本腾不出时间来顾及她。这对怀揣着美好憧憬而来、想寻得爱的结果的三毛来说，无疑是非常失望和难以接受的。即使两人有短暂的相处，三毛主动示好，甚至把话挑明，"不解风情"的王洛宾还是没有接招，似乎对此置若罔闻。三毛的热望彻底破灭了，她流着泪离开了伤心之地乌鲁木齐。从此，她与王洛宾再未见面，也没有任何联系。

其实，阅尽人间春色又饱经世事沧桑的王洛宾，何尝不懂三毛的心思。只是因为他有过太多的人生苦难：两次失败、痛苦的婚姻，三次牢狱生涯和五年的盲流生活等，再加之他与三毛年龄的代沟以及人生阅历、文化背景、价值取向和道德伦理的巨大差异，使王洛宾对这突然飞来的"丘比特之箭"，望而却步。

三毛走后，王洛宾才发现挂在墙上的吉他别着三毛常戴的发夹，这大概是她有意留给自己的纪念物吧。睹物思情，五味杂陈的王洛宾旋即写下了《幸福的D弦》这首歌。

半年后的1991年1月5日，王洛宾在电波中得到一条令他震惊又不愿听到的消息：中国台湾女作家三毛在台北荣民医院自缢身亡。听到消息后的王洛宾瘫软在沙发上，微闭着眼睛，全身痛苦地不停抽搐。与三毛曾经相处的点点滴滴此刻都闪现在他的脑海。

接连多日，王洛宾都夜不能寐。三毛那活泼的形象和银铃般的话语，在脑海里挥之不去，撞击着心房。其实三毛的离去并不一定完全是王洛宾的缘故，可能还有其他未知的隐情。但此事毕竟是在三毛伤心离疆后不久发生的，因此王洛宾非常自责。他一直在反思：如果当初对三毛更好一点，更温柔些，再多一点关爱，对她一往情深的示爱，表达得更婉转含蓄，并给她留存希望，也许她就不会这么极端。正因为自己过于理性和固执，或许才造成了感性三毛的悲剧。

王洛宾非常悔恨，他忍痛谱写了《等待》一歌。这首四三拍的歌曲是这样唱的："你曾在橄榄树下等待、再等待，我却在遥远的地方徘徊、再徘徊。人生本是一场迷藏的梦，且莫对我责怪。为把遗憾赎回来，我也去等待。每当月圆时，对着那橄榄树独自膜拜。你永远不再来，我永远在等待。

等待等待等待等待，越等待我心中越爱。"人们在这首歌里，能明显地感受到王洛宾的内心同样充满着炽热的爱，只是当时他没敢，也没有越过这雷池半步而已。

西部民歌创作之路

王洛宾的1 000多首西部民歌中，绝大部分是新疆风味的。但他在新中国成立前创作这些新疆民歌时，却从未到过新疆。

当年，王洛宾所在的八路军西北服务团的任务，就是去新疆宣传抗日救亡。但后来因为新疆军阀盛世才背叛了革命，服务团被拒绝进疆，只得滞留在青海甘肃一带活动。在盛世才把屠刀举向共产党人的同时，他又把在新疆赞同抗日的一些少数民族同胞赶走。因此，这些少数民族同胞被迫迁徙到青甘宁一带。

对音乐渴望又敏锐的王洛宾，虽然不能去新疆，但从这些新来的哈萨克、维吾尔和塔吉克族百姓的身上和口中，同样能捕捉、采集到大量的原始音乐素材，这为他的创作提供了无穷的源泉。就是在这一时期，王洛宾改编、创作了《达坂城的姑娘》《掀起了你的盖头来》《阿拉木汗》《可爱的一朵玫瑰花》《青春舞曲》等一大批至今还广为传唱、为人民群众津津乐道的新疆民歌。与此同时，他还谱写了《四季调》《半个月亮爬上来》《康定情歌》等甘肃、青海和川西的民歌代表作。

由于王洛宾在八路军下属的服务团宣传抗日，平日又与塞克、萧军等共产党人走得很近，因此，他早被军统特务定为控制对象。在蒋介石掀起的第二次反共高潮中，他被秘密逮捕入狱。由于当时王洛宾在我国西北地区名声很大，连青海省主席马步芳也很赏识他。当马步芳无意中得知王洛宾的处境后，就亲自出面保释，并聘他为自己马家军的上校音乐教官，负责训练军乐队。此举也为王洛宾今后的苦难人生，埋下了祸根。

在三年牢狱生涯中，王洛宾曾写下过一首催人泪下的歌曲《大豆谣》。1941年，中共甘肃省工委副书记罗云鹏因叛徒出卖被捕。他的爱人樊桂英和才八个月的女儿罗力立也一同被关押在兰州沙沟监狱。由于罗云鹏宁死不肯出卖组织而惨遭杀害，此时，他的爱人还没有暴露地下党员的身份，从而幸免于难。当王洛宾被关进这所监狱服刑时，罗力立已经三岁了，她是这所监狱中唯一能自由走动的犯人。罗力立非常喜欢新来的大胡子叔叔王洛宾，爱听他唱歌、讲故事。有一次，王洛宾被特务提审时，遭受毒打。罗力立见到已押回监房血肉模糊的大胡子叔叔时，非常心疼。她用小嘴使劲地吹着还流淌着鲜血的伤口，同时又拿出仅有的两颗黄豆对王洛宾说："我给你世界上最好吃的豆豆，吃了它，就不疼了……"顿时，两行热泪从王洛宾的脸颊上滑落。当夜，王洛宾找出用牙膏皮做成的笔，满怀激情地在一张烟盒纸上写下了歌曲《大豆谣》。歌中期望未来的新世界，孩子们有吃不完的"大豆"……

半个世纪后的1994年，极念旧情的王洛宾在山西运城寻找到了当年的狱友樊桂英母女。此时的樊桂英已中风瘫痪在床，而当年的孩童罗力立也已退休。她们做梦也没想到，这么多年过去了，当年的狱友居然还能再次重逢。这种激动的心情，已很难用语言来表达了。当晚，罗力立亲手为王洛宾做了一盘红烧大豆。当王洛宾边吃大豆边唱起当年自己写的那首《大豆谣》时，大家都不禁泪如雨下……

在新中国成立前夕，马步芳曾要王洛宾与他一同逃亡台湾，但热爱西北音乐的王洛宾婉拒了。1949年9月，彭德怀率领的西北野战军，解放了甘肃、青海全境。王洛宾所在的国民党82军向解放军投诚。时任一兵团政治部宣传部副部长的马寒冰是个文化人，他也是《我骑着马儿过草原》《新疆好》等歌曲的词作者。马寒冰在投诚军官名单中发现了王洛宾的名字，于是就向兵团司令王震汇报，请示如何处置。王震将军当即表示：国民党、马步芳尚且能让王洛宾为他们的军队服务，为什么我们共产党人不能做到呢？其实，我们人民的军队更需要音乐。就这样，王震将军力排众议，决定留用王洛宾，带他一同进军新疆。当马寒冰找到王洛宾，并传达王震司令员的意见后，王洛宾激动不已，他多少年的心愿终将能实现了。

在进疆前，王震将军还专门接见王洛宾，并语重心长地对他说："你的歌曲名扬天下，我早就知道。现在欢迎你参加我们的队伍，希望你能用最美的歌曲来赞美我们的祖国、人民和共产党、人民军队。音乐的真正源头，就在生活中和民间，望你能不断深入生活，与人民打成一片……"从此，王震将军的话语，一直是王洛宾创作的座右铭。

当王震将军率军翻越白雪皑皑的祁连山时,心潮澎湃,诗兴大发,他信口吟诵:"白雪照祁连,乌云盖山巅,草原秋风狂,凯歌进新疆。"此时身旁的马寒冰迅速将王震将军即兴抒发的诗词记录下来,旋即又找来王洛宾请他谱曲。王震将军的诗句,虽短小精悍,但气势磅礴,震撼人心。王洛宾在进疆路上,也目睹了人民战士不怕牺牲、前仆后继、勇往直前的战斗精神。滚滚的乐思在脑海里似乎要喷涌而出。就这样,四声部混声合唱曲《凯歌进新疆》诞生了,这是王洛宾加入人民军队后创作的第一首作品。当年,所有进疆部队的指战员,都是唱着这首歌而迈开步伐的。

王洛宾从1949年踏上新疆,直至他去世,无论是荣耀幸福的时光,还是遭受痛苦磨难的日子,他都无怨无悔,再也没有离开过这片令他魂牵梦绕的土地。

汉唐时期的西域音乐沿着古代的"丝绸之路"大量涌入中原,其间又断隔了千余年后,王洛宾是又一个西部音乐的传承、发扬和创作者。无疑,王洛宾是一个具有里程碑式意义的伟大人物。

在近半个世纪的岁月里,无论严冬酷暑,还是狂风暴雪,王洛宾都一如既往地用生命的脚步,去丈量着天山南北的绿洲牧场、戈壁大漠和边防哨卡、民舍农庄,从不间断地尽情吮吸着各民族原始的音乐养料,追寻着不竭的乐海源头。诚然,新疆的音乐已完全融入了王洛宾的血脉,更浸润着他的灵魂。王洛宾进疆后创作的《萨拉姆·毛主席》《美丽的姑娘》《亚克西》《黑力其汗》《草原上的金太阳》《曲蔓地》《撒阿黛》《高高的白杨》

王洛宾在采访新疆民歌艺人

《哪里来的骆驼队》等歌颂党、领袖、祖国和各族人民幸福生活的几百首作品，无论其旋律、节奏，还是音乐的语境和创作手法，无不充溢着鲜明浓郁的西域情调和新疆风味。

坎坷人生路与辉煌第二春

王洛宾从20世纪70年代末起，先后创作过三部歌剧。第一部是为新疆军区建设兵团工一师宣传队创作的《托木尔的百灵》，第二部是为乌鲁木齐市文工团量身定做的《奴隶的爱情》。这两部作品的旋律和音乐都很美，但就在准备公演之时，因王洛宾的政治经历问题而导致演出夭折，甚为遗憾。

但王洛宾应邀创作的另一部七幕歌剧《带血的项链》却大获成功，荣获文化部颁发的创作二等奖，其中许多经典唱段已成为音乐院校的教材。

那是1979年的初春，兰州军区战斗歌舞团要创演一部大型歌剧《带血的项链》去参加国庆三十周年的全国会演。因为此剧是描写哈萨克族牧民保家卫国的故事，所以剧作者王志和歌舞团的团长陈宜都不约而同地认为，此剧的音乐创作非王洛宾莫属。但无奈，此时的王洛宾早已不是新疆军区文工团的创作员了。他刚刑满释放，还居无定所，因此团内的许多同志觉得请王洛宾来谱曲不太合适。正在众说纷纭、举棋不定之时，兰州军区政委肖华（《长征组歌》的词作者）得知此情后，毫不犹豫地表态：王洛宾的问题早晚会得到解决，现在就请他火速来兰州，以师级干部规格接待。

于是，陈宜和王志迅速赶往乌鲁木齐，几经周折才在一个落满灰尘的幽暗过道里找到了租不起房的王洛宾。当时他正埋头谱曲，桌上放着一个咬过几口的干馕和一大杯茶水。当陈宜一行说明来意后，王洛宾的眼睛都湿润了，他兴奋至极，简直不敢相信这样天大的好事，竟会来得如此突然！

王洛宾坐上当时只有高级干部才能乘坐的软卧火车到达兰州，并且还配上了勤务兵。所有这一切，都让王洛宾原有的自尊得以恢复，同时还大大激发了他的创作激情。就这样，极度亢奋的王洛宾全身心地投入了创作之中。半个月的时间，王洛宾就完成了这部作品的所有旋律。由于过度的疲劳，他病倒了。但在医院的病床上，王洛宾仍坚持边输液边修改、完善

王洛宾与歌剧《带血的项链》男女主角合影

总谱。两个月后,大型歌剧《带血的项链》定稿后投入排练。其间,王洛宾还当起了月老,成全了剧中男女主角的饰演者——上海姑娘徐锋和西北小伙余争平的美满姻缘。

20世纪50年代中,新疆出了一桩轰动全国的新闻。75岁高龄的新疆于田县农民库尔班·吐鲁木骑着毛驴,带着收获的农产品和无数翻身乡亲的嘱托,想去北京看望恩人毛主席,在途中被县委同志劝阻。三年后的1958年,库尔班老人终于圆梦。他当上了全国劳动模范来到北京,在中南海见到了日思夜想的伟大领袖。全国各大报刊都刊登了毛主席与库尔班老人亲切握手的大幅照片和相关内容。

为参加翌年国庆十周年的全军会演,新疆军区文工团就用库尔班老人晋京见到毛主席的热点题材,创演了一部话剧《步步紧跟毛主席》。

但在排练过程中,主创人员都觉得,这样喜庆欢快的题材,用音乐歌舞剧的形式,要比话剧更有表现力,于是就改弦更张。但音乐创作谱曲由谁来完成呢?此时本团有驻团作曲家石夫、田歌和还带着"历史问题帽子"被监督劳动的王洛宾等人。经过再三权衡,他们一致确认这样一部大型的富有新疆风情的作品,由王洛宾来担纲比较合适。

接到重任的王洛宾,起初虽有些诚惶诚恐,但出于对毛主席的敬仰,他还是全身心地投入创作之中。不久全剧的音乐就完成了,优美、轻松、活泼又极富西域风情,尤其是主题歌《萨拉姆·毛主席》更是让人一听就爱、一学就会、百唱不厌。

当此剧在北京怀仁堂为中央领导演出结束时，观演的毛主席情不自禁地起身热烈鼓掌，并盛赞此剧的音乐。剧中，克里木演唱的《萨拉姆·毛主席》通过电波，传遍大江南北，走进千家万户，他也因此被调入北京的总政歌舞团。

但怎么也想不到的是，两年后，王洛宾因创作《萨拉姆·毛主席》而遭受不幸。"萨拉姆"在维吾尔语中是"衷心祝福"的意思，在歌曲中是作为衬词运用的。但在一些别有用心的人嘴里，《萨拉姆·毛主席》竟成了另外一层意思。这种荒唐之极的险恶用心，王洛宾有口难辩……

1960年，王洛宾因现行和历史反革命两罪被判刑15年，在乌鲁木齐的第一监狱中，王洛宾对自己的罪名百思不得其解。他无数次写申诉材料，一遍又一遍地强调：我一直是为党和人民写歌，怎么会是反革命呢？但他的申诉石沉大海，没人理会；他期盼的贵人相救，也没出现。一次又一次希望的破灭，使他无奈地不得不低下倔强的头。在监狱的砖瓦厂里，他和其他年轻的囚犯一样，顶着灼人的炽热，背着几十公斤重的红砖、砖坯，出窑装窑，煎熬地度过5 475个日日夜夜。其间，他也有过轻生的念头，但理智最终使他避免了悲剧。因为王洛宾心中的音乐梦还未完成，他坚信光明和正义是一定会来到的，即使是在最困苦的日子里，他还创作过许多优美的歌曲，那是他这段牢狱生涯中最幸福的时光。

1975年出狱时的王洛宾，已是62岁的白发老人。但他这时在乌鲁木齐生活，又成了一个没有户口、没有粮票、没有工作、居无定所的无业游民。为了生存和音乐，王洛宾先后干过挑沙子、搬砖块、运石头、拉板车等重体力活动。苦难的监狱生活和盲流生涯，并没有摧毁王洛宾的肉体，更不能击垮他的精神支柱。这样的经历，反而成了他创作中的一种财富。他能看得更远，想得更深，作品也更经得起时间的检验。

1981年，王洛宾的"历史问题"在时任中组部部长宋任穷的亲自过问下，被彻底纠正平反，他恢复了名誉和军籍。重新穿上军装的王洛宾，担任新疆军区文工团的艺术顾问，从此也开启了他辉煌的人生第二春。

此后，王洛宾频频出现在央视和各地卫视的荧屏上，一时成为全国人民关注的人物。各地还争先恐后地举办他的作品音乐会，就连世界三大男高音在音乐会上也演唱他的作品。

1994年6月,王洛宾第一次应邀访问美国。他除了讲学,还要举办自己的作品音乐会。在联合国总部举办"丝路情歌——王洛宾作品音乐会"时,由于人生地疏,王洛宾对音乐会的把控一时有些束手无策,幸好旅美多年的中国男低音歌王温可铮主动伸出了无私的援手,与他一起商量曲目,确定演员,还无偿、压轴演唱了他的好多首代表作。其中的《等待》是第一次面世,旅美的华人万年青合唱团也友情参加演出。

平反后的王洛宾

两年后,一直忙于各种社交活动的王洛宾终于病倒了。他在病重期间,还执意要护士为他找来一块小纸板,架在病床上,忍着剧痛,创作完成了他承诺给万年青合唱团写的团歌《歌唱万年青》,这也是他人生中最后的一首作品。

1996年3月14日,被视作中华民族文化昆仑、精神脊梁的一代西部歌王王洛宾逝世。他魂归天山,曲留民间。也许是苍天的感应,这年的初春,乌鲁木齐持续飘扬着纷纷扬扬的雪花。他是最喜欢雪花的。

王洛宾曾对我说过,希望自己的作品能传唱五百年。我想,这些已流淌在亿万人民血脉和心房里的不朽之作,是会万古流芳的。因为,情歌是不老的,经典将永恒!

沈湘：自是歌坛第一流

沈湘

沈湘教授是中国百年歌坛最负盛名的声乐艺术家之一。他在青年时代就被誉为中国的"卡鲁索"。在以后的教学生涯中，他又先后培养了当今中国最有成就的两位声乐教育家：郭淑珍和金铁霖，以及活跃在中国歌坛的几代歌唱家：梁宁、迪里拜尔、范竞马、刘跃、黑海涛、殷秀梅、程志和关牧村等。

我早在20世纪80年代初开始从事音乐会策划制作时，就与沈老相识相交。沈湘与温可铮是一生真正的挚友，但凡他到上海，总会住在温可铮家，而我则与温先生是亦师亦友、情同父子的忘年交。那时，我几乎每天都往温先生家跑，聆听他的教诲是我最快乐的事。因此我有缘多次与沈老在温家邂逅，沈老谦和随意、平易近人，没有半点大家的架子，令我印象深刻。

沈湘是一个光明磊落、胸襟坦荡、从不趋炎附势的高尚的人。他一生从不追名逐利，只把自己一直追求的声乐艺术作为最高奋斗目标。沈湘严己宽人，对待学生胜过自己的子女，且从未有亲疏、好恶之分，唯其人品、道德和艺术为准绳，深得乐坛的好评，是公认的一代楷模。

"不当歌唱家决不回家"

1921年11月11日，沈湘生于天津的一门望族。父亲是留洋归来的医生,在当年归国时带回不少黑胶唱片,因而沈湘从小就接触聆听这些唱片中的音乐,并陶醉其中。沈湘有一副得天独厚的好嗓子,他12岁进入南开中学后便参加了学校的合唱队。喜欢歌唱的沈湘从那时起就非常崇拜意大利的歌唱大家卡鲁索,听他的唱片简直入了迷。

16岁那年,沈湘转学至天津工商学院附中,从那时起,他已开始登台演唱了。一年后,在天津市的一次歌唱比赛中,沈湘过关斩将摘得桂冠,成为当时小有名气的业余歌手。但沈湘的家人都反对他从事这项事业,因为在那个年代,吃开口饭的戏子既没有生活保障,更谈不上社会地位。在严父的安排下,沈湘在高中毕业时不得不报考燕京大学的英国文学系。在进入燕大后,除了西语是必修的基础课外,沈湘还选修了自己最喜欢的音乐系的声乐课。这是家人无法知晓、更不曾过问的。

燕京大学有好几位外籍声乐教授,音乐系还有专门举办音乐会的场地——甘德阁。每场音乐会沈湘都会去聆听,他虽然不是音乐系的学生,但他对学习歌唱的执着和追求,音乐系的师生都很认可,也十分喜欢他。在燕大学习期间,沈湘已学习了科学的发声和正确的呼吸,对歌唱渐渐有些入门了。

1941年底,日军偷袭珍珠港,美日正式开战。此时已侵占中国华北和京津地区的日寇封锁了由美国教会投资经办的燕京大学,在校的师生全被赶出校门。

无奈,沈湘家人辗转托人让他转入上海的圣约翰大学继续学习英国文学。到了上海的沈湘,因酷爱声乐艺术,背着家人又偷偷考入上海国立音专声乐系。就这样,沈湘每天先到圣约翰上完主课后,再骑上自行车赶到音专练唱,两头兼顾、乐此不疲。沈湘先师从德籍女中音歌唱家拉索教授,后又拜师意大利音乐家帕器。在名师的悉心指点下,沈湘博采众长,不仅掌握了许多欧洲古典作品,还练就了一副有着金属般穿透力的男高音歌喉。

在圣约翰求学时,与燕大校友茅爱立的重逢,是沈湘歌唱生涯的一个重要转折。他乡遇故知,茅爱立的到来使沈湘在上海有了练唱的伙伴。此时的茅爱立已在上海滩小有名气,经常应邀参加校外一些剧院的演出。茅爱立请沈湘一同合作演唱歌剧《茶花女》中的《饮酒歌》,在圣约翰大学管弦乐队的伴奏下,大获成功,引起了歌坛的关注。茅爱立的老师——被誉为中国声乐教父的俄籍歌唱家苏石林也十分看好这位年轻人。沈湘到上海国立音专求学时，苏石林就主动把他招至麾下悉心调教。在苏石林系统的培养下，沈湘开启了他真正意义上的歌唱生涯，最终与斯义桂、温可铮、高芝兰一样，成为苏门最得意的弟子。

抗战后期，因沈湘与茅爱立拒绝赴南京为汪伪政府演唱，而遭到上海国立音专开除学籍的处分。无奈之下，茅爱立转投了重庆的青木关音乐院，而沈湘则留在圣约翰大学继续完成学业。

1944年5月12日，沈湘在同道好友的帮助下，在上海兰心大戏院举办了他人生首场独唱音乐会。那天，他演唱了德国和法国的艺术歌曲及意大利的歌剧选段。明亮、通透又坚实的激昂歌声，就像那金色的小号一样，激情无比，撩拨着每个观众的心田。他对作品的深刻理解、细腻又贴切的诠释和发自内心的真诚表达，感染了所有的观众。雷鸣般的掌声经久不息，沈湘第一次感受到自己的价值所在，也更坚定了在歌唱道路上勇往直前的信心，上海的歌坛和许多媒体都赞誉沈湘的歌唱才华，称他为中国的"卡鲁索"。

抗战胜利后的1947年，沈湘从上海圣约翰大学毕业，又回到了北方。他先后在天津、北平举办了多场个人演唱会。在平津的演出中，沈湘结交了他音乐生涯中真正的知己——温可铮。两人都是捧着一颗纯真的心，锲而不舍地投身纯粹的歌唱事业，从而也成为心心相印、惺惺相惜又志同道合几十年的莫逆之交。

那时的沈湘到北平开独唱会，温可铮还在读高中。因为他喜爱歌唱，也崇拜沈湘，因此在得到沈湘在北平举办音乐会的消息后，就主动找到沈湘，请求能为音乐会出点力。于是温可铮自告奋勇，骑着自行车到北平的王府井、东单和西单等热闹处张贴演出广告。

不久，沈湘和李晋玮、魏启贤、王福增、李鸿宾等中国早期的歌唱演员一起出演一部中国的原创歌剧《松梅风雨》。剧中的演员阵容很强，但遗憾的是渲染、烘托剧情和唱段的合唱没有着落。此时，沈湘想起了年前结识的北平小伙温可铮，想请他帮忙组织临时的合唱队来应付演出。温可铮受邀后欣喜不已，他不辱使命地旋即组织起育英中学合唱队和燕京大学音乐系的学生一同来完成此剧的公演。此事给沈湘留下了很深的印象，他认定温可铮将来一定有大出息。

果不其然，温可铮高中毕业后，不顾家人的极力反对，在咬破手指写下"不当歌唱家决不回家"的血书后，考上了自己一心想追随的斯义桂执教的南京中央音乐学院。不料，此时的斯义桂已远赴美国求学，但温可铮却歪打正着地有幸拜在斯义桂的老师苏石林门下学习，最终成为世界华人歌坛中顶尖的艺术大师。

惺惺相惜的沈湘与温可铮

新中国成立后，沈湘先后在天津、北京执教，而温可铮则在南京和上海教学。两人虽不在同一城市工作，但经常书信往来，探讨歌唱艺术和教学心得。50年代初，二十出头的温可铮到中央音乐学院举办独唱会。因那时温可铮还年轻，对有些作品的理解还略显稚嫩，表达也不够深刻，并有模仿前人的痕迹。但他诠释的俄罗斯浪漫曲却别具一格：鲜明的音乐形象、强烈的画面感，给人惊鸿一瞥。正在中央音乐学院执教的沈湘在认真聆听了这场独唱会后，毫无保留而又真诚地指

年轻时的沈湘

出了温可铮演唱上的一些不足并提出改进建议，但更多的是鼓励他向更高的歌唱境界前行。

温可铮在1956年的"全国音乐周"上一举成名后不久，又摘得国际声乐比赛银奖。此时的沈湘对温可铮更关注，两人的来往也更频聚了。虽然远隔千里，但心却相通，时常挂念、彼此欣赏着对方。只要有机会相见，两人总有说不完的心里话，共同探寻歌唱的真谛和精髓，完全没有通常那种文人相轻又防着对方的陋习。

温可铮每次来北京，沈湘总会想方设法请他给自己的学生上课，自己

则在一旁细细品味。课后，再互相切磋探讨。而沈湘来上海，也从不去宾馆住，一定会住在温可铮家。那时温家住房很小，只能打地铺。但两人在晚饭后睡在地铺上，会一直神侃到天亮。天南地北、海阔天空，聊世界歌坛大家吉里、卡鲁索、卡拉斯，也谈德法的艺术歌曲、意大利歌剧、俄罗斯浪漫曲和黑人灵歌。两人从各自对歌唱的理解、心得和体会一直谈到教学上的观念、方法和经验，坦坦荡荡没有保留。当他俩聊到酣睡时，呼噜声便此起彼伏，把隔着布帘正熟睡中的温夫人和女儿惊醒得再也无法入睡。

　　沈湘和温可铮都是中国歌坛沉浮跌宕和繁荣辉煌的见证者与亲历者。他俩不仅得到了西洋美声唱法的真传，而且对中国的民族声乐和戏剧流派也颇有研究和心得。沈湘比较推崇京剧大家裘盛戎，而温可铮则更青睐京剧花脸金少山。他俩曾多次探讨争论过这两位京剧名家的发声、气息和高音的演唱等问题。经过多次争辩，最终统一了认识。中国京剧演员用"脑后音"也能唱出明净高亢的高音，其实与西洋唱法中的"关闭法"有着异曲同工之妙，是值得国人去不断研究的。

　　沈湘是一位任人唯贤的前辈声乐教育家。他对温可铮的才华和能力，非常推崇。只要他的学生去上海，一定会叮嘱其向温可铮学习。

　　1985年春，我和胞弟及同人，一同举办"三军歌唱家音乐会"，由当时如日中天的程志压轴。虽然此时程志的演唱已日臻完美，但对大作品要做到举重若轻，似乎还欠缺些火候。尤其对声音的放有余，但收还不能非常自如，远未达到随心所欲的境界。因此，在音乐会开演前，我陪程志一同去温可铮家讨教。温可铮在听了程志演唱的《格拉纳达》后，指出了他的问题所在，即在气息的循环运用和控制上还有不足，要重点解决声音位置与气息控制的有机、完美的结合问题。于是温可铮教了他几招，受到点拨后的程志茅塞顿开，再演唱这首作品时已截然不同了。

　　20世纪80年代中，上音声乐系有个朝鲜族姑娘赵丽。因学习方法不当，嗓子给练坏了。那年暑假返京回家，连说话都有些嘶哑，更谈不上练声歌唱了。她的父亲、时任解放军总后勤部部长的赵南起上将发现此状后，就托人请中央音乐学院的沈湘给女儿"会诊把脉"。沈湘在听完赵丽的演唱后，非常自信地说：我马上写封信，你回学校后可找温可铮，他一定有办法。

果然，温可铮不负厚望。赵丽到来后，他让她从消除声带的疲劳开始，先练默唱，然后哼鸣。噤声一段时间，嗓子有了一定的起色后，再唱些力所能及的小品。赵丽在嗓子得到休养的同时，又学习到了许多歌唱技巧。就这样，在温可铮循序渐进的调教下，赵丽乐感好、音色美的潜能被最大限度地表现出来。

关牧村成名后考入中央音乐学院，想拜在沈湘门下重新回炉深造。沈湘为此有些犯难了。因为教好关牧村是理所当然，但万一教砸，后果不堪。于是沈湘就找温可铮商量，温可铮建议：教关牧村，首先要在全国人民认同的音乐形象和歌唱风格的基础上进行雕琢，主要提高她的演唱能力，关键是加强她的气息训练和科学发声，以此来拓宽音域，积累曲目，但千万不能改变其在观众中的印象……真是英雄所见略同，他的想法与沈湘不谋而合。

多年来，沈湘和温可铮一直想合办一所以他俩名字命名的歌唱教育中心。90年代初，沈湘与夫人、女高音歌唱家李晋纬一同去芬兰讲学，所赚的讲学费想用来办学。但在回国途中机场转机时，钱包不慎被偷走。事后，一贯豁达乐观、从不计较金钱得失的沈湘仍淡定自如，只是哈哈一笑，说以后再重来。

但由于沈湘的突然去世，他们两人合作的美好愿景成了永远的遗憾。这么多年来，沈湘和温可铮都是在艰难困苦的逆境中求生存再前行的。两人为了崇高的理想和远大的目标，矢志不渝，忍辱负重，披荆斩棘，勇往直前。他俩犹如高山上的石缝中挺立的两棵青松，傲霜迎雪，永远挺立在中国歌坛的巅峰。

德艺双馨的辛勤园丁

沈湘在上海圣约翰大学毕业后，曾先去北平的音乐专科学校求职，但遭到音专校长赵梅伯的婉言拒绝，其真正的原因无外乎沈湘没有音乐院校的毕业文凭。说来也巧，就在沈湘去音专后回家的路上，他看到了军调处正在招聘英语翻译，于是他就去应聘了。因为英语是沈湘的强项，所以他很顺利地就考入了军调处，当上了美方翻译。军调处是抗战胜利后，美国军方为调解国共两党争端所引发的内战而设立的一个机构。沈湘虽从未参加任何党派和组织,但却是个爱国的热血青年。他在军调处工作期间,亲眼看见了国民党与美国军方相互勾结、狼狈为奸,把扩大内战嫁祸于共产党的事实,深感不平和气愤,很快便辞职不干了。殊不知,就是这样一段短短的人生插曲,竟给他以后的音乐生涯埋下了天大的祸根。

离开军调处后的沈湘,经人介绍当上了北平师范大学音乐系的教师。不久燕京大学也在北平西苑复校,他又被燕大聘为兼职教师。就在他北平任教期间,有位赏识沈湘的好心人,为他办妥了去美国芝加哥音乐学院学习的全额奖学金,并承诺他学习几年后定能成为世界级的歌唱家。但由于沈湘在军调处工作时,对美国人印象极坏,因此他不想赴美深造,放弃了这样一次千载难逢的机会,一心投入到培养中国音乐家的教学之中。

在新中国成立前后的几年间,沈湘培养了女高音歌唱家李晋玮,也是中央歌剧院独唱演员。后因两人情投意合,李晋玮成了他的夫人和声乐教育的重要助手。此外还有男低音歌唱家杨比德(解放军艺术学院声乐系主任)、女高音歌唱家孟于(中央歌舞团团长)、男高音歌唱家孟贵彬(总政歌舞团独唱演员)、女高音歌唱家王萃年(总政歌舞团独唱演员)、男高音歌唱家方应暄(总政歌舞团独唱演员)、男中音歌唱家石维正(天津音乐学院院长)、男高音歌唱家王信纳(中央歌剧院独唱演员)等几代歌唱家和声乐教育家。作为一位辛勤的园丁,沈湘桃李满园,在全国各大艺术院校和文艺团体中,都有他学生的歌声和身影。

新中国成立后,国家组建中央音乐学院,沈湘由北师大调入其中。那时的中国歌坛,沈湘和北京的盛家伦、楼乾贵、臧玉琰、朱崇懋、黄源尹以及刚冒出来的新秀李光羲和上海的蔡绍序等,是最负盛名的男高音歌唱家。而沈湘在其中又鹤立鸡群,因此,北京的许多重大演出他都引吭高歌。他演唱的《黄河颂》《天伦歌》《夜半歌声》等都给世人留下了深刻的印象。那时,周总理经常点名要请沈湘为外国贵宾和中央领导演唱。

但在那个"极左"的年代里,因沈湘曾参加过军调部的工作,历次的政治运动,他都要被审查,他也就此被边缘化了。只是在1958年的"大跃进"年代里,沈湘得到了一次在中央音乐学院排演的大型声乐作品《祖国颂》中担任男高音领唱的机会。直到1962年,李德伦请他参加中央乐团主办的音乐会，他才又一次担纲男高音独唱。沈湘炉火纯青的演唱和对作品淋漓尽致的诠释，尤其那金属般通透的高音，赢得了圈内外高度的评价。著名音乐评论家李凌还专门为沈湘的此次演唱写了一篇乐评，刊登在《人民日报》的副刊上。但谁也没料到，此次演出竟成了沈湘告别舞台的"绝唱"。

在"文革"中，沈湘更是经历了常人难以忍受的磨难，从而落下了严重的心脏病。1970年，为接受工农兵再教育，中央音乐学院的全体师生一起到人民解放军第38军的农场边劳动边办学。沈湘在农场每天挑水担粪、挖土修渠，繁重的体力劳动更加重了他的心脏病，但他一直坚持着。部队首长是久仰沈湘大名的，他在多次与其接触交谈中，感觉此人非常正直、忠厚、善良，从而对他的所谓"特务嫌疑案"也就特别关心，想最终作个正确的结论，于是专门派人组队去做了一次认真的审干调查。经过反复的内查外调，得出了一个公正的结论：沈湘在军调部期间，既没有参加任何反动组织，也没有出卖过一个正直的中国人的灵魂，而且还是一个倾向共产党的爱国知识分子。不久，在一次中央音乐学院全体师生的大会上，第38军首长庄重宣布：沈湘是清白的。由此他经历22年的冤案终得昭雪，但沈湘却为此失去了人生最宝贵的年华和舞台歌唱艺术的生命。好在他并未感到沮丧，反而以更大的热情投入到教学之中。

"文革"结束后，中国的文艺迎来第二个春天。1978年，沈湘和蒋英、王福增和高云等中央音乐学院的声乐系老师一起组建学校新设的歌剧系，沈湘被任命为教研室主任。他完全忘却了自己严重的心脏病，夜以继日地全身心投入教学。沈湘不仅精通英语，还自学过意大利语、法语和德语，而且对欧美各国的语韵、歌剧的历史文化背景，都非常了解。他虽从未出国深造过，但却掌握着大量的西方艺术歌曲和歌剧作品，因此能十分贴切地指导学生去把握西洋作品的风格和人物情感，使学生们的演唱声、情、貌并重。

梁宁是沈湘的得意弟子，也是他第一个在国际声乐大赛上获奖的学生。1977年，梁宁从广州乐团来到北京中央音乐学院想拜师学艺，但寻师一直没着落，有些灰心，正当她想就此打道回府时，有人建议她可找沈湘试试。沈湘是如雷贯耳的声乐大家，当时他的冤案虽已澄清，但学校的教学工作

沈湘夫妇和学生梁宁、迪里拜尔

并未得到安排,还是一个"闲置人员"。梁宁初见沈湘时有些诚惶诚恐,很不自在,但沈湘的和蔼可亲拉近了两人的距离。在听了梁宁的演唱后,沈湘顿觉眼前一亮,其嗓音条件和音乐感觉都非常出色,只要假以时日定会发光出彩,是棵学习歌唱的好苗子。于是沈湘当即就私下收留了这位广东学生,不仅不收学费,还安排她在京的住宿生活。在沈湘的悉心培育呵护下,梁宁成长很快,歌技有了突飞猛进。1984年,沈湘带领中国代表团赴芬兰的赫尔辛基参加国际声乐大赛。女中音梁宁以一曲《玫瑰骑士》力压群雄,摘得桂冠。沈湘的另一位学生、花腔女高音迪里拜尔则夺得亚军,她以后又多次在国际大赛中摘金夺银。

此后的几年间,沈湘的教学成果厚积薄发,每年都有学生在国际声乐大赛中得奖,这在国际歌坛也是鲜见的。1987年,沈湘的一位男高音学生范竞马分别在英国和美国的两次国际声乐大赛中,荣获亚军。1989年,他的另一位男中音学生程达,先后在智利和德国的两次国际比赛中得奖。1991年和1992年,沈湘的关门弟子黑海涛接连在意大利的威尔第和莫那科的国际声乐大赛中,斩获第一。80年代中期,刘跃如日中天,风光无限。1985年,他在英国举办的卡迪夫声乐大赛上夺得季军,翌年又在荷兰的国际大赛上夺魁。不久,他又参加央视举办的第二届"青歌赛",一路过关斩将,比分遥遥领先,登顶在望。于是,央视青歌赛组委会特地邀请第一届冠军刘捷从上海赶到北京,让他与刘跃同居一室,准备在决赛当天刘跃问鼎后,对这两位新老冠军做一次采访报道。但谁也没料到,在决赛中发挥正常的刘跃却以微弱的劣势屈居第二。其真正原因是另一位竞争对手在决赛前做了大量的"攻关"工作，还疏通了许多重要关节。赛后，无数一直关注此次大赛的电视观众都感到非常疑惑，而许多圈内的知情者都为刘跃的遭遇抱不平。此时年轻气盛的刘跃更是愤愤不平、骂骂咧咧。沈湘得知此事后却显得非常平静，他对刘跃说：人生不要过多计较名利得失，成绩和荣誉只代表过去，你还年轻，音乐之路还漫长，只有做一个正直的人，用一颗纯真的爱乐之心去不懈地努力追求自己心中的理想，歌唱艺术才会达到更高的境界。那时成功是早晚的，也是必定的。此事在歌坛影响很大。

　　沈湘不仅教授学生歌唱，还教他们如何做人。他一贯以身作则，用榜样的力量去教育学生。1992年金秋，梁宁应邀去德国汉堡歌剧院主演理查德·斯特劳斯的歌剧《玫瑰骑士》，同台演出的还有世界著名的歌剧演员基里·卡洛娃和克特·摩尔等。为了能演好这部歌剧，梁宁特地从维也纳赶到沈湘夫妇正在讲学的芬兰赫尔辛基，去接受老师耳提面命式的教诲。沈湘夫妇尽管工作很忙，但还是尽量挤出工作和休息的时间，为梁宁辅导。老师从声音到语言，又从音色运用到人物刻画，直至演唱风格和技巧，一丝不苟，一招一式，不厌其烦、循序渐进地引导。有了老师的保驾护航，梁宁的演出信心大增，表演也更出色完美了。为了观看学生的首演，沈湘夫妇提前两天赶到汉堡。临演出前，沈湘又为梁宁整场的戏排练了一遍。演出非常成功，梁宁的表演征服了全场的观众。殊不知，沈湘夫妇只看了半场演出。当他俩进场后不久，才发现坐错了别人的座位。不知是谁的差错，沈湘夫妇的票是第二天的。好在两位德国观众非常好客，他们和沈湘夫妇轮流在场内观看。梁宁得知此事后，感到非常对不起老师。但沈湘只是淡淡地对她说：只要你在舞台上的表演好，这比什么都强，其他事都不重要，千万别放在心上而影响以后的演出。

　　沈湘是个非常善良的老人，有一天，他和学生从学校回家，途中遇见一位老农正在卖梨。买梨的人很多，大家都在抢大个的、漂亮的，老农急了，说：不能挑，不能挑，剩下的没法卖了。此时的沈湘上前对这位老农说：别急，让他们挑，剩下的我全买了。要知道，沈湘在家是不做家务的，也不买菜的。他的此举完全出于对贫弱者的一腔同情。

因材施教，桃李满园

沈湘的教学一贯因人而异、因材施教。他非常佩服京剧前辈王瑶卿，因为京剧四大名旦梅兰芳、程砚秋、尚小云和荀慧生都是他的学生。但这四位名旦各有各的风格、味道和各自的戏路、曲目。这就是王瑶卿的成功之处。如果这四个学生都被教成了一种模式，那无疑是天大的败笔。沈湘的教学秉承着王瑶卿的理念。他认为：每个学生的嗓音特点、腔体结构和音色线条都完全不相同，怎样发挥学生的长处，克其之短，是教学成功的关键所在。

金铁霖在中央乐团担任独唱演员和男高音声部长时，团里的演员都认为他的演唱极像沈湘。为此金铁霖也洋洋得意。但没想到，知道此事后的沈湘对金铁霖说：你不应该像我，你应该有自己歌唱的特点，千万不要失掉你自己演唱的独特色彩。老师醍醐灌顶般的教诲，从此深深烙在金铁霖的心坎里，成为他后半生教学的重要理念。

对于新疆歌手迪里拜尔，沈湘在帮助她提高演唱技巧的同时，并没有让她丢掉自己本民族的歌唱特色。因此，学习西洋唱法的迪里拜尔在演唱新疆民歌时，仍充满着浓郁的民族风情和乡土气息。1980年春，被沈湘看好的迪里拜尔作为旁听生，从新疆来到北京进修。同年秋，也因沈湘的极

沈湘和学生金铁霖

力保荐，她正式考入中央音乐学院歌剧系。对于迪里拜尔的到来，沈湘不仅与夫人李晋玮一同殚精竭虑地倾心教学，而且还在生活上对她加以无微不至的关怀照顾。每逢寒暑假和节假日，学校的学生基本都回家团圆了。而新疆路途遥远，留在学校的迪里拜尔总被老师请到家里过。为了尊重少数民族的饮食习惯，此时的沈湘全家都改食清真食品，直至她离开为止。沈湘常对人说：迪里拜尔是新疆人民托付给我们的一棵好苗，对她的栽培我们责无旁贷，千万不能辜负维吾尔族人民对她和对我们的期望。1993年3月，迪里拜尔在北京音乐厅举办独唱音乐会，正在住院的沈湘在病床上为她上课，对每首上演的曲目都严格把关。演出当晚，沈湘特地向医院请假，在主治医生的看护下去剧场聆听音乐会。音乐会结束后，沈湘在医院还专门与迪里拜尔探讨她今后将演的歌剧和一些新曲目的事宜。

　　关牧村是1984年考入中央音乐学院声歌系的，她是点名要跟随沈湘学习的。那时的关牧村因为演唱了许多施光南的代表作而声名远播，广大的中国观众已习惯并认可了她的演唱风格，如何教好这样的学生是有些困难的。为此，沈湘专门为她制定了教学计划。首先，让她练唱大量西洋艺术歌曲，有德语、法语和意大利语的。沈湘是想让关牧村的演唱根底打得扎实些。不急于求成，是一种策略。关牧村在练唱了这些艺术歌曲后，对声音的技巧、位置和气息的掌握，都有了明显的提高。在此基础上，沈湘又教她演唱歌剧咏叹调。此时的关牧村在练唱时就感觉很轻松，能游刃有余

沈湘和学生关牧村

沈湘和学生程志、殷秀梅、刘跃

地把握演唱时的声音力度、风格和曲调的变化。在教唱中国作品时，沈湘尽量让其自主发挥对歌曲的理解、处理和音乐感觉，在不失她原有风格的基础上，再把西洋科学的发声和演唱方法与我们民族的风格及吐字、归韵、情感天衣无缝地融合在一起。

为了关牧村歌唱事业的发展，沈湘还与施光南多次交换意见和想法，哪些要保留，哪些又应改变，都考虑得很具体细致。后来，关牧村在施光南创作的歌剧《屈原》中担纲女主角南后时，对剧中一些高难度咏叹调的诠释举重若轻、成竹在胸，这都得益于沈湘教授在学校为她打下的坚实基础。

程志、殷秀梅和关牧村一样，他俩来到沈湘门下学习时，在社会上已大名鼎鼎了。他俩刚到学校时，希望自己能"好好改变方法，来一个脱胎换骨"。但沈湘非常平和地对他俩说："你们到我这儿来上课，并不是来改变方法的。你俩唱得都很不错，方法也基本是对的。我只是个花圃的园丁，只给你俩修修枝、剪剪叶、浇浇水、上上肥而已，让你俩能在歌唱道路上更好地发展。"沈湘如此平淡谦和的话语，顿时让程志和殷秀梅感到无比的亲切和温暖，这也是大师在教学前给学生上的第一堂心理课。殷秀梅因为嗓音条件特别好，有时唱出不准确的音调，在旁人听来也是好听的，但这都逃不过沈湘敏感的耳朵。沈湘每每发现这种错误，总会及时叫停，耐心地启发、讲解，直到她唱对为止。而程志非常崇敬帕瓦罗蒂，有时不免也有模仿他演唱的痕迹。每当程志有这种状态时，沈湘总会严肃地说：每个

沈湘和学生范竞马

人都有自己的嗓音特点,千万不能邯郸学步、亦步亦趋,模仿别人是没有出路,也成不了大家的。沈湘上课从来都是量体裁衣的,他一直告诫学生:掌握科学的发声,还必须保持自身的特色。因而程志和殷秀梅能在中国歌坛各领风骚多年。

对于范竞马,沈湘有另一套教学方法。范竞马的男高音音色漂亮,但一唱到高音就发紧,有些白,要不要去掉这个毛病?如果都去掉了,范竞马演唱的味儿就没了,那可是观众最喜爱的;但如果完全保留,他的高音则是永远过不去的坎。去多少、留多少?既要打通他的整个声区,又要开掘他硬中藏韧、柔中透刚的独特味道。沈湘准确把握了这样的火候,不愧为一代声乐大师。

石维正是沈湘早年的学生,他当年刚进校时,就听过沈湘和喻宜萱教授合作演唱的俄罗斯歌剧《黑桃皇后》中的选段。沈湘那金子般通透的歌声,从此一直流淌在石维正的心田里,令他一生景仰。在五年的校园寒窗生涯里,沈湘给了石维正很多教诲。多年后,石维正担任了天津音乐学院院长,但他从未忘却沈湘对自己的栽培。他撰写的声乐著作《论声乐艺术表现》刚完稿时,就在第一时间请老师审订、把关。石维正在日本举办独唱会的实况录音录像,也送给老师评判。沈湘花了一个晚上和石维正一起,听一首歌曲评一首,有肯定、有批评,更有建议。

1990年,沈湘应邀去西安音乐学院讲学。两周的时间来了十多位学生,日程排得满满当当。有一天，他在给青年教师王真辅导歌剧选段《冰凉的小手》时，到了尽情处，竟也情不自禁地唱起来了，直到唱到高音C。唱罢，大伙儿都感到不可思议，半晌也说不出话来，王真紧紧地拥抱着老师。此时，在场的一些西安音乐学院师生都劝沈湘不能动真情，否则他的心脏会负担不了。夫人李晋玮插话说："每次都说他，到底要命还是要唱。可是到时，他总管不住自己。"但沈湘说："如果上苍再给我五年时间，不不，不够，十年。我到全国各地走走，去辅导青年教师，他们提高了，能带出更多的学生。教学生在国际上获奖，并不是我最终的目的，我追求的是提高全民族的音乐水平。"

把毕生奉献给音乐

我结识、结交、采访过中国歌坛几乎所有的前辈歌唱家。我感觉这些大家都是把声乐艺术作为自己毕生的事业，而非捧着的一只饭碗。这其中最让我敬佩的无疑就是沈湘。80年代中后期，我和胞弟李建国先后策划、组织举办过中国音乐史上规模最大的音乐会："世界名曲大汇唱"和"中国名曲大汇唱"，为落实演员、曲谱等事宜，我和李建国多次往返于京沪。为办好这两场大型主题音乐会，我在京时多次去拜访沈湘，聆听他对音乐会的看法和建议。沈湘学识渊博、学贯中西、治学严谨，作为中国歌坛的一流大家，他从未有盛气凌人、趾高气昂的做派，对所有人都平易谦和，非常真诚。

沈湘的新家就在中央音乐学院新建的家属楼里，在三室一厅的居室里，除了一架钢琴和简单的家具，其余的都是音乐书籍和音像资料。沈湘告诉我：要不是"文革"的冲击，许多宝贵资料已被毁坏，他家的唱片、乐谱要比一般的图书馆和音像资料馆还要多。在现存的这些唱片和资料中，很大一部分是沈湘夫妇近二十年来用在世界各地讲学和担任国际声乐大赛评委时所得到的酬劳购买的。这其中不乏稀世珍品级的，对沈老的教学很有帮助。为了这两场音乐会，沈湘还为我推荐了几位演员，并开列了一张曲目单，供我参考。因为我是个歌唱爱好者和学习者，见到沈老一定会谈及他对歌唱艺术的见解。然而声乐艺术又是一门巨大且深奥的系统工程，因

沈湘：自是歌坛第一流

沈湘担任英国国际声乐大赛评委

此沈湘也只能深入浅出、非常形象地讲述他的一些声乐的基本观念。沈湘认为：歌唱就是诗和曲调的结合，是用能说话的乐器（声带），唱出各种不同语言、不同音色，表现不同情感的有语言的音乐。正确使用好这个有语言的乐器，就是艺术的歌唱。其关键就是怎样使用好呼吸、共鸣和发音腔体。而歌唱呼吸又是声乐艺术中最根本的问题，无论中国传统的戏曲，还是西洋美声唱法，都强调：外练筋骨皮、内练一口气。换言之，谁掌握了正确的呼吸方法，谁就会歌唱。沈湘是非常重视学生打好科学呼吸这一基本功的，而正确科学的呼吸又是一门大学问。谁能掌握这一学问，那学习歌唱的一些问题都迎刃而解了。在与沈老的交谈中，我感觉他虽然一生从事的是西洋歌唱教学，但并不崇洋媚外。他对中国民族音乐和戏曲也非常有兴趣，并大有研究。沈湘认为：西方美声的发声方法与中国京剧的演唱原理，基本是一致的，把京剧十六字诀"气行于背、声贯于顶、勾住眉心、脑后摘筋"运用于美声教学也是行得通的。沈湘觉得：源远流长的中国戏曲曲艺的唱法，应该都是科学的。因为没有不科学的剧种，只有不科学、没唱好的人。

沈湘的一生，历经坎坷和磨难，他为了挽回失去的许多宝贵年华，在晚年的教学中更是投入了自己生命的所有激情。要知道，那时沈湘的心脏功能只存在五分之一。从1983年到1993年沈湘去世，他的多位学生分五个声部，前后11次在国际声乐大赛上获奖。沈湘从1987年开始，连续三年在英国卡迪夫国际声乐大赛上担任评委，以后又在意大利、法国和德国的国际比赛中担纲评委。自1987年萨沃林纳歌剧节以来,沈湘夫妇每年夏天都应邀去芬兰讲学。对于沈湘为世界歌坛作出的贡献,英国和芬兰的国家电视台专门为他制作了专题音乐片《中国的歌声》,在全球播放。改革开放后,沈湘曾先后到成都、广州、西安、乌鲁木齐、杭州、太原、济南、武汉和天津等地讲学,受众无数,影响甚广。

1993年2月,一直在国内外马不停蹄地讲学和参与音乐活动的沈湘,又和夫人李晋玮一同在北京中央音乐学院开设声乐大师班,以培养青年人。由于过度的劳累,大师班还未结束,患有严重心脏病的沈湘病倒了,从此一病不起。但住院的沈湘还是放心不下学生,他在医院把病房当教室进行教学。在他生命最后时刻受到教诲的大师班学生有:男高音赵登峰,后在维也纳国际声乐大赛中荣获最佳男高音奖;另一名男中音袁晨野,也在不久后的柴可夫斯基国际音乐大赛上摘金。

1993年10月4日,沈湘因心脏大面积梗死而不幸去世。沈湘在他人生最后的岁月里,在同死亡的抗争中培养了一茬又一茬的学生。他的得意弟子金铁霖说:沈老师虽然没有留下等身著作,但留下了我们这些学生。我们还会带出更多的学生,沈老师是永远活着的。

沈湘去世时,程志正在上海音乐厅举办独唱音乐会。他在第一时间告知我沈湘去世的消息,我也感到非常悲痛,旋即在上海的报刊上撰写了纪念他的短文。远在美国加州讲学的温可铮夫妇在得到一生的挚友沈湘去世的消息后痛哭流涕、彻夜未眠,很长一段时间没有从悲伤中走出来。

其实,沈湘的离开是早晚的,因为早在他去世四个月前医生就已告知李晋玮,沈湘随时会离去。

沈湘也知道自己的时日不多,但他去世前夕,还在为梁宁、迪里拜尔讲学。从某种意义上来说,沈湘是幸福的。因为他在生命的最后时刻还在继续着自己毕生追求的事业。

沈湘一生清白、两袖清风。他去世后,家里没有任何积蓄。于是,他的学生梁宁、程志、殷秀梅、关牧村、迪里拜尔和黑海涛等出资为老师办理丧事、置办墓地。著名音乐人田青为沈湘撰写了墓志铭。在沈湘离开后的这些年,他的学生们还自发举办过多场纪念老师的音乐会。

张权：中国民族声乐学派的开创者

2019年是一代声乐艺术家张权的百年诞辰，北京等全国多地举办学术研讨和纪念演出活动。张权的一生历经坎坷罹难，但对自己所钟爱追求的歌唱事业却矢志不渝。最难能可贵的是，她在自己最艰难的岁月里不计个人得失，创建了哈尔滨歌剧院并创办了"哈尔滨之夏音乐节"。前者为我国培养、造就了一大批当时稀缺的歌剧人才，后者则至今还是东北地区的一张文化名片，享誉世界。

一代声乐家张权

无疑，张权给我国音乐史留下了重彩浓墨的一笔。更重要的是，张权在中华人民共和国成立之初，就提出了建立"中国民族声乐学派"的主张，并身体力行，即使在人生最低谷时，也从不放弃。显然，张权的理论至今还是中国声乐发展的一个方向。

"文革"后，我在上海文化广场聆听过张权和莫纪纲的母女独唱音乐会。那美妙隽永的歌声，我至今记忆犹新。以后我与莫纪纲相熟，常听她讲起妈妈的故事。张权去世后，我应邀参加过她的一些纪念活动，并发表过几篇纪念文章。

中国歌剧首演者

张权出生于江苏宜兴的名门望族。原本父母希望她能当一名医生，但从小就热爱音乐的张权却执意报考了国立杭州艺专,主修钢琴。后因有人发现她的嗓音条件超人、乐感出众,因此翌年又被招入上海国立音专,师从周淑安、黄友葵教授学习声乐,从此开启歌唱生涯。

抗战初期,因日军大举侵入中国内地,我国中东部的大批高校被迫西迁。南京的国立音乐院和上海国立音专也先后迁往重庆办校。进入抗战相持阶段后的1942年,陪都重庆的抗日文艺创作相当活跃,由青年作曲家黄源洛和剧作家陈定共同创作的中国第一部歌剧《秋子》引人瞩目。

《秋子》是中国音乐史上的歌剧处女作,已具备了西洋歌剧中国化的框架,并在某些地方还有所突破和创新。在遴选此剧的男女主角时,在渝的音乐演艺界人士一致看好并推荐当时还在校学习的进步青年张权和莫桂新担纲。张、莫两人不仅声音条件、舞台形象好,而且演唱技巧也达到了很高境界,并在生活中还是一对情深意笃的恋人,出演这部反战爱情戏,自然是成竹在胸、游刃有余。

歌剧《秋子》讲述的是日本侵华战争期间,一对热恋中的日本男女青年秋子和宫毅被卷入了这场罪恶的战争,被迫先后背井离乡,来到中国后所发生的爱情悲剧。作品从一个侧面,无情地揭露了日本军国主义给中国人民带来的无比深重的灾难,同时又带给日本人民重重苦难。

作为中国歌剧事业开端的《秋子》,由当时的中国实验歌剧团和中华交响乐团联袂首演。这部两幕43分钟的作品,由完整的双管乐队伴奏。剧中除了男女主演,还有许多相关人物参演。全剧还配以重唱、齐唱与合唱等演唱样式。

接到角色后的张权和莫桂新,做了大量的案头工作。他俩认真听主创人员讲戏说音乐,还各自请自己的声乐老师为剧中的唱段严格把关,同时剧组还请来同样在重庆的上海国立剧专的表演老师来教形体、表演等。就这样,张权和莫桂新很快地进入了角色。那段时间,即使在生活中,他俩的言行举止都尽量靠近角色,所有的情感也都沉浸其中。

首演那天,重庆的政界要人、文化名流、社会贤达悉数到场观剧。男女主角演绎的《秋子的心》《太阳啊,给我光明路》《我们要永远在一起》等九首高难度的咏叹调先后呈现,尤其是男女主演的二重唱《爱之梦》和《骊歌》更是催人泪下,而且此种模仿西洋的演唱形式,在中国过去传统的戏曲和音乐说唱中是不曾出现过的，剧情也就此不断地演进、展开、高潮迭起。张权和莫桂新充满激情又出神入化的表演，观众的心被深深地感染、打动，他们时而潸泪哽咽，时而义愤填膺，时而又群情激昂。首演就此一炮打响，此剧不仅在重庆连演连满，而且还应邀去西南多地巡演，影响甚广。

无疑，《秋子》是中国歌剧发展中的一个里程碑，它也是西方大型歌剧模式与中国现实题材相结合的成功范例。歌剧《秋子》造就了张权和莫桂新，使之成为当时中国歌坛冉冉升起的明星和焦点人物。作为表演艺术的音乐，除了词曲作者的一度创作外，还必须通过音乐表演家的二度创作，才能真正地在舞台上呈现出动人的艺术形象，从而为人们所接受、欣赏。尤其像歌剧这类大型的综合艺术，演员对人物的塑造和独到诠释，更是关键所在。《秋子》之所以能轰动山城，与张、莫两人的出众表演是密不可分的。从某种意义上来说，张、莫的出众表演为作品增光添彩，成就了《秋子》。《秋子》的成功，也让张权和莫桂新迎来了更美好的音乐人生，他俩也用音乐投身于伟大的抗日洪流。

旅美学习生涯

抗战胜利后，在中国歌坛声誉鹊起的张权开始全国巡演。她先后在上海、南京、北平、广州、武汉、昆明、福州、重庆等大城市举办独唱音乐会。而且每场音乐会的曲目不尽相同，既有欧美经典作品，又有中国作曲家的代表作，还有原本不登大雅之堂的中国民歌。张权是那时中国举办独唱音乐会最多，而且曲目积累、涉猎最广泛的歌唱家。她此举的目的是为了获得更多更好的舞台实践，更是为了筹措去美国留学的路费和学费。

1947年夏，张权开始旅美留学生涯。甫到异国，张权感到一切都很新鲜。在那块没有经历战争的土地上，她拼命地吮吸着音乐养分。无论语言、文学、哲学、美学甚至宗教中的神学，以及与音乐触类旁通的姊妹艺术，她都要学习，一门不漏。正因为张权潜心学习，夯实了基础，一年后，她如愿考入罗城大学伊斯特曼音乐学校研究生院学习声乐，并获奖学金，还有幸追随声乐大师克拉夫特。

张权十分珍惜这千载难逢的学艺机会。在校时，她几乎与老师形影不离,孜孜不倦地聆听老师教诲,尽可能吸收并感受歌唱的真谛。课外,除了完成规定的作业外,张权还不断给自己施压,除了阅读与音乐、歌唱有关的书籍,她还大量聆听唱片。这些唱片绝大多数是世界级歌唱家们录制的经典歌剧选段及各国主要艺术歌曲。同时,她还观摩了各种音乐会及歌剧演出。这些都是张权旅美生涯中业余生活的主要组成部分。

经过几年的悉心学习和努力体会,张权眼界大开,她已全面地了解了西洋声乐发展的历程及其精髓,对歌唱艺术的理解和认识也有了质的飞跃,境界更高了,对于逐渐形成自己国家的民族唱法体系也有了独到的思考和见解。

几年的校园生涯,张权系统地掌握了西洋声乐各流派作品的演唱技巧和风格。1951年夏,她通过了毕业论文《吕利对法国歌剧的影响》的答辩,并同时成功举办了毕业考试独唱会。在音乐会上,除了完成老师指定的一批花腔女高音必唱的曲目外,张权还专门选择了中国早期作曲家的艺术歌曲和中国民歌。即使身在国外,浸淫在西洋音乐的浩瀚海洋中,她也始终不忘自己是个中国歌唱家。

报效新中国

1951年,张权放弃了美国舒适的生活和优厚的工作条件,毅然回到阔别多年的祖国,投身新中国的音乐事业。与张权差不多同期留洋回来报效祖国的歌唱家还有应尚能、李维渤、高芝兰、葛朝祉、蒋英等,他们都怀着一颗炽热的心,要为新中国服务。

张权回国后即在新组建的中央实验歌剧院(中央歌剧院前身)担任独唱演员,主演歌剧。她同时还担任剧院艺委会的副主任兼声乐教研组组长,专门帮助剧院中一些未曾进入过音乐院校学习的演员训练声音,向他们传授歌唱技法,而丈夫莫桂新则担任剧院管弦乐队的首席指挥。

回国后的张权,除主演过多部中外歌剧外,还经常举办独唱音乐会。为了使自己演绎的中国作品更加完美,她先后拜师刘怀林、良小楼、骆玉笙等民间艺人,潜心学习单弦、京韵大鼓和河北梆子等,从中受益匪浅。通过这样的学习,张权对表达中国作品时应该如何咬字吐词,理解得更形象、直观、深刻。张权认为：对汉语的吐字而言，绝不只是把字音的头、腹和尾三个部分念清楚就行了，一个字头怎样经腹腔归到字尾而收韵，必须依照作品的内容、思想、情绪和音乐的需要，有长有短、有快有慢，应非常细致而又富于变化。

张权是新中国第一个西洋歌剧的主演者。1955年，已正式更名的中央歌剧院开始排演中文版的法国歌剧《茶花女》，这在中国演艺史上尚属首次。

早在留美期间，张权对《茶花女》的许多唱段便已烂熟于心，因此中文版的女主角薇奥列塔非张权莫属。而剧中的另两位男主角阿尔弗莱德和阿芒，分别由刚踏入歌坛不久的李光羲和同样留洋归来的李维渤担任。

对于用原文演唱《茶花女》，张权是驾轻就熟的，但此次翻译成中文来演唱并上演全剧，是有一定难度的。无论是音乐的展现，还是人物形象的刻画，抑或角色情感的表达，对张权而言都是考验。好在张权刚回国后，就专门学习、研究过如何用中国的语言结合西洋唱法的问题，并找到了很好的解决办法。在她的带领帮助下，剧组所有演员都高度统一了认识，克服了演唱表演时碰到的问题，排练非常顺利。

张权天生丽质，演唱又行云流水、卓越不凡，加之清新脱俗、没有痕迹的表演，把薇奥列塔雍容华贵的表象和凄惨悲怆的命运，刻画得淋漓尽

张权首演中文版歌剧《茶花女》

致。无论音色音准，还是节奏和力度的把握，甚至作品内在细致又深刻严谨的抒情性，张权都举重若轻，得心应手，表现无懈可击。从她心底里流淌出来的歌声，将观众带入了当年的法国社会。随着剧情的演进，演出高潮迭起。

此剧一经公演，便惊艳京城和中国歌坛，张权就此被誉为"东方茶花女"。李光羲是参演此剧的最大受益者。当时李光羲20多岁，刚考入剧院，能够出人意料地担纲主演，全凭其挺拔伟岸、玉树临风又充满男子汉阳刚之气的形象和极富金属般石破天惊质感的天籁嗓音，但对于真正的歌唱还是一张白纸，对歌剧更是知之甚少。可剧中男主角的戏份很重，还有大量的高难度唱段，要胜任此角，绝非易事。好在有导演和剧组全体成员的无私帮助，尤其是张权尽心地全力调教，使李光羲信心倍增。在排练的那些日子里，张权几乎天天陪李光羲说戏、谈角色，帮助他解决演唱中的气息、声音位置等问题。得益于张权的帮助，在后来的首演中，李光羲才得以最大限度地发挥出了他的表演及演唱能力。

《茶花女》的成功，使名不见经传的李光羲走进了广大群众的视野，从此他更加倍努力学习声乐艺术，不断参与舞台实践，渐进厚积，在长达一个多甲子的歌剧生涯里，他塑造了无数光彩照人、熠熠生辉、令人难忘的角色，并由此跻身于全国一流歌唱家的行列，为亿万人民群众所喜爱。对于张权的帮助，李光羲也曾多次撰文表示感激，并至今念念不忘。

20世纪八九十年代，我和胞弟李建国等同人一起，策划过许多大型音乐会，中央歌剧院的李光羲、楼乾贵、李晋纬、邹德华、苏凤娟、官自文等歌唱家，曾多次应邀来沪参演。从与这些演员的交往及采访中，我深深感到，他们对张权的人品、艺德和歌唱才华及对剧院建设的贡献，是非常肯定、极其赞赏的。楼乾贵更是对这位歌唱大家表示了崇敬，说她敢于讲真话，乐于帮助别人，胸襟坦荡，光明磊落，是知识分子的真正楷模。

开创中国民族声乐学派

中华人民共和国刚成立，百废待兴。中国歌坛的振兴、发展是人们热议的话题，也是所有从业人员共同追求的目标。但对中国歌唱如何走向世界，大家却众说纷纭、争论不休。大多数声音认为，我们应该全身心地学习西洋唱法和作品，尽力在国际比赛中获奖。许多音乐院校的学生更是深信，在国际声乐比赛中获奖是事业成功的唯一途径。受此思潮和舆论的影响，一般人也常常以得奖与否来衡量一个歌唱者水平的高低。

但有着多年海外歌唱经验的张权却认为，这是对声乐艺术的整体性误解，如不及时纠正，会导致青年学生走上畸形发展之路，误导、妨碍人民群众对真正歌唱艺术的认识和理解。张权说，歌唱不是简单、抽象的人声，而是音乐与语言高度结合的表演艺术。离开民族的语言，民族的声乐艺术也就无从存在和发展。作为世界公认的科学唱法的代表，意大利流派和德国、法国学派，也都是通过自己本民族的艺术，将声乐的魅力解释、传递给各国听众，他们的歌唱艺术也因此被广泛接受和喜爱，并最终登上世界舞台。现今的国际比赛曲目，绝大多数是西方古典艺术歌曲和歌剧选段，我国选手能获奖，也只说明其在运用西洋唱法解释、表达外国声乐作品的艺术水准上，已达到或超越了外国选手。但要从整体上真正走向世界，还要等到我们把西洋美声唱法的优点，结合我国声乐艺术传统和语言特点，从而形成中国自己的声乐学派，逐渐被世界接受，直至广泛认可。换言之，就是洋为中用。这就需要我们竭尽全力去探索开创一条适合我国人种和语言特点，借鉴、结合西洋科学唱法使之为我们自己民族所用的一条独到之路。而且，中国歌唱家要走向世界，首先要立足本土，能为广大人民群众接受和喜爱，同时还需要我们的作曲家们谱写更多具有更美旋律、有着鲜明中国风格的作品。

张权所倡导的"中国民族声乐学派"得到了贺绿汀、周巍峙、李凌等许多音乐界前辈的支持，她本人也一直率先垂范。长期从事西洋歌唱的张权，在举办的每场独唱会曲目中，至少有三分之二是中国作品。在她主持哈尔滨歌剧院的那些日子里，她创作、移植和复排了大量的民族歌剧，在这些剧目中，她都亲自担纲主演。

"文革"后，复出的张权担任了中国音乐学院副院长。其间，她旗帜鲜明地亮出了"中国民族声乐学派"这面大旗。眼下，金铁霖、马秋华等更是有声有色、红红火火地继承和高举着这面旗帜。

新梦开始的地方

张权和莫桂新夫妇

1957年,歌唱和音乐事业正如日中天的张权和莫桂新夫妇,被卷入了一场突如其来的"反右"斗争,遭受灭顶之灾。莫桂新被错划成"右派"分子,发配到北大荒的兴凯湖农场劳动改造,三个月后,客死他乡。张权因为写了一篇《关于我》的文章而惹下了祸根,但因为有三个年幼的孩子,尚能留在北京,但已被剥夺了上台演出的权利。

1958年,全国开始"大跃进"。由于黑龙江、哈尔滨的文艺事业要再上一层楼,当地各艺术团体争相上马。电影厂、歌剧院、艺术学校、交响乐团等都亟待建立,这就需要从全国各地调集各类人才。那时,全国各级机关都在精简人员,解放军有10万官兵下放到农垦部所属在黑龙江的农场。当时,"反右"运动后期受到处理的各类人才,绝大部分也都聚集在黑龙江地区,那里可谓藏龙卧虎,人才济济。

当时,黑龙江省委第一书记欧阳钦、哈尔滨市委第一书记任仲夷等领导求贤若渴,不拘一格地广罗人才。在中央文委工作的马楠,由于丈夫陈沂少将(原解放军总政文化部部长)被错划成"右派",下放到塞外边城劳改,因而主动要求去那里工作,以期可以陪伴左右。后来陈沂提前摘帽,夫妇俩便共同担负起黑龙江文化厅的工作。1961年初,马楠被派往北京请调干部。此行她特地去拜望丈夫的老战友、时任文化部副部长的夏衍同志。交谈中,夏衍得知马楠此行的目的,于是介绍了歌唱家张权的遭遇和目前的处境并保荐了她,说此人政治上无大错,绝对可委以重任。马楠是知道张权的,在北京工作时,她曾多次观摩过张权主演的歌剧,印象很深。于是,马楠旋即请示领导,报文化部等待请调。

马楠回哈尔滨后不久,北京就有一批文化干部奉调北上。他们乘坐一趟北京开往安达的列车,途经哈尔滨。当年的安达农场就是后来的大庆油田,那里一片沼泽和荒草甸子,蒙语称为萨尔图草原。马楠无意中得知张权也在此趟列车上,但她是被调往安达的。焦急的她立马赶到车站办公室,打通了农垦部长王震的座机,说明了张权的情况。王震了解实情后立即决定特事特办,准许马楠拦截张权,将她调入哈尔滨。兴奋的马楠赶在火车到站还未启动前,把张权和其他北调哈尔滨的干部一同接到车站附近的国际旅行社,盛情款待,暂时安顿。

为了解决这一大批外来艺术干部的住房问题,哈尔滨市政府专门拨出几栋楼来。不久张权搬进了新居,这是坐落在松花江边的一栋二层楼的俄式建筑,共住四家人。张权住底楼右侧,与省歌舞团的男高音歌唱家郭颂一家为邻。二楼分别住着指挥作曲家卓明理、邓宛生夫妇和京剧艺术家梁一鸣、张蓉华一家。

张权三居室的新家,布置得简单而雅致,客厅放着一架三角钢琴和几把座椅,墙上悬挂着她饰演茶花女的大幅剧照。这间客厅既能会客,又用作教学和练唱。张权搬来此地后,宾客不断。不光当地和东三省的文艺界人士纷至沓来,连北京、上海等地公差或旅游至此的歌坛名流,也常慕名前来探望拜访。因为张权的真诚、善良又乐于助人的人格魅力和她卓越的艺术才华,因而在她周围聚集着一批志同道合者,常在一起论艺术、谈创作,她的家是当时哈尔滨最负盛名的歌唱沙龙。她的小屋经常欢歌笑语,这也是张权新的艺术人生中最欢快的时光。

黑龙江是张权的伤心之地,更是她新梦想开始的地方。刚来哈尔滨不久,张权就被分配到省歌舞团担任独唱演员,兼任艺委会负责人。1961年盛夏,张权和团里的另一位男高音歌唱家李书年,分别在当地举办独唱音乐会。演出连演连满、一票难求。人民群众对音乐的热切期盼,使张权大受启发。那时国外已有"布拉格之春""维也纳""萨尔茨堡"等音乐节,而国内的"上海之春"固定演出季,也正风生水起、红红火火。张权认为,也可以在风光明媚、令人流连忘返的哈尔滨的夏天,搞个演出周。很快,张权的想法和提议得到省市领导的支持，并付诸实施。

经过多方充分筹备，1962年的盛夏，首届"哈尔滨之夏"音乐节正式开锣。作为组委会主要成员的张权，不仅组织了本团和东三省各级歌舞团的多台歌舞节目，还请来了总政的男高音歌唱家黄源伊和上海音乐学院的男低音歌唱家温可铮分别举办独唱会，而她自己则与本团演员一同合作演出了自己的代表作——歌剧《茶花女》。

说来也巧，音乐节期间，周总理正陪同朝鲜领导人崔庸健访问东北。前往大庆油田的途中，他们在哈尔滨小住数日。观看了歌剧《茶花女》后，周总理对张权主演的角色称赞有加，并对周围同志风趣地说起自己青年时代在南开大学求学时，也演过话剧《茶花女》的往事。

当晚，结束外事活动的周总理于下榻处，召见了张权、梅真、郭颂、陈沂和马楠等当地文化名人。周总理了解到张权一家的遭遇，深表同情，他对张权说："现在这里的领导对你很好，你更要努力工作，多演几部歌剧，尤其要多创作我们自己民族的歌剧。"张权也向总理反映了当地歌剧人才缺乏等问题，周总理鼓励她说："你们可以自己培养嘛……"

1962年，周总理邀请11位女高音歌唱家举办独唱音乐会，其中前排左六为张权

周总理召见并谈话后不久，张权即被增补为第三届全国政协委员，赴京参加了当年的第三次全体会议。全国政协还破例为她举办了一场独唱音乐会。同年，在周总理的创意下，全国政协又邀集了全国顶尖的11位女高音歌唱家在京举办同台音乐会，这在中国音乐史上是绝无仅有的。被邀请的歌唱家有：王昆、张权、刘淑芳、孙家馨、郭淑珍、张越男、徐有光、梁美珍、张利娟、王玉珍和仲伟等。

独唱会上，大家各自献演了自己的代表作。郭淑珍的《我站在铁索桥上》，张越男的《克拉玛依颂》和张权的《乌苏里江》等几首新歌，引人瞩目。张权的这首《乌苏里江》的作曲是曾为歌唱家郭颂量身打造其代表作《乌苏里船歌》的驻团作曲家汪云才，同样是赫哲族题材，作品旋律优美，音乐语境极富想象，又有鲜明的民族特色，而且很适合张权的声线和演唱技巧，张权对此作爱不释手。

演出那天，张权的演唱声情并茂，全身心投入，台下听众的情绪也被完全带入了歌曲的意境之中。歌毕，张权在雷鸣般的掌声中深深鞠躬致谢。当她抬起头时，台下的周总理已举着冒热气的茶杯站在面前，脸上满是慈祥，眼中又饱含着关切，总理连声说："唱得好！唱得好！你把赫哲人的历史又给我们讲了一遍。休息一下再唱吧……"这是张权一生中最难忘的一次演唱。

在那次政协会议中，首次出席的张权委员呈交了一份关于建立哈尔滨歌剧院的提案，得到大会的认可。这年的七月，哈尔滨歌剧院正式在兆麟公园旁的友谊路94号一幢浅黄色楼房挂牌，朱德总司令亲自书写了院牌。

为建好哈尔滨歌剧院，张权可谓倾尽全力。她几乎调集了全东北有饰演歌剧才华和潜质的演员，组成剧院班底，此外，她还组织了管弦乐队，并拜访创作人员、参与挑选剧本，事无巨细，亲力亲为。

为培养歌剧后备力量，张权的团队四处寻觅歌唱好苗子。好在东北人身体棒、嗓音好，当地蓬勃开展的群众音乐文化活动，更使歌唱新人辈出。当时还在哈尔滨念高中的金铁霖和李双江，就是这样遇到了张权这位伯乐。在她的悉心指点和培养下，两人先后考上中央音乐学院声乐系，最终成为中国歌坛的领军人物。

张权主持的哈尔滨歌剧院，从成立至"文革"前，秉承周总理的指示，

张权在哈尔滨歌剧院期间主演民族歌剧《蓝花花》

创作、复排过《兰花花》《赫哲人的婚礼》《红霞》《黄继光》《三里湾》《焦裕禄》《洪湖赤卫队》《江姐》等许多民族歌剧。当年,张权为演好《兰花花》,专门下生活去吸取民间音乐养料,使自己的歌唱更接近群众。排练过程中,张权在声音的运用上,突破了以往的旧框架,得到了新的发展。《兰花花》的成功,使张权更认识到,只有把思想感情与清晰的语言艺术和行腔用意融为一体,才能使歌唱有新的生命。张权的大胆尝试,在《兰花花》一剧中大放异彩,此剧连演50场,还应邀进京汇报演出,受到圈内外高度评价。

为创作歌剧《赫哲人的婚礼》,张权与该剧主创乌佰辛、李清泉和王双印等结伴去长白山区体验生活,同时,还深入伊春林区、黑龙江三江平原和草原牧区,采集民间戏曲、小调,记录民间轶闻传说,足迹遍布全东北。张权在田间炕头与农民同吃同住,没有一点大演员的架子。为了寻觅到好听的音乐素材,她跋山涉水,起早摸黑,不怕累,也从不叫苦。《赫哲人的婚礼》作为国庆15周年的晋京献礼剧目,一炮打响。年轻的哈尔滨歌剧院从此在中国歌坛拥有了一席之地,令人刮目相看。

晚年迎来艺术又一春

粉碎"四人帮"后,张权再次迎来了自己歌唱艺术的又一春天。她于1978年被调回北京,进入北京歌舞团。那几年,是年逾花甲的张权在事业上最成熟的时光。为了挽回流逝的岁月，她接二连三地在北京、上海、哈尔滨等地举办独唱会，受到人民群众的热烈欢迎。1979年夏，张权和莫纪纲母女应邀参加第七届"哈尔滨之夏"音乐节，这也是张权在哈尔滨的最后绝唱。

1981年，张权受命带队参加在巴西里约热内卢举办的国际声乐大赛。在大赛中，中国选手刘捷首次夺得国际比赛金奖，这其中当然有张权许多无私的付出。在大赛期间，张权热情地向国外同行宣传我国大好形势，广泛结交新朋友，她渴望有朝一日，中国也能举办国际声乐大赛，让外国人用中文演唱中国的声乐作品。

同年秋天，张权被任命为中国音乐学院副院长，全面主管教学工作。在她的全力倡导下，"中国民族声乐学派"的理念，成为中国歌坛发展的一个方向。同年，张权写下了《我永远为人民歌唱》一文，表达了她矢志不渝的人生目标。

林俊卿与"上海声乐研究所"

1957年6月创办的"上海声乐研究所",以其独树一帜的"咽音唱法"教学体系,傲视群雄,独步天下,在不到十年间,培养、造就了一大批风格鲜明、唱腔独到的歌唱大家。

该所创建者林俊卿更是一位传奇人物。他原本是医学博士、全科大夫、漫画名家,从未接受过音乐院校的洗礼,却能在业余学唱西洋美声的过程中不断探索和研究,从而创立了一整套严谨的"咽音唱法"歌唱体系,被歌坛公认为中国顶尖的歌唱家和声乐教育家。

新中国成立后,林俊卿受到党和政府的关怀和重视。由于他在歌坛的造诣、建树和影响,为了更好地发挥其特长,为国为民所用,在周恩来总理的指示下,文化部特地在上海为他办了一所专门从事咽音发声研究及歌唱教学的声乐研究机构。这在中国是破天荒第一遭。

从此,林俊卿弃医从教,著书立说,培育新人,桃李满园。在影响深远的大型音乐舞蹈史诗《东方红》中担任独唱、重唱的著名歌唱家王昆、胡松华、张越男、李光羲、寇家伦、徐有光等,都曾在此学习、深造,甚至工作过。最值得一书的是,许多失声演员来到此地治疗,而后重获新生,再登舞台时光彩依旧。

出访改变人生

林俊卿是福建厦门人,爱国华侨后裔,1914年,他出生于中国的音乐之乡鼓浪屿。

他从小就在家乡浓烈的音乐氛围中受到熏陶、浸润,由于嗓音和乐感出众,青少年时代就已显露歌唱才华。那时的林俊卿无师自通,学唱的一些欧洲经典作品,已是有板有眼,像模像样了。

虽然热爱歌唱和音乐,但因家庭原因,林俊卿18岁从厦门同文书院毕业后,还是选择了学医。在南京金陵大学医学院和北京协和医院的九年寒窗生涯中,他终日潜心苦学,从不懈怠,终获医学博士。

可林俊卿骨子里对音乐的热爱一直不曾淡去,空闲时还常练习哼唱。1941年夏,学成后的林俊卿回鼓浪屿探亲,同时在家乡举办了一场独唱会。请到的钢琴伴奏是一位当地的女学生许恬如,她出身名门,才貌出众且贤惠得体,林、许两人一见钟情,很快就坠入爱河,永结秦晋。婚后的生活幸福美满,夫妇育有二子一女,夫唱妇随的事业也蒸蒸日上。

从1941年秋起,林俊卿开始在上海行医,但他的内心仍割舍不了对歌唱的热爱和痴迷,一直想重拾旧梦。

当时的上海十里洋场,有许多来此淘金、避难的欧洲一流音乐家。经同乡介绍,林俊卿跟随上海工部局交响乐团的指挥、意大利音乐家梅百器学习西洋美声唱法。那时林俊卿行医的收入几乎都被用作歌唱的学费,但他的内心却很高兴。经过几年严苛的修行,林俊卿的演唱已令人刮目相看,达到很高境界了。

但他从不满足,在一次歌唱沙龙的聚会中,他偶遇刚从美国来的大都会歌剧院签约歌唱家莫那维塔。这位擅长"咽音唱法"的意大利人,在听了林俊卿的演唱后说:"你的歌声虽然迷人,但作为欧洲传统唱法中核心的混合共鸣的头声,你还不够理想,但我可以帮你解决。"好学的林俊卿怎肯放过这从天而降的机会,旋即又全身心投入到莫那维塔的"咽音练声法"中。

"咽音唱法"至今被许多学院派视为旁门左道、不入流,其实它的产生是有其历史原因和背景的。三百多年前意大利的罗马教皇,不允许女人在教堂里唱赞美诗,但赞美诗基本都是多声部的混声合唱,没有女声声部怎么表现作品呢?于是一些音乐家就试图让男人用咽部发声来模仿女人的声音,从而达到替代的目的。不料此举歪打正着,久而久之,有人逐渐总结出一整套的"咽音练声法",成为歌唱的一个门派。

林俊卿是个极其用功又聪慧的歌者,他青出于蓝更胜于蓝。从莫那维塔处学得"咽音唱法"的真谛后，他不断地实践、体验、探索、创新、丰富，从而形成了自己独到的一套科学演唱体系。同时，他的舞台演唱水准也更上了一层楼，成为当时上海滩屈指可数的歌唱名家，经常举办独唱音乐会，深得观众欢迎。但歌唱对林俊卿而言，终究只是业余爱好、玩玩票罢了。

1953年初夏，当时还开着私人诊所的林俊卿大夫，有幸被选入由国内各界精英组成的中国青年代表团，去参加波兰华沙主办的世界青年联欢节，同时还顺道出访波兰、苏联、罗马尼亚和民主德国等。在联欢节上和出访期间，林俊卿的歌声给人惊鸿一瞥，倾倒无数观众。尤其是在歌剧《塞尔维亚理发师》中，那首脍炙人口的咏叹调《快给大忙人让路》，他表现得成竹在胸，拿捏自如。原本这首男中音的代表作，是专为"英雄男高音"而作，音域很宽，节奏极快，演唱有很大难度，一般男中音很难驾驭，根本不敢触碰。但林俊卿自然诙谐、幽默从容的演唱，把音乐中的人物刻画得惟妙惟肖，表现得淋漓尽致。

对于林俊卿这种举重若轻的演唱能力，连欧洲观众也叹为观止，并被深深折服。当地的媒体连篇累牍地发文赞扬，称他的演唱比意大利人更加意大利。更令人意想不到的是，作为西洋唱法诞生地之一的民主德国莱比锡音乐学院，竟来函照会中国使馆，正式聘请林俊卿出任该院的声乐教授。

国外对林俊卿的强烈反响，以及他在出访时为同行的多名歌唱、戏曲演员治疗声带的事实，引起文化部的高度重视。经过反复、慎重的研究，文化部认为让林俊卿改行从事声乐教学和研究工作，他可能会做出更大成就。

初建声乐研究所

最初，文化部要调林俊卿去北京的中央音乐学院任教，但无奈经过论证，他的身体已不适应北方的气候。而近在咫尺的上海音乐学院普遍的声乐教学理念和方法，又与林俊卿的"咽音唱法"体系相悖，有些地方还格格不入。鉴于种种主客观原因，权衡再三后，又报经周总理批示同意，文化部决定在上海单独为林俊卿建一所以他为主的专门研究、教授咽音唱法

声乐研究所初建地

的歌唱研究机构,并定名为:上海声乐研究所。林俊卿为所长,一级教授待遇,直属文化部领导,上海市文化局代管。研究所工作人员和学员的招聘及所里的一切事务由林俊卿全权负责。周总理还特批了8 000元经费,用于购买钢琴等相关器材及订购国内外有关书籍、杂志等。

1956年夏,上海声乐研究所正式开张。因初建时还未落实办公地点,故只能临时借用林俊卿的私人诊所和家的所在地:愚园路1088弄的宏业花园52号。这是一幢西班牙式带花园的假三层连体小洋楼,底楼和二楼的一部分,作为教学场地和办公及资料室。

林俊卿在研究所成立之初,就开始招兵买马了。除了夫人许恬如担任钢琴伴奏外,又把对"咽音唱法"感兴趣、有一定基础的年轻人,包括自己过去的弟子戚长伟、潘乃宪、薛天航、廖一鸣等招入麾下,担任助理教员。

胡松华当年来此学习时,因尝到甜

林俊卿、许恬如夫妇

头而迷恋上了"咽音唱法"。他宁可暂停中央歌舞团独唱演员的优厚待遇，主动要求留在研究所，既当学员又兼教师。长时间的学习和实践，使胡松华后来在音乐舞蹈史诗《东方红》中演唱《赞歌》时能大放异彩。其中关键是他掌握了演唱蒙古长调的能力，这都是在上海声乐研究所打下的坚实基础。

"咽音唱法"是欧洲传统美声唱法中比较冷偏的歌唱流派，全世界也很少有此类学唱书籍。苦于没有现成教材，林俊卿就自己动手编写。他根据"咽音唱法"的鼻祖基里·可萨林唯一的一本著作，再结合自己这么多年来学习、演唱的体会和经验，编写了一套洋为中用、深入浅出又循序渐进的"咽音唱法"的理论书籍作为教材。因林俊卿曾是翻译家傅雷的私人医生，又是近邻，当傅雷先生知道林俊卿在办学和写书后，就主动要求为这些即将面世的新作中的一些文字、语句等作统筹、修改、润色、校正，使其更加完美，经得起推敲。

从最初的《歌唱发音的机能状态》《歌唱发音不正确的原因及纠正方法》《歌唱发音的科学基础》，到后来的《咽音练声法》和《咽音唱法的八个步骤》等，林俊卿的初衷是想把原本高深奥秘、拒普罗大众于千里之外的西洋美声唱法的道理，通过这几本著作，详尽阐述以"咽音"为基础的练声体系，化作浅显易懂又人人力所能及可掌握的简单歌唱方法，从而创立出一门介于声乐发声科学与医学之间的交叉学科：嗓音边缘科学。

林俊卿撰写的教材

这么多年来，学界对"咽音唱法"的科学性一直争论不休。有质疑、诟病者，也有赞赏者，褒贬不一。我曾多次请教过声乐大师温可铮先生的看法。他告诉我，在旅美期间，他买到了一本"咽音唱法"鼻祖基里·可萨林的新著，书中否定了自己多年前确立的一些观点和论述，但"咽音唱法"作为声乐艺术中的一个门类，无可厚非。林大夫非常适合此法，他把"咽音唱法"的技术运用到了极致。而平常的学唱者，要学习"咽音唱法"是有一定的条件限制的，因为其缺乏普遍性。但此法对于治疗各种声带疾病，却有奇效。

其实所谓"咽音唱法"，它的核心就是通过严格的科学训练，让咽壁的力量不断增强，使咽部能够成为收缩的"发音管"，从而发出高而亮的声音。这对于声带病变者无疑是天大的福音，因为运用了咽音发声，可以掩盖声带的缺陷，甚至取而代之。简言之，用咽音练声发音，既可使失声者重放光彩，更可以让普通的演员大大增强其发声能力和演唱持久力。

新人辈出，硕果累累

研究所开办后迎来的第一批学员中，有来自空政文工团的张映哲。那时她不到三十，演唱都用大本嗓，高音没有真假声的转换，因此音域不宽，很多作品不能演唱。在林俊卿的悉心调教下，张映哲对歌唱豁然开朗，进步神速。在充分发挥她豪迈奔放、气势磅礴的演唱风格的同时，更加强了她高音的穿透力。待她学成回到北京后，即被作曲家刘炽选中演唱电影《英雄儿女》中的主题歌《英雄赞歌》，随着影片在全国的放映，张映哲气壮山河、激情无比的歌声也传遍大江南北。

林俊卿与第一期学员合影留念

王昆一向敬重林俊卿，两人情趣相投、私交甚笃。她从小参加革命，凭着天生的一副好嗓子，主演过几百场歌剧《白毛女》。中华人民共和国成立后，虽跟随苏联专家学习过西洋科学发声，但毕竟不是科班，没有系统学习，加之频繁的演出，嗓子唱坏了。

　　林俊卿得知此情后，主动邀请她来上海声乐研究所治疗、学习。经过十个月的努力，王昆不仅恢复了原先的嗓音，而且音色更美了，演唱还提高了一个调。王昆欣喜不已，到处替林俊卿充当义务宣传员。

　　不久，王昆又带了一位同样失声的北京著名京剧程派青衣新艳秋来所治疗学习。林俊卿根据她的嗓音问题所在，制定了相应的治疗方案，也是经过近十个月的努力，新艳秋重获艺术新生。

　　在一次外事活动中，刚恢复嗓音的新艳秋再次亮相时，完全让人耳目一新，颇感惊讶的周总理在了解详情后，赞扬了林大夫。

　　由于王昆在沪治疗嗓音期间，切身体验到声乐研究所办学的不易，所以回京后，立即向有关部门如实反映。经过她的努力奔走，上海声乐研究所于1960年搬迁，新址是武康路99号的一座英国乡村式独体三层别墅，另带一个大花园。此处原本是民族资本家刘靖基旧居，当时居住的是中共华东局书记魏文伯。当魏老得知自家庭院已被声乐研究所相中，二话没说就搬走了。

　　有了新房的上海声乐研究所规模扩大了，来此进修的学员络绎不绝。这些学员大多来自部队文工团和地方歌舞团中非音乐院校培养的歌唱演员。

武康路99号的上海声研所旧址

当年的歌坛新人马玉涛、郭颂、马国光、贾世骏、孟贵彬、寇家伦、董振厚、方应暄、罗荣钜、钟振发等在经过声乐研究所培训后，逐渐成为各领风骚的歌唱名家。

马玉涛的歌声能如此的厚实又明亮，主要得益于她吸取了"咽音唱法"的精华。她演唱的《马儿啊，你慢些走》给亿万国人留下难以磨灭的印象。除了作品本身旋律优美、朗朗上口和量身定做，其实马玉涛的二度创作也至关重要。经林俊卿的精心调教，马玉涛在演唱此作时，把民族、西洋唱法天衣无缝地相结合，并糅进了一些戏曲风味，行腔别具一格。在作品起承转合的三个部分中，她准确把握运用了不同的感情、速度、韵律，使之更充满时代气息。

郭颂是在1956年的"全国音乐周"上崭露头角的，他代表黑龙江表演东北民歌《丢戒指》一举成名。那时的郭颂，仅凭自身的嗓音和感觉演唱，从未接受过任何训练。因为王昆一直看好郭颂，力荐其来声乐研究所深造。

在林俊卿的精心打造下，郭颂经过自己的努力学习和刻苦钻研，歌唱能力已提升了好几个台阶，不仅演唱的音域宽了，声音更明亮、通透，有了型体共鸣的感觉。在他回到黑龙江歌舞团后，演唱的代表作《乌苏里船歌》，已与过去不可同日而语。

1961年，上海市文化局招收了一批年轻学员，分别办了管弦、合唱和歌剧三个音乐培训班，为芭蕾舞《白毛女》剧组、上海合唱团和上海歌剧院分别培养各类后备人才。其中歌剧班的培训任务，由林俊卿及声乐研究所的教员负责。在这批学员中，后来涌现了大名鼎鼎的朱逢博及钱曼华等一批歌唱家。

林俊卿的教学是量体裁衣、因人而异、有的放矢的。办学多年，教学一直行之有效，成绩斐然。因此，许多剧种的戏曲演员也慕名纷至沓来。林俊卿不仅教他们正确的发声、科学的气息，还为厉慧良、常香玉、小彩舞等几十位有着各种声疾的老艺人治疗，使之重获艺术青春。

林俊卿还曾帮助过80多名戏曲学校的少儿学生顺利度过"变声"关。著名歌唱家孙家馨、马国光的严重声带病变，也是林俊卿给治好的。

"咽音唱法"虽饱受争议，不太能为音乐院校所接受，但北京、上海乃至全国的声乐专家沈湘、蒋英、张权、周小燕、蔡绍序、谢绍曾、高芝兰、

林俊卿与最后一期学员合影

葛朝祉及温可铮,都对林俊卿的学术很感兴趣,并听过他的大课,评价也甚高。

在上海声乐研究所的鼎盛时期,林俊卿与他的助教及学员们,曾在上海音乐厅举办过多场音乐会,盛况空前,一票难求。

"文革"开始后,上海声乐研究所也同样受到冲击,不久便停办了。身为所长、创办者的林俊卿,更是首当其冲,一时成了资产阶级文艺黑线的代表人物,隔三岔五地被拉到上海甚至北京的许多音乐文艺单位"批斗",挨打受骂是家常便饭,还被强制劳动达五年之久。

爱妻许恬如为此整天提心吊胆、忧心忡忡,时时唯恐丈夫有恙,遭遇不测,长此以往,心力交瘁。有一天,许恬如突然倒地不起而猝死。这突如其来的无情打击,致使林俊卿一家悲痛欲绝,一时不知今后的日子怎么过。

更令林俊卿痛心的是,他苦心孤诣、耗尽平生心血逐渐积累起来的可装满三间房间的歌唱试验记录、各类声乐书籍、唱片及录音带等所有资料,全被毁于一旦。

被剥夺教学和登台演唱权利的林俊卿,在被强制劳动五年后获得"解放",分配到一家地段医院当内科门诊医生。即使在那样艰苦困难的岁月里,家庭又遭遇不幸,但林俊卿内心对歌唱的炽热情感,丝毫未被那狂风所扑灭。那时,他在每天的工作之余,还在摸索自己所钟爱的"咽音唱法"

的规律和门道。每逢节假日,他还会骑着自行车,一人去空旷的郊野放声高唱。这样既保持了自己歌唱的能力,又尽情地宣泄了内心的痛楚。

只要火种在,终有燎原日。1976年10月后,中国又迎来了文艺的春天。虽然此时的上海声乐研究所已经停办了十多年,但林俊卿对自己独到的歌唱体系的研究一直在延续,从未停息。

林俊卿在写作中

林俊卿声乐事业的新篇章在粉碎"四人帮"后又翻开了新的一页。此时,他虽年近古稀,仍充满着青春活力和工作激情。在那段日子里,他又陆续撰写了《介绍咽音练声法》《如何保持嗓音健康》。另外,他的《咽音练声体系》一书在香港出版后,还远销东南亚。此书的全部收入都被他捐给香港浸会学院音乐系,用来设立"林俊卿声乐奖学金",以鼓励学子、培养新人。

20世纪七八十年代,学习美声唱法是一种时尚,蔚然成风。林俊卿作为歌坛声名显赫的教父级人物,来拜师求学者门庭若市、应接不暇。那时,但凡来到上海的歌唱名家,也都会专程或抽空来拜望林俊卿先生,与他聊歌唱,请他诊断声带、嗓音。

1979年,广州部队文工团来沪招考,考点就设在重庆南路上的一幢公寓里。此处是我堂姐家,她也是该团的钢琴演奏员兼此次招考的考官之一。我从小就受二舅影响,喜欢歌唱,那时正跟随声乐名家学习中。此次在堂姐家的招考,我几乎每次在场聆听、感受各种声部和唱法演绎那个年代的作品,感觉真是过瘾。记得第一次在现场聆听到当时最负盛名的花腔女高音歌唱家邓韵演唱的《颂歌献给毛主席》,顿时热血沸腾、激情难抑。那天回家时,我听堂姐说,明天要陪战友邓韵去林大夫那里看病。

事后我才知道,林大夫就是林俊卿,看病即治疗嗓音。由于邓韵在"文革"后期红极一时、如日中天,她演唱了《千年的铁树开了花》《毛主席关怀咱山里人》《红色女话务员》等难度极高的花腔女高音作品，受到亿万人民的欢迎。但她演唱后，声带经常会充血。久而久之，声带生息肉、长小结，歌唱有些困难了。

林俊卿在为邓韵仔细诊断后，觉得她的声带条件应该像是女中音，根本不能唱花腔之类的作品。于是就建议：马上停止演出，噤声一段时间后，待声带恢复再界定演唱声部。原本为她量身定制的电影《海外赤子》的主题歌《我爱你中国》，就此只能忍痛割爱，让给中央音乐学院的教师叶佩英演唱了。

不久，邓韵跟随郭素珍学习后改唱女中音了，由此也充分证实了林俊卿的判断。邓韵自改唱女中音后又旅美学习，成为美国大都会歌剧院签约的第一个大陆歌唱演员，遗憾的是，她因再也没有自己的代表作，而被歌坛逐渐淡忘。

林俊卿的学术成就，尤其是他治疗嗓音疾病的本领，引起了世界上一些国家的关注。1981年，他赴美探亲，看望在那里定居的弟妹，同时应邀去美国的几所名校讲学。

林俊卿在美期间，所到之处均受到隆重接待。因为林俊卿医治嗓音的本领可谓世界一绝，所以美国的许多学术研究机构，都对其研究成果很感兴趣，甚至有人已通过美国的有关部门，为他开设了一所治疗嗓音疾病的研究机构，以期能成为医治全世界演员嗓音疾病的场所。

林俊卿对于美国朋友的盛情和好意表示感谢，但婉拒了。他认为，自己多年的研究成果，还没有在祖国广泛应用，如果担任美国的嗓音研究所所长，就没有时间为自己祖国的人民服务了，但他欢迎美国的歌唱家来中国看病治疗。因为自己是中国人，所有一切都应听命于祖国。林俊卿就是这样一位爱国者。

林俊卿探亲、讲学期满归国后，他带回的不是彩电、相机，也不是录像机、录音机，而是300多册沉甸甸的英文版声乐参考书。他为此还要投入更多的精力和更大的热情，去翻译这些书籍，为中国声乐事业服务。

1982年8月，中央电视台录制播放了一部林俊卿的歌唱与教学电视纪录片，引起社会巨大反响。全国有无数观众写信，要求学习林俊卿的练声法。

此时，他的一群曾经学有所成的歌唱家学生们——王昆、胡松华、张映哲、张越男等联名给中央写信，要求给林俊卿和上海声乐研究所落实政策。中共中央总书记胡耀邦对此批示：要求有关部门调查情况后尽快落实政策，充分发挥林俊卿博士一技之长。

1985年3月，停办了将近20年的上海声乐研究所搬到了北京，改名为北京声乐研究所，由文化部艺术局直接领导。林俊卿仍担任所长，副所长张映哲负责日常工作。新研究所的宗旨是：研究声乐、治疗嗓音。

重建后的北京声乐研究所，也取得了十分喜人的成绩。它训练、治疗了各类学员、患者一千多人。董文华、郁钧剑、吴国松等歌唱家也在此学习过。沈阳部队文工团的男高音张立军在学习三个月后，就在音乐会上成功演唱唐尼采蒂的歌剧《军中女郎》中的选段《啊，多么快乐的一天》，歌曲中出现九个高音C，演唱难度极大，但深得其法的张立军却能举重若轻地驾驭，显示了学习成效。

最近，我与中国第一位国际声乐大赛金奖获得者、获第一届央视"青年歌手电视大奖赛"第一名的旅美男高音歌唱家刘捷，一同策划了一档关于歌唱的系列电视、网络访谈节目。在他送我一本新著《歌唱之我见》时，聊起了林俊卿的学术成就和歌坛地位。刘捷告诉我，他在旅美学习期间，买过多本林俊卿关于"咽音唱法"的专著，这些书在美国很畅销。他仔细拜读后很受启发，相比以前读过的中国其他声乐家撰写的歌唱理论书籍，林俊卿的著作更有其学术价值，经得起时光的检验。

刘捷认为：过去的老一辈声乐专家，大多是学者型的，没有名利思想，把教学视为一种毕生追求、奉献的事业；而现在的声乐教师，基本都把教唱当作一个饭碗。天价的教学费，成了无形的摇钱树。当今中国的声乐水平整体下降，已被韩、日等国超越，这是需要我们反思的。在当下，林俊卿对待事业的这种精神，更值得我们学习、发扬。

林俊卿于2000年在上海去世，那些年曾培养的近百名学员，如今也大多作古，但林俊卿的"咽音唱法"仍后继有人，将会发扬光大。

后　记

记得年少时，我的声乐启蒙者二舅，曾带我与他的同门师兄刘秉义一同去过上海声乐研究所公干。那里的许多歌唱场景和各种模仿动物声音的练唱声，此起彼伏，交相辉映，令我印象深刻。

20多年前，我在采访忘年交、歌坛宿将戚长伟时，专门询问和详细了解了他所知道的有关上海声乐研究所的一些往事，随即在《新民晚报》副刊上发表了《声乐苑中的奇葩》一文。

从那之后，我一直想写一篇全面、真实、详尽反映该所创办历程的长文，以期能在中国音乐史上留下这段逐渐被人遗忘的史实。

由于上海声乐研究所存在年代已久远，许多当事人也先后作古，而且林俊卿没有传记，研究所也没有留下翔实的文字资料可考证。但出于对研究所的好奇，我一直想解开它的谜团。这些年来，我一直在有意寻访、搜集、积累与研究所相关的人物和事件的资料。

功夫不负有心人，2019年初春，我几经周折，终于寻访到了关键人物——林俊卿的长子：年近八旬的生物学家林青先生。在与他的多次长谈中，收益颇丰。上海声乐研究所的创办始末，在我脑海里清晰起来。经过几个月的反复斟酌、修改，终于完成本文，也了却了我多年的一个心愿。

沙梅的音乐魂和川剧情

沙梅

沙梅是我国早期的著名音乐家。他先后就读于北平艺专和上海国立音专,师从萧友梅博士,专攻西洋作曲技法。他谱写过不少有影响的音乐作品,还与人合作创办、主编进步刊物——中国第一本音乐戏剧评论刊物《戏剧与音乐》。抗战时期,在中共地下党领导的"左联"旗下,沙梅积极参与、组织、领导如火如荼的上海抗日救亡歌咏运动。全国解放后,他历任上海音乐界多个领导岗位。但自幼就痴迷于川剧的沙梅,骨子里心心念念的还是川剧的传承和发展及其音乐的改革和创新,其一生的主要精力致力于川剧的变革。从抗战胜利后的1946年始,一直到1993年他病故,他致力于此长达近半个世纪。

遗愿:川剧不能亡

2019年,成都川剧院为庆祝建院60周年,决定出版一套川剧纪念文集,其中有沙梅的遗著《川剧传统音乐的科学剖析》。这本30多万字的川剧理论研究著作,倾注了他的毕生心血。从60年前沙梅着手写作到如今公开出版,一路上磕磕碰碰,犹如他坎坷的命运。

1960年,北京音乐出版社领导来沪约谈沙梅,希望他能撰写一本有关

沙梅（右三）与成都川剧院艺术家合影

川剧音乐的专著。长期研究川剧音乐的沙梅欣喜不已。多年来，他一直在专注收集、研究、评论川剧及其音乐，因此手头已有不少积累的资料。写作历时五年，六易其稿，但就在专著即将定稿时，"文革"来临了。手稿被抄走，下落不明，让深陷囹圄的沙梅心痛不已。不料手稿竟神奇般躲过浩劫，拨乱反正后又奇迹般回到沙梅的手中。1979年至1981年，沙梅在亲历了川剧《红梅赠君家》改革的基础上，又补充修改了新手稿的内容。不久，新稿又重新寄往北京音乐出版社。未料一年后遭退稿。理由很简单，那时市场经济开始兴起，纯理论研究的"小众"书稿，已无法保本，更谈不上盈利了。手稿就这样又重新静静地躺在沙梅家的书橱里10多年，沙梅已不再提及此书的出版了，但他心中的痛楚是不难体会的。

1995年，沙梅去世两年后，他的家人决定自费出版此书，以告慰老人一生的心愿。新书的编辑、校对、画五线谱、封面设计都由家人完成。此书属于没有正式书号的"私生子"，只印了几百本，分送给四川的一些川剧院团和国家及各省市的图书馆，还有一些老朋友。

沙梅的妻子季峰在赠书的附信中写道:"沙梅的遗愿：川剧不能亡。尤其是川剧中的高腔音乐和川剧锣鼓不能失传。本书主要供川剧爱好者研究、探索、改革、发展之。……川剧是一定有前途的。"

立志以西洋音乐改革川剧

沙梅本名郑志，1909年出生于四川广安协兴乡的一个贫民家庭，父母早亡。沙梅从小就喜爱川剧，5岁即随老艺人学唱，7岁成为川剧清唱票友，学会了不少复杂的川剧曲牌，会打过街锣鼓、金钱板，会唱道琴、圣谕腔及连响调，乡人誉之为"九龄童"。天府之国的四川，造就了川剧的繁荣。因为雅俗共赏、贫富皆宜，就连那里的农村、小镇也到处有戏台。沙梅打小就在戏台边蹭戏，精彩的故事人物，跌宕起伏的戏文，令人眼花缭乱的表演，特别是川剧高腔音乐的丰富变化，激昂的帮腔随着悲喜剧人物的出彩表演，激荡着他年幼的心。儿时看过的那些常演的戏文，他几乎都烂熟于心，经典的剧目更是倒背如流。随着岁月的累积，这种痴迷更是深入骨髓甚至灵魂，再也不能自拔。他晚年多次对我讲起，要不是家人千方百计地竭力阻拦，他早随那时戏班入梨园行了。

正因为沙梅当年受到川剧如此熏陶和浸润，从而也深刻影响着他日后出川前往北平、上海求学，乃至以后一生音乐创作的理念和方向。

沙梅虽然学的是西洋作曲技法，但他的内心和骨子里，心念的还是川剧。在他创作的音乐作品中，无论旋律还是风格，都充溢着鲜明的民族风情，细细品味总透着些川剧音乐的影子和元素。这从他的代表作《岂有这样的人我不爱他》中，就可见一斑。

诚然，沙梅学习西洋音乐的目的，就是为了改革川剧，用西方科学的作曲技法和歌唱方法，来改变川剧中的一些不足，并在此基础上，闯出一条崭新的中国民族歌剧发展之路。这也是沙梅一生的情怀和毕生追求。

川剧作为中国戏曲百花园中的重要枝蔓，并非常人以为的只有变脸、喷火等一些绝活。其实，其剧目琳琅满目，表演流派纷呈又精彩绝伦，而且名家众多，光演唱的曲牌就有两百多支。美中不足的是：那时的川剧没有乐谱和剧本，全靠戏班里的艺人一代代的口授心传，而且伴奏音乐里是没有主旋律的，以锣鼓点子为主。

但川剧并非横空出世，它是川人根据昆曲、高腔、皮黄、梆子等融入四川当地的"灯戏"等而形成的。沙梅认为：既然古人能造就川剧，那今人更应传承、改革和发展它，使之更加绚烂璀璨夺目。

沙梅10岁投奔在重庆工作的胞兄，除读书外，所有时间都泡在剧场及茶楼票友处，学戏、看戏、唱戏。14岁到北平表姐处借读，课余他唱京戏、拉京胡、学昆曲、吹笛吹箫、练钢琴。

1926年，他考入了蔡元培刚创办的北平国立艺术专门学校，在萧友梅主持的音乐系学习，与冼星海同窗，主修西洋音乐理论、作曲技法和西洋器乐。那时他作为热血青年，加入共产主义青年团，积极参加刘天华组织的"国乐改进社"的民族器乐和演奏的改革活动。1927年，北洋军阀政府强行解散北平各高校的音乐系科。蔡元培旋即就在上海创办新的音乐院校，沙梅和冼星海随恩师萧友梅来沪筹建上海国立音专，成为该校的第一批学员。在音专学习期间，沙梅还与冼星海一同领导过该校的学潮，以抗争校方对贫穷学生的不公。冼星海因此被学校除名，无奈去法国勤工俭学；沙梅则记大过一次，留校察看。

推动群众歌咏，投身抗日洪流

沙梅的音乐活动，一开始就是在革命思想指导下进行的，与中国人民的命运紧紧相连。那时他撰写了大量激进的音乐评论文章，但许多报纸杂志都不敢登载。于是，沙梅萌发自己办个刊物的想法。有一天，他在上海的大街上偶遇四川老乡章泯。此时的章泯已是上海滩名导演，由于两人多年不见，便结伴来到附近的咖啡馆小叙。他俩从生活、爱情、工作一直谈到艺术，由于两人都想办本杂志以便随时发表自己的艺术观，因此一拍即合，商定一起筹措资金，搞一本戏剧与音乐合一的杂志，其中音乐类与戏剧类稿件分别由沙梅和章泯各司其职。

经过多方努力，沙梅说通了锦江饭店女老板、四川同乡董竹君，由她出资百元在杂志上刊登广告。因为沙梅和章泯各自都有一些现成积压的稿件，在找到一家东北人开的印刷厂后，很快出版了我国第一本专门登载音乐和戏剧类评论文章的杂志《戏剧与音乐》。

这本近百页的杂志，刊登了观点鲜明的音乐和戏剧类稿件各10篇。沙梅在杂志里第一次提出"音乐为大众服务"的口号。杂志总共印刷了2 000本，由沙梅和章泯分送上海的一些书店代销。但遗憾的是，原本想长期办下去的《戏剧与音乐》，由于沙梅从事中共地下活动被捕入狱而中断。如今这本弥足珍贵的杂志，只有中央音乐学院的一个研究中国音乐史的机构里尚有存本。

当年在淮海西路三角花园聂耳铜像的落成典礼上，专程来沪的中国音协主席吕骥披露了一份聂耳从未面世的日记。这份日记对《戏剧与音乐》中的一篇短文《音乐短论》（沙梅编译）作了详细摘记，并评论道，它是站在大众化立场谈话的："着实，现在我必须用这个来指导一下音乐的正当出路。不然，自己想着有时的思想，居然和社会、时代冲突起来，这是多么危险的啊！"

人民音乐家聂耳的高度评价，使晚年的沙梅备受鼓舞，他再度鼓起前行的风帆。

1932年，沙梅因散发、存放共产党的宣传品，被法租界当局查获而入狱。三年的牢狱生活并未磨灭他的斗志，在狱中，他除了与难友们一同与反动当局斗争，同时还翻译了《和声学》一书。1935年出狱后，沙梅非但没有屈从反动派的淫威，反而以更大的热情投入上海风起云涌的全民抗日救亡运动。

在党的领导下，他和"左联"的吕骥等一批革命音乐家一同组织上海的群众歌咏运动。起初，他与刘良模一道组织"民众歌咏会"，这是我国最早建立的以演唱革命歌曲为主的进步歌咏团体。它为上海推广救亡歌曲、培训音乐骨干、促进群众歌咏运动的发展，起到了先锋和模范作用。著名音乐家麦新和孟波，就是从"民众歌咏会"走上音乐创作和革命道路的。

"七七事变"后，沙梅只身去武汉参加郭沫若领导的国民政府军事委员会政治部第三厅音乐科的工作，与冼星海、张曙同事。在武汉期间，他和冼星海、刘雪庵、盛家伦、夏之秋等革命音乐家组织"中华全国歌咏抗敌协会"，又与张曙一同举办歌咏培训班，为抗战培养了100多名新的音乐工作者。那时武汉的群众歌咏风生水起，群情激昂，歌声唤醒、激励无数国人投身波澜壮阔的抗日洪流。

第三厅内迁重庆后,冼星海去了延安,张曙在抗战前线牺牲了。于是沙梅全面主持音乐科的工作,负责战时音乐的组织工作。抗战后期,他先后在四川的国立江安戏剧专科学校、江津白沙国立女子师范学院任教,为传授音乐、宣传抗日,率先垂范。

沙梅对自己的音乐创作一直的要求是:旋律要动听能反映时代声音,乐曲内容与形式统一,还要个性鲜明,民族风格浓郁。抗战的十多年间,是他创作的鼎盛时期。他创作了大量各种样式、题材和风格的音乐作品,深受人民群众喜爱。其中有合唱、独唱、电影音乐和器乐作品,还有《中国不能亡》《打回东北去》《岂有这样的人我不爱他》等许多抗日救亡歌曲,作品流传广泛,影响深远。

同时作为左翼音乐家,沙梅不断在《立报》《光明》《生活知识》等进步报刊上,发表了《说音乐大众化》《国难时期作曲家的任务》《说音乐批评》等几十篇乐评,呼吁、动员音乐家们用音乐和歌声来投入战斗。

《红梅记》与川剧改革尝试

抗战胜利后的1946年,沙梅在重庆第一次尝试改革川剧。上手的剧目《红梅阁》是川剧四大经典之一,故事讲述了南宋末年,奸相贾似道与小妾李慧娘、临安才子裴禹间的人鬼情。

沙梅据此改编的三幕新歌剧《红梅记》,是以其中《放裴》一折为重头戏而展开的。他对原先的剧情进行大幅度的浓缩改编,使其表演更适合歌剧的样式。音乐,包括所有唱段,基本是新创作的,但保留了川剧的韵味,又融入了现代音乐的魂。由于川剧演员原本都是用本嗓来唱高腔的,声带容易疲劳,甚至充血、小结节,为此沙梅还专门悉心辅导剧中的主演李文杰、周世禄、彩凤夫妇科学发声和演唱,使他们的音乐表达能刚柔并济。他还不耻下问,认真向演员讨教舞台上表演和身段的一些问题,以使自己有感同身受的体验,这对他以后改革川剧是大有益处的。沙梅所在国立剧专的学生和川剧界的一些朋友,也为新歌剧的上演尽心尽力地奔忙着。无奈演出经费最终没有落实,沙梅只能忍痛将自己当年赠予妻子的结婚戒指典当,用作场租和演员的报酬。此后妻子多次追问婚戒的下落,沙梅一直

"谎称"已丢失。此事直到他去世后，家人才从他的日记中得知真相。

新歌剧《红梅记》如期在重庆得胜大舞台成功上演，引起圈内外褒贬不一的热议。沙梅也因此为以后新歌剧的创作总结积累了经验和教训。为了让更多的群众能喜欢川剧，听懂川剧的高腔，尤其是帮腔，不久，他又组织重庆女子师范上演了一出学生版的《红梅记》。此后，还举办了一场音乐会样式的改进版的《红梅记》清唱剧。

全国解放前夕，中共中央决定于1949年6月在北平召开全国第一次文代会。沙梅作为资深的作曲家，有幸与梅兰芳、贺绿汀、黄佐临、赵丹、白杨、黄贻钧等一批艺术大师一同被选为上海代表，晋京参会。会议期间，毛泽东主席、朱德总司令亲临会场看望代表。在聆听了周恩来副主席作的长达8小时的对形势和对新中国文艺工作者期望的报告，代表们群情振奋。

一天，代表们被安排观摩延安的文艺工作者创作的歌剧《刘胡兰》。当晚，赵丹一回到住所就边舞边唱，学起了《刘胡兰》中的唱段《数九寒天下大雪》，引得满屋的人哄堂大笑。这时的沙梅再也坐不住了，他想起了熊佛西先生新近写的一首颂扬劳动人民翻身当家做主的歌词，酝酿许久的旋律似乎在此时要喷涌而出，这首只有八句歌词，名为《打起锣鼓通街唱》的群众歌曲就这样诞生了。

沙梅回沪后，又对歌曲反复进行雕琢，然后精心配器，完稿后交唱片厂录音。在听了歌曲的小样后，沙梅总感到新作有些缺憾：旋律配器似乎太洋气，全曲没有充分体现劳动人民欢庆喜悦之情。于是沙梅想到了歌名中的"锣鼓"，他决定在西洋管弦乐队中加入大量的锣鼓效果。虽然沙梅从青年时代起就对我们民族的乐器很感兴趣，还收藏了几面锣，但锣因它的厚薄，也是有调性的，要完整地把锣声变成旋律，需要许多面各种调性的锣。而当时沙梅任教的上海戏剧学院只有零星的一些锣鼓，刚进城的部队文工团也没有这些乐器。当熊佛西院长得知这一状况后，在学校经费很紧张的情况下，破格批准沙梅购买用于作曲的全部锣鼓。在不到半个月的时间里，沙梅和学院总务处处长几乎跑遍了整个上海市区，还是不能如愿以偿。最终无意中在城隍庙附近一条不惹人注意的小路上，才觅全了这些"宝贝"。《打起锣鼓通街唱》的欢快旋律和激昂歌声，终于在当年国庆节的游行队伍里高奏、唱响。

新中国成立后，沙梅一直在上海担任音乐界领导，但他始终不忘川剧音乐的变革，在繁忙的工作之余，还在用心创作。据沙梅的女儿郑安梅回忆：当时她家就在武康路上的一幢花园洋房里，但在钢窗蜡地、钢琴沙发的洋气家中，遥远的巴山蜀水的家乡"土戏"川剧，却是她家永远压倒一切的主旋律。那时，但凡四川来沪演出的川剧团，沙梅都要在家中热情地接待，忙前忙后，像过节一样热闹、隆重。客厅里宾客满座、谈笑风生，大伙儿无拘无束地评说上演剧目思想内涵的提高和升华，议论演员表演的得失。但逢有演出的晚上，郑安梅总会随父亲钻到演出后台，看演员化妆、换戏装、登台，从而看遍所有剧目。

沙梅对每出上演剧目都如数家珍，他熟悉每个川剧曲调，还会逐个点评演员表演的一招一式。那时，年幼的郑安梅对名角周慕莲主演的《情探》并不看好，认为他的扮相平平，但父亲沙梅却高度评价他演的敫桂英，认为无论舞蹈还是身段，都美得很。那白色长袖一身飘逸，轻得像一阵风似的在舞台上飘荡。

名丑李文杰来家里，总用《谭记儿》中诙谐的丑角动作唱"我的尚方宝剑断了尖尖儿……"，引得满屋笑声。沙梅认为，川剧中的丑角不俗，是高雅

川剧老艺人在沙梅家做客

的逗趣。川剧在沙梅家是被捧上天的,《打红台》《秋江》《放裴》《刁窗》《断桥》《萍雪辨踪》等川剧,都是沙梅常说常新的话题。说起这些,他不仅双目炯炯有神,还会情不自禁地口中打锣鼓,亮相摆身段,唱念做打信手拈来。

川剧音乐与歌剧民族化探索

沙梅一辈子在探索中国歌剧的民族化之路。他主张,中国民族歌剧应在中国戏曲的基础上进一步挖掘,去融合西洋科学的音乐样式。他还认为,川剧音乐体系的丰富内涵与西洋音乐有许多共通之处,如果这两者之间能搭起一座桥梁,那么中国新歌剧的成功是有望的。中国传统戏剧必须合理吸收西洋音乐科学的表现手法进行改革,中国戏剧与完美的音乐水乳交融,才能造就真正的中国民族化歌剧。

为了让川剧音乐能真正成为中国民族新歌剧的一部分,沙梅始终孜孜不倦地全面了解川剧音乐元素,光他收集记录的高腔曲牌就有200多支。这些曲牌堪比西洋歌剧中的宣叙调和咏叹调,他还用高腔中特有的"帮腔"来对比西洋歌剧中的合唱效果。沙梅从复杂的川剧音乐中提炼出音域、节奏、旋律、转调及大小调等西洋音乐的成分,以音乐家的专业论述来表达这两者间的关系。

沙梅也十分清晰地认识到影响川剧发展的问题,如演员的演唱基本都是用本嗓和原生态,伴奏的乐队不用主旋律,等等。沙梅认为,川剧演员

沙梅在创作中

应该从小就用科学的方法练好嗓音，像演京戏、演外国歌剧一样，用有美感的声音唱出来。

1953年，沙梅应邀为北京电影制片厂拍摄的《川剧舞台集锦》谱写了片头音乐。那川剧锣鼓与交响音乐交相辉映的场面，令人耳目一新。1959年，成都川剧院来沪公演《白蛇传》，沙梅不仅为其中的《蒲阳惊变》一折重写音乐，还为此剧能搬上银幕，与上影厂导演陈西禾一起不遗余力。

在"文革"中，沙梅遭到残酷迫害，全家从原来的花园洋房被扫地出门。当时，沙梅从家中带走的只是一直收集珍藏的一大摞泛黄的川剧剧本，这些"戏典"是沙梅维系生命所需的。

20世纪70年代末，文化部举办全国会演，成都川剧院选中了沙梅创编、作曲的《红梅赠君家》去参演。此次沙梅创编的新川剧，对戏剧与音乐、舞蹈间如何紧密结合，川剧高腔能不能加入西洋乐队伴奏，帮腔可否由合唱样式替代，作了重大的探索和改革。

《红梅赠君家》是根据传统川剧四大经典之一的《红梅记》中《幽会》一折改编的。这出戏从剧本改编到唱腔设计、音乐创作直至乐队编配，无不出自沙梅之手。此次的改革是多方面的。新剧充分体现了"戏是基础、曲是灵魂"这一中国戏曲艺术的特点。新剧在保留原作艺术技巧上的长处外，沙梅又从内容上推陈出新，剔除了原戏中的封建糟粕，在丰富主角李慧娘形象的同时，更赋予其健康的精神境界。对于剧中人物的刻画、渲染，剧情的展开、发展等，沙梅在运用音乐表现时，可谓呕心沥血。由于深谙川剧音乐的元素，沙梅在运用川剧高腔曲牌间的套联、帮腔与唱腔的交织时，举重若轻，成竹在胸。

新剧的乐队伴奏也是置于此剧的结构之中的，并未游离于剧情之外。无论是前奏曲，还是人物的上下场音乐间奏，抑或重头戏"幽会舞曲"，都紧贴剧情需要和进展。无疑，此剧的改革使人眼前一亮，在音乐上也颇有新意。沙梅认为：川剧除了是川剧外，由于它的戏剧表演和音乐与西方戏剧非常接近，因此在其基础上打造出新兴的民族歌舞剧和中国新歌剧是可期的。

为此次会演，沙梅不顾年老体弱，在近两年的时间里，多次往返于沪渝，对排练中的每个细节都不放过。由于演出方乐队的编制不全，沙梅把已完成的音乐配器推倒重来。沙梅此次出山,事先就声明分文不取,他把该得的所有酬劳,全部用于新剧的制作。

沙梅新歌剧的亮相,令人振奋。在北京举办的座谈会上,许多专家学者对此予以高度评价。对于这些溢美之词,沙梅并未沾沾自喜。他觉得新剧还有许多不足,有待时日去精雕细琢。他希望此剧在舞台上不断打磨后,能成为典范,对以后从事民族歌剧创作和川剧改革者能有帮助,可以提供借鉴。

沙梅始终把川剧《杜十娘》与西方歌剧《茶花女》相提并论,因为无论其故事还是人物,两者都有异曲同工之妙。多年来,他一直在尝试把川剧《杜十娘》改编成新歌剧。

1982年底,沙梅完成了歌剧《杜十娘之死》的剧本和音乐后,想把它搬上舞台,以检验演出效果。此时他动员亲朋好友来帮忙,但由于演出的经费一直没有着落,无奈之下,只能把自己在"文革"后补发的工资和家中所有的积蓄一万余元,全部用作场租费和服装道具制作费之用。参演的演员全都分文不取,像张莉等几位歌唱家都是从四川自费来沪的。

沙梅此举,起初遭到妻子及家人的一致反对。因为这些拿出来用于制作的经费,是沙梅妻子这么多年勤俭持家,省吃俭用,从牙缝里省下来的。而沙梅这一生,从不过问家中柴米油盐事。沙梅的家人认为,他写戏谱音乐可以不要稿酬,但排戏演戏之事应由政府有关部门出资,自家没有能力,

沙梅和妻子季峰

也没有必要和义务自掏腰包。但沙梅是个为了艺术可以牺牲一切的人。因为他的态度坚决,最终妻子及家人为了他的心愿,也只能妥协了。首场演出在上海交通大学礼堂举行,那天的剧场座无虚席,高朋满座。孟波、瞿维、周小燕、葛朝祉、温可铮等著名音乐家观摩后,都给予新剧高度评价,使沙梅备受鼓舞。

可又有谁知道,此剧中的许多戏服,都是由沙梅的妻子季峰亲手缝制的。首演完后,戏服就珍藏在家中的箱子里。之后每年,家人总会把戏装拿出来晾晒,那时他家的阳台上红红绿绿像彩旗飘荡。沙梅渴望着有朝一日让戏服再派上用场,可至今也没机会用上了。

1993年初,成都歌舞剧院约请沙梅为该院根据川剧《红梅阁》新编的四幕歌舞剧《送我一支红梅花》谱曲。此时的沙梅已84岁高龄,且患有严重的白内障,双目几乎失明,但受约后沙梅喜出望外,一口应允。为了谱写此剧,沙梅寝食不安。因为视力的原因,他已不能直接在五线纸上创作了。但为了完成任务,妻子季峰和他一同想出一个办法:用家中的白被单当作五线纸,挂在墙上,然后用深色的布料制作一些可活动的音符来进行创作。季峰根据沙梅在钢琴上弹奏出的旋律,在白被单上挂音符,然后再一段段记录下来,因此音乐创作速度比较缓慢。

不料,就在此剧即将完成之际,沙梅突发脑梗住院。弥留之际,沙梅还在迷迷糊糊、断断续续地哼唱着剧中的一些旋律……

郑德仁：用一生守望轻音乐

2020年已96岁高龄的郑德仁先生，是中国轻音乐的拓荒者。他历经70余年的风雨岁月，仍坚定不移地守望着已日渐被人淡忘的轻音乐。

近日，我为制作电视纪录片《黑胶唱片》，又多次走访了这位老人。我与郑老是相熟30多年的忘年交，曾一同选曲目、定演员、组乐队，策划举办过系列音乐会"海上寻梦"。眼下，他年事已高，不再参与音乐和社会活动。我的突然到访，既打破了他的平静生活，同时也开启了他尘封多年的旧时记忆。

本文作者和郑老在一起

那天，我因电视拍摄之需，在他家翻寻与主题有关或能见证时代印记的物件。其中一些早年的轻音乐黑胶唱片和最早的两份上海轻音乐团演出节目单，引起我极大的兴趣，出于职业敏感，旋即就向郑老寻根问源。

受命组建沪上首支轻音乐团

中华人民共和国成立后，中国成为社会主义国家，因而遭到西方列强的全面经济封锁，在朝鲜战争爆发后尤甚。当时唯有社会主义国家派出大批专家来华援建，光支援上海的就有几千人之多。

为解决外国专家在繁忙工作之余的文娱生活问题，上海的外事部门起初安排了中外经典电影的放映，邀请他们观摩聆听戏曲、音乐会专场演出，以及组织文艺联欢活动等。但这些仍不能满足专家们的需求，因为欧洲人天性喜好跳交谊舞，但在当时的极"左"路线下，坊间已禁止交谊舞会。

为此，负责外事接待的杜宣请示有关领导，陈毅市长得知此情后当即指示：特事特办，服务好外国专家，以利于他们的工作，是外办的重要职责。

有了领导指示，在几经选择后确定：以老锦江饭店对面的原法国俱乐部作为舞场，每周六、日晚举办两场舞会。起初的伴奏是播放录音，但效果远不如乐队伴奏，参加舞会的专家们也不甚满意。于是，杜宣就请上海音乐家协会负责日常工作的夏白帮忙组建伴舞乐队。

夏白想到能组建此类乐队的第一人，就是上海交响乐团的首席低音提琴郑德仁。因为郑先生早在上海国立音专求学时，为养家糊口而勤工俭学，早就组织过舞厅乐队，并一直参与百乐门舞厅乐队的谱曲配器和演奏工作。

受命后的郑德仁喜出望外，当年练就的轻音乐本领，如今又有了施展的舞台。他首先找到自己的老团长黄贻钧，说明情况。黄老十分支持并承诺：上海交响乐团排练厅在空余时能无偿使用，郑德仁可脱产投入新的任务。但团里的乐手不能动用，以免影响本团的排演质量。

开始招兵买马的郑德仁忙得不亦乐乎，他遍寻当年在舞厅共事的乐手和各工人文化宫乐队的高人，请他们出山。其中有周璇曾经的钢琴伴奏韦骏、一流的小号手薛文俊、周万荣，单簧管和萨克斯演奏名家朱广顺、孙继文，上海滩三大手风琴名家宋清源、孟升荣和曹子萍等。

因为郑德仁的能力和影响，新组建的乐队很快就聚拢了三四十名各司其职的乐手。其实，伴舞的乐队只要十来位乐手即可，而且以打击乐和铜管乐为主。如今一下招募到这么多有水准的乐手，而且声部齐全，郑德仁就向夏白建议，何不组建一支轻音乐团，既可伴舞，还能专门排练一批轻音乐作品，一举两得。

夏白也很赞同，在得到上级批准后，1956年秋，上海音乐家协会旗下的上海轻音乐团正式成立，郑德仁任团长兼指挥。乐团除了排练大批用来伴舞的世界名曲外，还陆续积累了一批中国作曲家新创的轻音乐作品，其中有李伟才的《欢乐》、商易的《新春圆舞曲》、郑德仁的《江南好风光》、徐德义的《晚会圆舞曲》及阿克俭重新编配的《彩云追月》和《花好月圆》等。

1956年底，上海轻音乐团首次亮相，在兰心大戏院推出一台中外名曲音乐会，轰动上海，五场演出门票一个小时就被抢购一空。每场演出前，等票者人头攒动，可见轻松愉悦又通俗易懂的音乐，是如此受到人们的欢迎。

上海轻音乐管弦乐团演出剧照

一天，中国另一位流行音乐的鼻祖、当时在中国唱片上海公司节目部工作的黎锦光也来到现场聆听，他观演后激动无比，在得到单位领导的同意后，他为这台音乐会上部分新创的中国作品，制作了一张黑胶密纹唱片，影响甚广。受此启发，黎锦光又专门邀请郑德仁组织沪上几位擅长轻音乐创作的音乐人关英贤、阿克俭及北京的巩志伟等人组成创作团队，又陆续推出了多张轻音乐新作唱片，其中有《青春圆舞曲》《友谊圆舞曲》《节日的夜晚》等，还有《步步高》《雨打芭蕉》《蕉石鸣琴》等广东音乐。许多脍炙人口的中国民歌如《送我一枝玫瑰花》《玛依拉》《阿拉木汗》《采茶灯》《快乐的啰唆》等也被改编成样式新颖的乐曲，甚至包括亚非拉的民间音乐，如《几内亚舞曲》《达姆·达姆》《赛琳娜》《在泉边》等，极大地丰富了当时人们的精神生活。

打那之后，这支乐团除了正常伴舞外，还经常下基层为工农兵服务。许多上海乐坛的名家，如司徒海城、吴大昭、林明珍、戚长伟、张应娴等纷纷随团演出。1958年2月，在人民大舞台的公演，是上海轻音乐团的关门之作。随着陈毅市长调任北京和外国专家撤离上海，沪上首支轻音乐团也完成了它的历史使命。

自幼编织音乐梦

快走过一个世纪的郑德仁老人，已阅尽人间春色，历经世事沧桑。眼下他对名利风轻云淡，但对事业却矢志不渝。在谈到他的从艺往事和轻音乐时，顿时，他的思绪和话语就如同开闸的水坝一样滔滔不绝……

郑德仁虽祖籍广东，但他一直生活在上海虹口公园附近的石库门里，从小就留下了深刻的上海烙印。由于虹口一带广东人居多，而广东人又擅长音乐，于是他们自发组织了广东音乐社团，经常在虹口公园和附近的一些场所表演。其中有位乐手与郑家为邻，他见郑德仁喜欢音乐，就主动教他二胡、扬琴、秦琴等乐器来演奏广东清音。

对音乐情有独钟又极具悟性的郑德仁，不仅很快掌握了演奏技巧，还能随时即兴变奏，展露了其音乐天赋和才华。那时的夏天，人们都会举家外出纳凉。此时，年少的郑德仁就经常演奏拿手的曲目，深得好评。

郑德仁：用一生守望轻音乐

郑德仁就读广肇公学时，参加了学校的军乐队，开始接触西洋器乐。吹军笛、吹军号、打小鼓，高兴得不亦乐乎。打那时起，在这看似简单的音调中，郑德仁已开始编织其未来的音乐梦。

郑德仁就读的高中暨南中学，是一所华侨子弟学校。学生来自五湖四海，其中喜欢音乐者居多，会演奏器乐者不少。于是，郑德仁就与一些志同道合的同学组织起一支中西合璧的乐队，课余时间定期排练。排练曲目除了一些脍炙人口的世界名曲外，还有当时的许多流行歌曲。编曲配

年轻时的郑德仁

器工作都由郑德仁一人完成，由此他也打下了今后音乐创作生涯的坚实基础。

与此同时，郑德仁经人介绍，又参加了坐落在凤阳路、成都北路附近的由石人望创办的大众口琴会，在那里结识了比他年长五岁的赵济莹。每周两次的排练和交往，使这两位同样渴望音乐的年轻人逐渐成为无话不谈的挚友。在学习口琴的同时，郑德仁兼修低音提琴，而赵济莹则追随白俄声乐大师苏石林学习声乐和指挥。

20世纪三四十年代的上海，跳舞是一种时尚。那时上海滩林林总总的大小舞厅有50余家，夜夜笙歌。但舞厅里的乐队乐手都是外国人，主要是菲律宾人、犹太人及白俄。而当时中国电影及流行音乐也开始兴起和迅猛发展，其中除了声名显赫的黎锦晖、黎锦光创办的明月歌舞团和陈歌辛的上海乐剧训练所外，还有姚敏、姚莉的大同社，严华的晓露社及韦骏的璇宫歌咏社。这些团体的发展，为当时乐坛的歌曲创作培养了新人，无疑推动了上海舞厅音乐的勃发。

1941年，太平洋战争爆发了。郑父是英国太古轮船公司的高级海员，全家六口的生活来源全靠父亲的工资维系着。当郑父所在的轮船为了躲避战争、

中国最早的大华轻音乐队

只能长时期停靠在澳大利亚的码头并与全家失去联系时,全家的生活已无着落。为了养家糊口和继续学业,作为家中的长子,郑德仁很快挑起了重担。开始,他找到一份兼职工作,在青年会图书馆当管理员,月薪50元,全家生活已够开销。但他一直向往能用自己的音乐才能,让家人的生活过得更好。

这一天终于来到了。太平洋战争爆发后的翌年,上海租界也被日本侵略军占领了。随着美国人的撤离,南京西路成都路口的原美国妇女总会也被卖给了一位中国富商,不久此地便更名为"高士满"娱乐总会。这位富商是个艺术爱好者,他与赵济莹是忘年交。在得到富商的首肯后,有了坚强的经济靠山和平台,赵济莹就找郑德仁商量,一同组建由清一色华人组成的中国最早的西洋乐队——大华轻音乐队。

赵济莹自任乐队指挥兼主唱,郑德仁则担任乐队主创人员兼贝斯手。乐队演奏的曲目全是中国作品,主要是陈歌辛和黎锦光谱写的电影音乐,严华和李厚襄还专门为乐队谱曲。从这里培养出来的歌星有欧阳飞莺、张露(著名歌星杜德伟的妈妈)、席珍、吴莺音等。在大华乐队摸爬滚打的日子里,郑德仁的艺术才华得到了充分的展现。

辅导京剧名伶演唱电影插曲

中华人民共和国成立后，上海的夜总会、舞厅等娱乐场所都被关闭，失业的赵济莹准备去香港谋生。这时郑德仁伸出了援手，他得知自己昔日音乐学院的同窗李德伦、李钰来沪为新成立的中央歌剧院招聘演员，就第一时间通知赵济莹退掉去香港的机票，前往应聘。当李德伦听完赵济莹的演唱后，深感惊讶，一位没有进过音乐院校培训的歌者，竟能唱到如此境界，实属难得，于是当场拍板录用。从此，赵济莹与莫桂新、张权夫妇等成为新中国的第一代歌剧演员，早于后来大名鼎鼎的楼乾贵、魏启贤、李光羲多年。郑德仁与赵济莹的互帮互助，两人一直没齿未忘。

在大华乐队中，郑德仁还有一位好友，即钢琴手韦骏，他也是后来周璇的专职钢琴伴奏。抗战胜利前后，上海的京剧舞台出现了一台新戏《纺棉花》，这是一出多样化的有喜剧色彩的京剧，童芷苓、言慧珠等京剧名伶都主演过。戏中除了演唱各个剧种的唱段外，还有电影插曲《疯狂世界》与《何日君再来》等上海市民喜闻乐见的"时代曲"。

正因为这出戏的成功，当时的京剧演员在一些场合演唱电影插曲成了一种时尚。郑德仁和韦骏就迎合时代需求，组织由手风琴、萨克斯、吉他、小号、贝斯、爵士鼓等轻音乐编制的小乐队，所有曲目全由郑德仁编配，专为童芷苓和言慧珠演唱伴奏。那时每晚等童、言二人晚戏一结束，大家就赶到西藏南路桃园路口的"香山堂药房"楼上，一同合伴奏。由于京剧演员的演唱京腔太浓，郑德仁就想方设法、深入浅出地引导她们，在咬字吐词、行腔用意上尽量往口语化靠拢。经过一段时间的训练和磨合，童芷苓和言慧珠再登台演唱这些电影插曲时，已今非昔比了，深受观众的欢迎，成了那时的一道文化风景。

百乐门舞厅与吉米・金乐队

郑德仁年轻时，似乎有一股永远使不完的劲。他多年兼职舞厅乐队演奏，自己还写谱，却从不耽误在音乐学院的学业。在白俄大提琴大师余甫嗟夫的悉心教诲下，郑德仁对于自己所选择、热爱的低音提琴，是下了苦功练习、钻研的。正因为有了舞厅打工的实践和体会，人生的阅历和感悟更丰富、更深刻了，这种经历也充实了课堂上所学不到的知识，他对低音提琴的认知和演奏的境界也更高了。

郑德仁刚从上海国立音乐院毕业，就被上海工部局交响乐团相中，从而成为继谭抒真、陈又新、黄贻钧、韩中杰、窦立勋、陆洪恩、陈传熙等中国音乐家后，该团的第12位华人演奏家。

在郑德仁加入工部局交响乐团后，他在业界的名声更大了。这时，有位名叫"吉米·金"的乐手找到他，想一起合作组织百乐门舞厅乐队。吉米·金其实是个中国人，本名金怀祖，富家子弟，上海圣约翰大学物理专业毕业。大学毕业后，因有家庭背景，当了名警官，收入颇丰，生活悠闲。但吉米·金喜欢音乐，他曾跟随仙乐斯舞厅的乐队领班罗宾学习夏威夷吉他，深得精髓。罗宾是个菲律宾人，他见吉米·金如此痴迷爵士，就劝其放弃现有工作，当一名职业乐手，孰料罗宾此建议还真被吉米·金接受了。

百乐门舞厅自开张后，一直是由菲律宾乐队驻场伴舞的。因为当年菲律宾是美国殖民地，那里的人深受美国爵士音乐的影响，所以这些菲律宾乐手水准很高。

但后来中国电影在上海兴起并蓬勃发展后，这些电影音乐，尤其是那些通俗易唱的插曲已深入人心，在街头巷尾妇孺皆唱，俗称"时代曲"。

这时百乐门舞厅的老板也希望驻场乐队能顺应潮流，为请来的一些歌星演唱"时代曲"伴奏，同时演奏这些音乐。但驻场的乐队很守旧，不愿再花工夫去排演新节目。无奈，百乐门舞厅老板就请吉米·金帮忙组建新乐队。

受命后的吉米·金如鱼得水，但他虽对爵士轻音乐有一腔热情，但终究独木难成林，于是他找到郑德仁合作，两人一见如故、一拍即合，从而商定：乐队由金怀祖的英文名字吉米·金来命名，他还负责所有对外事务；而郑德仁则主内，负责招聘乐手、编配乐曲和组织排练。原大华乐队的赵济莹、韦骏和沪上乐坛高人曹子萍、陈毓麟、薛文俊、程岳强等也跟随郑德仁纷纷加盟新乐队，连上海工部局交响乐团的陆洪恩、陈传熙抽空也会客串来当乐手。那时上海滩的七大歌星，几乎都来此地演唱过，"豆沙喉"白光、影剧歌三栖明星李丽华都曾驻唱过很长时间。百乐门舞厅因有了吉米·金乐队而在业界声誉鹊起,从此"百乐门"成了上海舞厅的代名词。

清一色由华人组成的吉米·金爵士轻音乐队,看似是民间草台班子搭起的,但它的乐手水准都很高,合作也是珠联璧合。乐队的管理是严格的:演出决不能无故迟到、缺席,演出时必须穿着统一的西服,即使在盛夏,演得汗水淋淋也不能脱下服装。

那时百乐门舞厅的消费还是比较平民化的,花一元茶钱,就可以进舞厅喝茶听音乐了,因此人们接踵而来。当然想和驻场的舞女跳舞,是要另买舞票的。因为有很多红舞女驻场,所以一些社会名流、达官贵人也常来此地玩乐,其中很大程度上也是因为有了这支出色的吉米·金乐队的缘故。

为了更好地吸引、服务好上海市民,吉米·金就和郑德仁商量决定,只要当时的新电影一上映,就由郑德仁去泡电影院,把新电影的音乐及插曲记录下来,回家后旋即编配成乐队曲目,赶在第一时间在百乐门演奏。这一招果然奏效,音乐爱好者纷至沓来,舞厅常常爆满。

从上海交响乐团到和平饭店老年爵士乐队

上海解放后,以陈毅市长为首的人民政府,并没把外来的音乐文化一棍子打死,陈毅还曾特邀吉米·金乐队来市政府的联欢会上演出。但到了1952年底,上海全面禁舞后,吉米·金乐队也就没有了演出场所,自行解散了。乐手们纷纷改行,但大多还是从事与音乐相关的工作。

吉米·金年轻时因家境优越而花天酒地、生活放荡不羁,离开舞厅后没了工作,只能坐吃山空,两任妻子和孩子都先后离他而去。到了晚年,晚景凄凉,最终病死于朋友家中。

而郑德仁正相反。他自学校毕业后一直在交响乐团工作,舞厅乐队只是兼职而已。郑老一生洁身自好,即使身处声色场中,他也一尘不染,没有任何不良习惯和嗜好。他的打工收入,除了作为家庭开支,其余都用来购买各种国外爵士轻音乐的乐谱,这对他的音乐创作大有裨益。

郑德仁年轻时一表人才,在舞厅工作的那些年中,确有许多貌美的姑娘向他示好,但他从不心动,一心向往着轻音乐事业的成功。在我与他多年的交往交谈中,郑老多次流露出当年与歌星张露相互间的好感和爱慕。

但由于郑老始终没有捅破这层窗户纸,后来张露又去了新加坡,这段有可能的姻缘就此失之交臂。

20世纪50年代初,郑德仁与一位名叫倪琴芳的音乐老师相恋结婚,婚后育有三个女儿:大女儿郑雪梅是广州音乐学院的钢琴教授,大女婿是大名鼎鼎的作曲家施咏康,曾任广州音乐学院院长,另外两个女儿也是音乐学习者。

上海工部局交响乐团之所以在新中国成立后能得以保留,最主要是由于陈毅市长的远见。上海刚解放时,市军管会就派文艺处的黄源、桑桐、章枚等前往接管。陈毅市长明确指示:解散一个交响乐团,在我们掌握政权的今天,易如反掌,但要重新组建这样一支乐团,恐怕十年八载也未必能成。上海是远东第一大都市,需要众多的一流艺术团体。我们共产党人领导人民打天下,应当比国民党的统治更出色百倍千倍。我们今天挽留、使用这批外国演奏家,是为了能让他们更好地为人民政权服务。让他们传帮带,希望在不远的将来,有更多的中国演奏家涌现。

陈毅市长的定调,确保了乐团50多名外国演奏家的留用,其中包括意大利籍指挥富华。不久,原乐团就更名为上海市人民政府交响乐团。由鲁迅艺术学院来的罗浪(后调往北京,组建中国人民解放军军乐团)任军代表,黄贻钧、韩中杰任正副团长,郑德仁被任命为创作组成员。

1949年的6月初,上海市人民政府交响乐团在接管后首次亮相。那时在原跑马厅(今人民广场)举行上海市各界群众庆祝解放大会,与会者达几十万人之多。黄贻钧第一次出任乐团的指挥,演奏了黄自创作的交响作品《都市的晨光》。由于当时很少有中国人谱写交响乐,而群众集会又一定要演奏鼓舞上海市民的中国作品,于是知人善用的黄贻钧就请郑德仁临时把《咱们工人有力量》《解放区的天》《东方红》等一些革命歌曲,编配成管弦乐样式的作品演奏。现场群情激昂,从此,郑德仁对编配此类作品充满了信心。

爵士轻音乐和上海老歌,后因"极左"思潮,一度被打入冷宫,直至改革开放后才重见天日。20世纪80年代初,上海锦江饭店老总慕名请郑德仁组织轻音乐队,来锦江小礼堂演出。听众基本上都是住店的客人,而乐手都是郑德仁在上海交响乐团的同事,上演的曲目大多是世界名曲,也有少量的上海老歌,都由郑德仁编配。但演出经常断断续续,因为乐手首先要保证本团的演出和录音任务。

锦江小礼堂的演出,引起了和平饭店老总的关注和兴趣。他也找到郑德仁商量,是否可以组织以旧上海舞厅乐手为班底的老年爵士乐队,这样可保证演出的日程不受影响。当时,在年过花甲的郑德仁撮合、奔走下,和平

郑德仁在指挥中

饭店老年爵士乐队成立了,演出非常轰动。观演者大多是住店的外宾,他们把演出的信息带往世界各地。由此,和平饭店老年爵士乐队声名远播。

有一次,一位美国《经济日报》的记者来郑德仁家专访,请他讲述人生难忘的艺坛往事。当说到1945年春,在大光明电影院为一代歌星李香兰独唱音乐会担任伴奏之事,郑德仁还当场拿出了一张珍藏了很多年、如今已几乎绝迹的演出说明书。不久,这篇报道和这张说明书的照片,被一家日本大报转载。当时已从日本文部省长官任上退休的李香兰(山口淑子)见报后,几经周折与这位美国记者取得联络,想要与郑德仁见面。

2003年秋,长期致力于日中友好的李香兰,只身飞抵上海。在著名作曲家陈钢的陪同下,在下榻的金茂大厦与郑德仁夫妇见面。这天,两位音乐大家的手紧紧地握在一起。郑德仁"送还"了这张弥足珍贵的说明书,而李香兰则送给郑德仁一架日产照相机,以作纪念。当晚金茂大厦的舞厅里,在郑德仁先生的钢琴伴奏下,李香兰深情地再次唱起了《夜来香》……

在郑德仁的晚年,我和胞弟李建国与他一同合作策划了系列音乐会"海上寻梦",并为他举办了告别音乐会,其中"上海老歌演唱会""外国名歌二百首""中外经典作品音乐会"社会反响强烈。我们筹办的音乐会,都是大题材、小成本的小制作,没有国家的任何补贴,也不靠企业赞助,所

郑德仁和李香兰在一起

以郑老编配的所有曲目,概不收取任何费用,这在当今演艺界是不可思议的,令我感动、敬佩。

前些天,我去看望郑老。他告诉我:新静安有一新地标,想请他策划一台音乐会,他想请我和他小女儿一起合作……

这位将近百岁的老人,念念不忘的还是音乐,他用一生守望着。

温可铮：活着，就是为了歌唱

男低音歌王温可铮教授，是继斯义桂之后，在世界歌坛最负盛名的华人歌唱家，是中国人的骄傲。温可铮不仅歌唱艺术惊为天人，更重要的是，他的人品、艺德，对歌唱如此纯粹、执着、义无反顾的毕生追求，令人肃然起敬。

追随声乐大师苏石林的十年苦修

1929年，温可铮出身于北京的一户书香门第，他儿时就显露出不凡的歌唱才华，7岁时就能在京剧《法门寺》中一人反串三角，10岁登台就获得华北地区"天才儿童音乐奖"。家中珍藏的许多古典音乐唱片，使年少的温可铮对卡鲁索、基利、夏里亚宾等歌唱大师了解一二，并由此爱上了歌唱艺术。

温可铮肖像

中学时代，温可铮在看完由莎士比亚名剧《奥赛罗》改编的歌剧后，兴奋不已。剧中主人公的歌声和形象，深深迷住了他。温可铮想演奥赛罗，为了使自己的皮肤像奥赛罗一样黑，他每天中午在太阳下暴晒几个小时。几天之后，原本嫩白的脸蛋变黑了，他却觉得还不够理想。但演出已迫在眉睫，于是温可铮急中生智，竟将黑色皮鞋油涂满了脸，再用鞋刷在脸上使劲地刷，直至乌黑锃亮。又将床单往身上一披，一个活灵活现的奥赛罗展现在同学眼前。他又是歌唱又是道白，表演十分传神，大家都被这惟妙惟肖的演出镇住了。

1946年高中毕业，已多次在北平中学生歌唱大赛中拔得头筹的温可铮，被北平艺专的赵梅伯教授相中，希望温可铮到他那里学习声乐。但此时的温可铮已迷上了不久前来北平开独唱会的斯义桂。于是，他想报考南京国立中央音乐学院，却遭到了当律师的父亲的强烈反对，因为唱歌是吃开口饭的，有辱门风。

但决意已定的温可铮，在咬破手指写下了"我当不了教授，就不回北平"的血书后，就只身赴南京应考。当天赋出色的温可铮以优异成绩考入中央音乐学院后才发现，他想追随的斯义桂先生已去了美国。正当他一筹莫展之际，更大的喜讯却从天而降：斯义桂的老师——世界著名声乐大师苏石林将来校兼课，并于近日挑选学生。

那天，温可铮演唱了亨德尔的《在锁链中》，苏石林听后，频频点头，极为赞赏。就这样，温可铮成了苏石林钦点的学生。

苏石林的家在上海，每周只来南京一天，温可铮觉得学习、讨教的时间不够。于是，他每个星期六的晚上乘宁沪列车到上海，星期日下午再返回南京，自费跟随苏石林每周多学习一堂课，而在列车上的这段时间，又是学歌背词的好时光。

温可铮夫妇（后排）和苏石林夫妇合影

有一年夏天，火车因故误了点，他没赶上约好的时间上课，只能在苏石林寓所外的烈日下，足足等候了几个小时，待苏石林午睡后再开始上课时，温可铮的衣服已湿了好几回。苏石林被温可铮如此的执着所深深感动，他赶紧让温可铮先洗个澡，再把自己干净的衣服给他换上后，才开始上课。从此，他教温可铮也更认真尽心了。

南京解放前夕，整座城市和学校都乱作一团，根本无法上课，苏石林也不能来南京了。把歌唱视作生命的温可铮，不顾所有人的反对，冒着生命危险，约了一位同学一起去上海找老师上课。谁知，火车刚开出后不久，解放南京的枪炮声大作，火车司机吓得逃命去了，车上的乘客纷纷躲到车轨旁的稻田里。温可铮和那位同学则藏在池塘里，只露出一个头呼吸，头上顶着学唱的乐谱。等战斗结束后，两人才从池塘里爬出来。受此惊吓，那位同学返回南京去了，而温可铮则沿着铁路走了一天，饿着肚子来到无锡。在那里亲戚的帮助下，又几经辗转，才来到苏石林的琴房。

这样的学习，温可铮整整持续了十年，直至苏石林被苏联政府召回国内。对于一些难解的疑惑，包括很难用语言讲清的问题，温可铮总能从苏石林无与伦比的示范演唱中，找到答案。经过长时间不断地潜心揣摩与体会，苏石林的学问已渐渐地变成温可铮自己的理解和体会。苏石林在回国前，曾深情地说道：我在中国声乐艺术上最大的期望，已在温可铮身上实现了。

1950年，年仅21岁的温可铮在南京举办了新中国乐坛首次个人独唱会。从此之后，温可铮在一个多甲子的歌唱生涯中，参演音乐会达2 000多场，个人独唱会300多场；他能用德、法、俄、英和意大利语，演唱很多国家在不同时期、各种不同风格、题材和样式的歌曲近3 000首，其中保留曲目达600首，还以78岁高龄举办独唱会。所有这些，都创下了中国歌坛之最。

1956年，温可铮代表上海声乐家参加"全国音乐周"后，一鸣惊人，从此成为中国歌坛的焦点人物。翌年，他夺得文化部举办的全国青年歌唱比赛第一名，就代表中国青年歌唱家赴莫斯科参加"西欧古典歌曲"大赛，荣获银奖。当年，但凡有外国元首、政府首脑访问上海，温可铮准会出席欢迎晚会，为外宾歌唱。

所有的爱都献给学生

温可铮作为一代声乐教育家，育人无数，桃李满园。1962年初，总政歌舞团来沪公演期间，该团的领导想把团里几位没有进过音乐学院学习的独唱演员，留在上海音乐学院进修学习。但当时上音规定，所有入学的学生必须经过当年统一的招生考试。于是15岁就参军、当了10年汽车兵的李文章就留在了上海，边参加院方的补习班，边准备高考课程。一个部队业余歌唱爱好者出身的演员，各方面基础都很差，初试就被刷下来了。经过总政歌舞团再三向上音交涉，上音才将李文章作为代培生勉强留下。但开学后，竟没有老师愿意教他。系领导对李文章说："你先等一等，我们再想想办法……"就这样，李文章在上音校园"流浪"了一个多月，茶饭不思，夜不能寐，人也消瘦了很多。正当李文章准备打道回府之际，温可铮从外地演出回来，他十分愿意收下这名"老大难"的学生，因为温先生培养过许多部队歌唱家。

在上第一堂课时，温可铮诚恳地对李文章说："你的嗓音条件虽然比不上其他同学，但我认为你可以学好声乐。我相信军人是能克服各种困难的。只要你用心学习，一定能为自己争口气。"

温可铮针对李文章唱歌不敢开口、声带闭合不全的问题，先让其张开大口放声喊"啊"，但李文章又不知该怎么喊，于是温可铮形象地用乌鸦那样的叫喊声来比喻。后来，又拿来小孩的玩具发出"嘎！嘎"的声响来形容"啊"音的纯和亮，启发他将声带的基音和能量充分释放出来。慢慢地，李文章开始由不明白到大胆地喊出"啊"，直到唱出纯"啊"来，大约用了几周的时间。温可铮见李文章有进步，就鼓励他，为他树立信心。

打那之后，除了每周两节主课外，温可铮每天都利用他课间休息的十几分钟，给李文章及时辅导，甚至连周末和节假日都约李文章来家加课。

温可铮教学很严格，他要求学生把每堂课后的心得、体会，都写在笔记本上，而且下次上课还要检查。有时，李文章一堂课唱得不好，温可铮更要他写小结，分析问题，找出原因，还十分耐心地帮他解决问题。

经过一个学期的刻苦训练，李文章的声音有了长足的进步。在一次声乐系的演唱会上，李文章唱了一首意大利歌曲《绿叶青葱》引起了强烈反响。一年后，李文章夺得系里男高音的第一名。回到总政歌舞团后，李文章成为主要演员。他的代表作《伟大的北京》传遍大江南北。

温可铮一直认为：世界上没有教不好的学生，只有没教好学生的老师。他常对我说：老师教学生，就好比中医给病人开药方。首先要对症下药，更关键的是各种药如何搭配及剂量的多少，这就要看功力了。

温可铮夫妇把所有的爱都献给了歌唱艺术和视如己出的学生。

20世纪50年代后期，温可铮在上音的学生李文，因为替彭德怀元帅说了几句公道话，被打成"现行反革命分子"，还没毕业就被送往湖南的深山老林里放羊耕地。一去近二十年，杳无音讯。1978年十一届三中全会后，拨乱反正的消息也传到了山沟沟。与世隔绝多年的李文，此时想到了恩师温可铮，于是马上写信到上音，向先生求援。温可铮接信后，立即给李文寄钱，鼓励他到北京寻求公正。

李文很快获得了平反，并被安排到中国歌舞剧院工作。在报到那天，从不流泪的李文哭了，哭得很伤心，因为他已没有能力再歌唱了。温可铮闻讯后，立即邀请李文来上海，安排他在家里吃住，并每天给他上课，经过不长时间的训练，李文终于恢复了嗓子。后来他去了瑞典，成为那里出色的歌剧演员。

朝鲜族姑娘赵丽，当年因学习方法不当，嗓子给练坏了。有一年暑期返京回家，连说话都有些嘶哑，更谈不上练声歌唱了。她的父亲、时任解放军总后勤部部长的赵南起上将发现此状后，就托人请中央音乐学院沈湘教授给女儿会诊把脉。沈湘在听完赵丽的演唱后，非常自信地说："我马上写封推荐信，你回学校后可找温可铮，他一定有办法。"

果然，温可铮不负厚望。赵丽到来后，他让她从消除声带的疲劳开始，先练默唱，然后哼鸣。禁声一段时间，嗓子有一定的起色后，再唱一些力所能及的小品。在嗓子得到休养的同时，她又学习到了许多歌唱技巧。就这样循序渐进，在温可铮的悉心调教下，赵丽乐感好、音色美的演唱特色，都被最大限度地表现出来。到毕业时，赵丽已经出彩了。

"我要活着，我还要歌唱"

温可铮和夫人、钢琴演奏家王逑痴情一生，相知相随。当年结婚时，温可铮就郑重地对王逑说：将来我是要当半个和尚的……在以后的岁月里，温可铮清心寡欲，所有的一切都围绕着教学和歌唱。他一直认为，音乐是他生活的唯一意义，他所有的自尊、自信，都来源于音乐。他活着，就是为了歌唱。为了歌唱，他可以舍弃所有。

温可铮一生光明磊落，从不为名利所惑。但因其学识渊博，歌唱才华过人，而引起一些人的嫉妒，遭到了很多不公，甚至打压。在"文革"中，他更是遭遇了惨无人道的迫害，历经磨难，九死一生。

"文革"伊始，上音一个同样唱男低音的学生，觉得自己取代温可铮的机会来了。他先是独自一人偷偷来到已被打成"牛鬼蛇神"的温可铮家，逼其交出所有的歌唱资料和研究声乐的笔记。可是，这个从不认真学习、只会投机取巧又想一步登天、居心不良的学生，既看不懂这些资料，更悟不出什么道理来。于是他又生一计，煽动北京来的红卫兵，去抄温可铮的家。同时，他趁机将塑料拖鞋、绒线帽子等强行塞入温可铮的嘴里，并用皮鞋底猛扎他的喉部，想从根本上摧毁他。

也许是一种本能，想保护自己视作比生命更珍贵的歌喉，温可铮挣脱了架住他的歹徒，猛地从三楼冲到二楼平台，紧接着纵身一跃至一楼，然后夺门就跑，逃到了毗邻的先锋电机厂。工人师傅见温可铮如此惨状，纷纷伸出援手，挡住了红卫兵，保护了温可铮。这起恶性事件总算被制止。

在"文革"中，温可铮受尽了屈辱，遭毒打是家常便饭，但他从不屈服，只要一有机会就偷偷练唱。如果一旦被发现，会招来更严厉的毒打。不过，即使是在那样的年代里，人性是不会泯灭的。

有一年冬天，下了很大的雪，温可铮被关在学校的"牛棚"里。一天，有位好心看守偷偷告诉温可铮，北京来的红卫兵马上要来批斗他，还扬言要掐碎他的喉咙。求生的本能和保护嗓子的欲望，使他勇气突发。他穿着单薄的衣服，从学校的琴房翻墙而出，赤脚沿着满地冰雪的复兴中路向西逃跑。红卫兵发现后，在后面紧追不舍。温可铮跌跌撞撞跑到常熟路口，岗亭里的警察一眼就认出了温可铮，见此状，就一把将他拉进岗亭。同时告诉追来的红卫兵：这个人已被我逮住，不用你们管了。就这样，这位民警保住了温可铮一条声带和至少半条性命。多少年过去了，温可铮只要经过此地，总要向这个岗亭眺望、注目，因为那曾是他人生的诺亚方舟。

温可铮从未与我谈及"文革"中的遭遇，很多往事都是他夫人王述在不经意间说出的。我很理解，人最伤心的事往往是说不出来的，只是默默地埋藏在心灵的深处。

但人再坚强，也终有扛不住的时候。温可铮一次次逃过厄运，又遭到更大的折磨，他要崩溃了，一度想要结束自己的生命。于是他每天向校医务室要一粒安眠药，在积攒到一大瓶时，被王述发现。这个危险信号令爱妻焦急不安又痛苦万分，为了挽救危局，王述使出一条"激将法"。

一个周末的傍晚，王述与温可铮相约去西郊的荒野，作"最后的歌唱"。这天两人骑着自行车，快到西郊公园时，突降瓢泼大雨，两人没带任何雨具，当时也没有任何躲雨的地方。而且，雨势越来越大，一直不肯停歇，温可铮夫妇被雨水淋了个湿透。无奈，他俩就停在一棵大树下，开始放声高唱。唱了一曲又一曲，歌声里蕴含着温可铮曾经有过的多少欢乐、甜蜜和如今正在遭受的痛苦、委屈……

这时，王述深情地对温可铮说："你想死，我可以陪你一起死。但你想过没有，你为之付出一生心血的理想，实现了没有？你终身喜爱的歌唱，唱够了没有？你的教学，教够了没有？……"王述连珠炮似的话语犹如晴天霹雳，令温可铮茅塞顿开，他突然警醒：是呀，如此漫长、这么多的苦难我都已熬过。为了歌唱，难道还有什么坎儿不能过吗？清醒过来的温可铮突然紧紧地拥着爱妻，嘴里喃喃地反复自语："我要活着，我还要歌唱……"雨，越下越大；歌，也越唱越多。交织着的歌声和雨声，似乎在化作一缕缕希望……

激情澎湃的"哈尔滨之夏"

命运多舛的温可铮在"文革"中受尽了常人难以忍受的磨难，从不屈服，没有掉过一滴泪，但他在艺术生涯中的一些感人演出中，却多次潸然泪下。

1962年盛夏，哈尔滨举办第一届"哈尔滨之夏"音乐节，这是继"上海之春"后，中国歌坛的又一盛会。来自中央和全国各地的音乐团体、艺术家们应邀参加。其中，前辈歌唱家张权、杨彼得、黄源尹和正在崭露头角的青年男低音歌唱家温可铮，分别举办了独唱音乐会，受到了冰城人民群众的热烈欢迎。由于温可铮第一次在此地亮相，而且在音乐会上又有不俗的表现，因此，当地的媒体连篇累牍地报道，一时成为新闻人物。

那一届音乐节的闭幕式，被安排在两个剧场同时进行。中共东北局、沈阳军区和黑龙江省委的主要领导，将出席人民剧场的主会场。音乐节的主要演员都将亮相，温可铮压轴。届时，中央新闻电影制片厂将拍摄纪录影片《哈尔滨之夏》，中央人民广播电台将直播闭幕式。这样的演出，容不得半点差错。

当辅会场的观众得知温可铮不能同时来此地演唱时，纷纷要求大会组委会破例：请温可铮在主会场演完后，再赶来此地加演，他们可以等待。

当组委会将观众的要求转达给温可铮时，他二话没说，一口应允。在人民剧场的演出一结束，温可铮不卸妆就与钢琴伴奏王述一同驱车赶往青年宫。

那里的1 000多名观众,一个也没离去,他们已足足等候了一个多小时。当温可铮从侧幕看到那么多双期盼的眼神,令他激动不已。当他突然出现在舞台中央的钢琴旁时,原本寂静的剧场,一下爆发出震耳欲聋的掌声和欢呼声,经久不息,似乎要把剧场的屋顶掀翻。这是温可铮艺术人生中从未经历过的,他再也无法控制自己的情绪,眼泪夺眶而出。他觉得,能得到人民群众的如此厚爱,要比在国际歌坛得奖更自豪。平复情绪后的温可铮,接连为观众演唱了他的许多保留曲目。这一夜,观众和温可铮夫妇都难以入眠。

来自工人师傅的温暖

在"四人帮"倒台前夕,上海歌坛发生过一件令人啼笑皆非的事情。一天晚上,歌唱家张世明突然造访温可铮家,想请当年的恩师帮助他解决唱不好高音的大问题。此时张世明所在的上海合唱团,正在排演交响大合唱《智取威虎山》,而张世明则担纲男一号杨子荣一角。由于歌唱演员改行唱京剧,方法用得不当,致使高音唱不好。而且最紧迫的是,几天后剧组就要晋京汇报演出。在这个关键时刻,无奈的张世明只能求助于温可铮。

当温可铮得知张世明的来意后,起先是拒绝的,理由是自己还没获得平反,给样板戏演员上课,显然不妥。但他又经不起张世明的苦苦哀求,此时一直把歌唱、教学视作比生命更重要的温可铮,也顾不了由此带来的后果,毅然决然地替张世民"诊治把脉",解决他的当务之急。

不料,温可铮的楼下邻居,也是张世明的同事,第二天就告了密。于是,不仅张世明写检查,而且温可铮更成了众矢之的而被批斗。那时上海报纸对此报道的大标题是:《英雄人物,怎能拜倒在资产阶级权威脚下》。原本,老师为学生传道、授业、解惑是天经地义,但在那个非常时期,却成了温可铮的一大罪状,因此他又被发配到上海赴江西革命老区的知识青年慰问团中去当搬运工,并接受工农兵的再教育。

在井冈山革命老区的巡演中,温可铮又是搭台、当搬运工,又打灯光。他不怕苦,不怕累,与工人师傅们打成一片。一天晚上,慰问团来到宁都的一家纺织厂的广场上演出。舞台搭好后,供电设备却突然出现了故障,现场一片漆黑。修了好长时间,也不见起色。此时,就有工宣队领导提议:

温可铮嗓门大，先让他唱首《咱们工人有力量》来垫垫场。那时工人师傅的话，犹如皇帝的圣旨一样管用。就这样，没有任何心理准备、已经快十年没登台的温可铮，被工人师傅推上了场。那天，没有扩音，也没有灯光，但台下无数支手电筒都聚焦在台上的温可铮身上。温可铮一人高歌，台下千余人和唱，那激动的声浪，直冲云霄……这样的歌声，一直持续到通电后的正式演出。

人民群众是如此认可、热爱自己，回到后台的温可铮，号啕大哭，宣泄他这么多年所遭受的苦难和委屈……

因为工人师傅的肯定，回到上海的温可铮，不久就参加了在文化广场举办的"纪念聂耳、冼星海音乐会"，这也是"文革"后温可铮第一次正式登台亮相。那天，当报幕员宣布男低音歌唱家温可铮将演唱《热血》和《码头工人歌》时，全场所有观众自发起立，热烈鼓掌，掌声长达五分钟。台上的温可铮，此刻百感交集、五味杂陈。当一声长歌、泪满前襟时，感人至深的歌声，不是温可铮用歌喉在演唱，那是他生命的咏叹、心灵的呐喊！

十年旅美，勤学不倦

十年动乱结束了，中国又迎来了文艺的春天。温可铮想弥补错失的十年，却有些力不从心了。十年没有系统地练唱和登台，嗓子还受到人为的摧残，但执着的温可铮还在倾其所能地努力着。

1979年初春，应文化部之邀，有"华人第一歌唱家"美誉的斯义桂先生来上音讲学一学期。斯先生的到来，打开了中国声乐封闭了几十年的大门，也带来了当代声乐的全新理念，更解开了困惑温可铮多年的声音上的问题，同时也圆了他一生的梦想。

因是同门，两人相见恨晚，惺惺相惜。由于温可铮在"文革"中所受到的残酷迫害，声音已存在很大问题。对此，斯义桂帮他逐一解决，还辅导他演唱勃拉姆斯的《四首严肃的歌》，并把自己从美国带来的乐谱，全部复印后送给温可铮。这些乐谱中有很多斯义桂亲笔写的注解。温可铮多次对我说，斯先生的到来，使他的歌唱发生了根本的变化，受益终生。

1992年，温可铮夫妇开始了十年的旅美生涯。初到纽约，他们就接到远在康涅狄格州的斯义桂夫妇的盛邀。在斯义桂家中,温可铮在夫人王述的钢琴伴奏下,唱了多首他俩久别后的新作。斯义桂听后很欣喜,觉得他有很大进步,声音不摇了,变得更坚实、更漂亮了。当然他也谈了自己的一些建议。那天,斯义桂也演唱了自己的代表作。两人互相点评,共同切磋。就这样,唱唱聊聊、聊聊唱唱,一直到下午才觉得肚子有些饿了。于是斯义桂亲自动手,烧了一桌丰盛的饭菜款待远道而来的知音。

那天告别时,大家都依依不舍。温可铮与斯义桂长时间地紧紧相拥。当温可铮夫妇乘坐的小汽车开出很远后,斯义桂还专门用白毛巾在自己寓所的窗前挥动,直至小车消失得无影。

晚年的温可铮,从上海音乐学院声乐系主任岗位上退休后不久,就应邀去美国的康奈尔大学当访问学者。在这期间,温可铮大开眼界,因为在那里,每天都有新的东西可学习。

两年工作结束后,已65岁的温可铮决定自费在美国学习。由于人生地疏,加之纽约的房租很贵,温可铮又不愿意麻烦亲朋好友,因此,起初他们只能租住在只有几平方米的地下室,晚上睡觉连翻身都很困难。但温可铮宁肯把不多的钱都用在学习上,除了不收费的纽约国家图书馆是他常去的地方外,但凡当地有新的歌剧和音乐会上演,他总会买最便宜的票去观摩聆听。当然,众多的声乐大师讲座,他更不会错过,每次听讲座,温可铮总要认真详细地记笔记。他把大师的讲解与自己的看法逐一对照。若有疑问,有时还会当众请大师

温可铮夫妇在美国康州斯义桂家中留影

80年代，与尚家骧教授、郭淑珍教授、意大利声乐专家吉诺贝基、沈湘教授合影留念

温可铮：活着，就是为了歌唱

解惑或干脆上台演唱，请大师点评。要知道在那样的大师班上，学习者几乎是清一色的来自全世界的年轻人，像温可铮那样的老者，绝无仅有。

有一次，旅美歌唱家火磊无意中提起，纽约有位名声不大但却有火眼金睛的声乐艺术指导威廉姆斯。温可铮知道后，一直想去拜访学习。

和契尔金教授合影

当有天温可铮夫妇敲开威廉姆斯的家门时，开门者是一位年近半百的意大利籍声乐艺术指导。当威廉姆斯得知这对白发苍苍的老者的来意后，顿觉不可思议。但出于礼貌，还是请来者入室就座。在沏上咖啡、一番寒暄后，双方就直奔主题。威廉姆斯拿着温可铮自带的乐谱，为其伴奏。温可铮连唱了几首高难度的歌剧咏叹调和艺术歌曲后，威廉姆斯跷起大拇指，连声称赞说"非常棒，非常棒"，并认为温可铮已经是位很出色的大师，不用再学习了。而温可铮却回答说："我来您这里，就是想知道自己的演唱还有什么不足之处……"

对于温可铮而言，无论是苏石林、契尔金、吉诺·贝基那样世界歌坛的教父，还是默默无闻的后辈，抑或是自己的学生，只要是正确的东西，他都会接受，不耻下问。因为只有达到温可铮这样境界的大师，才会深谙：声乐艺术是永无止境的。

中西融通的歌唱家

温可铮的歌声，在"文革"中被迫沉寂了十年，但劫后复出，却爆发出更大的热情和能量。在以后的三十年间，他唱遍大江南北、五洲四海。就是像卡内基、大都会和联合国总部那样的世界殿堂级会所，都留下过他难忘的歌声。

我和温可铮相识相交达20多年，是亦师亦友的忘年交。我听过温可铮无数次的演唱，他的演唱不仅字正腔圆、张弛有度、举重若轻、随心所欲，而且歌由心生，入乎其内又出乎其外，达到了出神入化的境界。

如温可铮的代表作之一俄罗斯歌曲《跳蚤之歌》至今无出其右者。在歌中，他用造型性的歌声与尖锐性的语言，塑造出一种似朗诵、似歌唱的唱腔。尤其是贯穿全曲的嘲讽性的笑声，他的处理异常精彩：时而冷笑、媚笑，时而又苦笑、蔑笑，语言突出，形象生动。无论他的声调、语势，还是句法和行腔，都给人耳目一新之感。

温可铮的另一首代表作是俄罗斯歌曲《酒鬼之歌》，与之也有异曲同工之妙。他用诙谐、幽默甚至夸张的表演手法，把一个酒鬼的形象展现得活灵活现。在《伏尔加船夫曲》中，温可铮则运用了丰富的歌唱色调和富有弹性的音乐节奏，道出了穷苦人民内心的愤懑不平。

温可铮虽然长期从事西洋唱法，但他对中国作品，尤其是中国民歌，一直情有独钟。许多作品在他的音乐会中，每场必唱。如风趣的《凤阳花鼓》、柔美的《虹彩妹妹》、伤感的《红豆词》和清新的《我住长江头》，他的诠释，有声有情、有字有型，无可挑剔。

温可铮的演唱，既继承了前人的精髓，又融入了自己一生的真知灼见。在他的歌声里，既能听到小桥流水、情意绵绵，又能感受博大胸怀、激情万丈。他为后人树立起一个真正歌唱家不断进取的标杆。

温可铮是中国歌坛一座难以逾越的高峰，更是人民群众心中一座永不磨灭的丰碑。

刘炽：用一生践行诺言

2020年新年伊始，脍炙人口的歌曲《我的祖国》音乐电视，正在央视各频道滚动播出。它激励亿万人民的爱国热情，团结一心共同投身抗击、战胜"新冠"疫情的伟大斗争。

《我的祖国》的词曲作者乔羽和刘炽，是歌坛的黄金搭档。他俩创作的《让我们荡起双桨》《祖国颂》等经典歌曲，曾影响过几代国人成长。尤其是大型声乐作品《祖国颂》，它以一往无前的磅礴力量，点燃了中国人民的沸腾热血，被周总理誉为"中华民族伟大精神的象征"。

刘炽与马可、劫夫，当年被并称为"延安三大旋律家"。刘炽晚年，我想为他在上海举办作品音乐会，曾多次赴京联络，并有幸和胞弟李建国一同在他家留饭，印象深刻。

刘炽与上海其实颇有渊源。20世纪60年代初，上影拍摄彩色音乐故事片《阿诗玛》，当时刘炽也正在筹划构思歌剧《阿诗玛》，与上影的创作不谋而合。为了使自己的创作更游刃有余，刘炽在影片拍摄期间，多次来沪与导演、作曲沟通交流，了解音乐的创作状况。曲作者葛炎还给他提供了去云南下生活的路线图。

刘炽

生长在西安的刘炽，本名刘德荫，自幼就显露出众的音乐才华。他无师自通，儿时就对中国民乐的吹拉弹唱，样样在行。对西北的各族民歌和戏曲曲牌，他都烂熟于心，有些能倒背如流。这些都为他日后成为一代作曲大家奠定了坚实的基础。

1936年"西安事变"时，15岁的刘德荫正在当学徒，因受当时风起云涌的学生爱国运动的影响，他也向往革命。于是他偷偷离家去参加"红军大学"，后被分配到"红军剧社"当了一名小演员。在北上延安的途中，对一切都感到新鲜的刘德荫一路上又唱又跳，带队的军官见状就说：这娃像颗小火苗，叫啥刘德荫，就叫刘炽吧。

改名后的刘炽，来到革命圣地延安后，开始了新的人生。不久延安成立了鲁迅艺术学院，其中音乐系的教师阵容强大，有吕骥、冼星海、向隅、瞿维、李焕之、寄明等。刘炽报考音乐系的考场，就在冼星海所住窑洞。那天，刘炽演唱了《义勇军进行曲》，后又加唱了《救国军歌》。冼星海要刘炽谈谈对这两首歌曲的理解，并询问他为何要学音乐。刘炽坚定地回答：想为祖国和人民歌唱。就这样，刘炽考取了鲁艺。

在鲁艺学习的日子里，刘炽如鱼得水，一刻也不停歇。那些枯燥的音阶在他的组合下变得浪漫异常，而简单的音符经他的编织又产生了优美的音响。那流淌在他心底的隽永旋律，一直奔涌激荡着……

对刘炽的处女作《陕北情歌》，冼星海批了一个字："好。"他创作第二首儿童歌曲《叮叮当》，老师又批了："很好。"第三首是混声二部合唱《打场歌》，冼星海看后激动不已，他为这孩子的灵气和才能骄傲，情不自禁地在曲谱旁批下了"非常好"。

延安的教学条件虽然非常艰苦，但在冼星海耳提面命式的教诲下，刘炽的音乐能量得到充分的发挥。他在参与创作歌剧《白毛女》大获成功后，更坚定了自己的创作理念和方向，并牢记先生的谆谆教导：生活是一切音乐创作的源泉，而旋律更是音乐的生命。于是他更努力地钻研西洋科学的作曲技法，使自己的作品能插上更强有力的翅膀。在刘炽一生创作的1 000多首作品中，无不践行着老师的诤言和自己的初心。他在自己的音乐生涯中，踏遍了祖国的大好河山。下生活，到民间，尽情地吮吸着这不竭的音乐养分。在刘炽的口袋里总是揣着记谱本，随时收集、记录并深藏起各民族和各剧种的音乐元素，这为他以后能自由尽情地翱翔在创作王国中至关重要。

刘炽慧眼识珠，解放战争时期在东北音工团工作时，发现了一个音乐苗子傅庚辰，经他的培养和推荐，傅庚辰后来成为中国乐坛的一位大作曲家。

1956年，长春电影制片厂拍摄了一部抗美援朝题材的影片《上甘岭》，影片歌颂了中国人民志愿军浴血奋战的英雄事迹。刘炽接到为《上甘岭》谱曲任务时，该片已近杀青，只留下几分钟的戏，等插曲完成后再补拍。导演沙蒙是刘炽在延安时的战友，他除了对全片的一些音乐作了安排外，还特别指定要谱一首插曲《我的祖国》，歌词已由该片的编导共同完成。沙蒙希望：未来的这首插曲，在将来电影不演了之后，还能在人民中传唱。

历经革命战争洗礼的刘炽在看过已拍竣的样片后，创作的激情油然而生。但用心反复研读这文绉绉的歌词后，还是无法捕捉到主题音乐，更谈不上旋律如何展开、发展，导演的创作要求很难实现。于是他向沙蒙建议，请乔羽来重新写词。

接到沙蒙急电的乔羽，那时正在江西一带下生活，编写儿童影片《红孩子》的剧本。于是他星夜赶往长春，在了解了影片的故事和导演的创作意图后，反复推敲。最终乔羽决定用描写和平生活的画面，来反衬战争残酷的手法。乔羽善于提炼词眼，当他捕捉到"一条大河"这个形象时，思绪便一泻千里。不足200字的歌词，浅显中有深意，平白里寓哲理。他谱写的歌词第一时间得到导演和作曲的认可。

在为《上甘岭》谱曲时，西北硬汉刘炽多次流下热泪。当他拿到乔羽的歌词后如获至宝，多日来奔腾在心底的旋律，一下就喷涌而出。当时中国歌坛有许多女高音参加试唱《我的祖国》，最终确定由郭兰英演唱，此歌从此成为中国人民心中的歌。

八年后，长春电影制片厂又推新片《英雄儿女》，这也是一部抗美援朝题材的作品。导演武兆堤点名请刘炽作曲，但刘炽认为自己已写过这样同类题材的音乐，很难再写出新意了，于是婉拒。不过，最终在领导的要求下，他还是全力以赴地投入创作。

刘炽在深入熟读剧本后，剧中的人物形象很快在他脑海中活跃起来。当他拿到老战友公木所写的歌词《英雄赞歌》时，早已按捺不住内心的激情了。他借鉴曾在内蒙古采风时学到的一首当地民歌《巴特尔陶陶呼》的旋律,变奏处理后,一气呵成完成了这首新作。

  但刘炽在音乐展开的进程中,总觉得意犹未尽,音乐并未达到高潮。奔涌澎湃的乐思使他来不及与公木商量,就为歌曲加上了一段副歌词:"为什么战旗美如画,英雄的鲜血染红了它。为什么大地春常在,英雄的生命开鲜花",并用浪漫主义的抒情音乐,把作品的情感推向高峰。公木拿到新作后顿觉眼前一亮,觉得刘炽续得精彩、恰到好处又锦上添花。歌曲《英雄赞歌》由空政文工团的张映哲首唱,随影片上映后一炮打响,久唱不衰。

马可：永远为人民歌唱

人民音乐家马可是中国民族歌剧的奠基人之一。他虽英年早逝，但在其短暂的四十年音乐生涯中，留下了歌剧《白毛女》《小二黑结婚》和歌曲《南泥湾》《咱们工人有力量》等一批载入中国音乐史册的经典作品。

马可青年时代就读河南大学化学系，他原本科学救国的抱负，被当时残酷战争无情地击得粉碎。为了抗日救亡，马可在校园内组织歌咏队，并自学作曲技法谱写救亡歌曲，用歌声来唤醒、团结当地民众投身抗日洪流。

当冼星海随上海抗日演剧队来郑州慰问演出时，无意中发现马可是个音乐天才，于是就鼓励他走音乐之路。结识冼星海是马可人生的转折。1940年，已担任延安鲁艺音乐系主任的冼星海写信召唤马可，希望他能来延安学习工作。老师的厚望，令热爱音乐的马可喜不自禁，他毅然决然地旋即投奔革命圣地延安。

此后，他潜心拜在冼星海门下刻苦学习、钻研作曲技法。马可一直牢记老师关于生活是一切音乐创作的源泉和旋律是音乐真正生命的教诲。他长期深入生活、体察民情，不断积累中华传统文化的元素和养分。马可常说：课堂上学一百首作品，不如到田间炕头听老乡唱首民歌。正因为有生活和对时代的深刻感悟和熏陶，马可和刘炽、劫夫被并誉为当年延安的"三大旋律家"。

延安的火热生活，给了马可无穷的创作天地。他的成名作歌曲《南泥湾》就是在那个年代谱写的。

1943年元宵节，马可随鲁艺音工团去南泥湾慰问。当年，马可来延安时曾路过那里，记得到处是杂草乱石、一片荒芜。如今经过359旅官兵两年多的辛劳耕作，此地不可思议地变成江南鱼米乡。绿油油的庄稼和果树一眼望不到边，夜间一排排窑洞如同一颗颗璀璨的夜明珠。招待客人的小米饭和各种蔬菜，都是自己种植收获的。战士们还自豪地告诉马可：若你们明年再来，就可吃上大米饭了，翌日清晨，当音工团员们还在睡梦中，359旅的战士们已吹响集结号，整装出发去垦荒了。面对如此巨变，大伙都感到惊叹。

诗人贺敬之和作曲家马可不谋而合，他俩都想写首歌曲来表达自己的心境。当马可拿到贺敬之一气呵成的短诗《南泥湾》后如获至宝，奔腾在他心中激昂隽永的旋律，此刻似乎要喷涌而出。就这样，传唱至今的歌曲《南泥湾》诞生了。起初，这首作品由鲁艺的女生小合唱。在音乐舞蹈史诗《东方红》选用了《南泥湾》并由郭兰英独唱后，歌曲不胫而走，为亿万人民所喜爱。

延安当年曾流行秧歌剧，这是鲁艺师生在学习毛主席《在延安文艺座谈会上的讲话》精神后，新创的一种音舞样式。它把原本不登大雅之堂的民间秧歌，经过精心的改革后，成为一种有主题思想、故事情节的新剧种。那时经常上演的有《兄妹开荒》《牛永贵挂彩》《一朵红花》等，马可创作的《夫妻识字》诙谐幽默、寓教于乐，是这个新剧种的代表。

为了向党的"七大"献礼，鲁艺受命要在新秧歌剧的基础上创作一部崭新的民族歌剧。经过大伙的集思广益，最终选定了当时流传在晋察冀边区的一个"白毛仙姑"的民间传说为创作题材。学校随即组成最强的创作阵容去河北农村下生活。

这部名为《白毛女》的民族歌剧，由贺敬之、丁毅等编剧，马可、瞿维、张鲁作曲。其实参与创作的还有向隅、李焕之、寄明、刘炽，但他们最终在作品上都没署名。此剧的主要旋律基本都由马可完成，他为谱写其中的几个唱段，完全沉浸在角色的感情中，眼泪不知流了多少。

《白毛女》作为中国民族歌剧的开山之作，首先要突出其民族性。《白毛女》的音乐，以中国北方民歌和传统戏曲音乐为元素，像剧中喜儿的唱段《北方吹》借用了河北民歌《小白菜》和《青羊调》，杨白劳的唱段则运用了山西民歌《捡麦根》。而表演则运用了中国戏曲中歌唱、吟诵和道白三者有机的结合。在人物塑造和处理中，更多借鉴了西方歌剧的模式。

1945年4月，新创的歌剧《白毛女》在延安的中央大礼堂试演便引起轰动。不久，为出席党的"七大"的代表专场演出，受到毛主席和党中央的高度评价。1951年《白毛女》被搬上银幕，从此为全国人民所熟知和喜爱。

歌剧《白毛女》从诞生直至最终定稿，历时17年。1962年在周总理的关心和建议下，此剧又作了较大改动。其中增加了由贺敬之作词、马可作曲的两首有较大难度、堪与西洋歌剧咏叹调媲美的喜儿唱段：《恨是高山仇是海》和《我是人》。至此，全剧的音乐结构更完整、更具艺术性，人物的形象也更丰满。作品经受了时光的检验和推敲，能自豪地屹立于世界歌剧之林。无疑，《白毛女》是我国歌剧史上的里程碑，它的成功也标志着中国民族歌剧一个新时代的来临。此后不断涌现出《刘胡兰》《红霞》《洪湖赤卫队》《红珊瑚》和《江姐》等一批人民群众喜闻乐见的经典民族歌剧，这是中国民族歌剧的巅峰时刻。

1952年，马可又为中戏歌剧班毕业生量身定做了一台六幕喜歌剧《小二黑结婚》，此剧是根据赵树理的同名小说改编创作的。全剧音乐选取了山西、河北及河南梆子和评剧中的音乐元素，同时又运用了各种音乐手段介入戏剧冲突，推进剧情发展，在揭示人物内心和塑造音乐形象时马可作了很多探索。剧中《清粼粼的水来蓝莹莹的天》成了一首久唱不衰的经典作品。此剧1953年在北京首演，在1956年的"全国音乐周"上一炮打响，从此成为中国民族歌剧的经典作品。

久违了，朱逢博

歌唱大家朱逢博

朱逢博是中国久负盛名的一代歌唱家，也是迄今为止把西洋唱法天衣无缝地融入中国民歌中的典范。

朱逢博的歌声，空灵飘逸、通透圆润又清澈甜美，丝毫没有矫揉造作之感，更听不出有任何歌唱技巧运用的痕迹，达到了随心所欲、歌人合一的境界。

朱逢博是中国歌坛里程碑式的人物，她开启了中国民歌演唱的一种新风。她鲜明的声线和独特的演唱风格，风骚独领。但凡听过她演唱芭蕾舞剧《白毛女》唱段的人，是很难忘却、走出这歌声的。

歌坛宿将的平静晚年

在2019年金秋十月一个风和日丽的星期天下午，我有幸随作曲家沈传薪和舞蹈家黄洪玲夫妇，一同驱车前往本市西南一隅的一幢公寓，去探望久违的歌唱大家朱逢博。

这天，黄洪玲专门带去了赶烧出来的几个地道上海小菜，其中有朱逢博喜爱吃的油爆虾、八宝辣酱、素鸡、萝卜烧肉等。

朱逢博是个念旧有情的人。在退出歌坛、淡出公众视线的这些年里，她深居简出，基本回绝了所有社会活动，只是偶尔与旧时挚友往来。黄洪玲与朱逢博是当年舞蹈学校《白毛女》剧组的同事、好友。这么多年，无论风云变幻，她们都一如既往地相互关照、常来常往。而沈传薪则是朱逢博刚进入上海歌剧院后被送往上音进修时的钢琴伴奏老师。那时，好学的朱逢博常常在课余时间拖住沈传薪为其开小灶，而沈传薪也尽心尽力。当年，沈传薪创作的歌曲《红杉树》就是由朱逢博唱响全国的。屈指算来，这对夫妇与朱逢博的交往和友谊，已长达半个多世纪。

午睡刚起的朱逢博，对客人到访的喜悦溢于言表。她一面招呼大家入座，一面赶忙泡水沏茶。

朱逢博的寓所三室一厅，很敞亮。客厅充满着艺术氛围，四周挂着一些名人的字画和她当年光鲜的剧照。一架老式的柚木斯坦威立式钢琴上，放满了她和爱人施鸿鄂录制的唱片和CD。客厅的四周及阳台，摆满了郁郁葱葱的花草盆景，呈现了片片盎然绿意，令人赏心悦目。朱逢博说：这些花草是她每天都要陪伴、打理的，这样既能修身养性、打发时光，又锻炼身体、陶冶情趣。

岁月匆匆，往事历历。已很多年不见的朱逢博老师，如今已是一位82岁的老人。这位驰骋歌坛一个甲子的歌唱宿将，虽昔日的容颜不再，但依然让人深感这位大家的风范和气场。因糖尿病的缘故，朱逢博原先略显富态的体形消瘦了很多。眼下轻盈的身姿和步履，反而更显精神，也更有利于运动。现在每天饭后，她都要独自一人在小区的绿荫中散步。

朱逢博告诉我们，她如今正过着普通人的生活。平日在家看电视以新闻节目为主，每天半夜睡觉，但中午一定会午睡。一日三餐，她都自理。每顿一碗米饭佐以绿叶蔬菜和小荤。因为爱吃牛排，每天都要煎上一块，以补充营养。家中所有的食物、瓜果，都是她住在楼上的独子施劲购买来的。家中请的钟点工，每星期来五次，主要打扫卫生和洗衣服。

近几年，朱逢博的身体每况愈下，先后多次大病开刀。所幸在医护人员的悉心治疗下，每次总能逢凶化吉。朱逢博说：她每次大病，醒来躺在病床上，感受到各方人士和亲朋好友无微不至的关爱，心里充满着无法用语言表达的感恩。朱逢博退出舞台后的几年间，她还经常带教一些学生。但今年因身体原因，不再教学了，彻底与歌唱断缘。

闲谈间，朱逢博的儿子施劲下楼看望母亲。他先替母亲打完胰岛素，见家中有客，就独自驾车送女儿去学校。原本每个星期天的下午，朱逢博总要和儿子一同去送孙女上学。孙女乖巧懂事，学习成绩又好，是复旦大学新闻学院三年级的高才生，同时还是一位出色的长笛手。

一生淡泊名利的朱逢博，对自己彻底告别公众人物形象，眼下过着普通人的生活，颇感满足。她只希望自己身体能健康些。

与施鸿鄂的不了情

朱逢博人生中最思恋、最不舍的人，就是她已故的丈夫——蜚声海内外的著名男高音歌唱家施鸿鄂。他俩因歌结缘，终身相厮相守，朱逢博对施鸿鄂一见钟情、痴情一生。

去见朱逢博前，我是做了些功课的。这天早上，我与屠巴海通电话，想从这位长期与朱逢博合作的作曲家口中，了解些朱逢博的轶事。果然，我无意中从电话中得知，施鸿鄂的骨灰至今还未入葬，摆放在其生前卧室的灵堂上，最令人感动的是，朱逢博每顿热饭菜，要先供奉施鸿鄂后自己再吃，十多年了，从不间断。

这天，在谈到施鸿鄂被保送到保加利亚随勃伦巴诺夫深造，其后又在国际声乐大赛上获金奖时，我向朱逢博提议，是否可去看望施鸿鄂老师。朱逢博欣然同意，随即高兴地带着我们进入施鸿鄂生前的卧室。室内所有摆设依然照旧，只是床前多安放了一个灵台。灵台上方悬挂着施鸿鄂的大幅照片，骨灰四周有多张他的唱片和CD。我和沈传薪夫妇先后点香，致哀远在天国的施鸿鄂。

当我们回到客厅重新落座后，只见朱逢博的眼眶里已热泪盈盈，此时，我的心也已呜咽，许多往事仿佛就在眼前。

1984年冬，我和胞弟李建国及同人，一道策划举办了"著名歌唱家音乐会"。这台音乐会以北京最负盛名的老一辈歌唱家为主，魏启贤、臧玉琰、楼乾贵、李光羲、刘淑芳、孙家馨、罗天婵、李晋纬、邹德华、官自文等参加，上海歌唱家只请了温可铮和罗魏。就在音乐会开演的前两天，我碰见著名声乐教育家周小燕。她对我说：施鸿鄂是中国屈指可数的男高音歌唱家，音乐会应该请他参加。遵照周小燕教授的意见，我旋即前往淮海西路法华镇路口的上海文艺新村施鸿鄂家。当我说明来意后，施鸿鄂和朱逢博都很高兴。我们三人围在一起探讨参演曲目，最终商定演唱《嘎喔丽泰》《我等你到天明》《都达尔和玛丽亚》等一组新疆民歌。临别时我再三向施鸿鄂申明，由于系临时决定，他的名字和曲目已上不了事先印好的节目单和广告宣传单，但施鸿鄂十分平静地回答我：只要把歌唱好就行。离开他家后，我马上把歌谱转交孟津津编配，第二天，我又驱车陪施鸿鄂去上海交响乐团合乐。

在音乐会开演前，我和施鸿鄂约好派车前去接他。谁知，接受任务的司机竟把此事给忘了。直至轮到施鸿鄂演唱前才发现人未到，但为时已晚。事后，我赶去施鸿鄂家向他道歉，才知昨晚他在隆冬腊月的寒风中，足足等了一个小时，他对我的致歉，表示谅解，对昨晚发生的意外也毫无怨言和指责，表现了一位大艺术家宽广的胸怀和崇高的品质，我非常惭愧和感动。

施鸿鄂曾担任过上海歌剧院院长，那时院里派给他一辆小车供他专用，但他从未私用过一次，每天他还照例骑着那辆破旧的自行车上下班。平日里他也不会一直坐在办公室听汇报、开会，而是下基层与院里的演职员谈心、交流，一有空就在底楼院门口的小琴房里，与同道学生切磋歌艺。一身正气、两袖清风的施鸿鄂曾多次因心脏病接受治疗，有一次因心脏要搭桥，需要自费人民币一万余元，但施鸿鄂拿不出，准备放弃治疗，还是靠朋友相助才渡过此关。

我听著名男高音歌唱家程志多次讲起，他当年在广州部队当兵时，因为喜欢唱歌，就翻墙进入军区招待所，想拜见正在那里下榻演出、从未谋面却一直敬仰的施鸿鄂，请他教授歌唱。施鸿鄂见程志年轻高大英俊、嗓音又好，而且对歌唱如此执着，就毫不犹豫地收他为徒。作为程志歌唱之路上的启蒙者和第一位老师，他教学多年，分文不取。

歌坛生涯回忆

这天，还是黄洪玲打破了客厅里凝固的气氛，她向朱逢博介绍了我最近策划制作的电视纪录片《上海故事》之《外国名歌二百首》，社会反响很好。我对朱老师说：片中用了她演唱的《尼罗河畔的歌声》的画面和资料。朱逢博说，她曾唱过许多外国名歌，如《红河村》《铃儿响叮当》《雪绒花》《小路》《鸽子》等，还和施鸿鄂合作举办过外国名歌专场音乐会。

朱逢博回忆起她在1974年入选中国艺术团，与李光羲一同担任独唱演员，出访美国和加拿大等国，那时她练唱过出访国的许多歌曲。我印象最深的是：有一天清晨起来，窗外下着蒙蒙细雨，而此时电台正在播放朱逢博演唱的加拿大民歌《清晨的雨》，这个场景，我至今不忘。

朱逢博还回忆起参加中国艺术团时，独自在北京生活的一段时光。那时她受到施鸿鄂在保加利亚留学时的同窗好友、海政歌舞团男中音歌唱家胡宝善和他哥哥胡松华的照顾和关怀，深感温暖。朱逢博住处对面的一幢小楼，是中央乐团首席指挥李德伦的家，日子久了，经常见面，大家就熟悉了。李德伦十分欣赏朱逢博的歌唱才华，并为她引荐了许多京城乐坛的名流，此举对她未来的发展之路大有益处。

作曲家谷建芬，也是朱逢博在北京的莫逆之交。当年谷建芬为朱逢博量身定制了艺术歌曲《那就是我》，此歌的成功，也使朱逢博的演唱风格更多样化，歌唱境界也更上一层楼。朱逢博与谷建芬惺惺相惜，她俩的友谊已历经了半个世纪的风雨。至今她俩仍经常通电问候，彼此关怀。谷建芬每次来沪，总不忘去探望老友朱逢博。

1937年4月，朱逢博出生于山东济南，父亲是一位大知识分子，后被错划为右派，母亲则是当地的名门闺秀。在家庭的熏陶影响下，朱逢博从小十分喜爱艺术。她虽嗓音条件出众，但骨子里更爱画画。高中毕业后，她考入上海同济大学，性格特立独行的朱逢博，一直想当一名出色的建筑师。

1960年，朱逢博已是同济大学建筑设计系快毕业的六年级学生。有一次去本市一处工地实习，正巧上海歌剧院在那里慰问演出。在看演出时，她靓丽的外貌、高挑的身材和清脆悦耳的嗓音被剧院的几名舞蹈演员发现，她们旋即向剧院领导反映此人情况，引起领导的重视。不久，剧院专门去同济大学请朱逢博来聆听歌剧，并向她询问了解许多关于艺术、歌唱的看法。最后市文化局和上海歌剧院的领导许平、张拓亲自面试，他俩一致看好她，于是当场拍板录用。就这样，以特殊人才调动为由，朱逢博阴差阳错地从一名建筑设计师变成了上海歌剧院的一位歌唱演员。

当时的上海歌剧院人才济济,有许多出色的女歌剧演员,如任桂珍、林明珍、王珏等。初来乍到的朱逢博在剧院的最初几年,也只是在歌剧《红珊瑚》《刘三姐》《社长的女儿》中饰演配角,但她却成功地塑造了多个不同时代、不同性格和命运的艺术形象,收获颇丰。舞台的历练,使她不断地成长。

在此期间,朱逢博收获了爱情。年轻时的朱逢博如花似玉,受到剧院许多小伙子的追求,但她唯独看上了刚从国外获奖归来、性格比较内向的施鸿鄂。他俩的婚姻,是朱逢博主动促成的。没有花前月下的浪漫,也没有卿卿我我,朱逢博和施鸿鄂在1967年8月1日,步入了婚姻的殿堂。他俩向剧院借了一间十平方米的小房间做婚房,两张单人钢丝床和两个木箱,一架刚从旧

朱逢博和施鸿鄂在一起

货商店淘来的立式谋得利钢琴和一个装满音乐书籍的书架,两个小板凳,就是他们全部的家当。婚后,他俩在生活上相濡以沫,艺术上取长补短,共同进步。

1965年,在歌剧院已工作了五年的朱逢博,终于有机会主演为她量身定做的歌剧《嘉陵怒涛》,这部作品是根据夏衍的名作《包身工》改编的。剧中的主人公"芦柴杆"与当时长得又瘦又高、体重只有45公斤的朱逢博非常相似。但就在此剧公演前,朱逢博突然被借调到上海舞蹈学校,担任芭蕾舞剧《白毛女》的伴唱,这一去就是九年。

在《白毛女》剧组的日子里,朱逢博一直沉浸在戏中。朱逢博天天蹲在舞蹈排练厅里,观看演员一招一式的训练,看着他们一遍又一遍、一圈又一圈地旋转,深感这些演员的艰辛和毅力。随着舞蹈伴唱与大乐队一次次反复的合乐,朱逢博也逐渐认识、厘清了自己与角色的关系。舞台上的喜儿是用肢体语言来诠释角色的不幸遭遇,而自己则是用歌声来塑造喜儿

朱逢博第一次穿上为她量身定做的演出服

的形象。因此，朱逢博更加狠下功夫练唱《白毛女》中的所有唱段，不管严冬酷暑，都练唱不辍。

朱逢博有着得天独厚的嗓音条件和常人难以企及的音乐感觉，加之她的刻苦努力，很快其演唱就融入了整个舞剧之中，并为全剧增色不少。朱逢博认为，她虽然只是在幕后伴唱，但角色就是喜儿，她是应该用歌声来倾诉喜儿灵魂深处全部情感的。

朱逢博的演唱咬字吐词清晰，行腔用意严谨，声韵母归韵讲究，显示她日臻化境的艺术功底。起初她基本都用真声演唱，在唱到200多场后的1968年，她倒嗓了。由于声带过度疲劳，生了两个小结节，需要开刀治疗。其实这个问题她的丈夫施鸿鄂老早就提醒过她：歌唱一定要用气息支撑，不能全凭声带的闭合，而且高音一定要用真假声结合来完成。只不过当时朱逢博有一副好嗓子，掩盖了她演唱问题的存在。

倒嗓治疗后的朱逢博，开始潜心追随丈夫学习西洋歌唱的气息、发声，并着手解决真假声的转换和混合共鸣的问题。经过不懈的学习，天资聪慧的朱逢博具备了超一流的歌唱能力，像"喜儿哭爹"那样有难度的唱段，她都能举重若轻、游刃有余地演绎。因为《白毛女》的演唱而形成了朱逢博的演唱风格，也直接影响她日后在歌唱艺术之路上的发展和跨越。《白毛女》奠定了朱逢博在中国歌坛的地位。

迎着落日的余晖，我们驱车返回。途中，车中播放着朱逢博的代表作《那就是我》。我想：岁月可以带走时光、容颜，甚至生命，但不朽的歌声会一直流淌在人们的心田。

饶余鉴、任桂珍：歌坛伉俪，德艺双馨

共同搀扶着走过半个多世纪风雨历程的饶余鉴、任桂珍夫妇，是名满天下的歌唱艺术家。当年，他们叱咤在歌剧艺术的长河里，主演过几乎所有在中国舞台上上演的中外歌剧，且风骚各领。如今，这对相濡以沫的歌坛伉俪，虽年逾耄耋，仍一如既往，痴心不改，为中国的歌唱事业奉献着所有。

"唱支山歌给党听"

20世纪60年代初，上海天马电影制片厂拍摄了根据吴强的长篇小说改编的同名彩色故事片《红日》。这是一部描写人民解放军全歼国民党王牌军整编74师的战争片，但影片又充满了革命的浪漫主义色彩。导演汤晓丹设计了许多诗情画意的场面，作曲吕其明为配合画面和剧情，谱写了一首极具山东风味、抒情的主题歌《谁不说俺家乡好》。

起初，吕其明请来了山东籍的民歌演唱家王音璇录唱（她是电影《苦菜花》主题歌的原唱）。作为山东民歌的代表人物，王音璇对新作风格的把握、音乐的诠释都很到位。但美中不足的是，其声音偏老了些，与影片中年轻姑娘放声高唱的画面不太吻合。于是，吕其明又四处寻觅，找到了同样是山东籍的任桂珍。

齐鲁女儿任桂珍出身贫寒，16岁参军，后随军进驻大上海，有强烈的翻身感，对党、人民军队和养育她的沂蒙山水，充满着感恩和激情。无疑，吕其明的新作就像是为她量身定做的。对于这部新作，任桂珍爱不释手，投入了自己所有的能量去演唱。无论从作品的谋篇布局，还是乐段、乐句间的起承转合，甚至副歌部衬词的抑扬顿挫，她都匠心独具，处理到极致。可以说，任桂珍把导演的意图和曲作者的本真，在歌曲的演唱中表现得淋漓尽致，令人耳目一新。随着影片的公映，《谁不说俺家乡好》这首歌不胫而走，传遍大江南北，至今经久不衰。

1963年3月5日，毛主席发出了"向雷锋同志学习"的号召。顷刻间，全国上下掀起了一股学习雷锋的高潮。上海旋即组织、创作了一批歌颂雷锋精神的歌曲、诗歌和舞蹈等节目，在文化广场公演。

著名作曲家朱践耳根据雷锋日记中摘录焦萍长诗中的一段，谱写了《唱支山歌给党听》，此歌也是根据任桂珍的演唱特点而作的。由于从创作到演出的时间紧迫，当时任桂珍拿到歌谱，离公演只有一个多小时。好在她常年在舞台上摸爬滚打，有着善于驾驭、诠释作品的能力，而且歌曲中的人物和意境，就像是任桂珍的人生经历和情感。因此，她唱来感情真挚、得心应手，演出一炮打响，观众反响强烈。几天后，上海人民广播电台约请任桂珍录制此歌，向全市播放。不久，中唱公司又专门为她出单曲唱片。一时间，上海的大街小巷到处有任桂珍的歌声。

一天清晨，正在上海音乐学院民族声乐班深造的才旦卓玛，在学校的广播里听到了《唱支山歌给党听》这首歌后，竟激动得热泪盈盈、沉思许久。才旦卓玛很想自己也能唱好这首歌，来表达对党和祖国的一片赤忱，这也是西藏百万翻身农奴的共同心声。她的老师王品素教授非常支持才旦卓玛的想法，并在最短时间内为她拿到了歌谱。

在上音学习雷锋的专题音乐晚会演出前，才旦卓玛不但专程请教了曲作者朱践耳，还特地到上海歌剧院请任桂珍为自己的演唱把脉。任桂珍不仅坦率地谈了自己对才旦演唱的看法，还真诚地对她说：你是翻身农奴，对党的感情比我深。你唱这首歌，显然比我更合适……就这样，以演唱歌剧为主的任桂珍甘愿"让台"。这首作品，从此也成了才旦卓玛的代表作。2015年，央视举办"80后著名歌唱家音乐会"，任桂珍和才旦卓玛两位老歌唱家除了演唱各自拿手的曲目外，还同唱了一曲《唱支山歌给党听》。

要演好江姐,先要做好人

2017年5月28日下午,上海市"音协杯"决赛和"金钟奖"全国选拔赛同时在上海大学生艺术中心举行。赛场里,我邂逅了担任本次大赛民族唱法主评委的任桂珍老师。多年不见,任老师依然精神矍铄,谈笑间神采飞扬,全然不像一位85岁老人。

比赛结束后,当被问及总体的印象和感受等敏感话题时,快人快语的任老师像竹筒子倒豆般一吐为快:"所有参赛选手的嗓音条件都很不错,但遗憾的是,没有出现让人眼前一亮的尖子。选手们存在着一味地追求声音,扯着嗓子唱高音的通病。因此,作品的表达、音乐的理解、风格的把握以及歌唱的连贯性、声音的柔和度,都是存在问题的。尤其是在民族唱法中,没有鲜明的民族性和地域特色,唱来如同白开水一杯,没味,也没有个性。这些都与歌者的歌唱动机、艺术修养和人生阅历及老师的教学理念有关。"

任桂珍曾主演过几百场歌剧《江姐》。眼下,她正全身心地在带教两位小"江姐":何晓楠和周琛。由于当代的年轻人对过去的革命斗争知之甚少,更谈不上有切身的感受。因此,任老师在教她们表演、形体、演唱等技术的同时,更多地要求她们阅读、观摩有关江姐的文字和影视资料,使自己能更快更好地进入角色。任老师一直提醒告诫她们:"要演好江姐,首先要做好人。要甘于清贫、耐得住寂寞,对歌唱心无旁骛……"

前不久,央视国际频道的《向大师致敬》栏目,制作了作曲家吕其明专辑。任桂珍作为嘉宾也随同做客北京,再次唱响了她的成名曲《谁不说俺家乡好》。

妇唱夫随琴瑟和谐

饶余鉴是改革开放后第一批公派留学生。他到意大利米兰音乐学院学习时,已44周岁。饶余鉴的人生轨迹,其实就是一条充满着幸福又历经坎坷的歌唱之路。他早年在上海音乐学院师从一代声乐教育家、歌唱家蔡绍序时,就已崭露头角。为了攀登歌唱艺术的高峰,博采众长,他还先后追随过沈湘、张权和温可铮等名家学习。毕业后进入上海歌剧院，就成了台柱子。

也因为歌唱，他与同事任桂珍相识相爱、永结秦晋。他俩在事业上取长补短：饶余鉴教任桂珍西洋发声演唱，而任桂珍则以自己的民族风格深刻影响对方。生活中，两人和合美满、相敬如宾，真可谓妇唱夫随、琴瑟和谐，堪称歌坛的楷模。

饶余鉴是当今中国歌坛最负盛名的声乐教育家之一。他在意大利学习十余载，领悟体会到了意大利唱法的精髓和真谛。其间，他多次摘得国际声乐比赛的桂冠。意大利及欧洲许多著名歌剧院，都留下过他难忘的歌声。意大利的一些媒体称赞饶余鉴是比意大利更意大利化的中国歌唱家。

如今，回国定居多年的饶余鉴，把自己所有的精力都投入教学之中。享誉当今世界歌坛的中国女高音歌唱家和慧，就是他一手带教的得意门生。当年，著名歌唱家廖昌永在演唱遇到瓶颈时，也来求教饶余鉴。在饶老师的悉心点拨下，天资聪慧的廖昌永的声音发生了质的变化，此后连夺数次国际声乐比赛大奖。

2004年初秋，任桂珍因感冒发烧住院。几天后，正准备出院的任桂珍突感大脑剧烈疼痛，后经诊断为脑溢血。当时主管文教卫生的上海市副市长左焕琛得知此事后，立即指示全力抢救。华山、中山等大医院的著名脑

年轻时的任桂珍和饶余鉴

外科专家齐聚徐汇区中心医院,为任桂珍会诊、开刀。由于抢救及时,医术高明,任桂珍躲过了一劫。手术后,竟没有留下任何后遗症。

任桂珍在家养病期间,老伴饶余鉴推辞了许多外出讲学、授课的行程,专心致志地照料她,形影不离。他当然记得,当年任桂珍为了能让他在意大利安心留学,自己一人独自照料两个多病的女儿。

与死神擦肩而过的任桂珍,非常珍惜第二次生命,她更想为党和人民多作些贡献。晚年,除了带教学生外,还积极参加社会公益活动,且分文不取。为了使自己这么多年演唱的经验能得到保留和传承,她自掏腰包录制了一套歌唱艺术集锦CD。

2017年9月3日,任桂珍和饶余鉴夫妇在上海交响乐团音乐厅举办了一台师生音乐会。任桂珍携两位小"江姐"演唱歌剧《江姐》中的主要选段,而饶余鉴则带领学生和慧、廖昌永和孙砾等演唱几组中外名曲,他自己则演唱意大利民歌《黎明》和中国歌曲《那就是我》。这台音乐会也是这对恩爱夫妻的谢幕之作。

薛范的歌

2003年盛夏酷暑难熬，我回避了许多社交活动，偷闲在家看书。藏书中有两本歌曲集，非同寻常。那是浸透了翻译家薛范大半生心血编译的《苏联歌曲珍品集》和《世界电影经典500首》。

这是六年前，薛范几经周折打听到我新家住址后，委托他年近九旬的老母邮寄给我的，可见其心之诚。

睹物思情，百感交集。我拨通了薛范家的电话，那头传来久违的亲切声音。薛范告诉我，这些日子，他一直在为中国久负盛名的音乐评论家李凌整理文稿，准备结集出版，自己已经很少译配外国歌曲了。当问及他母亲是否安康时，薛范有些哽咽了："母亲几年前就走了，如今一个人生活，过得还好……"

屈指算来，他已年近古稀了，但仍有一颗年轻的心。严重的残疾并未使他向生活低头，依然对未来充满着憧憬和热望。在布满荆棘和坎坷的艺术之路上，薛范顽强地跋涉了整整半个世纪，他译配的世界各国歌曲达1 500多首（其中大部分为苏联歌曲），发表音乐译文近百篇，被世界许多权威机构列为中国文化名人。

薛范从未踏进过大学的门槛，完全凭着自己的执着和信念，在极其艰难困苦的境况下，熟练掌握了俄、英、日、德、意等多国语言，尤其是俄语达到了炉火纯青的地步。为了译配歌曲的需要，薛范还研究中国诗词的平仄，学习乐理达到通晓的程度。

1953年，年仅19岁的薛范发表了他译配生涯的第一首作品，苏联歌曲《和平战士之歌》，当时并未引起人们的注意。薛范的成名作是《莫斯科郊外的晚上》，这首歌是1956年上映的苏联文献纪录片《在运动大会的日子里》的一首插曲。翌年7月在莫斯科举办的第6届世界青年联欢节上，此歌一举夺得金奖，被各国青年带回世界各地，从此被译成多种语言到处传唱。薛范是第一位将其译配成

工作中的薛范

除俄语外版本的传播者。1959年出版的《外国名歌200首》编录此歌，从此薛范为音乐界人士和乐迷所瞩目。

我认识薛范是在1988年初。这是"文革"之后，中苏关系解冻之初，上海电台曾举办过一场"苏联歌曲演唱会"，经好友、音乐会主持人杨新宁介绍，我在上海音乐厅结识了儿时就神往的偶像。五十开外的薛范端坐在轮椅上，弱小的身材，清瘦的脸颊上架着一副黑框眼镜，目光深邃，话语中传递着自信。

六年后，北京掀起了一股苏联歌曲热，薛范译配的20多首歌曲在中央乐团的"伏尔加之声音乐会"上唱响。短短两个月里，在保利剧场上演了23场，场场爆满，且每场演完加唱数首后，观众仍欲罢不能。台上台下，观众和演员一同高唱，这种心与心的交流，情与情的互动，达到了极致。这份感受在薛范的一生中是刻骨铭心的。

观众如此强烈的反响，是因为苏联歌曲体现了对远大理想的追求和崇高事业的奉献。歌曲里有纯真爱情的喷涌，生命和青春的律动，对普通劳动者的讴歌，跃动着催人奋发向上的力量。它伴随过几代中国人的青春岁月，这，就是薛范对社会的最大贡献。

前不久，北京有位歌唱家来沪时告诉我，他们正在筹划薛范作品音乐会，将以此来祝贺他创作生涯50周年。

薛范是一头牛，吃的是草，挤出来的是奶。他的人生更像一首歌，在起伏动人的旋律中，永远追寻着心中的爱。

鞠秀芳：在世界舞台唱响中国民歌

鞠秀芳是久负盛名的民歌演唱艺术家，也是新中国首位在世界舞台上，运用西洋唱法，并融入中国民族风韵的歌唱家。她演唱的"榆林小曲"代表作《五哥放羊》曾夺得世界青年联欢节金奖。

在长达一个多甲子的艺术生涯中，鞠秀芳一直在探索一条洋为中用的中国民族声乐发展道路。此路布满荆棘和坎坷，鞠秀芳既有师承，又有创新，形成了独特的演唱风格。2019年，我探访了这位86岁高龄的老艺术家。

坚守教学一线

退休后的这些年，鞠秀芳仍一直坚持在教学一线培养新人，她撰写了《如何创立中国民族声乐学派》等多篇学术价值很高的论文，参与选编、出版了一批艺术院校民族声乐教材。她自己还推出了两张歌唱专辑：《江南民歌曲集》和《鞠秀芳民歌集》，其中收录了她近50首代表作。长期以来，鞠秀芳坚持收集、整理、改编、创作、演唱了数以百计、流传甚广的中国民族声乐作品，为中国音乐宝库留下不少瑰宝。

七年前，与鞠秀芳相濡以沫半个多世纪的老伴，男高音歌唱家王可突然离世。这给了她很大的打击，好在有两个女儿和许多学生、亲友的陪伴、劝慰，她才慢慢走了出来。

由于鞠秀芳在"榆林小曲"演唱和传承上的建树，前不久刚落成的陕北民歌博物馆内，专门为她和她的老师——"榆林小曲"非遗传承人丁喜才辟了一个专馆。馆内有"榆林小曲"的历史地位、演进过程、作品内容等的详尽介绍,还有当年录制的黑胶唱片、泛黄的歌谱、演出的剧照,丁喜才伴奏用过的一些乐器等,并破例为两人塑了两尊半身蜡像。

郭兰英、鞠秀芳是歌坛挚友,眼下,鞠秀芳的学生们正在紧锣密鼓地策划举办郭兰英、鞠秀芳学生联袂音乐会。作为曾经的南北两地民歌领军人物,她们门下各有许多得意弟子。此台音乐会的上演,也会给歌唱爱好者带来惊喜。

爱上陕北民歌

可以说,鞠秀芳的艺术人生是幸福和幸运的。1950年,年仅16岁的鞠秀芳凭着一副好嗓子,幸运地考入了上海音乐学院声乐系,并被安排在歌坛教父苏石林门下学习,由此她打下了坚实的歌唱功底,一年后,她师从周小燕。当时新生的上音,在贺绿汀院长的带领下,一派蓬勃生机。贺老倡导全校师生都要学唱民歌、学习中国的民间音乐。贺老请来一批民间艺人来校执教,其中有唱单弦的王秀卿、眉户艺人任占奎、榆林小曲传人丁喜才,等等。鞠秀芳和同学自发组织了民歌学习小组。当丁喜才等来校后,

1957年时的鞠秀芳

她就被指派给丁喜才当助手，记谱、整理教材，还跟他学唱。鞠秀芳就此爱上了陕北民歌。

作为一位既有眼光又持远见的大师，周小燕不拘泥于条条框框、墨守成规的教学束缚，她谙熟鞠秀芳的声线和嗓音等客观的歌唱条件，既然鞠秀芳的声音适合唱民歌，那就因材施教。于是周小燕积极为鞠秀芳开拓了一种新型学习方法，首创在同一教室里，她弹钢琴教授科学发声和作品处理，丁喜才则打着扬琴，传授歌曲的风格韵味。在这样一种绝无仅有的二位一体的教学模式中，周小燕为鞠秀芳解决了"民"与"洋"的合璧、"土"和"美"的交融，还有真假声的结合、转换等许多歌唱难题。

传承榆林小曲

当年来到上音的丁喜才已有20年背着扬琴走街串巷演唱"打坐腔"的经历。所谓"打坐腔"，就是打着扬琴、坐着演唱流行于晋陕内蒙古一带的"时调小曲"。由于丁喜才专门演唱榆林地区的民间曲子，这些作品因此被誉为"榆林小曲"。丁喜才来到上音后的教学任务很重，但他不识乐谱，教材全由他口传心授地将歌曲唱给鞠秀芳听后，再由后者记谱、填词后油印。在丁老师扬琴的伴奏下，鞠秀芳学唱着那些对自己来说完全陌生，但其语言、曲调、音律和发声方法又是那样美妙的"榆林小曲"，逐步去熟悉、揣摩、感受、体会这些作品的魅力。江南姑娘学习黄土高原民歌，必定要克服地域距离、文化差异、方言语音和歌唱风格等很多困难、阻力，但长久的熏陶使鞠秀芳不仅有所顿悟，且深得丁喜才精髓。

在跟丁喜才学习的那些日子里，鞠秀芳学唱过《走西口》《挂红灯》《五哥放羊》等一大批榆林小曲。学唱这些作品时，鞠秀芳既有传承，又有创新发展，尤其是代表作《五哥放羊》，不但保留了原作的风韵，还紧缩了歌曲结构，深化了唱词，曲调也根据演唱时情感的需要做了改动。她的演唱，无论咬字吐词，还是行腔用意都给人耳目一新的感觉。以后她又在各种舞台上，把这些曲目推向全国，甚至呈现于世界。其中有些经典之作，如今已进入了音乐院校的声乐教材。

培养民族学生

1956年盛夏,中国音协负责日常工作的孟波,策划组织在北京举办"全国音乐周"来检阅全国音舞创作的成就,旨在推新作、出新人。全国各大文艺团体、艺术院校和解放军各大文工团,纷纷派出最强阵容。

由于此次会演一定要有中国民族特色的音舞作品参演,一直看好鞠秀芳的贺绿汀院长钦点她随团独唱《姐妹打秋千》和《走西口》。鞠秀芳新颖独到又风骚独领的"洋嗓民唱"让人眼前一亮。

一举成名的鞠秀芳很快成了中国歌坛的焦点人物,不久又被选定为参加在莫斯科举办的第六届世界青年联欢节的中国代表。不负众望的她以一曲《五哥放羊》力压群芳,一举夺魁。

鞠秀芳的成功,启发了贺绿汀的办校思路。后来,贺老决定在声乐系开办民族班,这在高等音乐院校中尚属首次。学员都是来自全国各地、各民族有歌唱潜质的优秀青年,由王品素教授挂帅,刚留校任教的鞠秀芳则担任教研组长,由此培养了才旦卓玛、何继光、傅祖光等一大批各具特色的民歌演唱家,翻开了中国民歌演唱的新篇章。

采访手记:把江南民歌唱出来

从小生活在苏州的鞠秀芳,深受江南水乡的熏陶。在学习"榆林小曲"的同时,她也深爱着江南民歌。当年,她演唱了根据锡剧音乐谱曲的《三杯美酒敬亲人》,得到时任文化部领导周巍峙的肯定,他对鞠秀芳说:"中国地域辽阔,民族众多,有大量各具地方特色的民歌。这些民歌都有代表人物,你也可以把江南民歌唱出来嘛!"

周巍峙的话,给了鞠秀芳很大的鼓励和动力。为了提高江南民歌的演唱技巧和文化品位,鞠秀芳除了继续跟随周小燕学习声乐,还向众多戏曲、曲艺名家学习昆曲、评弹及越剧、沪剧,研究古琴弹奏和古诗词格律等。她不仅推广演唱耳熟能详的歌曲,还努力深挖那些鲜为人知、"养在深闺人未识"的原生态作品,在加以整理、改编后,使之成为喜闻乐见、能传唱的群众歌曲。

何占豪：乐坛竞风流

2019年，名扬世界乐坛的中国小提琴协奏曲《梁祝》诞生一个甲子。日前，我再次踏访了曲作者之一的何占豪教授，听他讲述岁月留声、风情万般的艺术过往。

退而不休，一如既往

年逾耄耋的何占豪精神矍铄、思维敏捷、快人快语，简直像个活力四射的年轻人。退而不休的这么多年，他一直还在上音作曲系返聘执教，为培养新人尽心尽责。

眼下，人在乐中、乐在心中的何占豪，除了很大部分时间仍用于创作、讲学外，还积极参加各种社会公益活动。

作为新中国培养的早期作曲家，何占豪的创作一直秉承着鲜明的时代精神、深刻的思想内涵和独特的艺术风格，坚持生活是一切音乐创作源泉的理念。在写作中创新，而不是在作曲中重复。因此他的许多作品，无论形式与内容、技巧与情感、主题与境界，都来自生活又反

指挥中的何占豪

映时代，从而能穿越时空，跨越国界。这是国人记忆的一个坐标，更是一个民族生生不息的一种印记。

前不久，何占豪又创作了两部音乐作品。一部是描写毛岸英烈士与领袖父亲深厚革命情感和浓烈父子情的二胡协奏曲《英雄泪》；另一部则是展现当年革命志士在龙华英勇就义的交响诗《龙华塔》，由此剪下一段时光，留住这段难忘的历史。

有着60年党龄的何占豪，一直想尝试将音乐作品当作教材，为党员上党课。2019年清明，上海市文联组织党员、干部去龙华烈士陵园祭扫英灵，并在陵园大礼堂欣赏何占豪的两首红色交响作品，同时听他讲述创作背后可歌可泣、催人泪下的感人故事。

通过聆听这优美动人的旋律，仿佛使人看到一幅幅革命先烈抛头颅、洒热血、前仆后继的壮丽画卷。听者群情激昂、热血沸腾，倍加珍惜当今来之不易的幸福生活。与会者纷纷表示：这样生动的党课，希望能经常举办。一炮打响后的何占豪兴奋不已，由此开始不断地去基层开课。

2019年盛夏8月，何占豪又赶赴澳门去参加在那里举办的"何占豪古筝作品国际大赛"，来自全球的300多名古筝选手，角逐此次桂冠。诚然，何占豪是当今乐坛创作古筝作品最多、也是最成功的作曲家。他的创作一贯主张外来音乐民族化、民族音乐现代化，并坚持在生活、在民间去汲取各种音乐养料，尤其是戏曲音乐元素。

同时何占豪又深谙：若要变革梨子，首先要尝尝它的滋味道。所以他花了很多工夫，去了解、熟悉、钻研古筝的性能、技术和特点，从而在创作时达到游刃有余、成竹在胸的境界。

如今何占豪已先后创作了古筝协奏曲《临安遗恨》《西楚霸王》《陆游与唐婉》《孔雀东南飞》及古筝独奏曲《春江花月夜》《茉莉芬芳》等几十部作品，成为全球古筝学习、演奏者的标杆。在此领域，他已拾得黄金满地，并揽尽一片芳华。

9月初，何占豪又风尘仆仆地赶往北京，去参加央视举办的全国民族器乐大赛的决赛，担任总评委。此次赴京前，何占豪是做足了案头工作的。在历时两月有余的初赛和复赛期间，他无论身处何地，总不忘要收看央视音乐频道播出的大赛实况，从中了解比赛状况。

何占豪的总体感觉是：不论是专业组还是业余组的演奏水平都很高，但音乐创作却远远不尽如人意。创作不力，是一个老生常谈的问题。主要原因就是当今音乐创作中坚力量的创作方向、理念及态度有失偏颇，他们一味地强调作曲技法，而忽略了旋律是音乐的本质。不去感悟鲜活、沸腾的生活，却妄自菲薄，对中国民族音乐更是不屑一顾。因而其创作的作品漠视中国国情，远离人民群众的喜好。此次上演的一些作品，不能得到人民群众的认可，也在情理之中。因而何占豪深感自己晚年的创作责任更重大了。

初露才华，走进乐坛

出生于越剧之乡的何占豪，家境贫寒，自幼放牛，是家乡浓郁的越剧氛围熏陶他成长。从儿时起，他就端着板凳陪伴戏迷祖母四处看戏。那些草台戏班上演的许多经典越剧大戏，他都如数家珍、烂熟于心，一些脍炙人口的唱段张口便有。

新中国成立后，17岁的何占豪无师自通，全凭天赋和曾经看戏的经历，不可思议地考入竞争激烈的浙江省文工团，被培养为乐队扬琴演奏员。两年后，中宣部领导周扬来杭州指导工作后决定，抽调全省青年骨干乐手，去充实加强浙江越剧院的乐队。

越剧是浙江省的代表剧种，但其乐队的那些老艺人，基本都是靠口授心传，不识谱的。如今，这批有才华又充满活力的年轻人的到来，给这个老剧种带来了蓬勃生机。

何占豪除了乐队正常的排练外，还肩负一项重要任务，就是把过去越剧各流派老艺人曾录制过的唱片、录音等，用简谱的形式完整地记录下来，以免失传。因为有了这次记谱的经历，这些精彩纷呈又风格各异的流派唱腔，从此一直流淌、浸润在何占豪的血脉和风骨中，也成为他以后音乐创作的基石。

20世纪50年代，苏联的交响乐团经常来华演出，有时在上海演完也会顺道去杭州。年轻的何占豪对此类音乐会情有独钟，并由此爱上了小提琴。他和乐队的几位同事，分别自费购买了小提琴、大提琴、单簧管等西洋乐

年轻时的何占豪

何占豪：乐坛竞风流

器来学习，准备学成后，以中西合璧的样式来充实原本单一的民乐队。不料此举遭到越剧院领导周大风（歌曲《采茶舞曲》作者）的强烈反对，他认为西洋乐的介入，会影响、破坏越剧原有的韵味和风格。但乐队领导、老艺人贺仁忠却很支持这批年轻人的创新变革，但希望他们演奏这些西洋乐器时，能尽量往传统越剧的音乐风味靠拢，使乐队风格一致。

起初，何占豪没能在杭州找到小提琴老师，靠自学，走了不少弯路。后几经周折，拜师上音管弦系的高才生夏敬熙。每星期的休息天，他往返十多个小时，乘坐沪杭列车来上海求学。这样的学习坚持了数年，直至夏老师毕业分配去了远方。但临别时，夏敬熙告诉何占豪，当年的上音管弦系除了招收本科生外，还有一些进修生的名额，希望他能抓住机会去报考。

从心底热爱小提琴的何占豪，果真去报考上音。当他在考场上听到那些有着童子功的考生们高水平的演奏时，顿觉十分汗颜，有些无地自容。正当他自感考试无望时，却喜从天降。上音管弦系主任陈又新教授慧眼识珠，看中何占豪的音乐天赋和执着的爱乐精神，破格录取了他。

一曲成名，乐海无涯

进入上音学习的何占豪，几乎是一张白纸。于是他笨鸟先飞，每天起早贪黑地拼命努力学习，琴技突飞猛进。到这年下乡锻炼时，何占豪已有曲子可独奏了。

在浦东三林劳动之余,何占豪和管弦系的师生们为农民表演节目,但遭到空前的尴尬。洋乐器演奏的洋曲子,农民兄弟根本不喜欢,现场的观演者一下全跑光了。

下乡回校后,系党总支书记刘品就提出,西洋音乐要得到人民群众认可,必须进行改革,首先音乐创作要民族化。旋即,何占豪和他的同学成立了"小提琴民族化实验小组",自己动手谱写了一些旋律优美、通俗易懂、人民群众喜闻乐见的器乐小品。何占豪在同学的通力帮助下,最先完成了根据越剧音乐改编的弦乐四重奏《梁祝》,后人称"小梁祝"。随后,何占豪又根据方志敏烈士的遗作《可爱的中国》谱写了另一部弦乐四重奏《烈士日记》。这两部作品一经上演,好评如潮。受此鼓舞,何占豪的创作热情更高涨了,《步步高》《旱天雷》等许多民间音乐也被改编成弦乐作品。在录制唱片后,影响甚广。

"小梁祝"的创作方向,得到了来上音考察的文化部党组书记钱俊瑞的肯定。为迎接建国十周年,院党委书记孟波决定,要求何占豪在"小梁祝"的基础上,创作一部小提琴的交响作品。

虽然何占豪浑身充溢着越剧戏曲的因子,要谱写作品的旋律可谓驾轻就熟。但他从未学过作曲,不懂曲式、和声、复调和配器,要独立完成一部西洋交响作品,无疑是勉为其难了。于是丁善德副院长就主动请自己的高足陈钢参与,从而共同完成了这部在中国音乐史上具有里程碑意义的作品。

小提琴协奏曲《梁祝》的成功,是在一个纯真的年代里,两颗年轻纯净的心的无私合作和全部付出,更是许多同人鼎力无偿相助的结晶。

因为《梁祝》的成功,原本作为进修生毕业后要回浙江的何占豪,被老院长贺绿汀再次破格留校任教。此后,他潜心拜倒在丁善德门下系统学习作曲技法,由此也开启了他的音乐创作生涯。

在一个多甲子的创作生涯中,何占豪几许辛劳,几多收获。他毕生追求着曲不惊人誓不休的境界。因此,他创作的几百部样式各异、风格独到的音乐作品中,让人感觉有书不尽的春秋长卷,说不完的沧海桑甜。他的作品活色生香、浑然天成,争奇斗艳又气象万千,流光溢彩的旋律与鲜明的民族风情,交相辉映。

歌曲《别亦难》是何占豪的另一首代表作,此曲是他在1987年,应邀为一部戏曲电视连续剧《李商隐》谱写的主题歌。歌词取自李商隐的一首七言无题诗。

李商隐是唐代诗人中,描写爱情和刻画人物的第一高人。他的诗作缠绵悱恻,常令人魂牵梦绕。何占豪非常喜欢李商隐,常读他的诗句,此次创作,他在"情"字上下足功夫。整首作品在谋篇布局上,以情带声,又以声传情。旋律借用了传统古筝曲《出水莲》中的主题音乐,以此不断地变奏、发展。

《别亦难》在电视播出时,并未引起人们的关注。但香港歌星得到此曲后,如获至宝。经她在几次重大的音乐会上演唱后,歌曲不胫而走,红遍港澳台地区乃至东南亚。

采 访 手 记

何占豪是农民的儿子,党和人民把他培养成著名作曲家,他一生心存感恩。

始终扎根民族沃土的何占豪,对自己的音乐创作非常自信。继承、弘扬中华民族传统文化;为时代高歌、想人民所想,以民族语言融入西洋技法,从而讲述中国故事,是他毕生追求的目标和最高境界。

屠巴海：在乐海幸福遨游

屠巴海

要论当今中国轻音乐的代表人物，屠巴海当之无愧。自处女作《找窍门》崭露头角后，他的音乐创作再没停歇。改革开放后，他和朱逢博一同组建了上海轻音乐团，由此开创出中国轻音乐事业的新天地。

人生最大的幸福，莫过于一生能从事自己钟爱的事业。屠巴海就是这样一个幸福的人。他在历经一个甲子的乐海遨游后，仍坚持着自己最爱的音乐事业。

指挥老年合唱

已年近耄耋的屠巴海依然充满着活力。退休后的这些年，除了继续音乐创作外，他一直热衷于社会公益活动，从街道社区到多支业余合唱团体的排练演出，他从不推辞。

2019年暮春开始，屠巴海更忙了。为了迎接党的生日，为了让自己指挥的多支合唱团能有更好的状态去参加全市歌咏大赛，他加班加点。活动中，百多支合唱团共唱他的新作《青春依然激荡》，激越昂扬、催人奋进的旋律，表达了革命者不甘夕阳西坠、青春永葆的战斗精神。

2019年是新中国成立70周年，屠巴海将要指挥八台音乐会，除了上海轻音乐团的两台歌唱祖国、歌颂党的声乐作品专场，其余六台都是业余团体的合唱音乐会。屠巴海说，其中他倾注心血最多的，当属一些老年合唱团。"要带好一支业余的老年合唱团，很累。"屠巴海说。这15年来，不管严冬酷暑，他风雨无阻地坚持去给合唱团排练。"老年业余合唱团的成员音乐基础参差不齐，好多人连简谱也唱不准确，最初都只能唱单声部的歌曲。"为此，屠巴海常常为他们开小灶，请来专业歌唱演员来给合唱团上课，从视唱、乐理和正确的发声、歌唱教起。好在大家都很努力，进步很快。

也正因如此，屠巴海与合唱团产生了相互依赖的情感。一次，他赴美去女儿处探亲。团里突然来电，请他急配《共和国之恋》《祖国不会忘记》等六首合唱作品，合唱团有紧急演出任务。接到电话，屠巴海在国外完成了编配任务，并提前结束探亲回国，给大家排练和指挥。

显露音乐才华

屠巴海对音乐的爱，始于童年。他从小受家庭熏陶，对音乐耳濡目染。5岁入学时，因机灵聪慧，被学校指定担任升旗仪式的指挥。从未学过音乐的他，不仅指挥节奏感强，还富有激情，这也是他最早接触音乐。由于向往学习音乐，不到10岁的屠巴海在家人的鼓励下，报考了上音附中。

刚进附中时，他被安排学习钢琴打基础，两年后，他改学大提琴专业。屠巴海对大提琴情有独钟。他练琴很自觉很投入，每天至少四五个小时，因此琴技进步神速，很快令人刮目。

12岁那年，屠巴海登上文化广场的大舞台，独奏了《牧歌》，这在当时的中国乐坛是很少见的。学校对出类拔萃的屠巴海很重视，大三那年，破天荒地为他举办了一场独奏音乐会。独奏会上，屠巴海技惊四座。因为多年的磨炼，他能把指力、腕力、臂力，甚至腰部之力融为一体。在他的弓弦间，无论琴音的把控、音量的变化，还是音色对比，都拿捏自如。

屠巴海不仅大提琴专业出众，还是个敢于吃螃蟹的音乐弄潮儿。在苦练专业的同时，他认真跟随许多贺老请来学校授课的民间艺人、曲艺名家们，学习各种民间小调、戏曲、曲艺的曲牌和音乐。

投身音乐创作

屠巴海16岁就涉足音乐创作，当时的上音正掀起一股创作热潮。屠巴海的处女作是器乐小品《找窍门》，他巧妙地运用了许多越剧过门的素材，来表现技术革新的场面。几组弦乐你一言我一语，在轻快的节奏里，似乎在喋喋不休地争论着。越剧音乐行家何占豪听了此作在"上海之春"的首演后，称赞有加。《找窍门》的成功，令屠巴海兴奋不已，也坚定了他的音乐创作方向和信心。此后，每逢寒暑假，他都要外出采风，搜集、积累各种音乐元素，平日也更关注民间民俗的小调、山歌和戏曲音乐。我年少时，在家里的一张黑胶唱片上知道了屠巴海的大名。唱片中这首女高音独唱《毛主席比太阳还明亮》就是他在云南采风时创作的。

在大学期间，屠巴海还谱写了根据民间音乐改编的大提琴独奏曲《田野》。在根据浙东民歌改编的小号独奏曲《山歌》里，他用上了伦巴节奏，这在当时是被视作离经叛道的。但有位老人却因此很赏识他，这位老人就是中国轻音乐之父黎锦光先生。他似乎在屠巴海身上看到了自己的影子。那时，黎锦光是中唱上海公司录音编辑部的负责人，他力荐并拍板录制屠巴海的几首新作，还亲自主持录音制作。

20世纪60年代中期，已是上音大提琴教师的屠巴海，被借调到上海舞校，担任新编舞剧《长征组舞》的音乐创作组长。他说，自己至今难忘作曲大家瞿维的教诲：如果音乐不通顺，那舞剧结构也不可能合理。1971年，屠巴海又被指派担任舞剧《草原英雄小姐妹》的音乐主创。那时的创作盛行体验生活。腊月里，剧组主创人员远赴天寒地冻的内蒙古大草原。虽然生活很艰苦，但收获颇丰，创作很顺利，也很成功。这样的经历，是屠巴海一生最难忘，也是最宝贵的财富。

组建轻音乐团

改革开放后，为了适应时代需要，发展本土的流行音乐，在有关部门的支持下，屠巴海与著名歌唱家朱逢博联袂组建上海轻音乐团。屠巴海一直想弘扬海派音乐和民族文化。他找出了许多上海老歌，重新编配演出。

屠巴海对演出的选题、乐队的排练、作品的编配都亲力亲为。他不仅为朱逢博选歌出谋划策，还要与她探讨每首作品的演绎方式和处理方法。他俩在共事的这些年里，结下了深厚的友谊。当年沈小岑的出道，屠巴海也功不可没。最初，只是一名建筑工人的沈小岑被借调到舞剧《白毛女》剧组唱合唱。她出众、独到的嗓音和乐感让屠巴海眼前一亮，随即把她调入轻音乐团任独唱。屠巴海充分发挥其演唱特质，并为其量身定制了《向着黎明迅跑》《请到天涯海角来》等新作。沈小岑很快一炮打响，在上海滩走红，成为那个年代最负盛名的流行歌手之一。

屠巴海是个复合型的音乐人，当年上海的许多大型活动都由他担任开、闭幕式演出的音乐总监。他还经常负责上海多家电视台的大型音乐演出活动。他谱写的《蓝天下的至爱》等歌曲传遍大江南北。这样忙碌的工作，年复一年，屠巴海却乐此不疲。

采访手记：较真

我与屠巴海相识30多年。他为人真诚、坦荡，对事业却十分较真。眼下，正过着普通人生活的屠巴海，只要他的娘家上海轻音乐团一声召唤，他都会义无反顾地参与演出的策划、排练，甚至登台指挥。他对排练中的每一个细节都十分较真，不管在编配上遇到什么困难，他一定会想尽办法去完成。这就是屠巴海的人生信条和价值观所在。

王述：为艺术，为爱情

年已九旬的钢琴演奏家王述是一代声乐大师温可铮教授的遗孀。在近一个甲子的风雨历程中，这对乐坛伉俪为艺术、为爱情，饱经坎坷磨难，始终相濡以沫。2007年初春，温可铮因心脏病突发去世，王述擦干眼泪，投身继承爱人未竟的事业，默默地奉献着她的所有。

含泪写成回忆录

2019，王述历时六年、三易其稿撰写的十多万字的回忆录《为艺术为爱情——和温可铮在一起的日子》，已由北京的三联书店付梓出版。

这本回忆录中的许多章节，都是王述含泪完成的。很长一段时间里，王述一直沉浸在与温可铮一起的幸福过往中，许多刻骨铭心的画面不断在脑海里闪回：在金陵女大校园的相识相恋；结婚时对爱情、对艺术的承诺；永结秦晋后的夫唱妇随、朝夕相伴的艺术生涯；温可铮在"全国音乐周"上一举成名后又获国际声乐大赛金奖的喜悦；古稀之年，两人旅美学习交流声乐艺术……有时半夜，王述想起一个重要细节或某事件的延伸，就披衣起床，伏案挑灯记录。这本倾注了王述心血的回忆录中，许多鲜为人知的内容都是首次披露的。

经典作品点滴集

温可铮的突然去世，不仅是中国声乐界的损失，对家人更是一次打击。

王述曾一度绝望。亲朋好友和学生的悉心关怀让王述回过神来，她意识到：自己是温可铮的妻子，要做他未竟事业的传承者，她有责任把他的声乐成果整理出版，更有义务把他的歌唱理念和教学经验传播发扬。于是，王述全身心投入到收集、整理温可铮演唱的音像作品中。

温可铮是继斯义桂后，世界歌坛上的华人歌唱大家。他演唱的曲目广泛，能娴熟地运用俄、意、德、英、法等国语言，诠释不同时代、风格和样式的经典作品。温可铮也是迄今为止，参加、举办音乐会和独唱会最多的中国歌唱家，演唱过的曲目达2 000多首，保留曲目也有600多首。面对大量曲目，起初王述有些无从下手，她四处搜集温可铮演唱录制过的外国歌剧咏叹调、古典艺术歌曲、中国创作歌曲和各国各地民歌的磁带、CD、录音及音乐会节目单，甚至托外国友人从温可铮去演出过的国家的电台，寻找其录音，再进行复制整理。这些看似点滴的音像资料对王述而言弥足珍贵，它汇聚了温可铮歌唱艺术的成果。在2920多个日日夜夜里，她把自己的思念和爱都融入默默耕耘中。

2002年，旅美十年的温可铮夫妇受邀重回上音执教。刚到上海，温可铮就举办了音乐会，汇报自己在美国学习交流的体会和成果。年逾古稀的温可铮，歌声依然醇厚辽远，充满活力。上海东方广播电台破例为他录制了一张外国歌剧的专辑，作为永久保留的资料。曲目由温可铮定，王述任钢琴伴奏。制作采用演唱和钢琴伴奏分轨录音后再合成的方式。遗憾的是，

王述与温可铮

由于当时受条件限制，专辑没有用交响乐队伴奏。此次整理音像资料，王述想把这张专辑也找出来，把专辑中的演唱和钢琴伴奏剥离，配上大乐队，以求更好的效果。

大洋彼岸寻总谱

要配乐队，首先要有所有作品的总谱。王述找到上海交响乐团、上海歌剧院和上海音乐学院从事指挥和作曲的专家，向他们寻求帮助，但由于这17首作品是古诺、威尔第、普契尼、莫扎特等西方一流作曲家横跨三个世纪所作，大多年代久远，且全是男低音作品，现已很少演出。跑遍上海，王述也只得到了四首作品的总谱。她又飞往北京，去了中央音乐学院和几大交响乐团，结果也只找到一首总谱。无奈的王述决定再赴美国。在美一月间，王述在旅美学生火磊的陪伴下，去了美国好几个城市。

功夫不负有心人，几经周折，王述陆续觅得在国内未找到的其他11首作品的总谱，独缺列格尼在17世纪创作的歌剧《迷人的森林》中《他们将在你的面前颤抖》唱段的总谱，在全美所有音乐团体和艺术院校中都没找到。正当王述深感失望时，有朋友提议，是否可找出版商试试。果然，迈阿密有个出版商有该曲总谱！但通过电话了解到：这个出版商拥有作品的版权，外人可以聆听、记录，但不能复制。几经交涉仍无果，王述无奈回国。但火磊并未放弃，他再次从纽约来到迈阿密，当面向这位出版商求助。对方好奇地询问他作为男高音为何要寻找这首男低音的谱子时，火磊讲述了老师动人的故事。出版商被感动了，他破例无偿地复制了这首总谱，请火磊给王述邮寄过去。

凑齐了所有的总谱，王述去银行提取出自己的养老金作为制作经费。办理业务时，工作人员告诉她有一笔十万元的保险金已到期。从未投保的王述询问后才知，这是温可铮早年悄悄给她投的保。这笔钱正好能支付新专辑的制作费。王述说，这看似戏剧性的巧合，其实是一种天意，蕴含着温可铮对专辑默默的爱。

收集整理温可铮音像资料的过程中，王述还找到了一大堆早期的即将失去磁粉的磁带。正巧上海电台在抢救上海老艺术家的音像资料，于是将温可铮许多濒临损坏的作品重新制作成能永久保留的数码作品。

2015年春节，历时六年半制作的《生命的咏叹——男低音歌王温可铮声乐艺术集成》，由上海音乐出版社出版发行。这套集成收有七张CD录音、2张DVD录像和一本文集，是温可铮艺术生涯的一个缩影。

音乐资料无偿捐

王述出身名门，大学时与比她大两岁的老师温可铮一见钟情，痴情一生。

结婚时，温可铮郑重地对王述说："今后我是要做半个和尚的……"因为温可铮常说，"音乐是我生命的唯一意义。我所有的自尊、自信都来源于音乐，我活着就是为了歌唱。"

温可铮去世后，王述决定把家中所有的唱片、CD、乐谱、钢琴和其他有关的音乐资料，全部无偿捐给国家。在静安区政府的关心支持下，温可铮故居和其家庭音乐纪念馆相继成立。在对外开放的那些日子里，王述亲自担任讲解。

如今的王述，每天都在听温老师的唱片，她仿佛觉得温可铮依然在身旁。时光的洗礼和岁月的积淀见证着两人忠贞不渝的爱情。我曾问过王老师：您若有来生，会怎么选择？王述不假思索地答道：嫁给温可铮，再续今生未了的情缘。

采访手记：爱的力量

我和温可铮夫妇是相识30多年的忘年交，他们待我如亲人。这对老人一生都怀揣着对音乐的纯真之心，襟怀坦荡、光明磊落，从不趋炎附势。王述非常热衷社会公益，她经常参加所在社区的文艺活动，给大中学生举办讲座，普及音乐。她还长期担任欧美同学会合唱团、王述合唱艺术团的钢琴伴奏和声乐指导。最近，王述又在积极整理温可铮留下的手抄歌谱，准备结集出版。她还要为2019年秋在上海交响乐团音乐厅举办的"纪念温可铮九十华诞音乐会"筹划忙碌。为了温可铮，为了音乐，王述似乎有使不完的劲，这就是爱的力量。

石林：夕阳无限好，人生正精彩

上海音乐学院教授石林，是新中国培养的第一代民歌演唱家和声乐教育家。

在长达一个甲子的歌坛人生中和半个多世纪的教学生涯里，他矢志不渝，初心不忘，永远捧着一颗爱乐之心，追寻、攀登着。石林在长期的舞台实践和教育探索中，不断地总结、积累经验和教训，从而形成了他一整套独特的教学理念和行之有效的教学方法，即大胆借鉴西洋科学的唱法，天衣无缝地融入中国的民歌，乃至于戏曲、曲艺的元素和精髓，走出一条具有中国特色的声乐教学新路。

师生同台放歌逐梦

石林教授的教学硕果累累，桃李满园，是中国民族声乐教学领域颇具影响的人物。

人们难以想象，如今已年近耄耋的石林教授，本可安享晚年，但还一直以最饱满的激情和最大的热忱，奔波在民族声乐教学的第一线。

2016年12月21日，石林教授带领他的学生们，在东方艺术中心音乐厅举办了一场名为"逐梦放歌"的师生音乐会。这也是继1998年的"星之泉·石林师生音乐会"后，他又一次用音乐会的形式，来检阅其教学的成果。

此次音乐会，可谓是群星璀璨，风流尽显。来自全国各地的20多位学生，竞相登台献演了各自的代表曲目。琳琅满目的作品，样式新颖、曲风

石林在广西艺术学院指导讲学

各异、风格鲜明。在参演的学生中,有艺术院校的教授,也有文艺团体的领导、骨干,还有戏曲剧种的领军人物和主要演员,更有多位来自祖国边陲的少数民族演员。他们的文化背景、艺术修养、嗓音条件及对音乐、歌唱的认识、理解各有千秋,经过善于因材施教的石林悉心雕琢,块块璞玉,闪烁光彩。

在这台音乐会上,给人印象深刻的有:第八届央视"青歌赛"民族唱法专业组金奖获得者、上海音乐学院的女高音歌唱家于丽红教授演唱的《我心永爱》;活跃于海内外歌坛的著名男高音歌唱家、上海师范大学音乐学院声乐系主任周进华教授演唱的《草原上升起不落的太阳》;上海民族乐团的女高音歌唱家王静演唱的《苗岭飞歌》,等等。

在观众热情激扬的掌声中,78岁高龄的石林教授登台致谢,并演唱了电视连续剧《木鱼石的传说》的主题歌《有一个美丽的传说》,一曲音乐会的压轴节目,将师生音乐会推向高潮。

一个甲子的歌唱之路

石林出生在一个世代与音乐无缘的普通家庭,但他自幼就显露出众的音乐天赋。13岁那年,他被招入中央音乐学院华东分院(上海音乐学院前身)少年班,专修钢琴专业六年。就在他上音附中毕业时,乐坛巨匠贺绿汀院长倡议在上音开办中国第一个民族声乐班，旨在培养自己民族的歌唱家，并指定王品素教授挂帅，在全国各地广泛地招收各民族有歌唱潜质的年轻人入学。

在附中学习期间，石林曾成功演唱、录制过丁善德作曲的我国首部彩色木偶影片《小小英雄》的主题歌。恰逢其时，得天独厚的嗓音条件和具有扎实音乐基础的石林，放弃了钢琴专业的深造，进入民族声乐专业学习。20岁的他，从此走上了一条漫长的歌唱之路。

在大学本科学习期间，声乐系民族声乐专业开展探索性实践教学，贺绿汀院长专门请来了河南的曲艺名家赵玉凤，教他学唱河南坠子两年；同时，还安排声乐艺术家蔡绍序为石林系统地传授西洋唱法。就是在这样优越的环境和美好的艺术氛围中，不负厚望的石林，如饥似渴地尽情吮吸着各种艺术养料，茁壮地成长。到大学毕业留校任教时，他俨然已是一名卓尔不群的民歌演唱家了。

石林对声乐的理解，对各民族歌曲的演唱技法，包括中国的戏曲、曲艺等都有很广泛、深刻的见地，这对他的教学而言无疑是如鱼得水、相得益彰。

桃 李 满 天 下

在长年的教学生涯中，石林培养了维吾尔、哈萨克、朝鲜、纳西、蒙古和藏族等十多个少数民族的许多歌唱人才，同时还教授过许多戏曲演员。

当年，京剧科班出身的陈海燕，曾随王品素学习过民族声乐。由于她从小就浸润在中国戏曲的氛围中，养成了一种演唱习惯，因此很难掌握更好的西洋科学歌唱方法。陈海燕的事业发展到一定的高度后，碰到了瓶颈。她感到有些困惑、迷茫，甚至一度想放弃歌唱。在得到石林循序渐进的悉心指导后，陈海燕的喉咙更打开、气息更流畅、音域更广泛、声音的位置更稳定、高音更漂亮，歌唱的整体共鸣更加强了。如今，已过中年的陈海燕依然歌声动人。

石林对学生的爱护，胜过对自己的子女。20多年前，于丽红在大三学习时，突患视网膜脱落，若不及时住院开刀治疗，双眼就有可能失明。但于丽红的家人又远在东北，一时无法赶到上海。在这紧要关头，石林义无反顾地以父亲般的角色和责任，为她打理一切，担当所有。这么多年过去了，每当说起此事，于丽红还会热泪盈盈。

2015年春夏间，石林教授突患严重的病毒性肺炎，不得不暂停手头的教学工作，住院治疗，但他仍念念不忘盼望着上他课的学生们。在回家养病期间，他仍见缝插针地给学生辅导、指点……

2016年盛夏，大病初愈的石林又应邀风尘仆仆地赶往北京，与胡松华、姜嘉锵等人一同担任"全国青年男高音声乐大赛"民族唱法的评委。整个比赛非常激烈，尤其在民族唱法中，参赛选手声音普遍都非常好，但大多又存在一个通病：在中、高音区间，不能掌握换声技术。大家凭着本嗓扯着唱，对科学的歌唱方法，意识不够，运用又不当。为此，石林专门开设了一个讲座，通过对演唱技术要素的讲解，传授如何从自然声区向高音区顺利转换的科学方法。由于讲述生动形象，又深入浅出、通俗易懂，与会的年轻男高音们都感觉受益匪浅。

采访手记：歌人合一

我从小就耳闻石林教授的大名，年轻时在多场音乐会上聆听过他演唱的许多具有地方特色的民歌，比如《挑担茶叶上北京》《赞歌》《乌苏里船歌》等，以及中国许多著名作曲家创作的有鲜明中国风的歌曲《牡丹之歌》《在那桃花盛开的地方》《红星照我去战斗》《小白杨》等，印象十分深刻。

如今这么多年过去了，石林教授依然宝刀不老，歌声还是那样的通透、明亮、结实、圆润。他对音乐的表达、声音的驾驭和作品的处理，更是达到了炉火纯青的境界。

在上音任教期间，石林曾先后担任过学院宣传部、院办公室和声乐系的领导，但他从未离开过教学一线。如今，作为返聘教授，他每天的课程都安排得满满当当。石林说：他一生最大的心愿，就是让最美的民族声乐艺术，被中国人民所接受、所拥有。

刘捷：歌坛雄风今犹在

刘捷歌唱肖像

2021年新年伊始，年近古稀的著名男高音歌唱家刘捷，在他的第二故乡上海举办了从艺50周年独唱音乐会，此举也拉开了他全国巡演的帷幕。

作为周小燕、斯义桂、苏塞依等国内外顶级声乐大家的嫡传弟子，刘捷在年近七旬高龄之时，仍宝刀不老、雄风犹在，在独唱会上淋漓尽致地演绎了十多首中外经典作品。作为第一届央视"青歌赛"金奖获得者、改革开放后中国第一个国际声乐大赛获奖者，刘捷的演唱依然通透辽远、高亢激昂又豪情万丈，尤其那金属般的高音震撼人心。刘捷的演唱咬字吐词清晰，乐句间的抑扬顿挫严谨工整，乐段间的起承转合和行腔用意独到讲究，作品的谋篇布局也匠心独具。他的气息运用更是流畅自如，因此把握高难度的作品时能随心所欲、举重若轻。难怪当年他的恩师周小燕教授曾多次在公众场合称赞刘捷：在她的所有学生中，唯有刘捷不用先练声，张嘴就能歌唱。诚然，要有这样的歌唱状态和境界，是非常难能可贵的。刘捷之所以能做到，是因为歌唱时刻挂在他的心中，所以能随时进入这样的状态。

我与刘捷早在他上音求学期间就已相识相交，以后多次邀请他参加我和胞弟李建国一同策划组织的"中国名曲大汇唱""世界名曲大汇唱"等大型音乐活动。作为东北汉子的刘捷，为人正直豪爽、敢讲真话，这在当今的中国歌坛是难能可贵的。他为了心中挚爱的歌唱艺术，无怨无悔、坚持执着，是一个有思想、有见地、有追求的歌唱家。在其事业如日中天的时候，毅然决然地放弃了多少人羡慕的地位和待遇，去美国求学，一切从零开始。学成后又满怀报国之志，回沈阳办学。如今人到晚年，他还是激情澎湃地著书立说、开办声乐大师班、去各地讲学，他还在为中国的声乐事业默默地奉献着一切。

从文艺宣传队开启的歌唱生涯

刘捷是蒙古族，1952年出生，原呼伦贝尔草原上王族的后裔，但他从没有半点公子哥儿的习气。他的儿时和青少年时代都在沈阳度过，是个品学兼优的三好学生。生在新中国、长在红旗下的刘捷在初中毕业时，赶上了"文革"中知青上山下乡的热潮。

1968年，年仅16岁的刘捷和无数知识青年一样，响应"农村是一个广阔的天地，年轻人是可以在那里大有作为的"的号召，去了辽宁盘锦地区的一家国营农场务农。但好学的刘捷仍在繁忙的劳作之余，不失时机地努力学习。在这一时期，他阅读了大量的中外文学名著，但他最感兴趣的却是哲学书，当年铭记着的黑格尔"逻辑学"中的许多深刻的哲理名言，这一直影响着他以后的艺术道路。

由于刘捷的母亲不仅能歌唱，还会演地方戏，因此他从小就受其影响和启蒙，对歌唱也情有独钟。如今到了农场，刘捷无论在田间劳作，还是埂边休憩时，都会情不自禁地放声高唱，他的歌声是从心间流淌出来的，因此是那样的无拘无束、那样的亲切。刘捷有着一副得天独厚的好嗓子和出众的音乐感觉，虽然那时他连简谱也不识，但他的歌声给同事们带来了欢乐和愉悦，很快得到了大家的认可。

1970年盛夏，辽河发生洪灾。刘捷所在的农场紧挨着辽河边，也面临着严峻的考验。那时除了农场的员工和当地的农民全力参与抗洪外，党和政府还急调驻辽宁的部队来帮助抗洪救灾。经过军民的全力奋战，抗洪斗争取得了胜利。为了表达对人民子弟兵的感谢和厚爱，农场组织了一台文艺晚会来答谢解放军。刘捷也被选中并担任独唱。在那天的晚会上，他演唱了一首石夫创作的《牧马之歌》，引起了到会的大洼县副县长的关注和浓厚兴趣。没过多久，一纸调令就来了，刘捷被正式调往大洼县的文艺宣传队，由此也开始了他的职业歌唱生涯。

刘捷被调到大洼县文艺宣传队时，还是一张白纸。幸好，他遇到了歌唱生涯中的第一个贵人：宣传队的负责人袁鸣声。袁鸣声是原北京空政文工团的男高音独唱演员，因妻子是电影明星上官云珠的侄女，因而与江青有牵连，所以在"文革"初期，袁鸣声便被部队裁调到地方了。袁鸣声工作虽在北京，但他却曾多年在上海声乐研究所跟随林俊卿教授学习咽音唱法，因此他对整个中国歌坛的状况很了解，与许多歌坛大人物也都相识和结交过。如胡松华、李光羲、马玉涛、贾世骏等当年中国一流的歌唱家都是他在上海声乐研究所学习时的同学。

刘捷非常崇拜、喜欢袁鸣声，想方设法地争取有更多的时间、机会能与之相处，从而能聆听到他的教诲。袁鸣声无疑是刘捷踏入歌坛的第一个启蒙者。虽然他教学的咽音唱法并不适合刘捷、也并未被他所接受，但他使刘捷知道了什么是歌唱艺术、了解到了外面精彩纷呈的歌唱世界，并通过录音机和电唱机聆听到了许多中外歌唱家的歌声，使刘捷的眼界大开。因为袁鸣声是部队文工团出身，他经常给刘捷讲述北京、上海一些著名歌唱家的故事，其中讲得最多的还是部队文工团里的学习、生活和演出。

当年的部队文工团，是大多数音乐学习者膜拜和向往的地方，刘捷也不例外。他决心要好好练唱，期盼着有朝一日也能穿上那令人羡慕的军装登台高歌。因为与袁老师朝夕相处，又加之大量的舞台实践，有着歌唱天赋的刘捷成长很快，他虽然没跟随袁老师学习咽音，但他的演唱无论是技巧还是风格，都得到过袁老师的指点熏陶，有他的影子。但遗憾的是，在与袁老师相处不到一年时间后，因为辽宁发现了一块大油田——辽河大油田，所以袁鸣声随即被调往油田去组建文艺宣传队。好在辽河油田就在大洼县旁，刘捷在工作之余总在大路边搭乘马车，去袁老师家谈歌唱，听唱片，这也是他那段时间里最开心的时光。袁老师不仅教刘捷歌唱和音乐知识，还多次给他安排报考文工团的机会，其中包括沈阳、济南、兰州和北京军区及国防科委和工程兵等文工团。虽然他的歌唱水准是得到认可的，但最终都因他父亲的"历史问题"而未果。对此，刘捷并未感到灰心，反而以更大的热情投入其中。刘捷与袁鸣声老师的交往持续了六年之久，直至他考入上海音乐学院。在此期间，他得到的熏陶和指点，受益终身。

刘捷在进入县文艺宣传队的前几年，虽然嗓音条件出众，但演唱高音并不稳定，其中有气息运用的原因，但更重要的是因为喉头抬得太高、又不稳定，从而把自己歌唱的通道堵住了，高音也就唱不上去了。为此，他花了三年时间来解决喉头稳定和下放的问题。另外，由于刘捷是东北人，有很重的地方口音，这是不利于歌唱的。于是，刘捷就开始调整说话的支撑点。用丹田之气学说标准的普通话，是那时刘捷每天睁眼后的头等大事。就这样，他寒往暑来坚持数年，"习惯"便成了自然。当年刘捷的努力，都为他以后成为中国顶尖的歌唱大家奠定了坚实的基础。

从沈阳铁路局到上海音乐学院之路

岁月荏苒，斗转星移，转眼十年"文革"结束了。1977年，中国恢复了高考，不久又掀起了知青回城的热潮。此时的刘捷刚办理回城手续，即将去沈阳铁路局工作，但他的心里还是惦记、热爱着歌唱。当得知中国的音乐院校正在重新招生之时，刘捷旋即就斗胆写信给远在北京的中国歌剧舞剧院的柳石明先生，打听中央音乐学院的招生状况。柳石明是与著名歌唱家郭兰英搭档几十年、共同主演过许多中国原创歌剧的男高音歌唱家，他是在一次演出中，无意间与刘捷邂逅结识并成为朋友的。作为大演员的柳石明没有半点架子，他非常喜欢也看好刘捷，认为刘捷将来必有大出息。

在见到刘捷的来信后，柳石明随即回信，告知了中央音乐学院不仅招生火爆，而且报考者中人才济济，竞争也十分激烈。因此建议他别来北京，可就近去沈阳音乐学院试试。遵照柳先生的建议，刘捷报考了沈阳音乐学院声乐系。

说来也巧，1977年12月7日，刘捷第一次穿上崭新的工作服，成了沈阳铁路局车辆段的一名正式工人，并在这天上了第一个夜班。但戏剧性的是，沈阳音乐学院的考试就定在第二天早上。工作结束，一夜未睡的刘捷赶到考场后，唱了一首《乌苏里船歌》，便径直回家睡觉去了，因为当晚还要上第二个夜班。对于他当时报考沈阳音乐学院之事，铁路局是不知道的。况且对于此次考试能否成功，刘捷也没有完全的把握。因此他权衡再三，还是决定放弃考试，好好工作，等待时机。

在铁路车辆段埋头苦干的刘捷，很快赢得工人师傅们的认可。有一次，一位工段长问刘捷怎么不去考大学，刘捷先是一愣，随即又反问：你们同意我考大学？工段长说：这是国家的政策，谁会反对？此时的刘捷才如梦初醒，他翻遍了当地的报纸，终于找到了一条上海音乐学院招生的消息，顿时喜出望外。于是，刘捷正式向单位请假，随即动身赶赴上海报考。那时沈阳坐火车到上海需要32个小时。刚到上海，刘捷便赶往上海音乐学院。到了学校才知道，报名日期早已截止，大学部的声乐初试也已进行到了最后一天。考场门口，学校教务科的一位赵姓科长坐镇。当他得知刘捷是刚从沈阳赶到现场的，考试并未报过名时，他就特事特办、网开一面，让刘捷先进考场考试，随后留下介绍信登记补办报名手续。赵科长的这一小小举动，从此改变了刘捷的人生轨迹。

这天的主考官是倪承丰老师和他的助手杨巍。此时的考场中已经没有其他考生了，刘捷是4 000多名报考者中的最后一人。他还是演唱了那首《乌苏里船歌》，但由于星夜赶路又没有调整休息，嗓子比较疲劳，考试的发挥没有达到最佳状态。

当天考试结束后，刘捷便应邀到一位在沈阳结识的上海朋友家中吃晚饭，这位上海朋友是辽宁驻沪办事处的工作人员，家住上海南市区的一条老式石库门弄堂里。那时的上海住房很紧张，他与父母、弟妹同住一间居室内，家里没有卫生间，只有一个用布遮掩的马桶。面对友人这样的居住状况，原本想在此留宿一晚的刘捷此时打消了念头，吃完饭便告辞了。但他这一晚是没地方住的，因为介绍信已留在了学校里，而他刚进单位不久，工作证还未发到手。当时上海的所有旅店，没有工作证和介绍信是绝不能入住的。

当晚，刘捷漫无目标地徜徉在上海外滩附近的大街小巷，只期盼着黎明赶快来临。刘捷看遍了南京路附近的所有报廊，半夜肚子饿了，他居然找到了北京西路、新闸路和西藏路交叉处的上海唯一一家二十四小时营业服务的星火日夜食品商店旁边的面馆。在那里，刘捷连吃了六碗阳春面。为了能应对考试，他又折返回外滩，想在那里找个空椅躺下休息。但不料，这些座椅全被一对对情侣和返城的知青占领着，直至凌晨四点也没有一个空位。这种景象，如今想来真是奇观。

终于等到了清晨六点，辽宁驻沪办事处租住在福州路上的五岭旅馆的门终于开了，等候多时的刘捷，此时迫不及待地冲进其租用的房间，找个空床躺下便睡着了。早上九点半，心中放不下复试发榜之事的刘捷惊醒了。他一骨碌起床，没有洗漱便赶往上海音乐学院。

到了学校，校园里满是悦耳的琴声和歌声。唯独发榜墙空空如也，显然复试还未发榜。焦急的刘捷大步流星地来到南大楼三楼的声乐系时，迎面碰见了昨日主考官的助手杨巍老师。因为昨天的考试印象深刻，杨老师便主动向刘捷发问：你是昨天下午最后考的那个男高音吗？当得到确认后，杨巍告诉刘捷，他落榜了。但杨老师认为刘捷是非常好的歌唱苗子，潜力很大，应该进上音深造。于是，他就向刘捷建议："快去找王品素教授，她是声乐系的党支部书记，为人正直，而且非常乐于助人。你可向她讲明你考试的所有状况，或许她会给你机会。"同时还告知了王品素的办公地点。

感到峰回路转的刘捷马上找到了王品素教授，在讲述了自己来上海考试的经过后，王品素的眼中闪着泪光，这一幕刘捷永远不会忘记。王品素要刘捷在十一点钟到声乐系办公室见面。王品素教授是抗战时期中共南方局领导下的地下党员，她也是重庆青木关音乐学院斯义桂教授的得意门生。新中国成立后，上音的贺绿汀院长钦点王品素教授挂帅开办中国民族声乐班，她先后培养了才旦卓玛、何继光、傅祖光、贠恩凤、冯雪健等一大批民族声乐歌唱家。王品素在学校和声乐系是一个讲得上话的人物。

真是山重水复疑无路，柳暗花明又一村，刘捷遇到了他人生的第二个贵人。此时的刘捷完全忘却了疲劳，他马上去声乐系办公室等候，此时离与王老师见面还有一个半小时，他只能与办公室里的杨巍老师天南海北地闲聊，打发时光。

十一点半左右，只听走廊里一阵躁动，一群人从楼梯上来。只见王品素教授走在前头，旁边还有一群女老师。刘捷见状赶紧上前与王教授打招呼,此时,工作繁忙的王品素教授才想起与刘捷的约定。于是,她赶紧招呼另外三位女老师,一同将刘捷带进304教室,给了他一次补考的机会。其中担任钢琴伴奏的是彭雪琼老师。钢琴声一响,刘捷把自己所有的疲劳和烦恼早都抛到了九霄云外。这天,他演唱了自己另一首拿手作品《牧马之歌》。歌毕,中间那位看似很有身份的老师连续发问,刘捷如实地一一作答。当问到刘捷昨晚住在哪儿,刘捷回答"马路上"时,全场的气氛顿时凝固了,五分钟也没人说话,在场所有老师都被刘捷这种对歌唱执着的精神所打动。片刻后,那位老师要求刘捷再唱一首歌曲,于是他又演唱了一首怀念周总理的歌曲。听后,大家都露出了非常满意的神情。王品素教授当场与那位发问的老师商量了一下,在得到了对方"有门"的肯定答案后,她马上让在旁的杨巍老师赶快在复试榜上加上刘捷的名字。

事后刘捷才知道,刚才一直发问的那位老师就是大名鼎鼎的声乐教育家、上海音乐学院声乐系主任周小燕教授。她是一位一言九鼎的人物,有着国际视野的周小燕爱才惜才,而且千方百计地寻觅、培养她中意的人才。周小燕有独到的眼光,又慧眼识珠。对于刘捷这样多年难遇的好苗子,她是绝不会轻易放走的,因为真正的歌唱人才是可遇不可求的。于是不受条条框框、繁文缛节束缚又天马行空的周小燕,破格给了刘捷一次公平竞争的机会。

得到这千载难逢复试机会的刘捷,因为有上音两位大人物的看好和关照,复试之路一下变得平坦起来。王品素教授亲自为刘捷解决了暂时的住

刘捷与恩师周小燕合影

宿和生活困难，使他能专心致志地全心投入复试之中。果不其然，不负厚望的刘捷在复试中发挥出色，他的演唱令所有的考官眼前一亮，最终拔得头筹。他成为恢复高考后，周小燕教授的第一个弟子，同门师妹还有来自长春的朝鲜族姑娘金玉兰。

周先生起初给刘捷上课，并不急功近利地急于要他赶快掌握歌唱技巧，而是循序渐进、潜移默化地在无形中给他灌输科学的歌唱理念和歌唱方法。周小燕不断向他传授和讲述"要唱好歌，必先做好人"的道理和相关故事，让刘捷慢慢树立远大的歌唱理想和开拓更广阔的歌唱视野。在周先生的门下，刘捷按部就班系统地接受了耳提面命式的悉心培育，进步神速。

斯义桂上音讲学之旅

半年后的1979年初春，改革开放的春风吹遍了神州大地，中国歌坛也发生了一件具有划时代意义的事件：为了改变中国音乐相对落后和封闭的状态，上海音乐学院贺绿汀院长作出了一个决定：亲自邀请世界歌坛公认的华人第一歌唱家、时任美国伊斯特曼音乐学院声乐系主任的男低音歌唱家斯义桂来校讲学，为期半年。斯义桂是早年上海国立音专的学生，师从苏石林和应尚能教授。抗战时期去了内迁至重庆青木关的音乐学院任教，全国解放前夕赴美留学。在美期间，他先后得到了两位世界顶级的声乐教育家艾迪思·沃克和亚历山大·吉普尼斯的嫡传，他俩为斯义桂建立了全新的歌唱理念和呼吸支持，从而重新塑造了斯义桂的歌唱框架，更多的是给了他歌唱的灵魂。当年，斯义桂在大陆时演唱的《教我如何不想她》，有着浓重的宁波口音，但旅美学习多年后，已完全没有了这种乡音的痕迹，已达到歌人合一、炉火纯青的境地。他的代表作——勃拉姆斯的四首严肃歌曲和齐尔品创作改编的中国民歌系列唱片，多次荣获世界大奖，因此他能跻身于世界一流歌唱家的行列。无疑，他也是唯一一位真正得到意大利声乐真传的华人歌唱家。

此次讲学，斯义桂带来了大批的声乐教材、音响资料和当今世界歌坛重要的乐谱以及全新的歌唱理念。斯义桂来上音讲学的消息，如同春雷般在中国歌坛炸开了锅。全国七大音乐院校的一流教师和北京的中央乐团、中央歌剧院和总政歌舞团的顶级歌唱家,都纷纷报名来沪参加学习。斯义桂的夫人、钢琴家李惠芳也一同来母校上音讲学。她是中国早期为数不多的钢琴家之一,也是名扬四海的钢琴诗人傅聪的启蒙老师。李惠芳开设的钢琴伴奏课,也是人满为患。

但此时的刘捷才跟随周小燕学习半年左右,虽然他心里也想参加,但生怕周先生觉得自己学习不专一而感到不快,因此没敢报名参加选拔。说来也巧,有一天,他在琴房上课。王品素教授来找周先生商量事情,她见刘捷在场,劈头就问:"你为什么不报名斯先生的选拔赛?"刘捷看了周先生一眼,便低头不语了。此时的周先生早已揣摩到了学生的心事,一向办事得体讲究的她也就顺水推舟,旋即就对刘捷说:"你愿意参加就去报名吧。"有了周先生的亲口允诺,刘捷乐开了怀,悬在心里的那块石头也总算落了地。那节课刚上完,他就一个箭步奔到系办公室去报名。那天是报名的截止期,他总算搭上了末班车。

经过斯义桂的亲自选拔,在众多报名者中刘捷脱颖而出,与上音的五位同学和中央音乐学院的两位在校生一同入围。斯义桂的教学带给了曾经封闭的中国歌坛完全不同的歌唱理念。连当年中国大陆最负盛名的歌唱家温可铮也多次感叹道:斯义桂的到来,完全颠覆、改变了他的过去,歌

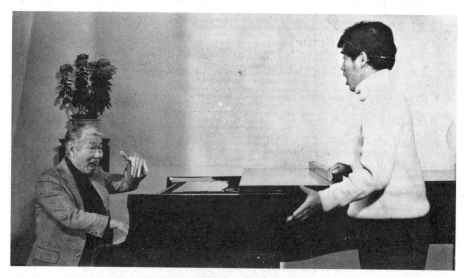

1979年斯义桂大师在给刘捷上课

唱从此翻开新的篇章。斯义桂教学的课堂,就设在可容纳几百人的上音小礼堂内。他上课的形式,虽然看似是一对一的小课,但底下旁听者多达两三百人,而且都是当时中国歌坛的精英人物。

刘捷向斯义桂学习时,基本是张白纸,他此前只跟随周小燕学习过半年的中国作品。斯义桂教刘捷是先从元音u开始的,想以此帮助他打通声音的"管道"。斯先生感觉刘捷的声线和其他的各种歌唱条件,都与德国最伟大的男高音歌唱家翁德里希非常相近。当年,因为翁德里希英年的意外身亡,致使原定的演出眼看夭折,最终是斯义桂从美国飞往德国去救了场。因为这次救场,斯义桂就此在世界歌坛站稳了脚跟,就这样斯义桂与翁德里希有了一种特殊的情结,对后者演唱的作品从此钟爱有加。斯先生要刘捷以翁德里希为楷模,由此刘捷也找到了自己学习的方向。斯义桂教授刘捷学习的曲目,也是以翁德里希曾经的代表歌剧作品《唐璜》《魔笛》《阿黛莱苔》中的选段开始的,这也是刘捷第一次接触到的外国作品。在斯先生的教诲下,极有悟性的刘捷找到了一条属于自己的正确的歌唱道路。

当半年后斯义桂离开上音时,刘捷已是八名正式学员中最出色的那个。此后,他接二连三地在全国高校声乐大赛、巴西里约热内卢国际声乐比赛和第一届央视"青歌赛"上摘金夺银,成为当时中国最年轻的、屈指可数的男高音歌唱家。

很多年后,刘捷也去美国留学了。他在学习工作之余,还常去已退休在康州颐养天年的斯先生家中探望、学习。2018年,一直怀着对斯先生感激之情的刘捷,自掏腰包,组织了当年斯义桂来上音讲学时的一些同学,在上海音乐厅举办了一场纪念音乐会,反响不俗。其实,当年的斯先生是想回到祖国、回到母校上音执教的,他多次表达了"叶落归根"的愿望。但由于有些人出于一己私利,设置了许多障碍,致使斯先生回国无望。另一位声乐大家张权也曾一直想回母校上音工作,但不幸的是也经历了与斯义桂同样的遭遇。这不啻是上海音乐学院乃至中国歌坛的极大损失。

斯义桂的上音之行,无形中给了中国歌坛的大家喻宜萱、黄友葵、郎毓秀、蒋英、张权、沈湘、周小燕、高芝兰、谢绍曾、葛朝祉、王品素、温可铮、李维渤、郭淑珍和黎信昌等一次难得的大聚会的机会。这也是继1956年在北京举办的"全国音乐周"20多年后他们再度的相会。声乐大家们感慨万千,大家都表示要珍惜当下的美好时光。黄友葵提议:为了更好地发现、培养新的歌唱人才,给在校的学生们更多的舞台实践机会,全国高等艺术院校是否可以联合举办声乐大赛,从而发现更多的歌唱人才。此建议一出,立即得到了大家一致赞同。

亮相国际声乐大赛与央视"青歌赛"

1980年初秋,全国首届高等艺术院校声乐大赛在上海音乐学院举行。在初赛、复赛和决赛的三轮角逐中,刘捷分别演唱了《这肖像多么美丽迷人》《我至爱的宝贝》和《偷洒一滴泪》这三首取自歌剧《魔笛》《唐璜》和《爱的甘醇》中的高难度咏叹调。他的演唱举重若轻、成竹在胸,让人耳目一新,得到了众多评委的好评和高分。最终,刘捷以微弱的劣势屈居亚军。这也是刘捷闯入歌坛后,第一次在全国性的歌唱大赛上获奖。从此,他对歌唱的信心更加满满。

对于首届全国高等艺术院校的声乐比赛,文化部非常重视,并派有关领导全程观摩,参赛和获奖选手的演唱水准之高,出乎意料。正巧那时中国应巴西政府之邀,将在次年初春派声乐代表团去里约热内卢参加国际声乐大赛。这也是新中国成立以来,第一次有中国歌唱家参加的正式的国际声乐大赛,因此文化部格外重视。为了能够充分体现公平公正的竞争而产生最高水准的参赛歌手,原本准备在国内举办一次由全国各文艺团体和音乐院校青年歌手参加的国内选拔赛。但鉴于此次高校声乐大赛的普遍性和权威性,而且获奖歌手的水准之高令人刮目,完全可以替代即将举办的国内选拔赛。因此经过文化部领导的再三权衡,决定由此次获奖的中央音乐学院女高音叶英和上海音乐学院的男高音刘捷,一同代表中国去巴西参赛,同时指定由周小燕教授担任领队。

为了刘捷的参赛,周小燕真是殚精竭虑,耗尽了心血。虽然刘捷此次去参赛的十多首曲目,其中大多数都已由斯义桂给刘捷练唱过。但要去参赛,更要精益求精、一丝不苟。于是周先生又为刘捷精心挑选了几首高难度又适合他演唱的曲目,还悉心地帮助他分析每首参赛作品的意境和内涵,并一首一首作品、一段一段乐句地严抠把关,甚至严格到所有的咬字吐词的发音和归韵。那届巴西的声乐大赛规定：每个参赛选手必须要唱一首本国在一年内新创作的歌曲。当时的刘捷是个新人，没有作曲家会为他量身定制作品。于是周小燕就亲自去找丁善德，请他赶紧写一首男高音演唱的歌曲。丁善德是中国著名的作曲家，时任上海音乐学院副院长。他一生创作过许多交响乐，也谱写过中国民歌作品系列，其中影响较大的有：《玛依拉》《想亲娘》《槐花几时开》《爱人送我向日葵》等。丁善德花了两个多星期，根据当年自己去西北采风积累下的素材而谱写了一首青海花儿样式的歌曲《上去高山望平川》，作品是完全根据刘捷的嗓音特点量身定做的。丁院长在学校繁忙的工作间隙，两次去声乐系和周小燕教授一起为刘捷分析讲解作品。由于刘捷对此作有深刻的理解，因此唱来得心应手，既能淋漓尽致地表达作品的内涵，更能充分体现自己的演唱能力。

　　周小燕对学生刘捷的关爱，从某种意义上来说是胜过亲生儿子的。那时的刘捷还是个穷学生，从未穿过西服。但为了出国需要，周小燕不仅为他掏钱，还亲自出面请上海培罗蒙西服店的陆师傅，为刘捷专门缝制了一套出访的西服和一身演出服，同时还把原本为儿子买的新毛衣也送给了刘捷。对于周先生的关爱，刘捷至今没有忘却。

　　就在代表团一切准备就绪即将出访时，不料，周小燕突发颈椎疾病，需要卧床静养一段时间。无奈，代表团只能临时换帅，改由北京的张权担任领队。1981年5月，叶英、刘捷和钢琴伴奏及其他工作人员在张权带队

刘捷在获奖（第十届里约热内卢国际声乐比赛三等奖）音乐会后与父母合影

下，经过34个小时的飞行，才来到了南半球的目的地。这是刘捷第一次踏出国门，一直兴奋异常，晚上睡不着觉。而巴西的饮食，中国人很不习惯，刘捷更是一点食欲也没有。眼看大赛在即，刘捷睡不好也吃不了，领队张权心急如焚。她带刘捷去当地的医院检查，结果是什么病也没有。此刻的刘捷却坚定地对张权说，自己一定不负祖国人民的重托，努力为国争光。在三轮比赛中，刘捷一直保持了很好的歌唱状态，一路过关斩将，最终获得了大赛的三等奖。这也是中国大陆歌唱家在国际乐坛上获得的第一个殊荣。因中国过去与世界长期隔绝，只参加过社会主义友好国家青年联欢节的声乐比赛，但这些比赛并非真正意义上的国际声乐大赛。刘捷此次的巴西之行，使他的眼界大开，对歌唱的认识和理解，更广泛更深刻了，境界也更高了。国内媒体对刘捷的获奖进行了连篇累牍的报道宣传，他一时也成了人们关注的焦点人物，由此他在中国歌坛便有了一席之地，从此演出邀约不断。

转眼到了1984年，这时厚积薄发的中国歌坛已涌现了一大批人民群众喜闻乐见的歌唱新秀。为了检阅这支新生的歌坛力量，酝酿多时的中央电视台正筹备举办一次"青年歌手电视大奖赛"。当时的比赛只分专业和业余两个组别，并未设美声、民族和通俗三种唱法。比赛分两个阶段进行，初赛由各地方电视台进行海选，各代表队的前两名进京参加决赛阶段的现场直播。

由于当时中央台的大演播厅正在改建装修，因此决赛的舞台就搭在工程兵的大礼堂内。此次大赛的评委由当时中国一流的声乐教育家喻宜萱、黄友葵、郎毓秀、周小燕、沈湘、张权、王昆、李谷一、李双江等担任。上海电视台选送的歌手有两人：上海音乐学院的男高音刘捷和男中音王克蔚。刘捷的参赛曲目是上海作曲家陆在易的一首新作《祖国，慈祥的母亲》，此作原调为G调，但刘捷演唱此作时的最佳点要提高半个音，为降A调。为此，陆在易专门为刘捷进京参赛重写了总谱。

此次决赛阶段的演唱只有一轮，也就是一曲定胜负。刘捷演唱的《祖国，慈祥的母亲》，情感饱满，震撼人心，从而凯歌高奏，一举夺魁。荣获此次大赛二至六名的分别是：关牧村、范竞马、殷秀梅、郑莉和彭丽媛。因初次尝试的"青歌赛"大获成功，以后此赛事就顺理成章地成了中央电视台的一档名牌栏目，每两年举行一次，每次直播数亿观众趋之若鹜。人们对于这种既推新人、又有新作面世的电视大赛非常喜欢，并投入了极大的热情。

刘捷在央视"青歌赛"上夺魁后，便奠定了他在中国歌坛的地位，歌唱道路从此越走越宽广。他从上海音乐学院毕业后就留校任教，几年后又被上海乐团挖去担任首席男高音独唱演员。那时上海的舞台和荧屏常有刘捷的歌声和身影。作为上海艺坛的青年才俊，他先后成为上海市政协委员和上海市青联委员等，市政府还特别奖励他一套市中心的二居室住房。

刘捷在首届全国青年歌手电视大奖赛上演唱

12年旅美探索西洋唱法真经

刘捷的事业可谓如日中天，但他的心中一直向往、追求着更高的歌唱境界。由于他学唱时的起步很高，都是一流的名师大家亲授，所以此刻他想再上一层楼时，在国内已很难找到合适的老师。声乐技术本身就是"舶来品"，它的源头在欧美。于是，刘捷一直想学习、仿效当年的玄奘法师，为求得真经，放弃所有，不畏艰难险阻地勇往直前。就这样，他一面依然继续刻苦钻研，一面又积极等待着合适的机会，去国外求索歌唱的真谛。

机会终于来到了。1987年的中法文化交流周，法国政府派出了世界一流的男中音歌唱家苏塞依来华访问演出。作为演唱法国艺术歌曲代表人物的苏塞依，一生录制过50多张畅销的古典音乐唱片，主演过许多部欧洲传统的经典歌剧，享誉世界歌坛。他此次的中国之行，仅限于在中央音乐学院和上海音乐学院各举办一场小范围的独唱会。苏塞依在上音小礼堂的独唱会上，演唱了法国作曲家拉威尔的声乐套曲《唐吉诃德》，他的演唱可谓歌人合一，简直是出神入化。这种歌唱境界，国内的歌唱家是根本达不

刘捷与恩师苏塞依合影

到的。聆听独唱会的上音声乐系的师生们无不感叹、敬佩。独唱会结束后，声乐系的几位学生代表还轮番登台演唱，接受苏塞依的亲自点拨和教诲。

刘捷在观摩独唱会后，内心也十分激动，他十分渴望有苏塞依这样的好老师指导。当晚，他就冒昧敲开了苏塞依下榻的上音外宾楼的房门。刘捷开门见山地就向苏塞依表明了自己想追随他学习歌唱的强烈愿望，并随即清唱了几段常练的西洋歌剧咏叹调。苏塞依听后非常满意，当即就向刘捷承诺，一定带他去美国学习。但那时的出国留学，大多数是公派的，而私人申请留学的手续相当复杂，而且成功者很少。不料没过多久，没有食言的苏塞依居然真为刘捷办妥了留美的全额奖学金，但由于一时没有找到合适的担保人，因此未能马上成行。

这一等就是三年。1990年，刘捷办妥了留美的全部手续，他放弃了在上海优渥的工作和生活，踏上了遥不可知的留美生涯。苏塞依无疑是刘捷歌唱生涯的又一贵人。他不仅为刘捷争取到了得克萨斯州立大学奥斯汀分校的全额奖学金，还专门安排了免费舒适的住宿，使其能全身心地投入学习。

美国的校园生活，使刘捷感到既兴奋又新鲜。他如饥似渴地学习、探索着新的歌唱理念和方法。刘捷永远忘不了1992年的一天，他曾经苦练了八年的抬脑后动作，在苏塞依的不断引导下，终于得到了回报。过去刘捷在演唱换声点上面的高音时，总感觉到歌唱的通道上面似乎有个盖。那天，他感到这个长期困扰高音发挥的"盖子"突然被掀掉了,仿佛自己的头腔已完全打开,声音通透极了。此时演唱高音可以那样的随心所欲、举重若轻,从此他的演唱有了质的飞跃。

1993年,恩师苏塞依要离开美国回法国了,刘捷依依不舍。他此时也考入了纽约大都会歌剧院艺术总监琼·道勒曼开设在纽约曼尼斯音乐学院的歌剧班。这是一个发现、培养歌剧表演人才的摇篮,从此刘捷也开始向职业歌唱家的方向迈进。在歌剧班学习期间,他受到过多位世界级的歌唱大师的教诲。其中,在向拜尼·汉密尔顿学习时,这位年轻漂亮的女老师教了刘捷受用一辈子的一招,即无论男女声在歌唱时的状态,都要松开喉头,并把喉头打开到最低,从而寻找到喉腔里的"空调"的声音。松开喉咙、直拉到底,此时元音a变成了e,直至头顶。这正是"治疗"中国人习惯带着口腔肌肉歌唱的最佳药方。

1995年,美国的犹太人协会要排演一部威尔第的歌剧《弄臣》,并去以色列巡演。此时的刘捷已是职业歌剧演员,因有经纪人公司的推荐,他也有幸去参加剧中主演:公爵一角的竞聘。此剧的艺术总监对所有想参演的演员,要求在两天内背唱自己所饰角色的所有唱段。天资聪慧又刻苦好学的刘捷,十分珍惜这次参演机会。他以前虽从未接触过这些唱段,但凭着自己的用心和执着,竟奇迹般地完成了艺术总监的要求,同时顺利地成为此部歌剧的主演:公爵的A角。为了能演好这部歌剧,刘捷还趁排练的间隙,飞赴意大利向米兰歌剧院的艺术指导、演绎意大利歌剧的权威:恩扎·费拉里认真学习了两个月。歌剧《弄臣》如期在以色列的特拉维夫上演,刘捷出色的演唱为全剧增色不少。由此,他在美国的歌剧圈内声誉鹊起。此后,刘

刘捷美国曼尼斯音乐学院毕业照

捷又主演过《茶花女》《唐·帕斯夸勒》等多部歌剧。那时能在美国出演歌剧的中国歌唱家也只有屈指可数的傅海静、邓韵、田浩江和张建一等人。

结束了12年的旅美留学生涯，已取得西洋唱法真经的刘捷满怀报国之志，于2002年启程回国。刘捷回国后照例又去探望恩师周小燕，周先生详细询问了他在美的状况和眼下的打算，同时希望他能重回上音执教。但刘捷告诉周先生，他已与沈阳音乐学院达成协议，共同创办国际音乐学校。由他出资、出面聘请教师，院方出场地、器材等，共同招生。

刘捷的国际音乐学校一办就是15年，培养了1 000多名声乐和钢琴人才。除了他自己长期坐镇学校教主课外，他还聘请了傅海静、韦丹文等一流的名家来校教学。

刘捷在15年的教学生涯中，倾尽全力地向学生们传授他这些年所学到的歌唱技术和他所追求的歌唱理念和境界。同时，他在教学过程中，也体会、积累了许多教学的经验和方法。当年，他在教室的一面四米长、两米宽的黑板上画满了各种歌唱姿态的图像，画面深入浅出、形象生动，让人一目了然。

中国有无数的歌唱学习者和爱好者，但遗憾的是，却没有一本全面、系统、权威的教科书式的歌唱学习工具书。刘捷多年来一直想填补这个空白。于是，他耗时数年，把自己半个世纪歌唱生涯所积累的体会和心得撰写成书，自费出版发行。这本名为《声乐之我见》的专著，雅俗共赏、图文并茂，是中国声乐学习和爱好者的精神食粮。如今刘捷已带着这本专著，开始在全国的高校开办巡回讲座，他要把自己先进的歌唱技术传授给更多的音乐学子。

学海无涯，歌唱之路更是永无止境。刘捷对自己当初选择的歌唱道路一直无怨无悔，并视作自己的终身事业和永远追求的目标。人到晚年的刘捷，依然对恩师斯义桂、苏塞依高山仰止，把他们看作是屹立在身前的两座高山，而自己则永远是个攀登者。

上海交响乐团的前世今生

上海交响乐团（以下简称"上交"）是中国迄今为止历史最悠久、影响最广泛的西洋管弦乐团。历经近一个半世纪风雨坎坷的上交，见证并引领着中国交响乐的开启和发展。随着时代的变迁、岁月的更迭，如今141岁的上交，还正勃发着青春的生命和力量。

西洋音乐入华与公共乐队的出现

西方音乐早在盛唐时期就以基督教赞美诗的形式，通过西域的丝绸之路传入中原，这在敦煌莫高窟发现的古书中有所记载。1601年，耶稣会的传教士利玛窦历经艰险航海来华，给万历皇帝献上了来自西方的珍品，这其中就有一件乐器——击弦古钢琴。这是在中国出现得最早的西洋乐器，出于好奇，万历帝命太监们学习演奏方法，利玛窦则应太监之请，把一些赞美诗翻译成中文编撰成书，供太监学习之用，这本中国最早的、具有西洋音乐色彩的琴谱，名为《西琴曲意》。

清初的康熙皇帝也非常喜欢音乐，他在宫中听到葡萄牙传教士徐日升用击弦古钢琴弹奏的一首中国风味的音乐时，大为惊叹。于是他就跟随徐日升学习击弦古钢琴的弹奏。后奉康熙帝敕命，徐日升编撰了《律吕正义》一书。这是一本中国音乐集大成的著作，书中还第一次介绍了五线谱等西洋音乐知识。

1840年鸦片战争失败后，腐朽的清政府被迫签订了丧权辱国的《南京条约》，就此也拉开了中国近代史的帷幕。我国五个重要的沿海城市在英国坚船利炮的威逼下，被迫开放贸易。随着这种不平等贸易的不断扩大，西方人大量地涌入中国，从而导致西方文化的迅速流入。西方传教士来华宣教布道，又顺理成章地建造教堂，而教堂的诞生又带来了西方的宗教音乐，教堂的兴起还带动了教会学校雨后春笋般地创办。

1843年，上海被英国开辟为通商口岸后，美国和法国也相继与清政府签订了同样内容的条约。英、美、法各国在上海设置的租界里筑路、造洋房、建教堂和洋学堂。为了使大量来沪的洋人能尽可能保持与本国相似的生活形态，早在1847年，英租界里就已有了"圣三一"教堂，而上海现存最老的教堂则是建于1853年的董家渡天主教堂。先后创办于1861年的上海清心女中（今市八中学）和1890年的上海中西女校（今市三女中）都是早期的教会学校。这些学校已把音乐与语文、算术、物理、化学等视作同样重要的课程。此外，学校还有专门教授钢琴、声乐和弦乐器的场所和老师。中国的普通百姓就这样通过教堂的礼拜和教会学校的音乐教学，有了了解西方音乐的窗口和学习场所。

起初英、美、法有各自的租界。后来英美租界合并成公共租界，包括现今的黄浦、静安、虹口和杨浦，与位于卢湾和徐汇地区的法租界并存。租界是当时独立于清政府管辖的洋人自治领地，应运而生的工部局则是租界里的管理结构。

1855年至1862年，小刀会和太平军曾先后三次攻占上海老城厢地区，致使大量难民因此涌入租界。原本洋人把自己在租界里的居住地与中国人隔绝的做法，再也没法实行了。随着以后多次的战乱，租界内华人更是不断地增加，租界也一直在拓展。人口的激增、地界的延伸，带动了商业的繁荣和地产的兴旺。上海开埠后，很快就成为远东最繁荣的港口和经济、金融中心，也是当时亚洲最大的国际化都市。

欧洲自一代音乐宗师巴赫发现音乐的十二平均律后，音乐的新时代开启了，人才辈出、经典和大师不断涌现，到贝多芬时代，就已经跃上了古典音乐难以逾越的巅峰。而此时的中国既没有专业的作曲家，更谈不上有系统的音乐教育了。

在华的西方人需要在工作之外保留习惯的生活方式，譬如看电影、听广播和唱片、跳交谊舞、观摩音乐会等。于是上海很快就诞生了中国最早的电影厂、唱片公司、广播电台、舞厅酒吧，还有许多报纸杂志等现代媒体，从而形成了中西交汇的独到的海派文艺。

遗憾的是，那时的上海除了有中国传统的戏曲、杂技等表演外，没有西方的话剧团和洋乐队，因此也没有"音乐会"一说。

旅居上海的外国人，为了还原自己本国的生活方式和状态，喜欢观摩戏剧和聆听音乐会的英国人，在上海开埠后的第七年，率先成立了一家业余剧团，那时上海还没有正规的剧场，剧团只能在自家仓库里排练、演出。但这些戏剧的剧情需要有音乐来烘托，于是剧团又开始招募会乐器者来组成乐队。最初招募到的乐手，都是来自美国殖民地的菲律宾人。这些乐手大多在租界的酒吧演出，时称"菲律宾洋琴鬼"。这支乐队以后又不断扩大，组成"上海业余管乐器协会"，为租界里的侨民服务。

19世纪末，因航海业的发达，西方的一些音乐家已经开始了全球的音乐巡演，其中包括亚洲。1878年底，法国长笛演奏家雷穆萨夫妇结束了在菲律宾马尼拉举办的独奏音乐会后，乘船抵沪，开始他们的中国之行。因与上海租界工部局当局接触后非常投缘，两者的许多设想一拍即合。于是，工部局邀请雷穆萨出任指挥，在原租界乐队的基础上重新组建一支铜管乐队。这支乐队被命名为"市镇乐队"，隶属于租界的娱乐基金会，这也是上交最早的雏形。

1879年1月8日，市镇乐队在雷穆萨的指挥下，在新建成的兰心大戏院公演。首场演出引起社会的很大关注，中外报刊连篇累牍地报道演出盛况。不久，市镇乐队又接二连三地为多家外国人剧社上演的话剧配乐，演出也相当成功。但遗憾的是，翌年盛夏，雷穆萨不幸在上海病逝。

1881年，西班牙音乐家韦拉接过雷穆萨的指挥棒后不久，市镇乐队便更名为公共乐队，意即公共租界旗下的乐队。到1890年时，工部局董事会决定把公共乐队纳入工部局系统的正式编制。作为工部局的下属机构，乐队和乐手从此有了稳定的经济来源，这也为乐队今后的发展打下了坚实的基础。

1901年，公共乐队的指挥换成了意大利音乐家瓦兰沙。到次年，乐队的成员已扩大到30多位，全是菲律宾人。这年，乐队共举行了182场公众音乐会，还有272次私人场合的演出。因演出实行分成制，收入一半归工部局，另一半则归乐队和乐手们所得。因此虽然演出的密度很高，但乐手演出的热情却很高涨，公共乐队开始步入正轨。

正当中国的交响乐在上海开始启蒙，北方的大都会天津也在1885年出现了一支铜管乐队。组建者是统管中国所有江海关税务的海关总税务司赫德。这个曾使中国人蒙羞的爱尔兰人是个音乐爱好者，他在主管天津海关的洋人中，发现有人学过指挥，于是便萌生了组建乐队的念头。赫德为组建自己的乐队倾注了大量的热情，从乐器、乐谱到服装全由他出资在伦敦订购。最初的赫德乐队只有十几名成员，乐器以短笛、短号和大鼓为主；后来又增加了小号、长号和大号等。直至1890年，这支铜管乐队才加入了弦乐声部。当初的赫德乐队曾培养过8位中国人学习管弦乐器，后全部加入其团队，这也是中国乐手最早加盟的西洋乐队。最终这些中国乐手大多成了北大音乐传习所的教师，其中最出名的叫穆志清，他曾是中国一代小提琴演奏家谭抒真的老师。

由于受到赫德乐队的影响，当时驻扎在天津的袁世凯新军也请来外国人创办军乐训练班，前后共培养了200多名演奏者。这支军乐队也是中国本土最早的西洋乐队。

在清末民初，中国的大地上还出现过一支外国人的乐队。俄国十月革命后，大批的达官贵人和知识分子流亡中国。当年他们主要居住在哈尔滨，因此，此城也被称作"东方莫斯科"。另一部分白俄则寓居在上海的租界，以后他们为中国音乐的发展作出了很大的贡献。在流亡哈尔滨的白俄中，有许多音乐家，他们自发地组织了一支完整的双管编制的交响乐团，经常在哈尔滨公演，影响甚广。

1907年1月1日，德国音乐家鲁道夫·布克接任公共乐队指挥后，给这支乐队带来了全新的面貌。他从欧洲带来的六位德奥音乐家的加盟，不仅大幅度提升了乐队的质量，而且使原本单一的管乐队随着弦乐器的不断加入，逐渐演变成一支管弦乐队，由此也具备了发展成交响乐团的基本条件。

公共乐队从1907年转型成管弦乐队后，不断地调整、完善乐队的声部和结构。在进入布克时代的12年里，乐队整体水平已发生质的变化，由此夯实了一支交响乐团的基础。布克和欧洲来的演奏家初来乍到上海，就马

布克（前排中间站立者）和他指挥的乐队

不停蹄地投入排练中，并不失时机地悉心而严格地一对一辅导乐队中的一些菲律宾乐手。经过一段时间的训练和磨合，公共乐队的水准已令人刮目相看了。从布克接手乐队的当年起，乐队于年末就开始上演交响音乐会。曲目以18、19世纪的德奥作品为主，体裁有交响诗、序曲、组曲、歌剧舞剧选段等。上演的交响乐和协奏曲多为其经典的选段和乐章，但也完整上演过贝多芬的《第五交响曲》、勃拉姆斯的《第一交响曲》和柴可夫斯基的《第五交响曲》等大作品。1911年，布克指挥公共乐队上演了理查·施特劳斯的新歌剧《玫瑰骑士》的片段。这部作品此前不久刚在德国首演，旋即红遍欧洲。人们难以想象，在远隔万里的上海，竟有一支30余人的不完整乐队，几乎同步上演了这样一部经典作品，堪称奇迹。布克认为：我们虽然无法回家去听欧洲的音乐，但我们可以把那里的音乐拿到上海来演。

公共乐队在布克时代的主要演出场所是在市政厅。除严冬外，公共乐队还定期在一些公园的露天音乐厅演出。这些曲目各异、精彩纷呈的音乐会不仅吸引了租界的外国人，上海的普通市民也乐此不疲。布克对音乐会的选曲几乎与当时欧洲的演出同步，而且形式上也仿效欧洲19世纪上半叶流行的"漫步音乐会"(又称"逍遥音乐会"),这是一种把音乐会当背景音乐,观众可以在场内随意踱步走动的演出样式,以此来吸引更多的观众。此举一出,收效明显。那时夏季在兆丰公园(今中山公园)、法国公园(今复兴公园),尤其在外滩公园(今黄浦公园)举办漫步露天音乐会时,人头攒动,人们在悠闲地消暑纳凉之际,尽享音乐的美好。即便泛舟河上,人们也能够听到公园里传来的美妙音乐。

布克作为指挥家、钢琴家和作曲家,他的音乐才华和辛勤的付出,在公共乐队的任职期间得到了最好的体现。他为公共乐队的未来绘就了一幅美好的蓝图。但好景不长,眼看公共乐队已日复一日地茁壮成长,不料,第一次世界大战爆发了,因德奥卷入了一战,他们的音乐家也未能幸免,在公共乐队任职的德奥音乐家因种种原因被迫相继离开乐队。因乐手的短缺和声部的严重失衡,公共乐队由此也陷入了困境之中。

"梅百器时代"与工部局乐队

正当布克指挥的任期已满离沪回家乡德国后,公共乐队因一时没有合适的指挥人选,而陷入了群龙无首的局面。正在此时,一位将决定公共乐队未来命运的人物——马里奥·帕器,突然戏剧性地降临并滞留在上海。

马里奥·帕器是意大利指挥家、钢琴家,也是享誉世界乐坛的大音乐家。他是在雅加达巡演后、美国巡演前的1918年底,乘船抵达上海后欲转道去美国。由于从雅加达到上海的途中,气候一下由炎热转为寒冷,他感染了肺炎。就这样,帕器刚到上海便住院治疗。那时的肺炎已算是大病,需要较长时日康复调养。无奈,原本的美国巡演只能取消。在沪养病期间,闲不住的帕器开始了广泛的社交活动。当时的租界大有欧洲大陆之风尚,一些外国的权贵,尤其是贵妇人们,喜欢以结交艺术家为其荣耀。因此帕器经常应邀出席私人午宴、晚宴及家庭音乐会和音乐沙龙,有时酒足饭余之后,会即兴弹奏一些钢琴曲目来助兴,引起了人们的瞩目,好评不断。但这些表演远远不能满足帕器的演出欲望和激情。于是他自己花钱雇用了一些在宾馆和夜总会表演音乐的乐手,组成一支临时的管弦乐队,在他的悉心排练和指挥下,成功地在夏令佩克剧院(后来的新华电影院)举办了四场古典曲目的音乐会,社会影响广泛。1919年4月,帕器将侨居在上海的许多欧洲演奏家组织起来,举办他的一场钢琴独奏音乐会。音乐会上他游刃有余、举重若轻地弹奏了莫扎特的钢琴协奏曲《加冕》,引起轰动。由此他也得到了工部局董事会的关注,经过多次的反复论证,最终一致认定帕器为公共乐队新任指挥的不二人选。但就在此时,帕器正坐着小舢板将登上大轮船离沪回欧洲,被及时赶到的工部局官员真诚挽留,同时郑重地向他发出了任职聘书。

1919年9月1日,马里奥·帕器正式走马上任。作为一个改变乐队走向和命运的至关重要人物,他的到来,从此为公共乐队翻开了历史的新篇章。他带领着当年中国第一支西洋乐队经过多年的精心打造,终使其成为远东第一交响乐团。帕器也为中国本土将来的交响乐建设和发展,起到了不可估量的作用。

帕器担任乐队指挥后,旋即就给自己起了一个中国名:梅百器。他上任伊始,首先重建乐队。因布克离开时,乐队只剩下14位菲律宾乐手,与乐队鼎盛时拥有许多德奥一流

工部局乐队指挥家梅百器

音乐家已不可同日而语。此次梅百器招募流亡上海的白俄音乐家来取代原德奥乐师的空缺,因为乐队声部还不够完整,无奈之下,只能再招聘一些水平相对较高的菲律宾乐手来充实乐队。公共乐队长远的规划和发展,需要顶尖的音乐家加入。后经工部局董事会同意,梅百器在回意大利探亲休假的五个月期间,招募了欧洲的音乐家来沪担任乐队各声部的首席,同时他还受委托,为乐队购买了一批新的乐器和各种乐谱。

1921年夏,梅百器带着妻女及刚招募到的五位欧洲一流音乐家乘船抵沪。这些同船来沪的音乐家中包括刚从米兰音乐学院毕业的天才小提琴演奏家富华,以及享誉世界乐坛的费利加尼、费奥齐、海斯特和斯佩罗尼等音乐家。这些大牌音乐家的加盟,无疑使公共乐队如虎添翼,在梅百器的精心调教下,乐队已完全具备了与西方交响乐团相媲美的能力。1922年2月,公共乐队正式更名为"上海工部局管弦乐队",此名一直沿用多年。由

工部局乐队的中国乐手

此乐队也步入了辉煌的"梅百器时代"。

最初的工部局乐队只有欧洲乐师13位，但两年后，在43人的乐队中已有欧洲乐师32位。从1927年起，工部局乐队首次有了中国人的身影，此人就是小提琴家谭抒真，他当时是以实习生的身份参加乐队的。到1935年时，已有谭抒真、陈又新、黄贻钧、徐威麟、张贞黻这5人以实习生身份加入工部局乐队。自此之后，中国乐手王人艺、陆洪恩、韩中杰、陈传熙、秦鹏章、毛楚恩、窦立勋、刘伟佐、马思宏、司徒兴城、司徒海城和司徒华城三兄弟及柳和堹、郑德仁等近二十人曾先后加盟工部局乐队。廖玉矶是唯一参加过乐队的华人女性。梅百器从不排斥并始终支持华人乐手加盟乐队，并且给予比较丰厚的待遇，使其能安心工作。在参加乐队的中国乐手中，大多数为小提琴手，但也有小号、长笛、单簧管、定音鼓和低音大提琴等声部。其中，黄贻钧、韩中杰、陆洪恩、陈传熙后来成为中国本土交响乐团最早的指挥；谭抒真、陈传熙则是中国管弦乐的前辈教育家；司徒兴城、司徒海城、柳和堹则成为中国本土交响乐团的首席。在梅百器的提携下，中国乐手在这支优秀的交响乐团中能够得以生存、发展和壮大。乐手们在得到了充分的熏陶、锻炼和实践后，技艺有很大的长进甚至飞跃，从而使他们对起源于欧洲的交响乐有了更全面、深刻的认知。作为中国交响乐的栋梁之材，其崛起也为中国交响乐未来的起步和发展，奠定了坚实的基础。

从20世纪30年代起，犹太人遭到了纳粹的疯狂迫害，因此有大批犹太难民逃亡上海避难。这其中有许多音乐家，最有名的当数小提琴演奏家阿德勒，他在参加工部局乐队后，一度与富华轮流担任乐队首席。另一名是

1947年8月,司徒兴城、司徒海城、司徒华城及司徒志文四兄妹

辛茨伯格,他后来离开工部局乐队前往美国后,旋即就担任世界著名的费城交响乐团的首席。由此可见当年上海工部局管弦乐队的实力之雄厚。到1930年时,乐队的菲律宾乐手已仅存6名了。

梅百器在接任指挥后就狠抓乐队建设,同时他又基本延续了原本乐队的演出传统。每年夏季举办公园露天音乐会,秋冬在音乐厅和剧场内举办常规音乐会,而春季则是乐队重点排练本演出季上演曲目的时段。这些传统在梅百器执棒的二十余年中,除特殊原因外雷打不动。就这样,工部局管弦乐队的音乐会成了上海音乐活动的主流。那时上海广播业蓬勃兴起,乐队也不失时机地在广播电台演出。通过电波,优美的音乐飞进千家万户,从而也使原本阳春白雪的古典音乐受众数量顿时不可估量。梅百器执棒乐队事无巨细均一一过问,他对每位乐手的选拔、每场音乐会的安排和曲目的编排,都要亲力亲为。他始终认为:工部局乐队服务的对象不仅限于租界的洋人,而应该有更多的中国人来参与聆听。因此每场音乐会的举办,梅百器总会想方设法能让更多的华人来现场。从某种意义上来说,梅百器和工部局乐队的此举也无形中打开了国人了解交响乐的大门。

梅百器执棒时期,工部局乐队上演的曲目涉猎广泛,不仅有莫扎特、贝多芬、柏辽兹、勃拉姆斯、德沃夏克和柴可夫斯基等大师的作品,也上演德彪西、拉威尔、格什温、巴托克、斯特拉文斯基和理查·施特劳斯等现代作曲家的代表作。那时由于德国在一战中战败,欧洲不少乐团就排斥德奥作品。但梅百器并不受其影响,他是以艺术为标准,公正地选择合适乐队演奏的曲目。这也从一个侧面展示了梅百器作为一个真正艺术家的道德和人格。

在梅百器时代，工部局管弦乐队上演过无数场精彩纷呈、风格各异、曲目琳琅的音乐会，其中有不少重要的演出是应该载入史册的。1927年5月27日，在贝多芬逝世一百周年之际，工部局首演了贝多芬的第九交响合唱曲的前三乐章。9年后的1936年4月14日，乐队联合上海雅乐社、国立上海音专师生以及德国人和俄国人社区合唱团，共计300余人，首次完整地演出了整部贝多芬《第九交响曲》。这场气势恢宏、激荡人心的音乐会，给所有观众留下了不可磨灭的印象。

1928年，乐队举办了纪念音乐大师舒伯特逝世百年的音乐周演出。1933年5月，乐队在新建成的大光明戏院先后上演了纪念勃拉姆斯百年诞辰和瓦格纳逝世五十周年的两场音乐会，听众趋之若鹜，演出可谓一票难求。

这年的5月21日，由梅兰芳赞助的"盛大的中国之夜"音乐会在大光明戏院隆重上演。在中国民族音乐沃野中深耕了30余年的俄裔作曲家阿甫夏洛穆夫（聂耳的老师、《义勇军进行曲》最早的配器者）的中国风格交响新作首次在中国舞台亮相。整场演出中西合璧，上半场邀请"大同国乐社"用中国民乐演奏中国传统音乐作品，其中有梅兰芳的舞剧音乐《波光琴心》、卫仲乐的琵琶独奏《十面埋伏》等；下半场则上演了阿甫夏洛穆夫的充盈着中国风情的西洋交响乐《北京胡同》，音乐里夹杂着市井叫卖、京韵念白、戏曲唱腔等元素。这两种截然不同的音乐在中国舞台上第一次联袂上演，影响深远。

1930年，梅百器带领工部局乐队，在大光明戏院首演了刚从美国学成归来的中国作曲家黄自的交响乐《怀旧》。这是该乐队首次演奏中国交响作品，自那之后，对中国作品情有独钟的梅百器经常会在音乐会上安排中国作品上演。

在梅百器时代的后期，因抗日战争和第二次世界大战，时局动荡，工部局乐队的演出也受到影响。1937年的"八一三"淞沪抗战后，上海沦陷。四年后太平洋战争爆发，日军全面进驻、接管上海租界，从此上海工部局不复存在。1942年5月的最后一个星期天，梅百器率领工部局乐队在兰心大戏院举行告别音乐会，依依不舍的观众争先恐后地到场观摩。那天因没票无法进入剧场的忠实观众多达两千余人，场外等票者的数量是场内观众的三倍，这在音乐演出史上是非常罕见的。

工部局乐队被日商音乐信托公司接管后，梅百器便辞职了。乐队的部分乐手被日本音乐组织"上海音乐协会"吸收，又重组了乐队，并先后改名为上海音乐队和上海交响乐协会。原工部局乐队首席富华留任并担任指挥。

此时，仍在上海生活的梅百器就靠教授音乐为生。直到抗战胜利后，梅百器受国民政府邀请，指挥一场胜利音乐会，曲目为德沃夏克的《自新大陆》。因梅百器对上演的曲目不感兴趣，于是他又出面另邀马思聪来指挥。1945年的秋天，过去的工部局乐队经过重组，已改称为上海市政府乐团，由戴粹伦任团长。梅百器在应邀重返指挥台后，旋即就举行了两场勃拉姆斯作品的音乐会。在音乐会上同时还加演了中国作曲家张昊创作的大合唱《民主胜利》，受到中外观众的热烈欢迎。宋庆龄也出席了第二场音乐会。

正当梅百器踌躇满志想重整旗鼓再创乐团辉煌时，意想不到的事情发生了。1945年底，梅百器设想举办一场圣诞音乐会，却遭到了乐团28位俄籍乐手的一致反对。理由是：梅百器是法西斯国家意大利人，已不再适合担当指挥这样的重任。就这样，梅百器无奈地离开了像热爱自己生命一样热爱的乐团。一生经历过许多磨难的梅百器，此时开始有些消沉，甚至想到了自杀。但好在有众多同人和学生给予他及时的关怀、温暖和鼓励，这才避免了不幸事件的发生。

1946年8月2日，刚度过68岁生日的梅百器在上海家中与两位朋友和学生玩牌，不料突然中风。当时在场的一位学生就是中国大名鼎鼎的咽音歌唱家林俊卿，他跟随梅百器学习意大利的美声唱法颇有心得。因为林俊卿还是一位医学博士，他当场就投入对老师的抢救中，并旋即把梅百器送往宏恩医院（今华东医院）救治。在得知梅百器病重的消息后，他的许多中国学生都来了，其中有后来非常著名的钢琴家周广仁、傅聪等。旅美钢琴家董光光在老师弥留之际，为他弹奏了两首肖邦的钢琴小品，梅百器听了泪流满面。翌日傍晚，梅百器带着他未尽的音乐梦想去了天国。

梅百器逝世后，他的学生们自发举办了一场纪念音乐会，门票收入全

1929年，小提琴家谭抒真和富华

部用于老师的丧葬费用。傅聪在这场音乐会上弹奏了两首莫扎特的乐曲，来怀念他的恩师。傅聪从未进过音乐院校深造，他最初跟随华人第一歌唱家斯义桂的夫人李惠芳学琴。后来斯义桂夫妇去重庆前，因李惠芳觉得傅聪是个音乐天才，所以建议他去投奔当时上海最好的钢琴家梅百器。遗憾的是，梅百器从不收琴童做学生。但年仅12岁的傅聪用真诚、执着和才华打动了他，由此破格。从此，傅聪潜心在其门下刻苦用功，一路披荆斩棘，终于成为世界一流钢琴家，被誉为"钢琴诗人"。

阿利国·富华长期担任工部局乐队首席，在梅百器辞职后，他又接任乐队指挥。在他执掌乐队的四年里，国家时局动荡，风雨飘摇，民不聊生。随着解放战争的炮声日隆，在上海解放前夕，已有大批外籍演奏家离沪回国，此时乐团的三分之二乐师已是中国人了。上海解放后，富华应贺绿汀之邀去上海音乐学院任教，但两年后，因其教学作风和观念有悖新中国的教育体系而遭解聘。离沪的富华并没有回意大利，而是客居香港，继续以教琴为生，直至81岁离世。富华一生中31年在上海、29年在香港，他的演艺生涯都在中国度过，他把四分之三的人生都献给了中国的音乐事业。他为中国乐坛培养了众多小提琴家，其中有戴粹伦（曾任国立上海音专校长）、陈又新（曾任上音管弦系主任）及谭抒真、马思聪、窦立勋和郑石生等。富华对中国的交响乐事业功不可没。民国时期，蔡元培和萧友梅之所以一同选定上海为国立音专的建校所在地，其中的原因，除了上海租界有很好的音乐氛围及许多学习音乐的人才外，最重要的是上海拥有世界先进水平的工部局管弦乐队，其乐队的许多乐手可作为将来学校的外聘教师。后来这些教师在上海国立音专成为中国音乐家摇篮的过程中，起到了不可替代的作用。

新生的城市与新的乐团

1949年5月27日，上海解放了。很快市军管会就派文艺处的黄源、桑桐、章枚等接管原国民党的市政府乐团。在保留原乐团的所有成员包括外籍演奏家的基础上，乐团更名为上海市人民政府交响乐团。

新乐团的首次亮相是在1949年6月初，在原跑马厅举行的上海各界庆祝解放的群众集会上，第一次由中国人黄贻钧担当指挥演奏了黄自的交响作品《都市的晨光》。由于当时很少有中国人创作交响乐，根据集会的需要，郑德仁把《咱们工人有力量》《解放区的天》《东方红》等一批革命歌曲改编成管弦乐演奏，受到与会群众的热烈欢迎。

在兰心大戏院例行的上交周末音乐会中，有一场是招待军管会干部的。音乐会上演唱和演奏了西洋的歌剧选段和交响作品，受到了一些与会干部的质疑。不久，在上海人民代表大会筹备会上，又有许多人提出：为什么在我们人民当家做主的今天，在人民的舞台上，仍然被洋人和洋作品占据着，甚至还有来自法西斯国家的指挥，简直不可思议。因此强烈要求解散交响乐团，并禁演此类作品。

新中国的首任上海市长陈毅了解和听到这些议论后，则语重心长地对大家解释道：解散一个交响乐团，在我们掌握政权的今天，易如反掌。但要重新组建这样一支乐团，恐怕十年八载也未必能成。上海是远东第一大都市，需要众多的一流文艺团体。况且国民党政府尚能用好这样的乐团为其服务，而我们共产党领导的政府应当比它用得更出色百倍千倍。我们今天挽留、使用这些外国演奏家，是为了能让他们更好地为人民政权服务。通过他们的传帮带，希望在不远的将来，有更多、更出色的中国演奏家涌现。关于外国音乐，陈市长认为更应该辩证地对待：取其精华、去其糟粕……陈毅市长的这番肺腑之言，使原本一直感到困惑的干部们茅塞顿开。

在那一年盛夏举办的上海首届文代会上，陈毅市长再次重申了对上交外籍演奏家的几项政策：来去自由，愿回国的，给足路费和养老金；愿留中国的，政府负责到老。

1950年10月8日，黄贻钧以中国交响乐指挥家的身份率乐团在兰心大戏院上演了一台中国作曲家交响作品的音乐会，其中有丁善德、王云阶、张赫及黄贻钧本人新创的交响作品。至此，中国交响史又开启了以黄贻钧、韩中杰、李德伦为代表的中国指挥家的新时代。

1951年3月，上海市人民政府交响乐团结束了军管，改由市文化局领导。出身延安鲁艺的罗浪出任军代表（后调任北京、组建解放军军乐团），黄贻钧、韩中杰担任正副团长，并兼乐团常任指挥。不久，韩中杰也被调往北京筹建中央乐团。此时，乐团的实际领导只有黄贻钧一人。

当年初夏，乐团又改名为上海市人民交响乐团。此时乐团的56名成员中，外籍演奏员已仅存16人了。到1958年，随着俄国小提琴家泰保斯基离沪回国，乐团已是清一色的华人乐手了。1952年底，根据文化部规划，地方院团归类合并。上海市人民交响乐团也被编入新成立的上海音工团旗下的一支交响乐队。1956年底，乐团又恢复了独立建制。从1957年4月4日起，乐团正式定名为上海交响乐团，并一直沿用至今。（只有在"文革"中，曾与上海合唱团合并过几年，改称上海乐团交响乐队。）

上海交响乐团团长黄贻钧

黄贻钧与上海交响乐团

黄贻钧是最早进入工部局乐队的中国乐手之一，曾担任乐团的小号和圆号手。我与黄贻钧是交往多年的忘年交。黄老正直善良，光明磊落，从不徇私。他是用真正的艺术标准来衡量作品的好坏，从无亲疏之分。他为上交殚精竭虑，求贤若渴，尽其所能。黄贻钧的人品和艺德，受到全团乐手与所有工作人员发自内心的由衷景仰和高度评价。

黄贻钧早年毕业于国立上海音专，是中国第一代作曲家黄自的关门弟子。在校期间,他主修过小号,辅修大提琴。黄自去世后,他又跟随德国音乐家弗兰克尔学习作曲、指挥。黄贻钧年轻时就投入音乐创作,除了为多部影片谱曲外,还创作了《花好月圆》《良宵》等脍炙人口的器乐作品。

新中国成立后,黄贻钧一直潜心于交响指挥艺术之中。他在经历了新旧两个截然不同的历史时期后,继承了原先乐队的优秀传统和良好艺术氛围,同时又开创了新社会新乐团的新风气,为乐团的承先启后起到关键作用。黄贻钧对新中国充满着情感,他曾经对我说:当年在工部局乐队工作时,中国乐手常常受到外国人的歧视,如今人民当家做主,我站在指挥台上,有一种难以言状的自豪感。中国人终于扬眉吐气了,中国的音乐家终于可以全心全意地为中国人民服务了……

正基于黄贻钧的建团宗旨,上海交响乐团从上海解放伊始,就举办大量的各种形式、不同题材、内容多样的中外音乐会。从通俗易懂、耳熟能详的作品直至大师的经典名作,循序渐进、不断普及,引导着广大普通群众走进交响音乐殿堂。

新中国成立后至"文革"前的十七年,上海交响乐团上演过聂耳的歌剧《扬子江暴风雨》的音乐,冼星海的《中国狂想曲》《黄河大合唱》《民族解放交响曲》等,贺绿汀的《森吉德玛》《晚会》,丁善德的《新疆舞曲》《长征交响曲》,李焕之的《春节组曲》,瞿维的《人民英雄纪念碑》《白毛女序曲》,朱践耳的《英雄的诗篇》,马思聪的《山林之歌》,施咏康的《黄鹤的故事》《东方的曙光》,桑桐的《幻想曲》,李伟才的《小放牛》,葛炎的《马车》,程云、秦鹏章的《阿细跳月》,王云阶的《抗日战争·第一交响曲》、朱起东的《第二交响曲》等众多中国作曲家的交响作品。

在上演的外国作品中,除了乐团保留的贝多芬、勃拉姆斯、柴可夫斯基和门德尔松的交响作品,乐团还举办过纪念巴赫、舒伯特和德沃夏克的专场音乐会。苏联小提琴巨匠大卫·奥伊斯特拉赫、波兰钢琴家车尔尼等世界音乐大师也曾先后来沪与上交合作举办音乐会。而黄贻钧作为中国的第一位指挥在1958年冬出访苏联,在莫斯科等三地指挥当地的交响乐团,举办了四场不同曲目的音乐会,好评如潮。黄贻钧为新中国争了光。上交作为上海的顶尖音乐团体,也几乎接待了所有来沪访问的外国领导人,为他们献演了精彩纷呈的交响音乐。

上海市人民政府也对上交的发展非常关心和支持。从上交1957年挂牌起，就告别了福州路567号小菜场楼上沿用了几十年的工部局乐队旧址，先是搬到延安中路837号靠陕西路口的一幢洋房内。一年后又迁入了淮海西路1708号靠湖南路转角的一处大花园别墅内，"文革"后期开始从湖南路105号进出。直至2014年，乐团正式入驻复兴中路上的新址（原上海跳水池旧址）。

上海交响乐团在湖南路105号的花园楼房办公、排练

"文革"十年，上交也未能幸免。黄贻钧被贬下指挥台，去干些乐团的杂活，甚至为乐团演出时看管自行车停放。在这十年中，合并到上海乐团的上交，也参演了交响音乐《沙家浜》、钢琴协奏曲《黄河》，并集体创作了交响乐《智取威虎山》等。余生也晚，没见过在"文革"初期就蒙冤屈死的原副团长、常任指挥陆洪恩和驻团的天才钢琴家顾圣婴。

"文革"结束后，中国的文艺迎来了第二个春天。此时年过花甲的黄贻钧重新出任上交团长兼首席指挥。过去上交的指挥人才济济，但陈传熙早已调往上音乐团，曹鹏则已在主持上海乐团（原上海合唱团）工作，而陆洪恩早在"文革"初已去世。如今，只剩黄老光杆司令，急需新鲜血液的补充。

正当黄老四处打探，寻觅自己合适的接班人一时无果之际，上音的钢琴教授张隽伟引荐了一位年轻指挥侯润宇，让黄老眼前一亮。侯润宇年少时，就夺得过云南省钢琴大赛桂冠。他为了心中更大的抱负，13岁时就迢迢千里只身来上音求学。他先修钢琴，后攻指挥，师从留苏指挥大家黄晓同教授。

侯润宇大学毕业正逢"文革"初期，他因专业出众，而有幸成为新组建的"五七"音训管弦乐队的指挥。在此期间，侯润宇得到了大量的乐队指挥实践。由此他不仅熟悉了国粹京剧的音乐，还抽出更多的时间去研读、背诵许多著名古典交响乐的总谱，这也为他将来能成为中国一流的指挥家打下了坚实的基础。

黄贻钧与侯润宇第一次约见，是在黄老家的客厅。大家一番寒暄后，便直奔主题。侯润宇应邀即兴弹奏了贝多芬整套的钢琴奏鸣曲《热情》，他娴熟无瑕的演奏技巧和对作品深刻独到的诠释，令黄老心中窃喜。由于两人的人品、性格和对音乐的理解、追求都极其相似，由此产生许多聊不完的话题，大有一见如故又相见恨晚之感。

不久后的"八一"建军节，黄老又专程去上音大礼堂现场观摩、考察侯润宇驾驭乐队的真实能力。并不知情的侯润宇像往常一样，一丝不苟地指挥着音训班大乐队，演绎管弦新作《八一交响诗》和钢琴协奏曲《黄河》。侯润宇的指挥，严谨工整又不失激情洋溢。他掌控的乐队无论在乐曲的布局，还是乐队演奏的表情、音乐的速度，抑或强弱对比等内容的处理上，他都拿捏自如、成竹在胸，大有不凡的将军气度。

上海交响乐团常任指挥侯润宇

演出过后没几天，侯润宇被借调到上交工作，单独担纲几台中外交响音乐会的指挥。对这千载难逢的机会，侯润宇喜出望外又格外珍惜。他对所有即将上演的作品，仔细斟酌、反复推敲，做了大量的案头工作。为此，他还多次去黄老家求教。黄贻钧对这位才华横溢又如此好学的年轻人更刮目相看了，他毫无保留地把自己多年的指挥心得和对音乐的见解和盘托出。黄老认为：任何一个好指挥，在忠实表现原作的前提下，都应有自己鲜明独到的风格。因为指挥的个性和指挥造诣，直接影响作品的再现，更影响乐队的特点和整体水准。黄老还特别告诫：我们中国指挥，尤其在诠释外国经典作品时，千万不能依样画瓢式的硬搬模仿，而是一定要展现我们中国乐队独有的演奏特色。黄老这些发自肺腑、醍醐灌顶式的教诲，深刻影响着侯润宇的音乐人生。

小试牛刀的侯润宇，在指挥几场音乐会打响后，于1977年顺理成章地成为上海交响乐团的常任指挥。此后，他一直协助黄老，为打造中国第一、亚洲一流、世界先进的上交而倾其所能。

1984年，年已古稀的黄贻钧因年事已高加之身体欠佳的原因，退居二线，由曾任上海芭蕾舞团管弦乐队指挥的陈燮阳接任上交团长兼指挥。那个年代正逢时代的大变革，陈燮阳上任后不久，便开始实行与欧美接轨的音乐总监负责制。陈燮阳任音乐总监，黄贻钧担当名誉音乐总监，曹鹏为音乐顾问。乐团从那时起，又有外国演奏家加盟乐队。

陈燮阳执掌乐团的年代，是中美建交后不久，中国已取得了联合国的合法地位，因此中外文化交流日益频繁，上交与许多世界著名音乐家如小泽征尔、皮里松等合作过。上交还开启了出国访问演出模式，在此期间，上交还录制了大量世界经典交响乐的唱片。

有幸，我与上交几代艺术家都有过交往或采访经历。除了与德高望重的黄贻钧交往甚密外，还采访过留苏归来的驻团作曲家：瞿维、朱践耳、早期的常任指挥陈传熙、留苏归来的常任指挥曹鹏及乐队老首席柳和埙。这些老人的共同点，就是把音乐视作毕生的事业并融入自己的生命，无怨无悔。其中瞿维的歌剧《白毛女》选段、朱践耳的《唱支山歌给党听》早已深入亿万人民的心中。陈传熙则是一位学者型的指挥，他也是迄今为止为电影配乐最多的指挥家。曹鹏在20世纪80年代初交响乐尚处于低谷的时期，他就高瞻远瞩、倾其所能地开始交响音乐的普及工作。如今上海的铁杆交响乐迷，几乎都是当年曹鹏培养的。如今已96岁高龄的曹老仍老当益壮，还在为交响乐事业奔忙着。我年轻时学习单簧管，结交过家附近四明邨的两位同道，他们都是跟随邻居、上交首席柳和埙学吹单簧管的，后来分别考入了总政和前线歌舞团。柳老不仅是小提琴名家，还精于多种西洋乐器。我在两位同道的引荐下，曾

上海交响乐团常任指挥陈传熙
（1916—2012）

常任指挥曹鹏（1925— ）

多次向柳老讨教单簧管的演奏。柳老和蔼可亲，没有半点架子，而且教学从不收受学费和礼物。

在陈燮阳执掌上交时期，我策划组织过两场大型音乐会："著名歌唱家音乐会"和"三军歌唱家音乐会"，都是请他执棒并由上交伴奏的，合作非常愉快成功。陈燮阳给我的感觉非常干练，是一位适合现代音乐团体领导的复合型人才。现任的常任指挥张洁敏刚从上音指挥系毕业、担任曹鹏的助手时，我就专访过她。张洁敏非常热爱、享受指挥这项自己选择的崇高职业。而

乐队首席柳和埙（1927—2020）

现任的音乐总监余隆曾给我留下过深刻印象。那时，他还未去德国留学，在上音跟随黄晓同教授潜心学习指挥。有一年国庆，上音的同学们都在聚会跳舞，我也去上音参与聚会。在经过学校南楼三楼的大练功房时，我偶尔从玻璃窗外看见播放着录音的房内，有位年轻人对着一面大镜子在比画着练习指挥动作，只见其练得大汗淋漓。于是，我就随口向在旁的上音学生打听此人是谁，当得知他是大名鼎鼎的作曲家丁善德的外孙余隆时，顿

驻团作曲家瞿维（1917—2002）　驻团作曲家朱践耳（1922—2017）　指挥家陈燮阳（1939— ）

觉惊讶：出身名门还如此用功，将来一定前途无量。果不其然，十多年后，留学归来的余隆成了名扬天下的大指挥了。

2009年，年富力强的余隆成为上海交响乐团新任音乐总监。他上任伊始，便进行了一系列与世界交响乐名团接轨的改革：创办了"上海新年音乐会""上海夏季音乐季"等新的音乐演出品牌；为乐团储备音乐人才，与上音合作开办了上海乐队学院；定期举办以中国标准衡量的艾萨克·斯特恩国际小提琴大赛。余隆还多次率团巡演欧美多国，得到当地媒体的高度评价，为中国交响乐争得了荣誉。余隆是一位有着国际视野的指挥家，上海交响乐团在他的带领下，正在向世界一流的交响乐团方向努力前行着。

谱写不朽的"上海老歌"

"上海老歌"是上海一张真正的名片。它相比海派文学、滑稽戏和沪剧等具有上海地方特色的文化艺术，影响更广泛，因为音乐是人类共通的语言，直抵人心。"上海老歌"是当年西方殖民文化与中国传统文化在上海这个十里洋场交汇通融的"特殊产儿"。作为海派文化中杰出典型的代表，"上海老歌"既反映了那个时代的风貌，唱出了市民的心声，又满足了广阔市场的需求，当年的街头巷尾妇孺皆唱，社会影响深远。

新中国成立后，因"极左"思潮影响致使"上海老歌"一度被打入冷宫，但真正的经典音乐从未被历史的尘埃所淹没。那些年，在港澳台及东南亚和华人地区，仍一直延续浸润着"上海老歌"的血脉和风骨，且蓬勃发展，并涌现了一大批脍炙人口的优秀作品和人们喜闻乐见的歌星，像邓丽君、费玉清、蔡琴等人的演唱无不承袭着"上海老歌"的风格。

改革开放后，"上海老歌"在中国大陆重新焕发青春，那充满活力的枝蔓在这棵挺拔的老树上到处展现生命的力量。

中国近现代音乐之路一路走来可谓漫长。"上海老歌"是因为五四运动后新文化运动的开展，再加之美国爵士乐、百老汇歌舞剧和好莱坞电影对上海的渗透应运而生的。"上海老歌"的产生和发展有着内在原因和外部条件，并非一蹴而就。它是几代作曲家用生命的激情所谱写而培育的，其发展之路艰难曲折。

从电影歌曲到"上海老歌"

1840年中国的国门被帝国主义殖民者强行打开，随着五口通商，西方传教士大量进入中国，西方的宗教音乐也随之而来。

清末民初，国门已洞开，科学和民主的狂飙吹醒了旧帝国的梦中人。当年留日学生沈心工、李叔同等人发现了音乐教化人的作用，于是他们在学成归国后，即把许多现成的外国曲调填上中国歌词。就这样，具有教育功能的"学堂乐歌"开始涌入各种学校，从而也开始了中国的"新音乐"时代。

诚然，中国在过去漫长的岁月里，既没有专业的作曲家，更没有系统的音乐教育。但此时的帝国主义列强已在中国这块土地上开始音乐布道。天津海关的赫德乐队是第一支有中国人参加的西洋乐队，而上海公共租界的工部局乐团和由俄国人组建的哈尔滨交响乐团，也开启了中国音乐的新篇章。

1927年，蔡元培命留德归来的萧友梅及留美的黄自等一批在海外学习的音乐家，在上海组建中国第一所音乐高等院校——上海国立音专，这是一个划时代的、具有里程碑意义的举动。虽然当年学校的教师基本都是外籍音乐家，但却为中国培养了一大批的音乐人才。他们也成为中国音乐发展中薪火相传的中流砥柱。

20世纪二三十年代的上海，已是远东第一大都市。西方殖民文化大量地进入被称作"魔都"的上海，很快也进入普通市民的生活。电影院、舞厅像雨后春笋般林立。此时外商经营的唱片公司有英商的百代和美商的胜利，还有中资的大中华唱片公司。许多中国的私人电台，以及中国人自己创办的电影厂也拔地而起。在20世纪三四十年代，国人开办的电影厂，无论其规模，还是数量，都已达到了空前的高峰。其时，影片拍摄速度之快，令人叹为观止。一个星期左右，便有一部新片面世。

从30年代初开始，中国的电影已进入了有声片时代。无疑，电影音乐也成了影片成功与否的关键所在。而且那时吸引观众和影迷的，不仅是影片的故事情节和大牌演员的表演，更重要的一点就是影片中那些沁人心脾又易学易唱的主题歌和插曲。那时每部上映的影片至少有两三首观众喜爱的插曲，有些影片甚至有八九首好听的歌。插曲最多的一部影片《柳浪闻莺》有15首，分别由黎锦光、姚敏、李厚襄、严折西、刘如曾和黄贻钧作曲。演唱者除了白光和龚秋霞外，还有吴莺音、黄飞然、黄源尹等。听我母亲说，她在学生时代，为了学唱影片中喜爱的歌曲，经常会多次观看同一部影片，并在影院记录歌谱在心中默唱。

我外公陈锡华早年就读于圣约翰大学，接受西式教育，因此思想比较洋派，生活也很时尚。听家人讲，那时家中已有自备汽车、钢琴等常人眼中时髦的奢侈品，还有百代唱片公司的立式柚木手摇唱机和许多"上海老歌"及戏曲的唱片。听唱片是家中每天几乎必备的功课，外婆虽然是小脚老太，没上过学也不太认字，但受家庭耳濡目染的熏陶，许多经典的"上海老歌"，她都会哼唱。由此可见，当年"上海老歌"是如此深入人心。

我从小生活在外婆家，可以说是在唱片堆里成长的，那时两位舅舅已购买了新的电唱机和新唱片，包括外国名歌两百首及当年中国歌唱家的代表作。但我骨子里还是对"上海老歌"情有独钟，喜欢周璇、白虹、白光、姚莉的歌。即使在"文革"中，家中的所有唱片和电唱机被作为"四旧"抄走后，我还一直在想方设法从我结识的小伙伴家中借来老上海的唱片，在家中留存的手摇唱机上播放。没有新的唱针，我就把外公生前用过留下的旧唱针，在砂皮上打磨后再用。唱机因为年代久远，机器的发条已老化，因此播放的唱片声音都已失真。但能过过瘾，也是我当时的一大乐趣。我在成为音乐制作人和乐评人的岁月里，结识了中国众多著名音乐家。在采访记录这些老音乐人后，我撰写过数百篇人物专访和音乐评论，刊发在上海的主流媒体和一些重要的期刊上，并与上海电视台合作拍摄了一些老音乐人的纪录片。由此为中国音乐史留下了许多鲜为人知、也有可能失传的史料。与此同时，我又了解、积累了很多有关中国音乐发展和旧上海乐人的旧闻轶事，为我今后的音乐活动和写作，打下了坚实的基础。我还与胞弟李建国一同策划组织"海上寻梦"系列音乐会，每年都要举办几场不同演员、不同题材和风格的"上海老歌"专场演唱会。

"上海老歌"正因为在中西文化交融的上海，有合适的气候、土壤和丰沃的养料，才逐渐生根发芽，不断蓬勃成长，终成参天大树。由此很快催生出一大批电影音乐的作者，同时又出现了许多此类歌曲的演唱者。

其实"上海老歌"基本都是当年的电影主题歌和插曲。其共同特点就是海纳百川、雅俗共赏，这也是海派文化的精髓所在。在"上海老歌"中既有典雅细腻的艺术歌曲：如赵元任的《教我如何不想她》，黄自的《玫瑰三愿》《踏雪寻梅》，聂耳的《铁蹄下的歌女》，青主的《我住长江头》《大江东去》，刘雪庵的《红豆词》等；也有慷慨激昂、催人奋进的抗日救亡歌曲：如黄自的《救国军歌》，聂耳的《义勇军进行曲》《毕业歌》，冼星海的《热血》，贺绿汀的《游击队歌》《嘉陵江上》，刘雪庵的《长城谣》，吕骥的《自由神》《新编九一八小调》，张曙的《洪波曲》，沙梅的《岂有这样的人我不爱他》，麦新的《大刀进行曲》，麦新、孟波的《牺牲已到最后关头》等。当年的救亡歌曲，为唤醒、团结亿万军民投身挽救危亡的抗日洪流，并最终取得伟大的胜利，起过至关重要的作用，可抵千军万马。

但"上海老歌"中更多的当数委婉动听的江南小调式的歌曲。它在融入了西方舞曲的节奏后，浑然天成为另一种样式的歌曲，旋律优美、音域不宽又朗朗上口。因为内容贴近市民生活，因而当年大家都俗称其为"时代曲"。当年音乐院校出身的作曲家也写过此类作品。比如贺绿汀的《天涯歌女》《四季歌》《春天里》《秋水伊人》，任光的《渔光曲》《彩云追月》，聂耳的《梅娘曲》《塞外村女》，黄自的《天伦歌》，黄贻钧的《莫忘今宵》《归来吧》，王云阶的《牧羊恋歌》，刘雪庵的《何日君再来》《满园春色》《西子姑娘》，冼星海的《夜半歌声》，等等。显然，科班出身的作曲家所谱写的这些作品，虽然是现今留存的两千多首"上海老歌"中的精品，但数量较少，只是其冰山一角而已。

而黎锦晖、陈歌辛和黎锦光才是"上海老歌"的鼻祖和领军人物，其背后还簇拥着一个庞大的作者群。这些非音乐科班出身的中坚力量，有的自学成才，有些无师自通，也有跟随外籍教师学习或半路出家者。虽然他们各自的人生和从艺经历不同，但都是从心底里流淌、热爱着音乐；而且都有深刻的人生阅历和各自的生活感悟，对中国传统文化积累丰富，同时又学习、接受过西洋音乐的熏陶，对人民群众的喜好和需求，更是了如指掌、放在心中。他们在艺术实践中学习作曲，又在创作中不断完善自己。

黎锦晖、陈歌辛与黎锦光

黎锦晖是中国流行音乐的奠基人、"上海老歌"的拓荒者。作为开山之人，他的作品举足轻重，黎锦晖常用中国民族音乐元素融入西方舞曲的样式和节奏的创作风格，这也深刻地影响着后人，由此成为一种约定俗成的模式。黎锦晖的另一大功劳，就是开办歌舞艺术学校。从中华歌舞学校到明月歌舞社，他培养了周璇、白虹、聂耳、黎锦光、严华、王人美、王人艺、徐来、黎明晖、黎莉莉等一大批当年影坛、歌坛的精英人物。

当年推动"上海老歌"发展的、与黎锦晖的艺校展开竞争的，还有许多民营商业电台及为其播音的二三十家歌咏社和民间歌舞团体。那时的商业电台日夜向市民播放商业广告和文艺节目。所播节目中，除了南方的地方戏曲外，主要就是流行歌曲，由几名男女歌手轮番演唱，伴奏也很简单：一架钢琴加上弦乐、弹拨乐和架子鼓。当时比较有实力的歌咏社有：韦骏主持的"璇宫歌咏社"，严华的

上海老歌鼻祖黎锦晖

"晓露社"，姚敏、姚莉的"大同社"，此外还有"爵士社""野玫瑰""夜莺""民声社"等。

出身书香门第的黎锦晖，年少时就显露音乐才华。对于中国民族器乐的吹拉弹唱，他样样精通，而且还会演唱湘剧、花鼓戏等地方戏曲。五四运动后，他从家乡湘潭投奔北京的大哥，开始参加新文化运动，由此接触、感受过西洋音乐。

黎锦晖从1917年起，就开始创作《小小画家》《葡萄仙子》《麻雀与小孩》等儿童歌舞剧。还谱写了传唱至今的儿歌《找朋友》《老虎叫门》等，作为当时少年儿童的音乐启蒙。

从黎锦晖创作中国第一首流行歌曲《毛毛雨》及后来的《桃花江》《特别快车》算起，中国的流行音乐（包括"上海老歌"）已走过近百年的历程。

歌仙陈歌辛

陈歌辛自幼才学过人。他博览群书、学贯中西、才华横溢又卓尔不群，集作曲家、诗人、散文家和语言学家于一身，是"上海老歌"的杰出代表。他青年时代因热爱音乐，追随德籍音乐家弗兰克学习作曲、指挥和声乐。

陈歌辛作品的特点，是把吴越文化天衣无缝地融入西洋音乐模式，风格鲜明。他一生为几十部影片配乐，同时留下了《玫瑰玫瑰我爱你》《夜上海》《恭喜恭喜》《初恋女》《永远的微笑》《苏州河边》《蔷薇蔷薇处处开》等两百多首经典歌曲。

抗战时期，在"孤岛"上海，陈歌辛组织"歌咏指挥训练班"和"实验音乐社"。一面培养群众歌咏运动的骨干，一面又与姜椿芳等人一起译配苏联革命歌曲，在群众中教唱。同时，他还与人一起创作了抗日题材的歌舞剧《罂粟花》《丑表功》《春之消息》等，其中最有名的一首插曲《度过这冷的冬天》表达了作者对春天和光明的美好向往与追求。

陈歌辛的代表作《玫瑰玫瑰我爱你》，是一首主旋律建立在中国五声音阶上，极具民族风味的作品，但它的曲式又符合西洋音乐的格调，音乐简练、旋律优美、易唱易记。它也是第一首被译成英文、由外国歌星演唱并灌制唱片的中国流行歌曲。

曾谱写过《南屏晚钟》《今宵多珍重》等"上海老歌"的王福龄，是陈歌辛的得意门生，而家父李佐华则与王福龄是朝夕相处、几乎形影不离的同窗挚友。那时，陈歌辛每星期按时去王福龄家教授钢琴，同时附带教些作曲知识，家父每次都会在现场旁听"暗学"。家父生前曾多次说起过陈歌辛教学时的场景。陈老师儒雅和蔼，教学非常仔细耐心、因势利导，有时王福龄学得不到位，他会深入浅出地形象比喻、循序渐进地诱导，从不训斥发火。有时教学晚点，王家会请老师留饭。席间，博学多才的陈歌辛谈笑风生，没有一点架子。

王福龄在陈歌辛的悉心培育下，进步神速。全国解放前夕，他去香港发展，为当地的许多影片配乐。20世纪80年代初，香港歌手张明敏在央视春晚唱响了王福龄的新作《我的中国心》。从此，这首歌成了亿万国人心中的颂歌。

黎锦光是"黎氏八骏"中的老七，他因参加胞兄黎锦晖创办的明月歌舞团而走上音乐之路。黎锦光看似无师自通、横空出世，是个音乐天才，其实不然，他也深受过中国传统音乐和戏曲的熏陶，对于中国民歌和戏曲音乐元素都烂熟于心。而且他在胞兄身边工作，无形中也在接受西方音乐的感染。他在随明月歌舞团走南闯北的演出实践中，吸取了许多民间音乐的养料，同时在胞兄身上无意中学到了一些作曲配乐的初步知识。长此以往，他在游泳中学会了游泳，在创作中学会了作曲。

黎锦光作品的民歌风格非常鲜明，他除了经常运用所熟悉的湖南民间曲调外，有时还采用江苏、广东、河北、陕西等地的民间小调素材；另外还从京剧、京韵大鼓、北方的梆子和时调等民间曲艺中吸取创作养料。曲式和配器则大量地融入了"探戈"和"伦巴"等舞曲的样式、节奏。

歌王黎锦光

1939年，黎锦光进入百代唱片公司当音乐编辑，以后一直在那里工作，直至1993年去世。黎锦光在百代谱写的第一首作品是根据湖南花鼓戏的"双川调"改编的歌曲《采槟榔》，由周璇灌录唱片后，一炮打响。不久，他又创作了带有湖南民歌旋律的《五月的风》；《拷红》一曲则吸取了京韵大鼓中说唱音乐的表现手法，而周璇演唱的《疯狂世界》就沿用了京剧中西皮板的旋律。根据英国作家希尔顿的著名小说《失去的地平线》中的传说，黎锦光创作了歌曲《香格里拉》，作为影片《莺飞人间》的主题歌。

黎锦光留下了二百多首"上海老歌"，他自谦拿得出手的也只有七八十首。其中有二十多首作品从未面世，他生前送给了忘年交——上海歌剧院的女高音歌唱家陈海燕。如今这些手稿已捐给了上海图书馆的中国名人手稿馆。

黎锦光的代表作是《夜来香》，此作完成于1944年初夏。那时，黎锦光正在为京剧演员王桂卿录制唱段。那天傍晚他走出录音棚时，迎面吹来阵阵清凉的南风，四周夜来花香芬芳，远处又传来清脆的夜莺鸣唱，身临此景此情的黎锦光，感到那么的富有诗意。

那天录音完成回家后，黎锦光彻夜未眠，傍晚时的那一幕幕美好的景象，不断地在他的脑海中闪回。那奔腾的乐思此刻在心田似乎要喷涌而出，于是，黎锦光旋即起床，挑灯夜战。一首清新脱俗、舞曲样式又有伦巴节奏的新作《夜来香》就这样一气呵成。作品完成后的几天，黎锦光又对其中几处作了精雕细琢，直到自己满意。

新作《夜来香》先后给沪上许多大牌歌手试唱过，因为音域太宽，都不太合适。歌谱就这样躺在黎锦光的办公桌上两个多月。一天，日本帝国主义的文化宣传机构——"满映"（全称"株式会社满洲映画协会"）的李香兰应邀来沪拍摄影片《万世流芳》，其中的插曲《卖糖歌》要在百代公司先期录音。这天李香兰无意中看到了放在黎锦光桌上的《夜来香》歌谱，一哼唱后是喜出望外、如获至宝。她当即就找到了黎锦光，表达了自己急切想唱的心愿。就这样，《夜来香》经李香兰唱响后，成为黎锦光最重要的作品，也是李香兰的代表作。此作很快在国内流行，以后又被译成几十种语言翻唱。据黎锦光说，《夜来香》在全世界有89个不同的演唱版本在流传，是国际上最流行的中国歌曲。

全国解放后，过去的"上海老歌"遭到否定，黎锦光也没了用武之地，他与妻子白虹的婚姻由此走到了尽头。百代唱片公司此时已改名为中国唱片上海分公司，黎锦光虽然仍担任音乐编辑，但他事事谨慎，唯恐出错，许多由他改编的轻音乐都未署上真名，唯有两部他的得意之作《送我一支玫瑰花》和《接过雷锋的枪》例外。

铜管乐《接过雷锋的枪》是应上海管乐团之邀、根据朱践耳的同名歌曲改编的，此曲气势恢宏、雄壮磅礴，听者激昂之情油然而生；而根据新疆民歌改编的轻音乐《送我一支玫瑰花》则显示了黎锦光谱写轻音乐的功力。在这首作品中，黎锦光别出心裁地把主题音乐变奏的华彩段落，出人意料地放在前奏的引子上，旋律急速、欢快、跳跃又热烈奔放。在进入主题后，又匠心独具地运用不规则的分解和弦与对位等手法，使主旋律反复循环、层层推进，又不尽相同，给人意犹未尽之感，堪与法国作曲家拉威尔的《波莱罗舞曲》媲美。

改革开放后，黎锦光经陈歌辛的儿子——作曲家陈钢的穿针引线，与远在日本的李香兰重又取得联络。此时的李香兰已改名山口淑子，官至文部省长官，长期致力于日中友好。很快，她以胜利唱片公司名义邀请黎锦光访问日本。黎锦光在日参观游览，山口淑子全程陪同，同时还特意安排了黎锦光与日本歌迷的见面会。访日期间，黎锦光到处受到尊敬，这是他难忘的时光。以后每次山口淑子来华访问，都会拜见黎锦光，感谢他的知遇之恩。

黎锦光的晚年，每个星期天上午都要去华亭路上的严华家，参加京剧沙龙，这也是他非常开心的时光。我为了了解旧时上海乐人的往事，也经常去他的寓所探访。我曾多次向黎老谈及那时大陆最流行的歌曲《乡恋》，与他早年为周璇和严华新婚燕尔就要暂别去南洋巡演，而量身定做的一首男女声对唱《叮咛》的主题旋律和音乐走向，是如此的雷同，几乎是同一个模板复制的。一贯淡泊名利的黎锦光，对此显得异常平静，对《乡恋》的著作权及署名都没有提出任何异议。

据我所知，《乡恋》是改革开放初期，央视拍摄的一部电视音乐风光传记片《三峡的传说》中的主题歌，是导演马靖华在否定了首稿中的一首美声作品后的第二个版本。《乡恋》的曲作者是中央乐团的张丕基，曾就读上音附中。我非常喜欢他在电视片中谱写的另一首插曲《你好，峡江》，这是一首男声四重唱作品，由中央乐团最负盛名的杨焕礼、吴其晖、王世光和贾宗昌组合演绎。20世纪80年代中，我和胞弟李建国在上海举办"中国名曲大汇唱"时，曾专门邀请这个四重唱组合来沪表演其代表作《你好，峡江》。这么多年过去了，我几乎再也没听到过像这样美妙动听的重唱歌曲，甚憾。

《你好，峡江》一曲，旋律优美，令人心旌激荡。作品的和声织体绵密和谐，无懈可击。张丕基的另一首歌曲《夕阳红》已是央视一档老年人节目的片头曲，深受人民群众喜爱，这也足见他的作曲功力。由此可证，张丕基没必要、也绝不可能存在抄袭他人作品的现象。但我能断定：这位北方汉子一定是深受过"上海老歌"的熏陶和感染，尤其是《叮咛》一歌旋律的影响。《乡恋》和《叮咛》的相似，纯属巧合。

在我与黎老的多次交谈中，能强烈感受到他对《乡恋》的演唱者——湖南老乡李谷一在此歌中运用气声、哼鸣和半声唱法，饶有兴趣。因为黎锦光对流行歌曲的唱法有很深的研究，且颇有心得。当我体察揣摩到老人的心思后，便主动承诺：若在上海再举办有李谷一参与的大型音乐会，一定安排他俩相见畅谈。谁料，李谷一还没来沪演出，黎锦光却因病去世，此愿也成泡影。

上海老歌"五虎将"

姚敏是继"歌仙"陈歌辛和"歌王"黎锦光之后，"上海老歌"的又一重要人物。当年他位居时称"五虎将"——姚敏、严华、严折西、李厚襄和梁乐音的首席。

五虎将之首姚敏

姚敏本名姚振民，1917年出生，比黎锦光小10岁，比陈歌辛小4岁。他父亲早亡，家境贫寒，很小就挑起了养家糊口的重担。他先后在杂货店当学徒、电影院当领票员。领票员的工作看似枯燥，姚敏却十分喜爱，因为每天可以看免费电影。电影音乐和插曲吸引了姚敏，他由此爱上音乐，电影也成了他的音乐启蒙。一个偶然的机会，姚敏有缘结识了日籍音乐家服部良一，并拜在他门下学习钢琴演奏和作曲技法。入门以后便进入大同音乐社担任钢琴伴奏。

"姚敏"和"姚莉"，是踏入演艺圈后起的艺名，谐音意即"要名要利"。这对歌坛兄妹天生一副好嗓子，陈歌辛曾专为他俩的声线和音色，打造过一首经典的男女生二重唱《苏州河边》。

姚莉是胞兄领进娱乐圈的。那时，姚敏在私人电台主持演出，除了主持节目，还要钢琴演奏、独唱等，他急需一些帮手。于是请来舅舅担任小提琴和曼陀铃的弹奏，胞妹姚莉为他伴唱，有时也独唱。这样节目更丰富了，收听率也节节攀升。

姚敏当红的那个年代,上海歌坛是阴盛阳衰,能被社会认可的男歌手屈指可数,仅有严华、黄飞然、黄源尹、陈云裳、马陋芬、姚敏等。那时姚敏在电台的独唱节目,因为有姚莉伴唱,效果奇佳。于是他俩萌生组成一档兄妹二重唱的想法,在小试牛刀、大获成功后一发不可收。自此之后,在许多重大场合的演出中,兄弟俩经常与周璇和严华的夫妻档重唱同台分庭抗礼,各有千秋、难分伯仲。

因姚敏在歌坛的走红,他偶尔也尝试为自己和胞妹写些歌曲。最初的作品有《我爱妈妈》《雷蒙娜》《月下佳人》等,都是些江南小调风味的歌曲,大家喜闻乐见。随着姚敏的名声日隆,一些导演纷纷向他邀约电影配乐。有了用武之地,姚敏的创作更勤奋、更积极。那段时间他得到观众肯定和热捧的歌曲很多,如《南海之晨》《再会吧莎莎》《蔷薇花》《恨不相逢未嫁时》《春风吻上我的脸》《迎春花》《情人的眼泪》等。

1950年,姚敏兄妹全家移居香港。从此,姚敏为香港音乐配乐,同时培养了潘秀琼、崔萍、葛兰、张露、梁萍等一大批华人歌星,成为"上海老歌"在海外的旗手。这也是他从艺的巅峰期。

1967年3月30日,姚敏在和胞妹一同参加一次宴会时,突发心脏病去世,时年50岁。在他的追悼会上,在港的许多华人歌星齐声歌唱他生前的成名作《情人的眼泪》,歌者和听者无不动容、泣不成声。

严华是一代歌后周璇的启蒙老师、初恋情人和第一任丈夫。他年轻时,因演唱《桃花江》一举成名,从而有了"桃花太子"的绰号。严华早在学生时代就崭露头角,因主演京剧《四郎探母》而在北平名噪一时。在他和胞妹严斐一同被黎锦晖相中、招入明月歌舞团后,除了在团里担任男声主唱外,他还私下跟随黎锦晖学习作曲技法、苦练钢琴。严华从小在北平成长,操一口标准的京片子。后来周璇的"国语",包括文化学习、乐理知识和歌唱发声等都是严华所教。

1936年,严华与周璇订婚。两人在西湖泛舟时,严华萌生灵感,当即谱写了《扁舟情侣》一歌,后由周璇首唱并被胜利唱片公司灌录唱

桃花太子严华

片。1937年"八一三"淞沪抗战后,严华和周璇随团去南洋巡演,为抗战宣传募捐。翌年回国后两人在北京春园饭店举行婚礼,但好景不长,三年后因感情破裂离异。七年后,严华与潘凤娟女士再婚,育有二子一女。我在"文革"后期,曾跟随黎锦光去过华亭路严华家的京剧沙龙。那时已年过古稀的严华仍风度翩翩,给人玉树临风之感。

严华是演唱"上海老歌"的当红男星,他曾和许多大牌女明星合作。他录制的第一张唱片,就是与王人美一同演唱的《银河双星》。他还和白虹合作《人海飘航》《爱如金玉》,与龚秋霞一起演唱《四季问答》《人生多岔路》,和李丽华合作《百鸟朝凤》《爱的波折》等。诚然,与周璇的合作最多,譬如《桃花江》《叮咛》《神仙伴侣》《爱的归宿》等。1986年,严华应上海唱片公司盛邀,与刚从国外回沪探亲的李丽华再度合作,重新录制了《花锣花鼓》一歌,这也是严华生前演唱的最后一首作品。

严华一生创作的"上海老歌"多达100余首,基本以传统民间小调风格为主,如《月圆花好》《送君》《银花飞》《春花如锦》《心头恨》等。这些作品都是为周璇打造的。在20世纪30年代末至40年代初,是严华创作的高峰,在与周璇离婚后,他再没谱写过歌曲。

李厚襄是一位自学成才的"上海老歌"作者,他的创作承袭了中国流行歌曲"洋为中用"的传统。他的早期作品《郎是春日风》《丁香树下》风靡一时。当年他为联华影业公司拍摄由阮玲玉主演的影片《恋爱与义务》所谱写的主题歌《母亲你在何方》,不但旋律优美、感人至深,而且曲式结构工整,显示其不凡的艺术功力。

年轻时代的李厚襄

抗战胜利后,李厚襄应香港影业界力邀去那里工作。在港时期,他为周璇谱写了影片《歌女之歌》中的插曲《一片痴情》《陋巷之春》、影片《花外流莺》中的《月下的祈祷》及歌舞片《彩虹曲》等,还为白光主演主唱的影片《荡妇心》谱写插曲《有情无情》及龚秋霞演唱的影片《血染海棠花》中的主题歌《祝福》。此外,李丽华、欧阳莎菲、石慧等许多香港歌星影星,也都演唱他的作品。

出生于日本的梁乐音，祖籍广东。因受家人影响，他自幼喜爱广东音乐，擅拉高胡、板胡。在日生活学习期间，他曾跟随日本音乐家学习过作曲技法和音乐理论。

1942年梁乐音回国后，在上海为一些国产电影配乐。他为电影《博爱》谱写的主题歌，是他回国后发表的第一首作品。他的成名作当属影片《万世流芳》中的两首插曲《卖糖歌》和《戒烟歌》。这两首作品规劝吸烟者吃些糖果、少吸烟，以利身心健康。这两首由李香兰演唱的作品，经影片播映后，不胫而走，流传甚广。梁乐音的作品热情奔放，颇有域外风情。全国解放前，他也赴香港发展，并在那里开创了一片新天地。

梁乐音

严工上和严个凡、严折西父子三人，人称"严氏三雄"。在层出不穷、争奇斗艳又流派纷呈的"上海老歌"的创作队伍中，是一支不可小觑的力量。严工上年长于黎锦晖，是中国最早的流行歌曲作者之一。1925年他便入道电影业，先后为国光、长城、明星等电影公司拍摄的《空谷兰》《苏武牧羊》《西施》《雁门关》等影片及中国第一部动画长片《铁扇公主》配乐写曲，前后共计103部之多。其中流传最广的歌曲有《空谷兰》《苏武》以及由欧阳予倩执导并作词的影片《木兰从军》中的三首插曲《月亮在哪里》《童谣》《三人同走一条道》。

严个凡是严工上的长子，他长期担任明月歌舞团的乐师。1936年，他在随团去南洋巡演途中，首次尝试谱写了一首歌曲《疯狂乐队》，旋即由同行的白虹一曲唱红，从此一发不可收。严个凡的作品基本都是为歌者特意打造的，如龚秋霞的《溜冰曲》、姚莉的《风云雷电》、姚敏的《青山绿水》、严斐的《看护小姐》及张露的《尽情欢笑》等。严个凡在声名鹊起后，为电影配乐不断，其中得到圈内外肯定的有：影片《千里送京娘》的主题歌和插曲《空谷哀音》、影片《新茶花女》中的插曲《天上人间》，此作至今还是台湾歌手费玉清的长期保留曲目。

严折西是严工上的三子，他音乐才华横溢，擅长爵士风格，是个多产

晚年的严折西

的作曲家，创作题材广泛又雅俗共赏，而且旋律优美动人。他的作品多达200多首，其中最著名的歌曲是专为女低音白光谱写的《如果没有你》，如今此歌的旋律已镌刻在白光安息的吉隆坡墓地的墓碑上。新中国成立前夕，他应邀和陈歌辛、黎锦光、李厚襄、刘如曾等上海作曲家联袂为香港大中华影片公司拍摄的歌唱片《歌女之歌》，谱写了6首插曲。其中严折西谱写了《知音何处寻》，这是一首探戈节奏的歌曲。当年的海派大歌星，几乎都唱过严折西的歌。如周璇的《卖烧饼》《凄凉之夜》《许我向你看》，严华的《镜花之恋》《孤屋吟》《一个小东西》，姚莉的《重逢》《人隔万重山》，吴莺音的《断肠红》《夜莺曲》及王人美的《盼郎归》等。他谱写插曲的许多影片如《夜明珠》《香妃》《赛金花》，观众趋之若鹜，许多人都是冲着片中的音乐而去的。

许如辉也是创作"上海老歌"的得力干将。他从艺半个多世纪，谱曲无数。作为无师自通的作曲家，他自幼喜爱民乐，各种器乐一学就会，样样精通，可谓"神童"。他15岁就加入大同乐队，担任司鼓兼吹奏员。许如辉长期在民营电台工作，负责乐队演奏和配器。16岁时写下了第一首作品《四时吟》，此后，他不断推出新作，在自己的电台录播，好评如潮。其中，《永别了我的弟弟》《卖油条》《阁楼上的小姐》是他的三大名曲。那时，有200多位歌星先后演唱过他的《永别了我的弟弟》，这也是迄今为止中国音乐史上单曲演唱者最多的一首作品，而胡蝶、顾兰君则是当年演唱他作品最多的影星。最令人感到惊讶的是，从没进过艺术院校深造，也未拜师学过作曲理论的许如辉，竟谱写过《壮志千秋》《新胡笳十八拍》等中国交响曲。

新中国成立后，因夏衍力荐，许如辉改行从事戏曲工作，作品近百部，涵盖各剧种。他为沪剧《为奴隶的母亲》《妓女泪》《龙凤花烛》和《少奶奶的扇子》谱写的音乐，已成为沪剧音乐的经典，许多唱段至今还为人们所津津乐道。

刘如曾是专门谱写"上海老歌"的作曲者中，唯一一位科班出身的作曲家。他早年加入百代唱片公司，先后谱写了《女神》《晚安曲》《骑马到松江》《我要为你歌唱》等享誉歌坛的精品。他的《明月千里寄相思》至今几乎还是每年央视中秋晚会中的必唱曲目，且常演常新。

上海解放后，刘如曾加盟上海越剧院，成为驻院的专职作曲。他谱写的越剧《梁山伯与祝英台》《西厢记》《祥林嫂》的音乐，为这些经典作品锦上添花、增色不少，许多唱段久唱不衰。

此外，吴村、张昊、陈瑞祯、高天栖、陈啸空等也是有分量的"上海老歌"作者，他们也留下了不少传世佳作。

"老歌"余音与港台流行乐

新中国的上海，旧貌换新颜。共产党领导下的人民已翻身当家做主，歌颂党、领袖、祖国和人民的革命歌曲已成了那时的主旋律。昔日旧时代的那些"吴侬软语"、莺歌燕舞式的"上海老歌"，显然已不合时宜。显然，此时的"上海老歌"在此地已没有生存、发展的空间。许多旧上海的影人、乐人纷纷移居与旧上海生活环境相似的香港发展。上海老艺人的到来，无疑给原本经济繁荣、文化贫瘠的香港带来了一股艺术新风。不老的"上海老歌"在这里发扬光大，孕育出港人引以为豪的香港电影和流行音乐。

周兰萍则去了台湾，他在那里谱写了《绿岛小夜曲》《月光小夜曲》《姑娘十八一朵花》《茶山姑娘》《昨夜你对我一笑》等一批传承"上海老歌"衣钵、引领着台湾未来流行歌曲走向和发展的佳作。

旧上海的"七大歌星"

上海是中国电影的发祥地、摇篮,更是重镇。因中西文化的交汇碰撞,成就了中国电影在当年这座远东第一大都市中诞生、成长和繁荣。其历程也可谓筚路蓝缕、曲折坎坷、一路沧桑。

自20世纪30年代初,有声电影在上海面世后,电影音乐和插曲在影片中已不再是陪衬角色了。尤其是一代歌后周璇开创引领了中国歌唱片、歌舞片为主的电影新潮流,此时的电影音乐更成了影片成功与否的关键所在。随着此类电影的日益深入人心,歌舞佳片层出不穷,从而又催生出一大批影歌两栖明星。

在当时,中国没有官办的文艺团体,连民营的歌舞团也只有黎锦晖早年创办的"明月歌舞团"及"新华""新月""梅花"等少数几家歌舞社。

而此时上海的租界里,美国的好莱坞电影,大都会、百老汇的歌舞剧,南洋的草裙舞和菲律宾的西洋乐队,已涌入大批新建造的剧场、电影院和舞厅,也渗透进了普通百姓的生活,由此改变了当时人们的审美情趣和价值取向。由于这些娱乐活动仍满足不了广大市民日益增长的需求,中国的电影歌唱片和歌舞片应运而生,同时带动了唱片业的发展。它还无形中把原本不登大雅之堂的中国民歌和民间小调,融入了电影在银幕播放,从而走进千家万户,为传播普及中华民族文化,起到了不可估量的作用。

在旧中国,除了抗战时期,日寇占领的东北有拍摄电影的"满映"外,全国只有上海拥有许多电影公司。为了迎合市民和观众,那个年代的每部电影,无论是言情片、生活片,还是侦探剧、警匪片,抑或古装戏,片头的主题歌和片尾曲,以及与故事情节密不可分的插曲,都是必不可少的。

这些歌曲推进了故事情节的层层发展，与影片相得益彰。旧时的电影歌曲累积起来，数量惊人，留存的多达两千余首。这些贴近生活的作品被俗称为"时代曲"，也就是我们一直所称的"上海老歌"。它与电影本身，相依相存。

当年的大牌歌星周璇、白虹、龚秋霞、白光等都以拍摄电影歌唱片为主业，而且片中所饰人物的唱段也都是自己亲力亲为。因为这些歌舞片的成功，上海几乎所有的影业公司都纷纷群起仿效。此时连不是歌星出身的电影演员如袁美云、陈燕燕、陈云裳、王丹凤、陈娟娟也都争先恐后地参与此类影片的拍摄，而且也都亲自演唱片中的歌曲，不需专业替身。只有姚莉例外，她只灌唱片、去电台和舞厅驻唱，为了相夫教子，从未涉足电影圈。

当年主流电影插曲的风格，都是采用轻歌曼舞式的委婉、松弛、柔情又甜美的唱法，但又不失其隽永。那时作品中的装饰音和上下滑音运用较多。以周璇、白虹为代表，她们常用轻声、气声、泣音和叹音及演唱时的节奏变化，来表达音乐内涵及情感的跌宕起伏。但也有少部分有一定歌唱技巧的歌星，受白光、龚秋霞和李香兰的影响，喜欢用西洋传统唱法或借鉴融合其科学方法，来诠释作品，同样也能表现得淋漓尽致。

自1937年，周璇与赵丹一同主演了明星公司的新片《马路天使》一炮打响后，片中周璇演唱的两首插曲《天涯歌女》和《四季歌》随着影片播映不胫而走，大街小巷到处传唱，周璇大红大紫了。《马路天使》原本是由名声日隆的聂耳谱曲，因惺惺相惜的挚友贺绿汀遭遇家庭经济困难，无力支付国立音专的学费，更难维系在上海的生活，准备辍学回湖南老家。聂耳得知此情后，连夜赶往贺绿汀在上海的住处，把自己正准备谱写的电影《马路天使》和即将开拍的影片《十字街头》的配乐工作，主动转请贺绿汀来完成。这样可以使他有一笔不菲的稿酬来继续学业和在上海的生活。此举由此也成就了后来几首经典作品的诞生，聂耳这种真诚的友谊和帮助，贺老一直铭记在心，他晚年多次向我提及时还眼中含泪。

不久，周璇应邀又与马陋芬联袂主演歌舞片《三星伴月》，片中周璇演唱的《何日君再来》虽争议不断，但却家喻户晓、妇孺皆唱。就这样，周璇迅速成为沪上众多歌星中的领军人物。

当年上海《大晚报》举办过首届十大广播歌星评选，周璇是落后于白虹而屈居亚军的，但此时的上海滩已今非昔比，周璇早已鹤立鸡群，声名显赫地坐上头把交椅。旧上海的影坛、歌坛竞争激烈而又残酷，歌星们争奇斗艳、优胜劣汰、适者生存。在经年累月的大浪淘沙中，人们根据她们在各自领域的建树和声望，从20世纪30年代中后期至上海解放前夕，中间以抗战胜利为界，先后推出过两次"上海七大歌星"，这也是得到社会普遍认同的。

在两次"七大歌星"的排序中，周璇一直稳坐首席，其后是白虹、龚秋霞、姚莉、白光、李香兰和李丽华。到了全国解放前的那次，情况已发生一些变化：姚莉跃居次席，以下依次为：白虹、李香兰、龚秋霞、白光和吴莺音。其时，李丽华已定居香港，并把演艺重点放在电影拍摄，故而被后起之秀吴莺音取而代之。从某种意义上来说，旧上海的"七大歌星"应该有八位。

"金嗓子"周璇

当时的歌坛，周璇最负盛名，但她的人生遭遇和从艺经历却最坎坷曲折。1919年周璇生于江苏常州，本名苏璞。父亲苏调夫是位牧师，而母亲顾美珍是护士。她四岁后就一直住在外婆家。谁知，亲舅舅为了吸食鸦片急需金钱，就背着家人把她偷卖给江苏金坛的一户王姓人家，就此改名为王小红。后因养父母婚变，无奈她又被转送给上海周家。殊不料，第二任养父周文鼎也因吸食鸦片丢掉了在工部局当翻译的金饭碗，由此经济拮据，但为了吸毒，遂生恶念，企图将养女卖入妓院，好在养母极力阻挠，此事才未得逞。

1931年已改名周小红的周璇已12岁，明月歌舞团的钢琴师章锦文在一个场合中无意发现了她的歌唱才华，更出于对她遭遇的同情，便介绍她进明月歌舞团当学员，当时与她一同进团的还有来自昆明的聂耳。

进团后的周小红，犹如刘姥姥进入大观园那样，对一切都感到新奇。因为有过童年不幸的遭遇，面对充溢着如此艺术氛围的学艺环境，她想要加倍努力地学习。在明月歌舞团这个大家庭里，团员们在同一屋檐下共同生活、学习和排练，周小红体会到了一种从未有过的家的温暖。她向团里的大哥哥大姐姐学习歌舞，向介绍她进团的章锦文学习钢琴弹奏，团里还特意安排从北京招来的严华当她的专职老师。周小红天资聪慧又好学，记忆力出众。潜心的学习，使她的技艺进步神速。

起初周小红是学员，在团里跑龙套、演配角，如扮演歌舞剧《三蝴蝶》中拟人化的小太阳、《神仙妹妹》里的小兔子、《春天的快乐》中的小燕子等。但她是个心存鸿鹄之志的有心人，对团里主演王人美、黎莉莉的表演，非常认真地留心观察，暗中模仿学习。过目不忘的周小红，梦想着有朝一日，自己也能像她们一样，在舞台上尽情地表演。因此，她把这些大牌演员排过的每部戏的台词，表演中的举手投足和舞台走位，都烂熟于心。

功夫不负有心人，这个机会终于等来了。有一次，歌舞团在剧场公演，王人美因为要在电影摄影棚补拍镜头，一时不能赶回来参演。但此时演出的剧目已排定，票也已售出。戏比天大，救场如救火。正当大伙儿一筹莫展之际，平日一直观察周小红一举一动的黎锦晖，决定由她来临时替代王人美主演歌舞剧《特别快车》。周小红平日下的功夫并没有白费，她驾轻就熟、举重若轻的表演，极有大将风度，根本不像个入道不久的新人。演出很成功，观众和同行都被折服，一致叫好。周小红就这样崭露头角。

周小红在团里正式主演的第一部歌舞剧是《小小茉莉》，正因为她有表演潜质，原本一直由王人美主演的保留节目《特别快车》，则改换门庭，由周小红担纲主演。

1932年，上海的"一·二八"事变后，剧团创作了一部由周小红主演的抗日歌舞剧《野玫瑰》。剧中的一首救亡歌曲《民族之光》，她唱得特别投入。根据其中一句歌词"往前进、同敌人周旋在沙场之上"，黎锦晖就此为周小红改艺名为"周旋"，进入电影圈后，严华觉得此名还是不够艺术化，于是建议再加王字旁，改为"璇"。"周璇"一名以后一直沿用。

1934年，上海《大晚报》举办"广播歌星竞选"，年轻的周璇虽仅次于白虹屈居亚军，却得了个"金嗓子"的美名。此时上海的舞台演出极不景气，明月歌舞团也面临解散。为了生存和发展，周璇也开始涉足电影业。

最初，她只是在天一公司的影片《美人恩》中客串歌舞表演，是没名没姓的群众演员。不久，又在电通公司的影片《风云儿女》中，与徐健一

金嗓子周璇

起表演双人舞。周璇真正的电影处女作是艺华公司的《花烛之夜》，以后的两年时间里，她拍摄了《满园春色》《狂欢之夜》等八部影片，都出演主要角色。而周璇真正的里程碑式的作品是《马路天使》和《三星伴月》，这两部歌舞片的成功，奠定了她在影界和歌坛不可撼动的地位。

1937年"八一三"淞沪抗战后，上海各影业公司大都停业。不久，周璇就随严华去北平完婚，并在那里度过了她人生中最幸福美好的一段时光。新婚后不久，严华要随明月歌舞团去南洋巡演，而周璇在上海有片约在身不能同行。两人在依依惜别时，如胶似漆，难舍难分。同团的黎锦光面对此景此情，非常感慨，旋即就为他俩量身定做了一首男女声二重唱《叮咛》，作品生动地唱出了他俩分别时的心境。

其实周璇刚到明月歌舞团当学员时，年长她6岁的严华已喜欢上她。因为严华是黎锦晖直接委派给周璇的国语、文化、钢琴和歌唱老师，因此他同周璇在团里接触的机会最多、相处的时间也最长。严华不仅在艺术教学上尽心尽责，而且在生活中还无微不至地关怀呵护她。这使周璇那颗曾经受过伤害的少女心，有了从未有过的那种亲近的感觉。她心里有任何念想，都会向严华倾诉。而严华一表人才，钢琴、歌唱、朗诵，样样拿得出手，他成了周璇心中仰慕的白马王子，而且那时她所取得的成绩，都与严华的帮助密不可分。她从内心非常感激严华，认定此人就是她生命的托付者，爱情水到渠成。

但好景不长，两人的婚姻不到四年便出现严重裂痕，最终离异。据我的忘年交、百岁上海老乐人韦骏（周璇的钢琴伴奏）回忆：严华是北方人，有严重的大男子主义，他经常无端猜忌周璇，并干涉她的许多演艺活动。那时的周璇已是上海滩的大明星，除了拍戏，还有许多社交活动和应酬，经常早出晚归，生活极不规律。这样的生活并不是严华所希望的，因此，他俩经常因为一些琐事发生口角和争执，后来发展到打骂。韦骏经常去当和事佬，两面劝架，但分歧越来越大，最终什么办法都已无济于事。还有另一大原因：婚后的周璇签约柳中浩经营的国华影业公司，同时认柳中浩为义父。那时周璇拍片的报酬很高，第一年是月薪450块大洋；第二年改为片酬，每部戏2 000块大洋。因为严华对周璇过分的管束和干涉，妨碍了国华影业公司和柳中浩的利益，于是他就采取挑拨离间和纵火加油的做法，这也是最终导致两人离异的根本原因。诚然，严华是周璇的初恋，周璇的内心是深爱着他的。但这样的结局，也深深刺伤了她的心灵，影响了她以后的人生和婚姻。

严华与周璇离异后，就弃艺经商，再未涉足娱乐圈。七年后，他与潘凤娟女士再婚，育有二子一女。

而周璇的第二次婚恋则很不幸，遇上了一个"拆白党"。那时上海刚解放，周璇还在香港拍戏。上海绸布店小开朱怀德抱着不可告人的目的追到香港，因为他早在上海时就与周璇相熟。对于他的花言巧语，周璇并未设防，感情的大堤很快被他打开缺口，最终与他在青山道乐都大厦同居了，并把一大笔钱托付他去上海做生意。谁料，朱怀德这一去便音信全无。1950年7月20日，周璇怀着七个月的身孕回到上海，幻想与朱怀德结婚。但此时朱怀德暴露了真面目，推说钱已在生意中全部赔掉，更翻脸不认亲子。此时的周璇才彻底看清了他的为人，便登报与其决裂，并生下长子周民。

周璇的第三段婚姻也以悲剧收场。那时周璇已回上海工作，她参加了大光明影业公司拍摄的歌颂抗美援朝战争中白衣战士的影片《和平鸽》，这也是她电影生涯的收官之作。因片中有一个验血的场景，勾起了周璇心中的旧痛，一度导致精神分裂症发作，只能住院治疗。最终影片也只能以替身演员来完成余下镜头。

就在筹拍《和平鸽》时，导演顾而已请来画家唐棣为周璇造型画像，两人就此认识并产生感情。两人同居后周璇再次怀孕，生下次子周伟。因唐棣曾参加过国民党，而周璇则是国际名人，有关部门都觉得两人结合不妥。因此这段姻缘最终还是走进了死胡同。此后，周璇一直在上海精神病医院治疗。1957年9月22日，周璇因"中暑性脑炎"去世，享年38岁，一代巨星就此陨落。她留下的两个儿子，由组织出面交黄宗英、赵丹夫妇抚养。很多年后，因涉及周璇的遗产和香港百代公司唱片的版税等原因，周民和周伟状告黄宗英,开始了一段旷日持久的官司,那是后话了。

诚然,周璇的人生和婚姻是不幸的、痛苦的,但她的事业却如日中天、无人企及。周璇一生拍片无数,演唱过两百多首电影插曲,同时被灌录唱片,影响深远,居上海所有歌星之首。周璇除了代表作《天涯歌女》《四季歌》《何日君再来》,还有《疯狂世界》《钟山春》《五月的风》《夜上海》《凤凰于飞》《花样年华》《永远的微笑》等流传甚广、脍炙人口的作品。

1941年,《上海时报》电影副刊举办"电影皇后"评选。正在拍摄影片《恼人春色》的周璇以绝对高票而折桂。但当时周璇刚与严华离婚不久,似乎有些看破红尘,因而在《申报》上登载启事,辞去此项荣誉。

也就在此时,周璇闻讯得知她的知遇恩人贺绿汀从香港归来,路经上海将奔赴抗日战场。于是她连夜赶往拜访,并请求贺绿汀带她同赴前线。因当时局势紧张,周璇在上海的名气又很大,若两人同行目标更大,被日本人发现,连贺绿汀也走不了。考虑到周璇在大城市生活惯了,适应不了前线的艰苦生活,贺绿汀就劝她暂时不要走,若将来有合适时机要去,可到香港找地下党组织。贺绿汀对周璇的歌唱艺术一直欣赏有加。20世纪80年代中,我和胞弟李建国一同在上海举办"世界名曲大汇唱"时,曾与所有参演的歌唱家去贺老家拜访。席间,叶佩英和罗天婵向贺老询问:"迄今为止,您的《天涯歌女》和《四季歌》,谁唱得最好?"贺老不假思索地回答:"周璇。"由此可见,周璇唱出了作者谱写这两首作品的本意和深邃意境。

1943年,柳中浩的国华影业公司因拒绝与日本人合作而退出影界。迫于生计的周璇只能另起炉灶,加盟华影公司。从1943年到1945年,共拍片4部,都是现实题材。其中《凤凰于飞》一片,是周璇一生所拍歌舞片中,演唱插曲最多的一部,共有11首,仅次于《柳浪闻莺》的15首和《莺飞人间》的12首。

抗战胜利后,周璇应邀去香港发展。那时有一大批旧上海的影人歌星去香港淘金。在港期间,周璇拍摄了《长相思》《忆江南》《夜店》《莫负青春》等几十部影片,影响最大的当属《清宫秘史》。片中周璇成功饰演珍妃一角,被导演朱石麟赞誉为香港最好的女演员。在影片《鸾凤和鸣》中,周璇第一次用西洋唱法演绎了主题歌《不变的心》。花腔女高音的技巧,也显示了她孜孜以求的歌唱功力。

"广播歌后"白虹

白虹是"上海老歌"的代表人物黎锦光的第二任妻子。在我与黎老及一些旧时海上影人、乐人的交往中，了解到很多白虹从艺的往事。

白虹原名白丽珠，是满族正黄旗人。11岁就与严华、英茵、胡茄等一批极富音乐舞蹈天分的苗子，被黎锦光从北平招至上海明月歌舞团当随团学员。他们在上海不仅得到了声乐、表演、形体及舞蹈等方面系统全面的培训，还与团里的演员在同一屋檐下一起生活，朝夕相处，得到艺术的熏陶。

聂耳是团里的小提琴手，当时已创作了不少惊鸿乐坛的作品。他卓尔不群、声誉日隆。白丽珠对他刮目相看，非常敬仰，但凡学习上的难题抑或生活中的困惑，都会请教这位"耳朵"哥哥。聂耳也非常喜欢这位活泼可爱、单纯美貌的小白妹妹。两人经常相谈甚欢，似乎总有聊不完的话题。在与聂耳的交往中，白丽珠在艺术上收获良多，视野也更开阔了，为她日后成为一代明星加砖添瓦，她非常珍惜这段难忘的兄妹情。

而年长她八岁的聂耳，则久而久之对其产生了爱慕之意，这在他的多篇日记中可见一斑。我交往过的一些老艺人也已证实其事。但这层窗户纸随着年轻的聂耳意外地在日本溺海身亡，而始终没有捅破。

聂耳去世后的翌年盛夏，已改艺名为白虹的白丽珠，作为主要演员随黎锦光等去南洋巡演。在海外颠沛漂泊的一年多时间里，一直对白虹情有独钟的黎锦光，此时对其更关爱有加，生活上无微不至的照料，并不失时机地展开热烈的追求。已出落成亭亭玉立大姑娘的白虹，对黎锦光也一直心存知遇和栽培的感恩之情。在没有亲人的异国他乡，两颗炽热的心在激烈地碰撞，感情很快升温，不久就由师生升格为夫妻。

婚后，夫随妇唱、琴瑟和鸣。在他们生育的四个子女中，唯有大儿子黎天旭从事音乐事业，是新中国出色的小号演奏家。新社会发生了翻天覆地的变化，旧时代的音乐已被打入冷宫。黎、白两人过去辉煌的音乐生涯此时已无法继续，婚姻也因此走到了尽头。离婚后的白虹回到了故乡北京，重新开始她的话剧舞台生涯，并与同团的小生演员毛燕华重组家庭，直至

广播歌后白虹

1992年因病去世。

白虹15岁时，就在上海滩一举成名。1934年初夏，上海的《大晚报》举办"广播歌星大赛"，那时的世界还未出现电视，歌曲传播的途径是电影和唱片，最主要的当属广播。而上海的广播业特别发达，光私人电台就多达几十家，相互竞争激烈，邀请歌星演唱成为那时的一种时尚，《大晚报》的此次评选也是顺势而为。由于市民踊跃参与，为期一月有余的角逐，几度出现白热化的态势。最终，原本名不见经传、代表明月歌舞团出战的白虹，出人意料地击败正崭露头角的周璇，一举夺魁，成为上海滩首位票选"歌唱皇后"。这从此奠定了她在上海歌坛的地位，她也一直稳居上海歌星榜的"榜眼"。

白虹首唱过150多首"上海老歌"，数量上仅次于周璇，影响甚广。这些歌曲绝大多数是她主演过的30多部电影中的插曲和主题歌。其中《花之恋》《闹五更》《采槟榔》等是黎锦光为其量身定做的。但白虹真正出名的代表作，则是姚敏的《莎莎再会吧》和李厚襄的《郎是春日风》，这两首作品当年在上海的街头巷尾妇孺皆唱、无人不晓，堪比日后风靡一时的《夜来香》和《玫瑰玫瑰我爱你》。

白虹是上海滩第一个举办独唱会的歌星。1945年初，丈夫黎锦光亲任指挥配器，为白虹在兰心大戏院策划组织了两场独唱会。独唱会上她演唱了各种题材、样式和风格的中外歌曲近20首。媒体对白虹的评价是：歌声像阳光普照，激发人们高远情怀。

白虹走红的年代，正是中国有声电影发展的开始。她一口京片子，普通话标准，表演出色，涉足电影可谓得天独厚。当年她和白光、白杨一起被誉为上海影坛的"京城三白"。

屈指算来，白虹从音舞对白片《人间仙子》开始，主演过30多部电影，其中绝大多数为古装片。但她最满意的影片当属《孤岛春秋》，《莎莎再会吧》《上海春秋》《春之舞曲》和《相思谣》等都出自该片，由她唱响。

白虹从14岁起就参演舞台剧，从此再未停歇。在她的舞台人生中，曾主演过两部歌剧。1942年冬，白虹和乔奇联袂主演了歌剧《霓裳曲》，该剧讲述了一位歌剧演员与青年音乐家的爱情故事。剧中，白虹用西洋唱法引吭高歌，令人耳目一新，赢得各界好评。

因为此剧的成功，曲作者黎锦光的信心大增。不久，他又为白虹量身定做了一部三幕歌剧《凤凰于飞》。但不幸的是，开演后不久，白虹在舞台上突然病倒，从而需要长时间的调养，致使该剧中途夭折。

"梅花仙子"龚秋霞

在众多旧上海影星歌星中，龚秋霞以其内敛、典雅、自华的独特气质，犹如香自苦寒的梅花，吐露着异样的芬芳，因而享有"梅花仙子"的美誉。

传唱至今的《秋水伊人》是龚秋霞的代表作之一，此曲是她1937年主演的电影《古塔奇案》中的一首插曲。片中，龚秋霞饰演母亲凤珍，每晚在安抚女儿小珍睡觉前都要唱起这首凄婉哀怨的歌。那直击人心、缠绵悱恻的歌声和感人至深的电影画面，令人观后难以忘怀。

龚秋霞是受到正规舞蹈训练和接受过系统西洋科学发声和歌唱训练的影歌星，这在当年的上海滩是少有的。龚秋霞1918年出生，崇明岛人。她自幼就显露表演才华，早在初中时代，就跟随俄籍舞蹈家学习芭蕾、水手舞、踢踏舞等，同时又追随德籍音乐家学习美声唱法。

有着芭蕾和美声唱法功底的龚秋霞，中学还未毕业，就被梅花歌舞团相中，挖去当专业演员。龚秋霞出众的舞技和不凡的唱功，很快就成了团里的头牌演员。在五年的舞台歌舞生涯中，她主演过《名优之死》《杨贵妃》《丁香山》等20多部歌舞剧，还到过全国各大城市及南洋巡演。但随着电影歌唱片的日隆，舞台剧已渐渐被边缘化。此时，有着不俗舞台表演才华的龚秋霞，也怀揣着梦想，希望能在电影这一新领域有所作为。

梅花仙子龚秋霞

龚秋霞的电影处女作是《父母子女》，导演胡心灵慧眼识珠，看中了从未涉足过银幕的龚秋霞担纲主演。不负导演厚望的龚秋霞，在片中的表演把握准确，情节处理入情入理，丝丝入扣，人物的塑造有血有肉，栩栩如生。影片大获成功，龚秋霞也由此在影坛站稳了脚跟。从日本留学归来的胡心灵导演，在影片的拍摄过程中，与龚秋霞互生爱慕，最终走向婚姻殿堂。

在以后30多年的从影人生中，龚秋霞拍片无数。她自己比较满意的作品有：《歌声泪痕》《恐怖之夜》《桃色新闻》《春风野草》《浮云烟雨》等。由吴村编导、大同影业公司投拍的歌唱片《柳浪闻莺》特邀龚秋霞和白光主演。片中共有插曲15首，为中国歌唱片之最，分别由沪上众多名家谱曲。龚秋霞在片中演唱了7首插曲，其中独唱4首：《女神》《初阳》《宵之咏》和《我们的歌声》，另与白光合作3首：《柳浪闻莺》《湖畔四拍》和《湖上吟》。这部影片的成功，使龚秋霞的演艺事业达到了巅峰。

抗战胜利前夕，龚秋霞与她的小姑——中国著名芭蕾舞演员胡蓉蓉（原上海舞蹈学校校长）联袂在上海兰心大戏院举办两人的歌舞晚会。在晚会上，龚秋霞先后三次出场，演唱了10首脍炙人口的代表作，如《思乡曲》《秋水伊人》《恨不相逢未嫁时》《莫忘今宵》《蔷薇处处开》和《不变的心》等。担任晚会伴奏的是上海工部局交响乐团，由陈歌辛指挥。这天剧场里高朋满座，许多观演的上海国立音专声乐系的师生也对龚秋霞的演唱称赞有加。

抗战胜利后，龚秋霞像上海许多影人一样，往返于沪港两地拍片。上海解放后，龚秋霞留在香港，加盟长城影业公司，主演过许多经典作品。步入中年后的龚秋霞改换戏路，专演老年妇女，同时以培养香港青年演员为主。

1993年10月，龚秋霞作为香港电影代表团成员参加上海国际电影节，这是她第一次回到阔别40多年的故乡，感慨万千。她寻访故居，拜亲访友，共同回忆她当年灿烂如花的美好岁月。2004年9月7日，龚秋霞突发心脏病去世，享年86岁。

"银嗓子"姚莉

姚莉踏入娱乐圈，全是她胞兄姚敏领进门的。当年由于其父早亡，胞兄很早就挑起了养家糊口的家庭重担。姚氏兄妹本名姚振民和姚秀云,在进入演艺界后才改艺名为姚敏、姚莉,谐音意即:要名、要利。他俩虽出身贫寒,却都有一副得天独厚的好嗓子,又都十分热爱音乐。经过不断的刻苦学习,姚敏终于成了大同音乐社的钢琴伴奏,并在私营的广播电台担任主持和节目表演。那时还在上初中的姚莉,常用课余时间去胞兄负责的电台客串演唱,所得报酬贴补家用。

起初,姚莉只是替胞兄的独唱伴和声。当年的姚敏不仅是创作"上海老歌"的代表人物之一,还是歌坛数一数二的男歌星。经过自己编配的曲子,由胞妹配重唱,效果出奇的好。和声的织体丰富,音色的辨识度鲜明,演唱的色彩更多姿,作品的表现力也更新颖了。这对无意中形成独特风格的兄妹二重唱,很快就声誉鹊起。经过打磨后,成为上海滩唯一能与严华、周璇夫妻档二重唱分庭抗礼,而且各有千秋、难分伯仲的组合。

有一次,姚氏兄妹应邀去参加电台举办的慈善捐款点播节目。那天,红极一时的严华、周璇夫妇也来参演。当姚莉一曲唱罢后,在旁聆听的严华情不自禁地连连称赞,夸奖这位小妹妹唱得真好。于是,严华当即邀请姚莉去他任职的百代唱片公司,录制其根据湖北民歌改编的新作《卖相思》。

正因为《卖相思》的成功,16岁的姚莉一夜走红,从此她成了上海滩一颗冉冉升起的新星。对于伯乐严华的知遇之恩,姚莉一生感激、没齿难忘。不久,邀约不断的姚莉放弃学业,成了专职艺人。她白天在电台播音,晚上去仙乐斯舞厅驻唱。那时全上海的舞厅还从未有过一个中国女孩登台演唱,开了先河的姚莉,这一唱就是五年。合同期满后,姚莉又转投更豪华的杨子舞厅。那里的硬件更考究,柚木地板还装有弹簧,其他的设施也是一流的。当年许多大明星胡蝶、徐来等都是那里的常客。杨子舞厅不仅给姚莉提供了展现歌唱才华的平台和不菲的酬劳,更重要的是,她在那儿收获了爱情和婚姻。姚莉邂逅舞厅少东

银嗓子姚莉

旧上海的「七大歌星」

黄先生后,两人便擦出爱的火花,很快坠入爱河。结婚生子后,为了相夫教子,她拒绝了诱人的电影片约,从不涉足银幕,只在幕后配唱,这在旧上海的影星和歌星中是绝无仅有的。

对于姚莉的歌唱才华,圈内外是一致认可的。除了胞兄为她写的许多作品,当年的"上海老歌"作者几乎都为她量身定做过歌曲,例如《玫瑰玫瑰我爱你》《南海之晨》《恭喜恭喜》《哪个不多情》《哈恰恰》等。姚莉最难忘的是陈歌辛为她兄妹专门打造的男女声二重唱《苏州河边》。在辅导她演唱时,陈歌辛时而激情无比地埋头弹奏钢琴,时而又深情款款地与她歌唱时的双眼默默对视。他那令人难忘的眼眸,似乎在传递、倾诉着作品所要表达和深含的初衷和意境……姚莉一辈子都记得陈歌辛的提携。

姚莉虽从不在银幕上亮相,但她却在幕后配唱了不少当红大片的主题歌和插曲。像影片《桃花江》中的《新桃花江》、影片《夜莺曲》中的《梦里的恋情》、影片《亡魂谷》中的《旅伴》和影片《香港美人鱼》中的《我永远怀念你》,等等。

移居香港后的姚莉仍拒绝电影的拍摄,但她与百代公司却签约十年,录制了不少国语唱片。1967年,姚敏的突然去世,沉重打击了姚莉的心灵。从此她深居简出,再未涉足娱乐活动。她一直在为整理、改编胞兄的遗作而奔忙。姚敏去世后,她还创作、演唱了一首思念胞兄的歌曲《我要寻找你》,作品真情绵绵、催人泪下。

前两年,仅存的旧上海乐人中的最年长者——百岁老人韦骏,委托我去香港时,把他一封充满思念之情的亲笔长信和他签过名的几张当年与周璇、姚敏、姚莉合影的照片转呈给姚莉。但遗憾的是,我还没去香港拜见,2019年初夏,姚莉却在其寓所平静地走完了她98年的人生路。韦骏的愿望没能实现。

"一代妖姬"白光

白光是女低音,这在旧上海众多风骚各领的歌星中是绝无仅有的,甚至在中国歌坛也是百年难遇的。白光的歌声醇厚、辽远而又通透,富有磁性、撩人心魄,听后令人难以忘怀。

1920年，白光生于北平，在兄妹八人中排行老四。她从小就随祖父母生活，没有母爱，性格任性又叛逆。刚上小学时，她就敢登台表演《葡萄仙子》。入中学后，积极参加学校话剧团，曾与石挥、张瑞芳等同台演出《日出》，她饰演小东西一角，光彩照人，显露了她不凡的表演才能。

抗战爆发后，已出落得亭亭玉立的白光，考入了日本人在北平创办的电影公司，曾出演过一个小角色。影片最终并未公映，但白光从此做起了电影明星梦。为了学习舞台本领，她不顾家人反对，独自一人去日本勤工俭学。拜在日本著名歌唱家三浦环门下，学习西洋唱法和表演，与李香兰是同学。

学成归国后的白光，在上海开启了她真正的艺术生涯。因为热爱电影，看到从放映间射出的一道白光，能让自己出现在银幕上，于是她就把原名史永芬改成艺名：白光。

白光主演的第一部影片是《桃李争春》，片中她扮演一名放荡的交际花。那时她的演技还较为稚嫩，不够成熟，但影片发挥了她的歌唱才华而一炮打响。陈歌辛为她量身定做的主题歌《桃李争春》好评如潮，流传甚广。

电影《柳浪闻莺》是白光最成功的一部音乐歌唱片。片中有多位作曲家为她谱写了《如果没有你》《柳浪闻莺》等七首作品。她独唱四首，另外三首与女高音龚秋霞合作重唱。那珠联璧合、相得益彰的和声，让听众观者耳目一新。

电影《十三号凶宅》则展示了白光超凡脱俗的演技。这部由老导演徐昌霖编导的影片，描写了一个古老的传奇故事。白光一人在片中分饰四角，而且能把不同人物的性格刻画得淋漓尽致。此举也创下中国电影史表演之最，同时她还为影片配唱了四首插曲。

电影《人尽可夫》是白光在上海的关门之作。导演徐苏灵特邀白光担纲女主角冯芒，与当年影坛的大牌石挥、韩非和张伐搭戏，这也是白光第一次在银幕上塑造一位正派女人的形象，此作也是她最满意的一部作品。

一代妖姬白光

白光在上海15年的从艺经历中，不仅拍片配唱，还举办过多场独唱音乐会，可谓风光无限。但很少有人知道光环背后她的曲折和艰难。

　　新中国成立前夕，白光离开恋恋不舍的上海去了香港，加盟张善琨主持的长城影业公司，连续主演了《荡妇心》《血染海棠红》和《一代妖姬》三部影片。其中，《一代妖姬》在香港、南洋公映后，场场爆满，白光也由此得了"一代妖姬"的外号。

　　诚然，白光的人生多坎坷，尤其是多次失败的恋爱婚姻，但她始终炽热地期盼着纯真爱情的到来，这一刻在她徐娘半老时，终于来临。那年她在马来西亚吉隆坡一家夜总会驻唱。风韵犹存的白光，歌声依然充满妩媚煽情，深深打动了夜总会老板的弟弟颜良龙。这位比她小20岁的年轻人，对白光一见钟情，不顾世俗的眼光，疯狂地投入了全身心的爱。两人旋即双双坠入爱河，不久便步入婚姻殿堂。

　　这位前半生拍摄过40部影片、演唱过60首流行歌曲的一代明星，就此告别艺坛，度过了近20年的幸福时光。

　　白光曾多次身患癌症，晚年长期缠绵病榻。颜良龙一直悉心照料、呵护备至，没有半点怨言，还专门陪伴白光去日本求医。1998年8月27日，白光因肠癌发作与世长辞，遵其遗嘱，丧事从简。白光的墓地坐落在吉隆坡市郊的富贵山庄。陵墓中有一排黑白相间的琴键，并刻有白光生前最喜爱的一首歌《如果没有你》的歌谱。只要按动琴键，旋即就会发出白光那悦耳的歌声。

　　白光的去世给颜良龙带来无比的悲痛，他除了为白光建造了"琴墓"，还将家中原先的摆设保持原样，睹物思情，以示怀念。

"一生传奇"李香兰

　　李香兰的一生充满传奇色彩。1920年2月12日她出生于辽宁沈阳近郊，不久全家迁至抚顺。作为生长于中国的日本人，她本名山口淑子。其父山口文雄1906年移民到中国东北，曾在北平汉语专科学校学习。当时与他交往甚密的中国朋友有李际春和潘毓桂。

　　1933年，山口淑子全家又搬回沈阳居住，她被过继给时任沈阳银行总裁的李际春当女儿,同时改名为李香兰。中学时代,李香兰是在北平度过的,因此她说得一口流利的京片子。一次偶然机会,李香兰随邻居、苏联女孩柳芭去参加一场音乐沙龙,从而结识了声乐家勃多列索夫夫人。年少时的李香兰体弱多病,为了强身健体,她想通过学习歌唱来增强肺活量和体质,于是就拜这位声乐家为师,系统学习西洋科学的发声和歌唱。

伪"满洲国"成立后,奉天(今辽宁沈阳)的广播电台和新京(今吉林长春)的满洲映画株式会社,都在四处寻找能演唱、拍摄歌颂日满亲善的歌曲和电影的合适人选。18岁的李香兰被他们同时相中。在四年间,第一次登上银幕的李香兰,先后主演了《蜜月快车》《富贵春梦》《铁血慧心》《冤魂复仇》《东游记》和《黄河》等六部影片。

1942年,"华影"和"满映"合拍影片《万世流芳》,影片在上海拍摄,李香兰主演。此片讲述了林则徐禁鸦片的历史故事,李香兰在片中出演卖糖姑娘凤姑一角,并演唱了两首插曲《卖糖歌》和《戒烟歌》。影片《万世流芳》的成功,使李香兰成了中国影界歌坛的焦点人物。更大的收获是,她在百代公司录制《卖糖歌》和《戒烟歌》时,无意中相中了黎锦光的新作《夜来香》。这首作品因为音域太宽,而且演唱难度又很高,当时在上海滩无人能驾驭,但李香兰拥有高超的歌唱功力,能随心所欲、举重若轻地演绎作品。《夜来香》就此也成了李香兰最重要的代表作。

李香兰用美声唱法来演绎"上海老歌",令人耳目一新,也给上海歌坛带来了一股新风。许多作曲家纷纷为她量身创作,那一时期,百代公司录制了一大批李香兰演唱的歌曲,如《海燕》《忘忧草》《第二梦》《苏州之夜》《花香为情郎》《小溪》《祝福》等,还有翻唱周璇的《何日君再来》和郎毓秀的《天伦歌》等,李香兰也由此创立了独树一帜的中国流行歌曲新唱法。因为上海的从艺氛围远超那时的新京,所以李香兰拍完《万世流芳》后,就一直留在上海发展。

抗战胜利前夕的1945年6月23日至25

一生传奇李香兰

日，李香兰在上海大光明影戏院举行了为期3天共6场的"夜来香幻想曲"音乐会。每场演出，李香兰都要演唱近20首中外名曲，上海工部局交响乐团伴奏，陈歌辛和日本音乐家服部良一分别指挥。

抗战胜利后，李香兰被定为汉奸卖国罪判处死刑。就在执行前夕，她少女时代的挚友——苏联人柳芭送来了她是日本人的证明，这才使她逃过一劫，不久被作为日本难民遣送回国。

回日本后的李香兰恢复了日本姓名——山口淑子。在20世纪50年代，应香港邵氏影业公司邀请，她又拍摄了《金瓶梅》《神秘美人》《一夜风流》三部影片，其中的插曲《三年》《兰闺寂寂》《分离》《十里洋场》《歌舞今宵》等，风靡一时。

1958年，她与外交官大鹰弘相恋结婚，从此她一直致力于日中友好事业，还当过18年参议员，官至文部省长官。

演唱《夜来香》，使李香兰的歌唱事业达到顶峰，因此她一生不忘黎锦光。改革开放后，李香兰以胜利唱片公司和日本广播协会的名义，邀请黎锦光访问日本。在日期间，李香兰全程陪同，并竭尽地主之谊。

李香兰的一生跌宕起伏、充满传奇，但她对曾经养育她的中国一直抱有好感。出于对中国人民的亏欠和对侵略战争的反思，20世纪90年代初，李香兰自费组织了电视摄制组来华拍摄纪录片《寻找我的半颗中国心》。在沪期间，除了拍摄她当年生活和活动过的大光明影戏院、卢湾区人民法院等场所，她抽空还一一拜访了黎锦光、王丹凤和陈钢（陈歌辛之子）等曾经亲近过的故人。

1991年春节后，央视播放了中日合拍的电视连续剧《别了李香兰》，引起轰动。全剧以那首久唱不衰的《夜来香》旋律贯穿，人们重又回忆起那段难忘的历史。但遗憾的是，就在此剧播出前，85岁高龄的黎锦光因久病医治无效去世，他没能聆听到自己最得意的作品在亿万国人中传播。为此，我撰写了一篇新闻特写《关山难阻绵绵情义》讲述了黎锦光和李香兰的交往和友谊，刊登在1991年1月25日的《新民晚报》文化新闻版上。此文旋即被东南亚几乎所有的主流媒体转载，由此可见黎锦光和李香兰的巨大社会影响。

2014年9月7日，李香兰结束了她94年的传奇人生。

"梨园佳人"李丽华

1924年生于上海的李丽华,出身梨园世家。父亲李桂芬是著名小生,母亲张少泉则专攻老旦。由于父亲早逝,奉母之命,李丽华北上京剧重镇北平学艺,拜"四大坤旦"之一的章遏云为师,在旧戏班里的摸爬滚打,使她的舞台演技日臻成长。

1939年,上海新华影业公司筹拍影片《释迦牟尼佛》,并在《申报》上刊登招聘演员的广告。与此同时,上海的艺华影业公司也将投拍同类题材的影片《观世音》,但要拍好此片,关键是要能寻找到一位端庄圣洁、雍容华贵的"观世音"的扮演者,而且此角必定是由一位清纯少女来担当。那时15岁的李丽华刚从北平回沪探亲,就被这两家影业公司发现、追逐、争夺,最终她签约艺华,合同为期五年。要年少又从未上过银幕的李丽华来饰演戏份很重的观世音,似乎有些勉为其难。无论李丽华的生活阅历还是对塑造角色的认知和能力,都远远不够。后来此片另请有"古典美人"之称的张翠红担纲。李丽华虽未能主演《观世音》,但她却因此踏入电影圈,成了艺华的基本演员,从此不再唱京剧了。

李丽华的电影处女作是《三笑》,与她搭戏饰演唐伯虎的严化也是一位新人。说来也巧,国华影业公司也同时拍摄了同样题材的影片《三笑》,由大牌演员周璇和白云主演。更富戏剧性的一幕是:两部影片同时完成,又同时在上海各大影院公演打擂台。平心而论,国华版的《三笑》要略胜一筹。但广大观众出于好奇,两部影片都要一睹为快。就这样,两部《三笑》场场爆满。李丽华也由此一举成名,同时还捧红了新出道的小生严化。

此后,李丽华又陆续主演了16部影片,并演唱了许多插曲。其中影片《千里送京娘》中的插曲《空谷哀音》和《新茶花女》中的《天上人间》,可谓家喻户晓,妇孺皆唱。

梨园佳人李丽华

在与艺华合约期满后，李丽华又转投华影公司，拍摄了《万紫千红》《断肠风月》《雪梅风柳》和《凌波仙子》等十部影片。其中她独唱的歌曲《西湖春》《落花恨》《墙头草》和与严华搭档的二重唱《爱的波折》《百鸟朝凤》《花锣花鼓》等，流行一时。华影期间，一次在丁香花园的拍摄现场，李丽华与青岛张裕酿酒公司少东张绪谱不期而遇，两人一见钟情，经过爱的跋涉，终成眷属。

抗战胜利后，上海影坛进行了一次大洗牌、大重组。新成立的文华影业公司延揽了许多各方人才，如黄佐临、桑弧、曹禺、石挥、韩非等，李丽华也被招至麾下。当年，由李丽华和石挥主演的喜剧影片《假凤虚凰》引来了一场不小的风波。由于影片用逗笑取闹及夸张的手法，调侃、嘲讽理发师，从而招致上海所有理发师的一致抗议。后经制片方出面道歉，风波方始平息。岂料经此一闹，影片再度上映时竟一票难求。

到香港定居后，李丽华又先后签约"长城""永华"和"国泰"影业公司，主演了影片《新红楼梦》《春雷》《海誓》《小凤仙》《海棠红》等。因李丽华是京剧演员出身，她喜欢也擅长拍摄古装戏，因此许多影业公司也为她量身定做了不少古装戏。像《万古流芳》《杨贵妃》《武则天》《秦香莲》《梁山伯与祝英台》等都是她的主要作品。与她配戏的男主角都是严俊，后来严俊也成了她的第二任丈夫。

李丽华从影二十年后，香港邵氏影业又投拍影片《观世音》，此片特邀李丽华主演。此举也圆了她当年想演观音未成的旧梦。李丽华还曾到台湾拍摄过多部影片。她在影片《一寸山河一寸血》中因成功饰演了为国尽忠、为妇守道，人格感人、表演出彩的卓寡妇一角，而荣获"金马奖"影后，这在七大歌星中是绝无仅有的。

2017年3月20日，驰骋影坛四十载、主演过120多部影片的李丽华，以95岁高龄在香港去世。

"歌坛常青树"吴莺音

吴莺音原名吴健秋，1921年生于上海的一户知识分子家庭。她在上海七大歌星中，出道最晚，成名于抗战胜利前后。但她的歌唱生涯却最长，七八十岁时还在马来西亚、新加坡以及中国香港和上海等地登台演出，被誉为歌坛常青树。

吴健秋从小喜欢唱歌，她除了每天都要定时收听广播电台的歌唱节目，还积极参加学校的歌咏活动。中学毕业时，她本想报考上海国立音专专门学习歌唱，但遭到父母的竭力反对而未果。

吴健秋有位表姐叫席珍，她是仙乐斯舞厅的常驻歌手，又是璇宫歌咏社的主要演员，每天白天在丈夫经营的"永生"电台里播唱歌曲。她的丈夫韦骏，是当时上海滩著名的乐人，也是周璇的专职钢琴伴奏兼声乐指导。这对夫妇无意中发现了吴健秋的歌唱才能，同时也了解到她当时的处境。于是，韦骏就专门为喜爱唱歌的表妹开小灶，经常请她来家教授歌唱的发声、乐理和歌曲的处理等。经过韦骏的悉心调教，极富音乐天赋和悟性的吴健秋进步神速，很快就具备了职业演员的能力。

因为家庭的束缚，吴健秋跟随表姐夫妇去电台、舞厅演出，都是偷偷摸摸、背着父母的，因此从来不敢用真实姓名。1943年，上海最大的一家广播电台招聘歌手，报名者多达3 000多人。吴健秋在表姐夫的鼓励下，也大胆参选。最终，她居然金榜题名、独占鳌头，从此她走上了音乐路，开启了歌唱生涯。

为了有一个叫得响的艺名，当年电台的故事大王杨乐郎觉得吴健秋嗓音美妙、歌喉如黄莺，建议她改名为"吴莺音"。改名后的吴莺音，很快就收到了一份厚礼。作曲家刘如曾根据她的嗓音条件，专门为她谱写了歌曲《明月千里寄相思》，从此此曲也成了她的代表作和保留节目。

吴莺音在电台驻唱四年之久，一直瞒着父母，谎称在电台找到一份工作。吴莺音的父亲是位音乐爱好者，有一天他买回一张署名吴莺音演唱的唱片，听后觉得此人的歌声与自己女儿极其相像。在一再的逼问下，女儿终于道出了事情真相，母亲也在一旁劝解丈夫。在既成事实面前，父亲只能妥协了，这场风波才得以平息。从此吴莺音的歌唱事业名正言顺了。

1946年，吴莺音经韦骏牵线搭桥，签约百代唱片公司。自此之后，去电台、舞厅演唱只是客串而已。吴莺音在百代公司录制的第一张唱片《我想忘了你》由名不见经传的后起之秀徐朗作词作曲，是当时最畅销的唱片，发行量一度超过周璇和姚莉的唱片。吴莺音的歌声带有明显的鼻音，犹如

歌坛常青树吴莺音

莺啼燕语呢喃般别具一格，因此她在歌坛得名"鼻音歌后"。

因为吴莺音的演唱有鼻音特色，所以一些为她量身定做歌曲的作曲家，总想方设法在其作品中用上鼻音唱法。《夜莺曲》是一首代表作品，作曲家严折西为了发挥吴莺音的鼻音特长，颇具匠心地在每句乐句中都用鼻音来收尾。吴莺音擅长演唱抒情幽怨的歌曲。1946年至1948年是她的黄金时代，百代公司为她出版了30多张唱片。其中《岷江之夜》《大地回春》《春花秋月》《侬本痴情》《何必相逢》等歌曲，在街头巷尾到处传唱。吴莺音以其鼻音唱法独树一帜，像一朵盛开的玫瑰在上海歌坛怒放。

新中国成立后，上海私营电台和舞厅全部停业，流行歌曲没了市场，吴莺音也只能改行。起初，她加盟焦月娥主持的合众越剧团唱越剧，参演过《红楼梦》《西厢记》中的角色，但她始终觉得自己不太适合唱越剧。1955年，吴莺音考入上海广播合唱团，从此接受更科学系统的声乐训练，她的演唱技巧也更炉火纯青了。

1957年，香港百代唱片公司特邀吴莺音去录制20首金曲，包括《我有一段情》《送郎一朵牵牛花》《郎是春日风》《南风》和《美丽的归宿》等新老作品。

1984年，吴莺音去美国定居，在那里以教歌为生。有时也会应邀去中国香港及东南亚等地演出，一展歌喉。1997年，香港歌坛举办20世纪中国流行音乐回顾音乐会，吴莺音和许多健在的老上海歌星都应邀参演。整场音乐会精彩纷呈、高潮迭起，无数观众沉浸在深深的回忆中。

20世纪八九十年代，吴莺音几乎每年都要回沪探亲，每次回来总要去探望韦骏。我与韦骏则是交往甚密的忘年交，他了解我这么多年来一直在采访积累前辈音乐家的过往和轶事。所以吴莺音来探访，他一定会通知我去他家一同相见。我对吴莺音的印象很好，她是个直肠子，待人和善真诚、没有半点势利。说来也巧，我与吴莺音的小儿子吴秉恩也相熟很多年。他曾是上海交响乐团的圆号手，上音附中毕业，而我年轻时学习单簧管，经常能在我老师家中和管乐学习者圈里与吴秉恩碰见。大家相谈甚欢，他也多次谈及他母亲的许多往事。

2009年2月17日，"歌坛常青树"吴莺音在美国洛杉矶家中离世，享年88岁。

时光荏苒，岁月无情，多少美好转瞬即逝，但不朽的歌声却总是踏着流年的脚步，吟唱出那岁月的沧桑。这些优美的旋律和动人的歌声，一直在上海这座大都市回荡。颂扬亲情、友情、爱情和所有的人间真情的歌是不老的；经典是永恒的，它还将继续。

上海的三大口琴会

我为能留下口琴及手风琴在上海的起源、发展的珍贵史实,几经周折,辗转多地寻访到当年上海三大口琴会的领军人物——王庆勋、石人望和陈剑晨的后人。其中有石人望的儿子——南京艺术学院的指挥教授石中光、石人望的胞妹石圣华的儿子——上海音乐学院声歌系教授葛毅、陈剑晨的大女儿——上海口琴会会长陈宜男等,他们提供了大量、翔实的有关口琴发展的第一手资料。随着采访的不断深入,我也学习、了解到有关口琴和手风琴的许多知识和历史。面对这段鲜为人知又有可能被遗忘、濒临湮没的珍贵历史,我更深感自己的职责所在,应责无旁贷地把它记录下来。

口琴的起源和传入

口琴是19世纪中后叶,由德国的一个钟表匠无意中发明的。经过多年的改良和完善后,成为该国的一个音乐产业,同一时期在德国还诞生了手风琴。为了打开世界市场,尤其是人口众多的亚洲市场,在那个西风东渐的年代里,口琴作为一种殖民文化,先在日本落地生根。20世纪20年代初,口琴开始传入中西文化交汇又海纳百川的当年远东第一大都市——上海。

起初,身为"舶来品"的口琴,被摆放在外国人开设的乐器和唱片商店里出售。因体积小而不显眼,并不引人瞩目。再加之人们对其功能也不甚了解,因此口琴放置在橱窗柜台内长期受到冷落,当时只有极少数的时尚青年对它产生兴趣。因为口琴造型小巧玲珑又别致,既可作为家中的一种摆设，又能用于娱乐，吹奏各种音乐旋律，其音色美妙多变，令人耳目一新。但遗憾的是，当时学习口琴却没有教材，由此严重阻碍了口琴的普及，导致学习者寥寥无几。但就在这些学习者中却出现了两位佼佼者：黄函秋和萧剑青。他俩根据自己学习口琴过程中的体会和经验，各自撰写了一本《口琴吹奏法》，分别由开明书店和北新书局出版。这两本教材的发行面世，极大地推动了口琴在上海的推广。口琴售价比较便宜，普通市民都能接受，而且吹奏容易入门，还便于携带，这是成为大众化乐器的基础。很快，学习口琴在上海成了一种新潮。随着时间的推移，口琴成了上海乃至中国最早普及发展的西洋乐器。它也吹响了西洋音乐进军上海和中国的号角。我国许多著名音乐家如麦新、孟波、黄贻钧、朱践耳、葛朝祉、郑德仁、陆春龄等走上音乐之路，都是从学习口琴开始的。

最早的口琴团体——"中华口琴会"

口琴传入上海已近百年历史。2020年8月，筹备多年的东方口琴博物馆在江苏江阴落成开馆。馆内收藏了许多见证口琴在上海乃至中国变迁、发展的实物。

中国最早的口琴团体——"中华口琴会"诞生于1929年的上海，由大厦大学教授王庆勋创办。作为中国第一家民间的口琴音乐团体，它也是在口琴经过近十年的推广普及后应运而生的。起初，王庆勋在四川路的基督教青年会开办了一个口琴学习班，不久他又创办中华口琴会，会址在四川北路北京东路口一家木器店楼上，不久又搬到南京东路的明智里（上海食品一店对面）。后因日军对南京路的灯火管制，口琴会被迫暂设在王庆勋在市郊江湾路花园坊的家中。抗战胜利后，迁至北京西路石门二路附近的黄家沙花园。中华口琴会初办时，已有近千人在自学口琴，其中有些人已具备相当的演奏技艺。王庆勋的家不仅是一个世代书香门第的大家族，而且家风很开明，喜欢接受新生事物。王庆勋热爱口琴，主要是受海归的弟弟王庆善的影响。曾留学日本的王庆善，在东京学习过口琴、手风琴和小提琴的演奏，同时也兼修作曲。因而他也是家族20多人学习口琴的老师，对中华口琴会的成长壮大，起过至关重要的作用。他不但辅导团员的口琴演

王庆隆在演奏

奏，还担任口琴大乐队的手风琴伴奏，同时编配了大量的口琴乐队的曲谱。

　　王庆勋的两个妹妹王秀鹤和王碧云，不但口琴演奏出众，是乐队的骨干，而且两人还经常以手风琴二重奏的形式，频频在口琴音乐会上表演，为其增色添彩，让人眼前一亮。

　　三弟王庆隆是大哥的接班人，他不但口琴造诣超群，是圈内屈指可数的人物，在中华口琴会几经沉浮时，王庆隆都挺身而出，从而保住这块金字招牌延续至今。

　　当初王庆勋创办中华口琴会的宗旨是："提倡口琴音乐，陶冶性情，移风易俗。"开始的形式是开办口琴学习班，王庆勋全家就有20多人参加，随着逐渐培养、网罗到社会上的一些口琴演奏人才，再加之固有的家族成员，从而组成了一个规模相对稳定的口琴音乐团体，继而又不断地向其他省区扩展延伸。从20世纪30年代中后期开始，北平、杭州、宁波、开封、武汉、南京和西安等城市，相继成立了中华口琴会的分会，规模也相当可观。这些分会经常排练各种口琴音乐会的节目，在当地举行社会性公演，影响很大。作为上海三大口琴会中的两大盟主：石人望早年也在中华口琴会学习过，陈剑晨则在那里教学工作过。

　　旧上海林林总总的口琴音乐团体，最多时有几十家，但优胜劣汰的丛林法则，使大多数团体昙花一现，未成气候。到新中国成立后，只留存十家左右。除了三大口琴会外，其中比较著名的有：光明口琴会、中国口琴交响乐团、华侨口琴会和人人口琴会等。

　　新中国成立之初，王庆勋去了海外，中华口琴会陷入群龙无首的局面。后由三弟王庆隆出面收拾残局，留住部分团员，重组为"庆隆口琴会"，以后又更名为"中国口琴会"。改革开放后，经王庆隆及其家属申请、报备有关部门，又重新改名为"中华口琴会"。但此时该会的成员结构已与当年鼎盛时期的规模，不可同日而语了。

大众口琴会与手风琴

石人望是中国最负盛名的口琴大师，集口琴演奏、作曲和指挥于一身。他在1932年秋创办了影响深远的"大众口琴会"。

1906年，石人望出生在一个充满音乐氛围的家庭中。母亲章启英是位音乐教师，一位女子能教音乐，这在当时的社会是很少见的。胞妹石圣华从小就学习钢琴，石人望因家庭的熏陶和影响，很早就显现出不凡的音乐天赋。自他参加中华口琴会后，便痴迷上了口琴艺术，再也无法自拔。因他的口琴技艺鹤立鸡群，引起了德国口琴商的关注。因为看好石人望，专门生产各类口琴的德国"和来"公司出于营销策略，特送给石人望一批口琴和该公司新研制成功的一款新乐器——一架键钮式的手风琴，还派专人教授，同时希望石人望能为口琴和手风琴在上海的推广出点力。

那时的石人望已从圣约翰大学毕业，母亲希望他能找份体面而舒适的工作，过衣食无忧的优渥生活，但石人望的内心却一直向往着口琴艺术。因此，他背着母亲偷偷地在北京东路西藏路口的祥生汽车公司楼上，尝试性地开办起口琴学习班，不久被母亲发现并要他停办。由于石人望的执着和坚持，母亲章启英最终也只能妥协了，同意他把口琴学习班搬到家中，同时成立"大众口琴会"。石人望的家在白克路久兴里3号（位于今凤阳路成都路转角）一幢三上三下的石库门建筑中。楼上是石氏兄妹和母亲的生活区，楼下则用于口琴教学和乐队排练。

作为新兴媒体的广播电台，当年遍布上海滩。石人望看中了它的社会作用，就想充分利用它的电波来进行隔空口琴教学，由此受众无数，影响巨大。石人望这一超凡脱俗的举措，很快成为上海其他口琴会的教学榜样。但上海解放后，只有石人望一人在人民广播电台教授口琴，因此他的名声一直为人民群众所熟知，从而站在中国口琴艺术巅峰。许多口琴爱好者因慕其大名而纷至沓来，报考竞争激烈的大众口琴会乐队。

据石人望的儿子石中光回忆：那时的口琴会分初级、中级、高级和研究班，共四个档次。最好的学生组成口琴大乐队。石中光是在口琴声中出生、成长的，每天睁开眼就听到口琴吹奏声，直至每晚入睡。在口琴声的陪伴下，石中光也爱上并学习了口琴和手风琴。长大后，他又跟随姑姑系统地学习钢琴，如愿考入上海国立音专钢琴系，学成后一直在南京艺术学院执教。石中光还告诉我，父亲一年到头为口琴和手风琴事业奔忙，除了教学，还要自编教材。每到逢年过节或到电台录音、举办音乐会时，就更忙了。自己不但要亲自指挥排练，还要彻夜赶写录音和上演曲目的乐谱。

1936年，"和来"口琴厂为了更好地推销产品，而此时的大众口琴会则为了发现、寻觅更多的口琴人材，两家一拍即合，一同在文庙举办全市性的口琴大赛。后来成为上海音乐学院声乐教授的葛朝祉第一次参赛就过关斩将，获得亚军，奖品是一台西式台钟。到第二年再参赛时，口琴技艺更上一层楼的葛朝祉更是力克群雄、摘得桂冠，获得荷兰产的键盘式手风琴一架。后来因为学习、演奏手风琴的机缘，葛朝祉与石圣华相识相恋，经过漫长的爱的跋涉，终于喜结连理、永结秦晋，成为人们羡慕的乐坛伉俪。

口琴和手风琴都是借鉴中国笙簧乐器的原理，由德国人发明创造、采用金属簧片发声的同种乐器。手风琴是在口琴的基础上，不断改进、发展而成的。最初的手风琴雏形，是用一个管子连着键盘由嘴吹奏的，俗称口风琴。后来发明了运用风箱的手风琴后，则要用双手来演奏。一边是旋律，另一边是倍司。起初手风琴的两边都是键钮式的，俄国人称之为巴扬。为了能更方便演奏，新式的手风琴把旋律键改为钢琴式的键盘，左手的倍司仍为纽扣式。这种样式的手风琴后来成为主流，一直延续至今。

石圣华与石人望兄妹

手风琴音色多样，变化丰富，当年是作为口琴乐队的伴奏乐器来到上海的。早年在上海会拉手风琴者寥若晨星，只有日本归来的王庆善和他的两位胞妹，及石人望、石圣华兄妹。

石人望在大众口琴会的乐队中，经常客串手风琴手。他在教学员吹奏口琴的同时，对自己看好的学员也会另教其手风琴演奏。由于手风琴价格昂贵,当时学习者凤毛麟角。著名作曲家朱践耳是1938年来大众口琴会学习的,初来乍到时先学口琴,以后又改行学手风琴。由于天赋出众再加之自身勤勉,在石人望手把手的悉心点拨和培育下,朱践耳在半年后就成为大乐队中的手风琴手。在大众口琴会乐队几年摸爬滚打的磨炼经历,为他以后参加新四军文工团和一生的音乐创作,奠定了坚实的基础。

石人望对待学生如同自己的儿女般呵护、培养。对贫困的学员,他非但不收学费,还赠送口琴资助其学业。对有音乐天赋和追求的学生,更是另眼相看、关怀备至,甘愿当他们进军音乐殿堂的铺路石。

我的三位曾在大众口琴会学习过的忘年交,他们的一生都不忘石人望的栽培。96岁高龄的中国轻音乐之父郑德仁,中学时代就来口琴会学习。石人望无意中发现了他的音乐才华,便积极鼓励他去报考上海国立音专。不负厚望的郑德仁考入音专后就专修低音提琴。毕业后,

口琴演奏家石人望

他成了上海工部局交响乐团13位华人演奏家中的最年轻者。因为年轻时代受口琴乐队的深刻影响,他一生喜欢轻音乐。在旧上海,他组建过百乐门舞厅乐队;1956年,又创建了中国最早的轻音乐团体——上海轻音乐团。那时,为了乐团的排练和举办各种音乐会之需,他还创作、改编了许多轻音乐曲,其中一些佳作被灌制成唱片后,流传甚广。改革开放后,年近古稀的郑德仁以更充沛的激情,再度投身轻音乐事业,组织了名扬天下的和平饭店老年爵士乐队,引起世界瞩目。

刚去世不久的百岁老乐人韦骏,曾是一代歌星周璇的专职钢琴伴奏。他最早接触音乐就是跟随石人望学习手风琴。韦骏的大半生主要以教授手风琴为业,桃李满园。

中国第一代歌剧演员、中央歌剧院的男高音歌唱家赵际春,青年时代也在大众口琴会度过。那时他对学习口琴和手风琴乐此不疲,且颇有心得。在20世纪40年代初,赵际春组建了中国第一支西洋乐队——大华乐队,在

高士满舞厅驻演多年。抗战胜利后,他又追随一代声乐教父苏石林学习西洋歌唱,并得其精髓。

石圣华是20世纪三四十年代,上海乃至中国最著名的手风琴演奏家。作为德国手风琴大师鲍德尔的得意门生,石圣华是当年中国举办手风琴独奏音乐会的第一人。她的演奏技巧和对手风琴的认知理解,在当时是无出其右的。在上海大光明影院举办的那场音乐会上,石圣华用一架德国造的120倍司的键盘式手风琴,演奏了十多首脍炙人口的中外经典名曲,其中大多数作品为胞兄石人望所编配。这场空前的音乐会在上海引起轰动。各种媒体连篇累牍的渲染报道,让手风琴这件西洋乐器,就此成了许多市民茶余饭后热议的话题,无意中也扩大了手风琴在上海的影响。

石人望在大众口琴会教授口琴的同时,还兼教手风琴,并成立手风琴乐队。石圣华则是专职教授手风琴的。在石氏兄妹、王庆善和其胞妹王秀鹤、王碧云姐妹的不断影响下,学习手风琴很快蔚然成风,成了一种时尚。虽然手风琴初落上海时,只是作为口琴的一种伴奏乐器,但很快人们便意识到:口琴乐队有了手风琴的相伴,能获得更为丰满的和声及更佳的舞台效果。无疑,手风琴的发展很大程度上受益于口琴的广泛社会基础,而口琴有了手风琴的辅助,如虎添翼,更引人关注。两者的发展相辅相成、相得益彰。正因为上海有深厚的手风琴传统和浓郁的艺术氛围,从此薪火相传,不断涌现出如宋清源、孟升荣、曹子萍、方远和孙海等几代手风琴演奏家。

新中国成立后,群众文艺蓬勃发展。手风琴作为携带方便、又可替代一支乐队的大众乐器,有了更广泛的用武之地,尤其在解放军内,手风琴更成了一种必备的乐器。自王庆勋的胞妹王碧云被招入北京的总政歌舞团后,在这位出色的手风

王碧云在演奏手风琴

琴演奏家的推动和带领下，首都北京掀起了一股学习手风琴的热潮。由此，部队文工团的手风琴高手频出，最终涌现出解放军四大手风琴演奏家：总政文工团的张自强、海政文工团的杨文涛、空政文工团的任士荣和解放军艺术学院的闪源昌。这四大家也都来过上海交流、学习，受到过上海手风琴艺术的熏陶。从某种意义上来说，他们的成功，也是上海的手风琴艺术在异地他乡的一种传承。

口琴和手风琴在战火纷飞的抗战时期，更是起过不可替代的特殊作用。那时的上海滩，到处都开展着抗日救亡的歌咏活动，以后又不断蔓延到全国各地。无论在广场、在街道，还是在工矿、在军营，手风琴和口琴那强力鲜明的节奏和着催人奋进的旋律，伴随着歌咏者发自心底的爱国激情和歌声，化作一首首雄壮激昂、一往无前的战歌，激励着亿万中国军民投身伟大的抗日洪流。当年的上海三大口琴会为抗日募捐，纷纷举办各种形式的音乐会。其中石人望和陈剑晨的独奏音乐会最受欢迎，出现了一票难求的场面。他俩除了票房收入外，还把自己多年的积蓄也一同捐出，用于抗战。

若说"学堂乐歌"是中国近代音乐的启蒙，那么口琴音乐的到来，显然更是中国大众音乐普及的开始。20世纪30年代中期，国人在上海开始生产自主品牌的口琴，打破了德国口琴一统天下的局面。到抗战胜利前后，上海已有多家中国人的口琴工厂和许多自主品牌，其中有一款口琴以石人望的名字命名，特别畅销。

石人望的一生与口琴演奏、教学和创作为伴，演奏和教授手风琴，只是他口琴艺术的延续和人生过往的一段美好插曲。我虽然从未在现场聆听过石人望的口琴演奏，但家中曾有过多张他口琴独奏的黑胶唱片。年少时经常聆听，至今一直没有忘怀。印象最深的当属他根据小提琴协奏曲《梁祝》改编的口琴独奏曲《梁祝》，那灵动毓秀又隽永飘逸的琴声，时而激情荡漾，时而委婉缠绵，转而又如泣如诉，不断变幻的音乐撞击着听者的心灵。石人望用自己的方式和理解来诠释那亘古传颂的爱情故事。在这首作品中，石人望对口琴技巧的运用达到登峰造极的地步，从而也显示出他炉火纯青的艺术境界。石人望演奏的口琴作品，都是他自己创作和编配的，其中大多数作品改编自中国民歌。石人望曾有幸被周恩来总理选中，去中南海怀仁堂为毛泽东主席、朱德总司令等党和国家领导人演奏其代表作《凤阳花鼓》。他的演出受到热烈欢迎和高度评价,周总理希望他能一直坚持口琴音乐民族化、大众化的道路,为人民创作、表演更多更好的中国作品。

1949年上海解放后,石人望除了继续主持大众口琴会的教学和演出外,还担任多家少年宫和工人文化宫的口琴教学,忙得不亦乐乎。这段岁月静好的日子,也是他艺术生涯的高峰期。他录制了许多自己编配演奏的口琴作品唱片,还编写出版了大量的口琴独奏曲谱和教材,社会影响巨大。

石人望参加过多届"上海之春"的演出,在"文革"后的1978年第八届"上海之春"开幕式上,当时都已年过古稀的上海口琴三大家:石人望、陈剑晨和王庆隆,破天荒地应组委会安排,20年后再度联袂合作演奏口琴三重奏《萨丽哈最听毛主席的话》,好评如潮。这首新疆风味的作品,由陈剑晨编配。三位大家不同的演奏风格:石人望的洒脱空灵、王庆隆的气势磅礴和陈剑晨的成竹在胸、举重若轻,在这首作品中被表现得淋漓尽致。这次空前绝后的合作,三位大家天衣无缝的配合,把中国口琴演奏技艺推向了极致。听众听得如痴如醉、欲罢不能。

"文革"中的口琴艺术也难逃厄运,它被认定为资产阶级音乐。大众口琴会也因此被停止活动,排练的场所被房管所没收,珍贵的口琴乐谱、唱片及大乐队中的一些乐器,也被毁于一旦。到"文革"结束后,大众口琴会因没有了排练场所,所以一直没能恢复。随着上海城市建设的日新月异,当年大众口琴会的旧址早已荡然无存,替代它的是南北高架中的一段。

石人望晚年多病,但还是一直心念口琴艺术的发展。他经常抱病参加一些口琴音乐活动,其中包括与海外来沪同行的切磋交流。1985年初,石人望病重去世,享年79岁。

传承至今的"上海口琴会"

"上海口琴会"是陈剑晨于1935年创办的,如今已走过85年的风雨历程,还充满着朝气和生命力,至今仍从不间断每周的排练和不定期演出(只有在"文革"中中断过数年),这在上海曾经的口琴团体中是绝无仅有的。即使与全国的专业音乐团体相比,它悠久的历史,也仅次于有140多年历史的上海交响乐团。1933年秋,陈剑晨在南京东路561弄的一幢民居中,首次开办"亚声口琴会"。翌年,他停止了亚声的活动,又在文庙路252号另创"大上海口琴会",旋即便更名为延续至今的"上海口琴会",会址搬到天津路上的煤业大楼,很快又迁至南京东路山西路口的中和银行大楼。太平洋战争后,日寇占领了上海的租界。那时对大楼和重要马路实行灯火管制,陈剑晨只能把口琴会设在自己兴安路153号的家中。此处和"文革"后有关部门分配给上海口琴会在升平街41弄42号的新址,是上海口琴会教学、排练时间最长的两处场所。原本2020年11月在贺绿汀音乐厅举办的上海口琴会成立85周年纪念音乐会,因新冠疫情的原因而推迟举行。随着眼下疫情的缓和,雷打不动的每周六三小时的排练,也即将恢复。

陈剑晨1911年出生于浙江嵊县,因受父亲影响和环境的耳濡目染,他从小就对音乐感兴趣。6岁开始学"洋箫"(简易口琴),11岁随家人闯荡上海滩,先去了族人开办的丝绸厂里当学徒工。那时的上海正在兴起口琴热,这也燃起了一直向往学习音乐艺术的陈剑晨对口琴的热望,他的工余时间大部分投入学习和研究口琴技艺。功夫不负有心人,音乐天赋异禀的陈剑晨才二十出头时,口琴技艺已经出类拔萃,自成一格。随着在圈内的声誉日隆,中国口琴事业的鼻祖王庆勋也敏锐地觉察到这位年轻人在口琴艺术上卓尔不群的过人之处,对他刮目相看,于是诚邀他到自己的中华口琴会任教。

陈剑晨是个有理想、有抱负又极富正义感的爱国热血青年。有次他在报刊上看到有人撰文称中国为"无乐之国",深感耻辱和愤怒。在上海的多年经历,使陈剑晨感觉并认识到当时社会的黑暗和人民的痛苦。因此,他决意拿起自己手中的口琴作为武器,来普及音乐、提高国人的音乐素质,从而唤醒人民的觉悟。由此他萌生了自己创办口琴学习班和口琴音乐团体的想法。

陈剑晨开办口琴会的目的,就是普及大众音乐。除了举办各种类别的口琴学习班来培养表演和师资人才,他还经常去工人夜校和进步社团辅导。据粗略统计,上海口琴会在国内外设过40多个分会,训练培养了20多万名学员。

自陈剑晨创办自己的口琴会后,因教学和演出的需要,他开始编写、创作、改编各种口琴演奏曲谱和教材。他先后出版了50多种书籍,其中《流行口琴名曲集》《中外影视口琴曲集》《世界口琴名曲集》《口琴入门》《口琴吹奏法》等发行量特别大，社会影响十分广泛。在80余年的口琴生涯中，陈剑晨还创作了《丰收圆舞曲》《节日的狂欢》《向社会主义前进》等一批流传甚广的口琴独奏、合奏曲，同时还为各种形式的口琴演出编配了400多首作品。

陈剑晨是个勇于探索又敢于创新的口琴大家。为了使自办的口琴音乐会多姿多彩，他不断地在表演的样式上创新。比如：口琴独奏由各种中西乐器组成的小乐队伴奏，男女声独唱则分别由口琴乐队伴奏；以后又推出口琴、手风琴、吉他三重奏，口琴、吉他、小提琴、大提琴的口琴弦乐四重奏等。陈剑晨还借鉴西洋管弦乐队的编制，来组织自己的口琴大乐队，除了用各种口琴来替代管弦乐队的主要声部，还加入了钢琴、手风琴、大提琴、低音大提琴和中西打击乐。有时还根据演出和作品的需要，借用扬琴、板胡和小提琴等中西乐器，使整个乐队的音色更饱满多样，和声更丰富，表现形式更完美。

但无奈口琴是一种固定音阶又固定调性的乐器，演奏中不能随意转调。简言之，就是吹什么调的曲子，必须用这个调的口琴。但大乐队和小乐队所要演奏乐曲的曲调是多样的，什么调都有可能。为了解决口琴在大乐队中转调的难题，陈剑晨苦思冥想、寝食难安。他终于联想到了钢琴演奏的原理，即把所要演绎的原调曲目全部改编成固定的C调，并配上升降记号。这样，乐手只要用C调和升C调的两台口琴，按照固定的乐谱就能演奏所有调性的乐队作品。但关键是，按照固定调吹奏，曲调中可能会出现许多升降符号，难度很大，这就需要大幅度地提升乐手的演奏能力。为此，陈剑晨花了大力气。他先对乐队骨干进行一对一的严格训练，然后采取滚雪球的办法，让乐队的乐手自行结对互帮互助。就这样，上海口琴会的乐手们具备了能演奏固定调的技艺后，整体的水平有了质的飞跃，从而也极大地促进了中国口琴艺术的提高。

自1940年下半年开始，上海口琴会大乐队已采用固定调的演奏法来排练各种高难度的作品，整个乐队的面貌焕然一新。经过大半年的磨合，1941年春，上海口琴会假座卡尔登大戏院（今长江剧场）举办中外名曲口琴音乐会。整场演出精彩纷呈、高潮迭起。像《巴城酋长》《乘风破浪》《旧友进行曲》《女学生圆舞曲》等佳作层出不穷、琳琅满目，让观众目不暇接又惊喜连连。剧场内，震耳欲聋的掌声一浪高过一浪。此次成功的演出，也震动了上海的口琴界。此后，好多口琴团体纷纷仿效上海口琴会的固定调吹奏法，中国的口琴事业就此翻开了新的一页。

陈宜男告诉我：上海口琴会自创办以来，已举行过3 000多场大小演出。它的首场演出是在1939年1月8日的明星大戏院。整场演出除了各种口琴节目外，还有丁善德的钢琴独奏和陈歌辛的男声独唱。在那么多浩如烟海的音乐会中，有两场音乐会使陈剑晨一生难忘。1942年4月，上海口琴会假座天宫剧场（今福州路音乐书店顶楼）举行音乐会。因为太平洋战争爆发后，日寇已占领了上海租界，当时的各种演出必须向日本宪兵队申报登记，节目要经审查批准后方可上演。但陈剑晨非常仇视日本鬼子，对其不屑一顾，因此演出没有登记。谁料，当音乐会进行到第二个节目——口琴合奏《多瑙河之波》时，大批的日本宪兵就冲进剧场勒令停演，并把陈剑晨和剧场负责人押到日本宪兵队特高科受审。当陈剑晨走进特高科还未站稳时，就被日本宪兵当胸猛打两拳，还狠狠踢上一脚，陈剑晨踉跄倒地不起。事后，天宫剧场赔了一大笔钱，才大事化了，陈剑晨被保释。据透露，陈剑晨因为进宪兵队时没向"皇军"鞠躬，而惨遭毒打。由此他也更憎恨日寇，激发了更大的爱国热情。

1957年11月3日，上海音协在兰心大戏院举办星期音乐会的口琴专场演出。中华、大众和上海三大口琴会的大乐队纷纷拿出自己的代表作和看家剧目参演。那天，应组委会的安排，三大口琴会的掌门人石人望、陈剑晨和王庆隆首次联袂登台合作演奏了口琴三重奏《新疆民歌联奏》，引起全场轰动。20年后，三大口琴家在晚年时又在"上海之春"的舞台上合作过一次，这是口琴界的一段佳话。

陈剑晨为了口琴艺术的普及繁荣，曾创下过许多第一。1939年4月，陈剑晨创办了当时中国唯一的一本口琴期刊《上海口琴界》，这是一本专门介绍国内外最新口琴艺术和动态的月刊，深受广大口琴爱好者的欢迎。但这本杂志在解放前后，多次因故停刊，但它对中国口琴界的影响却是深远的。

抗战时期，为了抵制日货及洋货，陈剑晨在1938年倾其所有，与人合资创办了"上海口琴厂"，生产英雄牌口琴，得到人民群众的青睐追捧。作为口琴大家自办实业，这在圈内尚属首次，也是唯一的。

新中国成立后，党和人民政府十分重视教育和文化事业的普及发展。这也是中国口琴艺术繁荣的黄金时期。

作为生在新中国、长在红旗下的一代，我亲身经历、见证过口琴艺术的兴旺和发达。那时无论学校、工厂，还是军营、机关，都有口琴乐队的活动和演出。也不管你徜徉街头，还是伫立巷尾，都会时不时地飘来悠扬的口琴声。我也曾经学过口琴，那时就读过的小学、中学，都有像模像样的口琴演奏队。同学们在课余经常会切磋交流各自的口琴学习体会和经验。

国家对口琴的推广也是非常积极的，那时的口琴是作为普通文具与笔墨课本一起放在文具店售卖的，而且价格便宜，是常人所能接受的。当时人们的生活似乎是离不开口琴的。

正当年的口琴大家陈剑晨岂肯错过这样大好的口琴普及局面，他怀揣着更大的激情，迎接中国口琴艺术第一次大发展。上海解放初期，各种群众活动和游行频繁。此时上海的所有口琴会经常联合起来，组织庞大的乐队参演。譬如1950年和1951年的国庆之夜，上海各界在人民公园举行大规模的通宵大联欢，人们载歌载舞，欢庆憧憬着祖国的明天。上海口琴会派出两个大乐队去公园南北两个角演出，听者精神振奋，联欢演出一直持续到翌日清晨。那时上海口琴会的演出十分繁忙，经常一天要赶两三个场子，虽没有任何报酬，但乐手们都乐此不疲。

抗美援朝战争爆发后，上海口琴会和其他口琴界同人多次举办捐献飞机大炮的义演。各个口琴团体尽其所能，派出最强阵容。那时除了票房收入外，他们还把自己的工资和部分积蓄一并捐献。

在繁忙的演出同时，陈剑晨并未放松口琴艺术的普及和人才的培养。据1956年的一份资料统计：上海口琴会在新中国成立后的六年中，共开办99期口琴训练班，受训学员达4 873人，其中具备独奏和辅导能力的骨干有1 534人。与此同时，陈剑晨还常赴工厂、学校和社团登门辅导，受众更是不计其数。1958年的盛夏，上海音协在中山公园音乐厅举办有史以来规格最高、规模最大的一次口琴音乐辅导讲座，由大名鼎鼎的口琴三大家石人望、陈剑晨和王庆隆主讲，听众人数众多，个个受益良多。

1949年至1966年，是上海三大口琴会举办音乐会最多的时期。其中，擅演世界名曲的中华口琴会、演绎中国民歌改编曲目见长的大众口琴会以及专演中外圆舞曲和进行曲的上海口琴会，虽风格各异，却经常携带各有特色的节目轮番登台、争奇斗艳，观众趋之若鹜，演出一票难求。

陈剑晨和石人望、王庆隆一样，经常在自办的音乐会上担任独奏。人们比较熟悉和喜爱的曲目有：《天堂与地狱》《新春乐》《卡门》《匈牙利舞曲》《凤阳花鼓》《洪湖水浪打浪》等。

口琴大家陈剑晨在指挥中

"文革"开始后，口琴界也遭遇灾难，三大口琴会无一幸免，停止了活动。此后，因种种原因，口琴渐渐地被边缘化，并逐步退出人们的视线。

十年动乱结束，中国文艺百废待兴，又迎来了第二春。此时的陈剑晨早已年过花甲，但仍老当益壮，他为重振口琴雄风而奔忙，开始了新的征程。

1978年初春，石人望率先在黄浦区文化馆成立口琴学习班，接着又组织口琴队。后来因身体原因，石人望退出，由程明德接手。当年的下半年，卢湾区工人俱乐部也成立了一个口琴队，并进行过多场公演。

1979年8月，上海口琴会开始恢复活动。由于此时已没有了排练场地，于是陈剑晨就把自家20多平方米的卧室里的床铺拆去，作为排练场地。就是在这样艰苦的环境中，上海口琴会在翌年的初春，推出了一台全新的节目，并在卢湾区文化馆剧场进行了"文革"后的第一次公演，受到广大观众的热烈欢迎。此后，上海口琴会的各种演出接二连三，从未间断过。

由于十年"文革"的原因，上海口琴的人才结构出现断层，亟须培训和吸收新鲜血液。1981年盛夏，上海口琴会的一则广告，引来700多名考生报考。由于当时没有固定的场所排练，只能暂借比乐中学的九个教室在晚间教学。在以后几年间，上海口琴会又先后招收了3 500多名学员。陈

陈宜男在教授口琴

剑晨和大女儿陈宜男还分赴40多所大中学校和工厂登门辅导,受训者不下五六千人。为了能更好地长期开展口琴培训和排练活动,陈剑晨就打报告向上海市委宣传部申请场地,并同时呼吁口琴教学能进入中小学课堂,作为学生音乐教育中的一项。因为当时中国人的生活水平提高很快,很多家庭都拥有了钢琴,据不完全统计,光上海就有十多万琴童在学习钢琴,还有不计其数的小提琴学习者。在这样的状况下,不起眼的口琴再次被冷落。很快,宣传部就批复了陈老的请求,拨升平街一处50多平方米的平房,作为上海口琴会的会址和排练场。同时口琴作为艺术教育进课堂一事,也很快得到落实。

改革开放后,中国口琴界与海内外同行的接触、交流也开始频繁,中国香港、台湾及日本、韩国的口琴家都到上海进行过公演。上海口琴会也走曾赴新加坡、马来西亚及我国香港地区演出。1981年以送录音带到日本的形式参加国际口琴录音大赛,并以一曲板胡协奏形式的中国乐曲口琴大合奏《胜利鼓》取得了第二名的佳绩,为国争了光。1985年,年过古稀的陈剑晨应邀访问香港。在港期间他接受香港无线电视台和亚洲电视台的采访,即兴演奏并录像播出,同时又为香港口琴同行举办口琴演讲。

陈剑晨的晚年还经常在音乐会中登台独奏。他自编自演的《北国之春》《森吉德玛》《乡间小路》等作品,至今还为音乐爱好者所津津乐道,成为口琴音乐的经典。1995年,85岁高龄的陈剑晨在上海音乐厅作最后亮相。他指挥上海口琴会的百人大乐队,成功演绎了《幸福进行曲》和《节日的狂欢》等曲目,从此告别舞台。陈剑晨的一生有两大贡献:一是改革了口琴的吹奏法,二是对口琴表演的形式进行了创新。2005年,陈剑晨在家中平静地走完了95年的跌宕人生,这也标志着一个口琴时代的结束。作为上海口琴会的新掌门人,陈宜男继承父亲的衣钵和口琴会传统,不断地提升

上海口琴会乐队为俞丽拿的小提琴协奏曲《梁祝》伴奏

口琴大乐队的水准并拓宽演奏曲目。经过十个多月刻苦用心的排练,由陈宜男根据小提琴协奏曲《梁祝》改编的同名口琴大乐队小提琴协奏曲,作为上海第八届国际艺术节的重头节目,于2006年的金秋在贺绿汀音乐厅成功上演。在陈宜男的指挥下,俞丽拿的小提琴独奏与口琴大乐队配合相得益彰,赢得圈内外的好评。口琴大乐队能演奏如此难度的曲目,是前所未有的。

　　陈剑晨有一个幸福的家庭,妻子贤惠,妇随夫唱,是丈夫事业成功的得力支持者。七个孩子中有六个学习音乐,而且门类各异,足可组成一支小乐队,其中三人成为专业音乐工作者。排行老二的大女儿陈宜男是陈剑晨的继任者。她的一生是浸润在口琴艺术中度过的,也是一位集口琴演奏、指挥和编曲于一身的口琴艺术家。如今年已八旬的陈宜男仍拄着拐杖为口琴的普及、教学和演出奔忙着。她不仅在上海有许多口琴教学点,要定期辅导,2020年盛夏,她还两次远赴安徽阜南县,为500多名中小学音乐教师开设口琴辅导班,这些教师将来有十多万学生要教学。目前,陈宜男除了要主持上海口琴会的工作,还有许多省区的音乐教师在等待陈宜男去辅导,她任重而道远。

勿忘上海管乐团

当年名噪一时的上海管乐团，如今已鲜有世人知晓。连当下如此发达的网络世界里，也很难搜寻到上海管乐团的资讯。

前不久，该团十多位健在的老乐手难得相聚。他们抚今追昔，感慨万千。我为了能留住、记录下这段不该被遗忘的乐坛历史，旋即采访了该团的几位老人。

新中国诞生后，百废待兴。1952年，上海音乐工作团成立了，地址就在湖南路105号，原上海交响乐团旧址。不久又改称上海乐团，下设交响、合唱、民乐、管乐和舞蹈五个分队。后因场地拥挤，影响、制约着这些不同艺术类别团队的排演和发展，于是1956年，在原上海乐团五个分队的建制基础上，分别成立了上海交响乐团、上海合唱团、上海民族乐团和上海管乐团。原舞蹈队划归上海歌剧院舞蹈队。

最初的上海音工团管乐队是由中国人民解放军三野文工团的军乐队和原国民党警察乐队改编成的上海市公安学校军乐队共同组成的，该团的首要任务就是担任外国元首来沪访问时的机场迎宾；其次是每年上海的国庆游行及重大集会和市党代会、人代会、政协会议的开闭幕式，都由上海管乐团负责仪仗演奏。

当时为了方便该团的迎宾工作，团部就设在离机场和国宾下榻处交通都比较便捷的新华路上（现今上海民族乐团所在地），与其隔街相望的是上海警备区军乐队。每天此起彼伏的音乐声，是这条马路上一道独特的文化风景。

初建的上海管乐团，有乐手50多人，来自五湖四海，但大多不是音乐院校科班出身,演奏水准参差不齐。为了提高乐团的整体水平,朱践耳、宋弼、董源等几任团领导竭尽所能,他们经常请著名指挥家黄贻钧、陆洪恩、黄晓同等来团执棒训练。此外,团里的乐手还相互结对子,切磋提高演奏技艺;同时还通过贺绿汀院长请来上音管弦系的教师为乐手们开小灶。通过一段时间的业务训练,乐团的面貌已焕然一新。

为了上海管乐团的长远发展,在1960年和1961年,该团在上海的中学范围内,普招了两批学员。那时的报考,竞争激烈,可谓百里挑一。经过多次严格考核,层层筛选,最终录取了30多名学员。几年后,这些学员经过刻苦努力,挑起了乐团的大梁。其中还涌现了徐瑞础、糜翔云等多位非常出色的演奏家。考虑到要充实乐团力量,从20世纪60年代初起,上海音乐学院每年都会分配几位管乐高材生来团工作。

为了提高团队的整体水平,拓宽演奏曲目,常任指挥陈润生、刘移功自己动手,把一些旋律优美、人们喜闻乐见的歌曲改编成管乐作品;同时还在乐队的编制上,增设了定音鼓、低音提琴,并配齐了木管声部,加入了木琴、手风琴等各类色彩性的乐器,力争使原本只能演奏单一的军乐曲的管乐团向"交响化"方向发展,收效很大。

经过十多年的艰苦创业,上海管乐团从一个编制不齐的军乐队发展成一个拥有80多位演奏家的双管制大型交响管乐团。许多歌唱大家如周小燕、高芝兰、蔡绍序、周碧珍、董爱琳也经常随团公演。

1963年,上海管乐团在当时上海容纳人数最多的文化广场,举行了亚非拉作品轻音乐会。一周几万张演出票被一抢而空。我跟随父亲聆听过此次音乐会,那时年少,曲目已记不清,但壮观的场面和激动人心的音乐,至今难忘。

上海管乐团虽仅存在了14个年头,但它播下的音乐种子却影响深远。

"上海之春"诞生前后

2004年,我走访了当年"上海之春"的发起组织者之一孟波同志。这位延安鲁艺的老战士,如今虽年已至耄耋,但精神矍铄,谈锋甚健。

1956年夏,时任中国音协书记处书记兼秘书长的孟波同志,负责音协日常工作。经过反复酝酿筹备,新中国成立以来,规模最大的一次音乐调演"中国音乐周"在京成功举行。有来自全国各地几十个音乐团体参演,演员达4 000人之多,可谓盛况空前。

1958年,孟波同志调往上海,任市文化局局长兼上海音乐学院党委书记。孟波到任后就抓小提琴协奏曲《梁祝》的创作。经过一年多的努力,《梁祝》在1959年上海庆祝建国十周年的大型音乐会上首演,引起轰动,同台参演的还有几部近几年创作的民族化的新作品。上海的音乐家们在演出成功后的座谈会上一致认为:这样的演出最好能固定下来,每年一次,演出名称经过讨论,定名为"上海之春"。后报请上海市委批准,成立以孟波为主任,贺绿汀、丁善德、钟望阳、黄贻钧等为副主任的"上海之春"常设机构。最后选定由中国人自己设计、建造的南京大戏院改建的上海音乐厅,作为"上海之春"主要演出场地。1960年5月,第一届"上海之春"就在此地拉开帷幕,从此以"出作品、出新人、提高演出水平"为宗旨的这项音舞活动翻开了新的一页,成为上海人民生活中的一件大事,也是音乐工作者的一次盛会。

从第一届"上海之春"至"文革"前的第五届"上海之春",主办者共邀请华东六省及中央、解放军总政、战友等许多文艺团体参演,并举办过全国二胡、小提琴大赛,发现、推出了闵惠芬、郑石生等许多演奏家,还

第二届"上海之春"演出

创作了《红旗颂》《黄浦江大合唱》《山区公路通车了》等许多器乐作品。一直关心上海文艺工作的老市长陈毅元帅，曾亲自出题，要上海的作曲家写三部交响乐：描写中国共产党诞生的《东方曙光》及《长征》和《抗日战争》，分别由施永康、丁善德、王云阶完成，并在"上海之春"上演出。为此，陈老总出访途中路经上海，还专门在文艺俱乐部宴请曲作者，以示祝贺。

每届"上海之春"都有群众文艺会演。1963年的第三届"上海之春"有两场群众文艺演出作为重头戏被安排在上海音乐厅。首晚的演出很成功，第二天《解放日报》《文汇报》都以大幅照片刊登介绍上海的码头、纺织、钢铁工人演出的英姿。正巧周总理、陈老总在上海，看到报道后，周总理表示当晚要去看演出，陈老总就直接拨通了老部下孟波的电话，说明情况。当时音乐会的票已全部售出，保卫工作有困难，在请示了当时的文教书记石西民后，想专门给总理安排一场演出，但遭到总理反对，周总理表示就是想和群众在一起。无奈之下，考虑再三，决定在演出前、灯光暗下后，周总理、陈老总由龙门路上的音乐厅后台的边门入场。演出完，在灯亮前先离场，以免惊动人们。当演出即将结束时，孟波等请总理、陈老总退席时，总理坚决不同意，说没演完就走，是对演员的不尊重，还说我们为什么要怕群众。当灯亮谢幕时，台上的演员、台下的观众都不约而同地发现了周总理和陈老总，掌声和欢呼声经久不息，人们争相与周总理和陈老总握手，久久不愿离去。事后，总理对孟波同志说："音乐工作就是要革命化、民族化、群众化，工人演工人，自己穿自己的服装很好……"

"全国音乐周"始末

一个艳阳高照的下午，我去华东医院南楼，探望病中的乐坛宿将孟波同志。

因为又是5月，话题又谈到了"上海之春"，孟老告诉我：前些天，中国文联主席周巍峙和夫人王昆，来上海出席由总政歌舞团即将上演的音乐舞蹈史诗《东方红》的宣传活动，专程来医院看望他。60多年的老战友回忆了过去许多美好的时光，尤其是两人共同策划、组织的，后来影响了中国音乐史上许多重大事件的"全国音乐周"。

1956年初，因中国音乐家协会（简称"中国音协"）主席吕骥兼任中央音乐学院领导，长期在天津工作，故调孟波来京与周巍峙一同主持音协日常工作。

当时，新中国已迎来了第七个年头。国内工农业建设突飞猛进，成就辉煌。取得了抗美援朝和万隆会议的胜利后，中国的国际地位正日益提高。在这样一派大好的形势下，中国音协决定在当年夏天，搞一次全国性的音乐会演，来检阅我国音乐工作者的整体水平，以达到"推新人，出新作"的目的。

此事很快由中宣部上报党中央。不久，在京主持中央日常工作的刘少奇召见孟波谈话，说："你们准备的会演'推新人，出新作'很好，但历史和文脉不能割断。'五四'以来的新文化运动中，曾出现过许多优秀音乐作品，你们都应该演一下，这样才能承前启后……"

遵照中央指示，中国音协旋即开出一张"五四"以来，著名音乐家及代表作的名单给有关文艺团体排练。名单中有：沈心工、李叔同、萧友梅、黄自、赵元任、聂耳、冼星海、吕骥、任光、马思聪、贺绿汀、马可、孟波、瞿维、麦新、郑律成、沙梅、时乐蒙等几十人。

空前规模的"全国音乐周"于1956年8月1日至15日，在北京如期举行。全国各省、市、自治区和解放军各大军区文工团，经过半年多的精心排练，各自派出强大的演员阵容和优秀节目。参演的演员达三千人之多，光上海代表团，演员就有353人，新编排的节目有84个。

会演本着勤俭节约办事的原则，经费除文化部拨一小部分外，其余全靠票房收入。赴京的演员住进了正值暑假期间的北京各大专院校的学生宿舍。孟波又找到当年新四军老战友王兴纲，请他帮助提供运送演员的车辆。

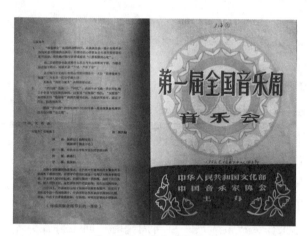

第一届全国音乐周会刊

100多台绚丽多姿的节目，精彩纷呈。《祖国颂》《歌唱二郎山》《我站在铁索桥上》等许多好歌应运而生，还涌现了胡松华、郭颂、李光羲、孙家馨、黄虹等一批青年歌唱家。

"五四"优秀作品音乐会分三场演出，它云集了当时中国乐坛最优秀的音乐家，如：马思聪、周小燕、蔡绍序、卫仲乐、沈湘、高芝兰、葛朝祉、魏启贤、臧玉琰、楼乾贵、朱崇懋、李晋纬等。黎锦晖的早期儿童歌舞作品《小小画家》引人注目，由她女儿黎明晖演唱。朱老总在看了这场演出后，专门向孟波询问演唱电影《渔光曲》主题歌的王人美的近况。

在"全国音乐周"即将闭幕时，毛泽东、刘少奇、周恩来、朱德等中央领导，在中南海怀仁堂与部分音乐工作者座谈。会上，毛主席发表了关于音乐工作的长篇讲话，提出了"洋为中用、古为今用、推陈出新"和"百花齐放、百家争鸣"的文艺方针。

后来，在毛主席讲话精神鼓舞下，交响诗《嘎达梅林》、小提琴协奏曲《梁祝》和《幸福河大合唱》等一大批优秀音乐作品相继问世。中国也迎来了文艺百花园的春天。

大型歌舞《东方红》幕后

几年前,我在《新民晚报》"夜光杯"发表过两篇关于里程碑式的大型音乐舞蹈史诗《东方红》诞生前后的短文。今日又因上海文化广场重新改建落成,旧事重提,要讲讲这部巨作背后的几则感人的小故事。

为庆祝新中国成立15周年,全景式地展现中国共产党成长历程的大型音乐舞蹈史诗《东方红》,是在"上海之春"的专场演出"在毛泽东旗帜下高歌猛进"和由空军司令员刘亚楼亲自倡导的"中国革命历史歌曲演唱会"这两台节目的基础上提炼而成的。

因此,在北京人民大会堂演出时,上海方面也有很多演职人员参加,但他们大多在幕后,唯独上海合唱团的林明珍担任独唱、重唱,她和李光羲合作演唱《松花江上》。不久,《东方红》要搬上银幕。电影中演唱《松花江上》的两位男女歌唱演员要有许多中近景和特写,有关领导和主创人员考虑再三,决定起用B角:总政歌剧团的张越男。虽然林明珍的声音与李光羲更和谐一些,但张越男的形象更像抗战时期的流亡学生,表演也更生活化,因此临阵换将也在情理之中了。

无独有偶,《情深意长》一场戏,原本由总政歌剧团的花腔女高音徐有光饰演A角,她演唱技巧高超,声音漂亮,歌曲处理到位,舞台经验丰富。担纲B角的邓玉华初出茅庐,刚刚进入煤矿文工团,但她嗓音甜美,扮相又俊美,舞蹈功底也不俗,作为民歌手更贴近、吻合作品的意境和内涵。从电影画面考虑,主创者最终选择了邓玉华。《情深意长》也成了她的代表作,每场必唱。

我和黄贻钧交往20多年,他是位善良、正直、宽容的人。当年,黄贻钧是上海交响乐团的团长，也是中国交响乐指挥前辈。他担任《东方红》大乐队总指挥应是当仁不让的。令人意想不到的是，正年富力强的黄贻钧却执意要让贤于李德伦，原因是李德伦比自己更年轻，风华正茂。由于黄贻钧的坚持，组织上权衡再三，决定由李德伦担纲总指挥。

那是一个多么纯情和谐的年代啊！无私的协作，高尚的艺德，博大的胸襟和美好的心灵。这一切的一切，和当今有些人不择手段地追名逐利，真有天壤之别。

《长征组歌》的台前幕后

2015年10月,是中国工农红军长征胜利80周年。为此,北京军区战友文工团、上海歌剧院和全国许多文艺团体,从当年的"八一"建军节起,就陆续复排上演了反映那段悲壮史诗的气势恢宏的交响声乐套曲《长征组歌》。

1965年初,为纪念长征胜利30周年,在周总理的指示和亲自关心下,由北京军区战友歌舞团,根据时任人民解放军总政治部主任肖华将军的《长征组诗》,创作排演成一部交响大合唱《长征组歌》。这部作品被明确要求须具有"革命性、民族性和大众性"。

受命后,战友歌舞团全团人员群情激昂,个个跃跃欲试,并竭其所能地派出以团长晨耕及生茂、唐诃和李遇秋为最强阵容的作曲家队伍,旋即就开始体验生活,重走长征路。

在历时三个多月的下生活采风中,为了能用音乐更真实地展现红军不怕远征难的那种勇往直前的战

作曲家生茂

斗精神和大无畏的英雄气概,四位军旅作曲家一同沿着当年红军长征走过的路风餐露宿,见证了茫茫草原、皑皑雪山,也历经了滚滚大渡河、滔滔金沙江、凶险的腊子口和令人胆寒的泸定桥等地。就这样,他们前后跨越了11个省区,亲自体验了当年红军艰苦卓绝的战争岁月。

在沿途，作曲家们除了采撷收集并积累了大量用以创作的民族音乐和民间戏曲素材外，还一路遍访健在的老红军，听他们讲述那动人难忘、催人泪下的往事。大伙的心灵一次次地受到极大的震撼，创作欲望日益高涨，似乎要喷涌而出了。在返京的路上，他们已急不可耐地对未来的这部鸿篇大作的创作进行了具体的分工，并各自开始酝酿、构思作品的框架和旋律走向。

回京后，这四位主创人员在向团艺委会汇报采风的成果和创作的主要构想后，就马不停蹄地全身心投入了创作之中。

由于晨耕、生茂、唐诃和李遇秋很小就参加革命，跟随部队南征北战、出生入死，他们不光对党、军队和人民怀有深厚的情感，更对音乐、对人生有超越常人的感悟。他们在战争中学习创作，又在生活和战斗中不断地积累创作素材，因此在谱写战争和军旅题材的歌曲时，总会创作出各种优美的旋律，非常得心应手。多年来，这些作曲家谱写了《真是乐死人》《马儿啊你慢些走》《看见你们格外亲》等许多脍炙人口的歌曲，且流传甚广。

《长征组歌》的十首新作，经过四位作曲家各自精心的构思、布局后，很快就完成了初稿，尔后又汇总在一起，大家集中对每一首新作品头评足，反复推敲修改，对每个乐句、乐段的起承转合、行腔用意，甚至每个音符的运用，都不断地进行提炼，使之升华。就这样多次易稿后才定型，最终在周总理及有关领导的一同审定后获得通过。

《长征组歌》中的十首作品样式新颖、风格各异，音乐的民族性和地域特色浓郁。有男女声独唱、领唱，有女声二重唱、男声二重唱等演唱形式。其中，好多作品是根据本团歌唱家的嗓音和声线特点量身创作的，比如贾世骏的《过雪山草地》、马国光的《四渡赤水出奇兵》、马玉涛的《报喜》等。但在有些作品中，也大胆起用团里的多名歌坛新人。

在遴选《长征组歌》第三曲《遵义会议放光辉》的演员时，曲作者生茂、导演韩荣石和指挥唐江，都不约而同地选择了年仅19岁的女高音耿莲凤。当时，她虽然从未在舞台上担当过重任，但大家都认为：小耿的音乐感觉好，音色漂亮，舞台形象靓丽，未来有很大的潜能。因为第三曲是女声二重唱，因此根据耿莲凤的嗓音特点，又选定了比她大一岁的次女高音杨亦然一同加盟。

在《长征组歌》正式排练前,团里除了发放歌谱给大家熟悉外,首先让全体演职人员大量学习关于"长征"的革命回忆录,并请来曾参加长征的人民解放军总参谋长罗瑞卿和组歌的词作者肖华等老红军作报告,还规定每人要写多篇心得体会。这时,演员们渐渐地进入了角色。团里的老歌唱家们对自己所要诠释的作品,已成竹在胸。但像耿莲凤那样第一次担纲如此重任的,不免有些诚惶诚恐。因此,她专门请此曲的作者生茂为自己开小灶,帮助自己一字一句地处理作品,直至得到所有主创人员的认可。

经过全团所有人员的不懈努力,《长征组歌》如期在当年的"八一"建军节成功首演,党和国家主要领导人及在京的解放军高级将领出席聆听。

音乐会上,在舞台背景蓝天、白云、毛主席像和遵义会议旧址的映衬下,甜美圆润的歌声似乎从远处飞来。"苗岭秀、旭日升,百鸟啼、报新春……",《遵义会议放光辉》这首歌曲清新优美又隽永的旋律,带有贵州一带的民歌风味。耿莲凤演唱的此曲,虽莺啼初试,却令满场动容,好评如潮。在音乐会结束后,周总理对耿莲凤说:"小耿,你的三曲唱得不错。遵义会议很重要,演唱时,你的眼睛要发亮、发光,要笑起来,因为中国革命看到了希望。"总理的这番话,深深地触动了耿莲凤的心灵。自此之后,她对长征精神有了更深的理解,对自己的演唱也更自信,有更高的要求了。

马国光演唱的《四渡赤水出奇兵》是歌颂毛泽东在遵义会议后确立了在党中央和红军的领导地位,打了第一场大胜仗。当时,红军面临围追堵

马国光在表演《四渡赤水出奇兵》

马玉涛演唱《报喜》

截的数倍于自己的敌人,毛泽东展示了出神入化的军事指挥艺术,把敌人搞得晕头转向。这首作品的旋律,既诙谐幽默,又充满着必胜的信念和自豪。马国光打着快板边唱边演,把红军战无不胜的英雄气概刻画得淋漓尽致。因为歌曲朗朗上口,易学易唱,其主旋律当即就被听众牢记。

马玉涛演唱的《报喜》,更是回肠荡气。整首作品洋溢着红军胜利会师后的那种激动的心情和无比的喜悦。马玉涛的歌声激情澎湃、一气呵成,令全场观众热血沸腾。

《长征组歌》中,最令人难忘的当数第六曲《过雪山草地》。当年红军要想到达陕甘宁地区,翻越这寒冷至极的大雪山,走出人烟罕见的无垠草地,是长征途中面临的最后的也是最困难的考验。但就是这支革命队伍,不怕流血牺牲,更不怕艰难困苦,他们前仆后继,谱写着一曲曲英雄的歌、悲壮的歌、胜利的歌。

《过雪山草地》先用了一大段音乐,展现了红军爬雪山时生死搏斗的场面,并配合大合唱队的一组组造型,使红军的英雄形象,巍然屹立在绵延的茫茫雪山上。这时,随着音乐的激烈进行,忽然场景转换,天幕上雪山隐没,出现了一片一望无际的苍茫沼泽,乌云把天穹压得很低。夜幕下,草地上,点点篝火,风雪交加,红军伤病饥寒。在这绝望中,跟着党中央走出草地,就是胜利。

这时,舞台上一切都静了下来,每个红军指战员似乎都在思考,浮想联翩。此刻,贾世骏用时而不徐不疾、时而又激昂高亢的情真意切的歌声,

《长征组歌》的台前幕后

贾世骏演唱《过雪山草地》

来表现红军在危困中看到希望、在死亡中萌生着永生、在黑暗中闪现着曙光的真挚情感。贾世骏把这一大段唱腔,演绎得既悲壮威武又英勇豪迈,他火一样的激情,金属般的嗓音,以及舍我其谁的气势,给作品增色不少。他的演唱从思绪切入,伴随着音乐旋律的不断发展,歌声逐渐和合唱队饰演的红军队伍的声音融为一体,追求着"革命理想高于天"的崇高境界。贾世骏的演唱,始终突出了一个"情"字。整首作品,"以情带声"又"以声传情",把音乐语境、歌唱技巧和表演风范,都提高到了一个新的高度。贾世骏的演唱气贯长虹,歌声穿透了人们的灵魂,把形式与内容、技巧与情感,结合得几近完美无缺。

在《长征组歌》作品中,周总理最喜欢这首《过雪山草地》,在很多外交场合的间隙,只要有贾世骏在场,周总理总要他教唱此曲,即使在外事出访的飞行途中,也乐此不疲。

在中国的音乐史上,有着里程碑意义的旷世巨作《长征组歌》自面世后,在京连演40多场。不久,又开始赴上海、南京、广州等地巡演,但仍然满足不了人民群众的需求和热望。于是,八一电影制片厂就把舞台上的《长征组歌》搬上银幕,拍成音乐艺术片,向全国播映。从此,《长征组歌》不朽的优美旋律不胫而走,一直在亿万人民的心中激荡。

当年,周总理出访许多友好国家时,《长征组歌》剧组多次随同演出。外国的一些权威媒体赞誉其是继《黄河大合唱》后,中国乐坛的又一部划时代的经典巨作。

耿莲凤（右）与杨亦然（左）在一起

耿莲凤在其长达半个世纪的歌唱生涯中，出演过几百场《长征组歌》，但她最难忘的是2004年赴江西兴国县的那次演出。那天，当战友文工团的演员来到曾经出过50多位开国将领、被誉为"红军县"的兴国时，当地的群众像当年迎接红军到来时一样，沿途挤满了挎着竹篮的人群，竹篮里盛满了花生、红枣、米酒等，给穿着当年红军制服的演员们品尝。人群中有

《长征组歌》剧组成员赴兴国县为老红军演唱

位年过九旬的老奶奶，颤颤巍巍，当年红军出发时，她新婚燕尔，夫妻相约革命胜利后一定重逢，不料在一次激战中，丈夫壮烈牺牲，老奶奶一等就是七十年，但她仍盼望着丈夫的归来。这天，老奶奶在乡亲们的搀扶下，哭得像泪人似的四处寻找丈夫。耿莲凤见状，感动得泪如泉涌，她抚慰着老奶奶，并与其紧紧相拥。

　　《长征组歌》已走过半个世纪的风雨历程，它曾深刻影响过几代中国人。如今再次打开这封存的记忆，仍让人感受到岁月的吟唱和永远的长征精神。由此令人联想到病中的毛主席在中南海看《难忘的战斗》时的一幕：电影演到人民解放军入城受到群众无比热烈的欢迎时，毛主席问身边的保健护士长吴旭君，"那次欢迎的学生里有你吗？"吴旭君是上海学生，毛主席是知道的。当年她确实在欢迎的人群之列，她说不出话，只是流着眼泪点头。此时，毛主席泪如泉涌，再也无法控制，会场哭成一片。再联想到这位江西的老奶奶和她的乡亲们对扮演红军的演员那份出自内心的热情，我们不禁感慨：这份珍贵的鱼水之情，在当今时代，是多么不可或缺啊！

《梁祝》往事

已诞生半个多世纪的小提琴协奏曲《梁祝》，以委婉动人的音乐形象，展现了一个缠绵悱恻的千古爱情故事。有多少世界著名交响乐团曾演绎过它充满东方韵味的旋律。可以说，在国际上屡屡获奖的《梁祝》是世界乐坛公认的中国管弦乐作品的代表之作。

这些年来，我与孟波、何占豪、陈钢、刘品、丁善德、俞丽拿、曹鹏等与《梁祝》有关的音乐家有很多交往，因此知道了《梁祝》诞生的经历及一些鲜为人知的小故事。

向国庆献礼

1958年初，孟波由北京调任上海市文化局党委书记兼上海音乐学院党委书记。他上任伊始，就抓音乐创作的民族化、群众化。在其影响下，上音管弦系领导刘品也组织本系学生何占豪、俞丽拿、丁芷诺、沈西蒂、张欣、朱英等，组成"小提琴民族化实验小组"，用中国民族音乐元素改编的《二泉映月》《旱天雷》《步步高》《四季调》《梁祝》弦乐四重奏等许多西洋器乐小品，受到广大群众热烈欢迎，并在上音校园内引起强烈反响。

正在这时，文化部党组书记钱俊瑞来上音视察。在了解了实验小组的情况并听了何占豪创作的弦乐四重奏《梁祝》后说："外国的乐器，演奏中国的戏曲音调，这是条新路，但音乐可以再美一点。"并希望上音能继续探索下去。

为了向国庆十周年献礼，上海音协组织著名作曲家创作了多部交响作品，其中有丁善德的《长征》、王云阶的《抗日战争》、施永康的《曙光》和吕其明的《红旗颂》。孟波也希望上音的年轻人，尤其是实验小组的成员，也能出部大作品。在否定了《女民兵》《大炼钢铁》的选题后，孟波责成刘品在《梁祝》的基础上，由实验小组创作一部小提琴协奏曲。

任务自然落到了弦乐四重奏《梁祝》的作者何占豪和他的同伴身上。当时，他们正在温州一带慰问解放军。当得知院领导的意见后，他们欣喜异常，旋即投入创作，由何占豪、丁芷诺共同构思作品。在尊重群众习惯思维的前提下，采用有鲜明标题的多段体结构，把协奏曲按《梁祝》的故事情节分成草桥结拜、三载同窗、长亭惜别、楼台会、哭灵投坟等段落来写。构思确定后，何占豪执笔先写"草桥结拜"中的爱情主题，这也是贯穿全曲的第一主题。刘品对何占豪说，《梁祝》四重奏中的爱情主题虽然比较优美，但不够深刻。这次的协奏曲中，一定要在深刻上下功夫。刘品还鼓励何占豪，你不要以为贝多芬、莫扎特头脑里的音乐是天生的，他们的音乐也是从民间音乐中提炼出来的。正因为刘品的一番话，何占豪又重新在越剧中寻找新的深情的素材。

从小在越剧氛围中长大的何占豪，有着满肚子的越剧旋律，曾记录过越剧各流派主要演员的唱腔，并对尹派情有独钟。说来也巧，当时上海人民大舞台正在上演尹派越剧《红楼梦》。为了搜集创作素材，何占豪接连几个晚上都去聆听。在那里，他结识了两位纺织女工，她们也是每晚必来，就是为听尹桂芳的"林……妹……妹……呀"那情意笃深的吟腔。这触动了何占豪的创作灵感，以及千肠百回的韵律和无限想象的空间。他用具有戏曲风格的演奏手法，在小提琴上反复试奏，终于创作了全曲的核心：《梁祝》爱情主题。多年后，何占豪见了尹桂芳，对她说："我的《梁祝》主旋律是从你那里'偷'来的，不知你的是从哪来的？"尹桂芳笑道："我演了无数遍贾宝玉，每次都是全身心地投入角色。情之所致，音至所在，是自然的流露，情感的反映。唱腔完全是我创作的。"

首战告捷。何占豪又用他从前写的越剧折子戏《跑驴》中的一段小快板，改编成"同窗三载"的音乐。而"楼台会"则用了越剧《白蛇传》中"断桥回忆"的一段悲切唱腔，"哭灵投坟"及"化蝶"的音乐是从京剧、苏昆的曲牌中提炼出来的。其间丁善德教授对乐曲的每个段落的构思，及相互间的起承转合都提出了建议和指导。在丁芷诺和几位同学的帮助下，协奏曲的主要旋律很快就完成了，并得到大作曲家丁善德教授的首肯。

成就辉煌

由于实验小组的同学不会大乐队的配器，于是，丁善德就推荐自己的高足——作曲系的四年级学生陈钢。但由于陈钢快毕业了，要赶写毕业作品，没时间，便婉拒了。丁善德对陈钢说，你把《梁祝》完成了，就算你的毕业作品。当年，陈钢的父亲陈歌辛被错划为右派，他加盟献礼作品《梁祝》的创作，人们也是议论纷纷。最终，孟波、丁善德力排众议。正因为这一明智举措，才成就了日后《梁祝》的辉煌。陈钢对《梁祝》的成功是至关重要、举足轻重的。1959年初，才气横溢的陈钢，对原乐曲重新进行构思，即把故事内容和西方传统的奏鸣曲有机地结合起来，既适应中国听众艺术欣赏的思维习惯，又符合音乐的陈述规律。除了协奏曲的配器外，陈钢对主题音乐的升华、展开，甚至对每个乐段都提出过不少建议。比如"楼台会"，陈钢建议写成复调，用小提琴与大提琴对答，塑造梁祝二人共同倾诉的形象。

经过两个多月的共同努力，由何占豪执笔旋律、陈钢配器的小提琴协奏曲《梁祝》终于诞生了。何占豪第一个把这首乐曲完整地献给自己的小提琴老师、著名钢琴家赵晓生的父亲赵志华，并请赵老师给此曲配上弓法、指法。后来赵老师对何占豪说："听了这首优美的乐曲，我几个晚上都没入睡。"

1959年5月4日，《梁祝》在上音大礼堂首次试演，何占豪小提琴独奏，陈钢钢琴伴奏。虽然何占豪和陈钢富有激情韵味的表演使演出取得成功，但作曲系的师生对此还有许多异议，他们认为此曲调式、调性无大变化，作曲手法平庸，经得起听，却经不起分析、推敲。但钱仁康、谭冰若两位教授却对这个新作品表现出满腔热情。他们认为：年轻学生不受条条框框束缚，敢于创新，走自己民族的路，这种精神应当提倡发扬。

5月27日，小提琴协奏曲《梁祝》首次公演，参加上海市音乐舞蹈会演（"上海之春"的前身）。由俞丽拿独奏，上音学生管弦乐队协奏，指挥

1959年《梁祝》首演时的情景

系的四年级学生樊承武指挥。这天,兰心剧场高朋满座,全国各主要文艺团体的领导、指挥和主创人员都到场观摩,《梁祝》也由此走向全国。

当中央乐团首席指挥李德伦拿到该曲的总谱后,却表示了异议,认为此曲不能算作协奏曲,最多算是小品。但作为一个真正的音乐大家,李德伦对《梁祝》的排练,还是投入了十二分的热情。意想不到的是《梁祝》的演出效果出奇的好,中央乐团巡演所到之处,最受欢迎的节目,竟是《梁祝》。李德伦开始意识到自己过去对《梁祝》的看法有失偏颇。第二年,何占豪到北京参加第17届全国学代会,李德伦携韩中杰、严良堃、秋里及司徒华成、杨秉荪等中央乐团的主管,设宴向何占豪致敬。音乐评论家李凌团长还撰文盛赞《梁祝》。"文革"中,《梁祝》被打成"大毒草",但李德伦挺身而出,敢于同江青据理力争,为此他也吃了不少苦头。

20世纪60年代初,周总理、陈毅外长经常陪同外国元首、政府首脑访问上海,在迎宾文艺演出中,周总理常常要点小提琴协奏曲《梁祝》。有一次演出结束后,周总理见到俞丽拿,就亲切地询问她的工作、学习情况,并对她说:"《梁祝》的音乐很美,但曲子似乎偏长了一些,不利于它的普及。你回去后,能否与曲作者商量一下,在不影响主题的情况下,改短些。当然,这只是我个人的意见。"周总理还说,"中国的民间音乐很多,也很美,都可以改编成小提琴曲,请作曲家们多动动脑子……"

事后,俞丽拿并没有把周总理的意见转达给何占豪和陈钢。因为她认为,《梁祝》是首奏鸣曲式的作品,有其自身的规律和格式,为了保证作品的完整性,不能随便缩减。不久,周总理又陪外宾来沪聆听了《梁祝》。演奏完毕,周总理看了看表,还是27分钟,没改。晚会结束后,周总理微笑着问俞丽拿:"《梁祝》为什么没变短?"俞丽拿尴尬地笑而不答,周总理挥挥手说:"看来是我错了……"多少年以后,俞丽拿终于理解了周总理当年讲话精神的深刻。除了在重大演出或音像制品录制中完整地演奏《梁祝》之外,在其他演出场合,尤其在为工农兵演出时,她会选取协奏曲中几个重要片段,这样的效果竟出奇的好,群众反响热烈。

陈毅对《梁祝》的成功表现出很大的热情。他在陪外宾访问上海的间隙,抽空专门在锦江俱乐部召见何占豪和他实验小组的成员,称赞《梁祝》"是洋为中用,古为今用的一个范例",还说:"你们不仅要把自己音乐的根牢牢扎在民族沃土之中,还要认真学习西方音乐的经典,来完善我们民族音乐的科学性。"

首次在国外演出

第一个把小提琴协奏曲《梁祝》介绍到国外首演的是著名指挥家曹鹏。1955年,年近三十的曹鹏被选派到苏联莫斯科音乐学院,跟随大师列奥·莫列茨维奇学习指挥。按学院惯例,每名学生毕业都要举办作品音乐会。1959年秋,快毕业的曹鹏向老师提出要开一场中国交响乐作品专题音乐会,老师予以了全力支持。

曹鹏首先选择了歌剧《草原之歌》等富有中国少数民族风格的作品。又想到前些日子在报刊上得知,小提琴协奏曲《梁祝》在国内正声名鹊起。于是,曹鹏写信给在中央戏剧学院任教的妻子惠玲,要她想方设法赶快把《梁祝》的总谱寄来。在几经周折后,曹鹏收到了总谱,如获至宝。音乐会主办方莫斯科广播电台在得知这一情况后,为曹鹏请来了世界顶级的小提琴演奏家——与奥伊斯特拉赫齐名的格里希登。被来自东方如此美妙的旋律所深深吸引的格里希登,为演好《梁祝》而在家闭门苦练,茶饭不思,倾注了很大的心血。

曹鹏在研读《梁祝》总谱时发现,协奏曲中所用的几件中国民族乐器中，唯独板鼓在莫斯科没有。于是他打国际长途电话向孟波求助。但由于当时交通不便捷，板鼓若由上海邮寄到莫斯科，已赶不上排演。无奈，曹鹏只能在莫斯科各处寻觅，功夫不负有心人，最终他在莫斯科的博物馆里发现一只板鼓。借来板鼓后，曹鹏就教乐队的打击乐手如何使用，排练得以如期完成。

1960年2月的一个周末，莫斯科交响乐团在曹鹏的指挥下，第一次完成了中国交响乐作品音乐会。无与伦比的《梁祝》征服了莫斯科大剧院内所有的观众。雷鸣般的掌声像潮水般涌来，似乎要把屋顶掀翻。连在场的苏联著名音乐家肖斯塔科维奇、哈恰图良也击节称赞。

结尾的小故事

在"文革"中，《梁祝》和其他优秀的文艺作品一样，都难逃厄运。当年，四川成都在扫"四旧"运动中，有一位姑娘在大火中抢救了一些老唱片，其中就有一张小提琴协奏曲《梁祝》的密纹胶木唱片。在以后的岁月里，这张唱片一直伴随她的坎坷人生。

21世纪初，何占豪应邀去辽宁鞍山讲课。此时，抢救唱片的姑娘随着无情的岁月，已成为花甲老人，恰好在此定居。她从媒体闻讯后，异常激动，手捧珍藏几十年的心血，要物归原主。两人见面时，紧紧相拥，泪流满面。如今这张唱片就陈列在鞍山名人俱乐部里。

从某种意义上说，《梁祝》其实就珍藏在中国人的心中。

"三军歌唱家音乐会"纪实

我曾参与策划过许多大型主题音乐会，但最难忘的，还是1985年的那台"三军歌唱家音乐会"。

中巴车里的想法

20世纪80年代初，港台歌曲像潮水般涌入内地，一时间，大街小巷软歌飘荡。轻歌曼舞能愉悦身心，但格调高雅的音乐更应该旋律高扬，而绝不应式微。为此，1984年底，《新民晚报》成功举办了"著名歌唱家音乐会"，音乐会云集了当时北京几乎所有的中央音乐团体顶尖的独唱演员，为期一周的音乐会受到观众的热烈欢迎。

那天，我送吕文科、胡宝善两位军旅歌唱家去上海火车站坐火车返京。因音乐会的成功举行，我们都还沉浸在兴奋之中。在中巴车里，我们聊起能否在上海再搞台清一色的部队歌唱家的专场音乐会呢？这样的想法，其实不久前耿莲凤、张振富来沪时也同样表露过。

翌年新春，我去上海音乐厅聆听一场合唱音乐会时，与老友辛宁（星期广播音乐会的当家主持）不期而遇。当我说起这些日子一直萦绕在心头的想法时，辛宁当场表示了极大兴趣，他随即向上海人民广播电台台长高宇汇报并得到支持。

上海人民广播电台立即接手了这个工作。由上海人民广播电台主办的"三军歌唱家音乐会"的演出筹备开始运作。

那天，台领导和我们音乐会的策划班子，在当时北京东路2号的电台会议室开会。会议开得很热烈,与会者各抒己见。辛宁认为:既然是三军的歌唱家音乐会,不能光由电台一家媒体主办,应有驻沪部队一起手办才名正言顺。这一提议得到台领导和与会者的一致赞同。这天的会议,还为音乐会的运作班子进行了分工:星期广播音乐会的编辑徐敏霞负总责,另一位编辑周以太则与我胞弟、影视人李建国远赴北京,联络落实解放军三总部及国防科工委、驻京部队歌唱家来沪事宜,而我和辛宁负责上海的后勤工作及电话联络各大军区的著名歌唱家来沪事宜。

狼吞虎咽吃面条

师出要有名,我们先要联络驻沪三军及武警作为音乐会的承办单位。为此,电台人事处开具了辛宁和我的介绍信。那天,我们乘坐电台的小车跑了一天,去驻沪三军及武警的总部盖图章。在驻沪三军及武警总部,首长均表示大力支持,介绍信上很快加盖了四个鲜红的部队印章。驻沪空军司令员,是我仰慕已久的一位志愿军空军战斗英雄。司令员说:当年的抗美援朝战争中,志愿军文工团和中央慰问团的文艺节目,给了广大志愿军指战员以莫大的精神力量,革命歌曲的作用是无穷的!

首战告捷,我又去了乐坛前辈贺绿汀的寓所,请他担任音乐会的总顾问,并征询他的想法。贺老提出:部队的歌唱家是我国歌坛的中坚,除了一线演员参演外,许多久违的歌唱家也应在此次活动中复出,还对演唱曲目提出了具体建议。贺老建议能否邀请北京的延安老同志李焕之、贺敬之与他一同担任顾问。贺老的要求后来都一一得以落实。我还去了老师温可铮教授家请求给予支持。

我和辛宁在上海最主要的任务,是通过电话与各大军区的来沪歌唱家接洽。因当时通信很不发达,尤其是部队系统的电话是专线的,所以每当华灯初上,我和辛宁就骑着自行车,往返于八五医院、二军大、空军招待所等处,借用那里的军用直线电话,与各大军区的歌唱家们接洽。

起初进展很顺利,但就在最后落实行程的这晚,上述几家部队单位的电话都因各种原因而不能借用。正当我们焦急万分、一筹莫展之际,辛宁突然想到,他有一位录音师同事的丈夫是警备区的一位师长,家里肯定有部队的直线电话。听到这个消息我立刻来了精神,但不料辛宁还有"歇后语"——他不知道她家的住址,电话号码也不知道!我顿时又陷入沮丧。此时时钟已过了10点半,辛宁忽然想到,可以向单位询问呀。我们立刻冒昧地敲开附近的一家小杂货店,借用公用电话向电台的值班室查询这位录音师家的住址。得知她家地址后,我们骑车快速赶去。当辛宁敲开这位同事家门,说明情况后,这位录音师立刻把我们请到客厅,并陪伴我们完成了与沈阳军区的赵书静、新疆军区的哈米提、姜炳正、伽米拉等歌唱家的联系,搁在心中的一块石头终于落地了。当我和辛宁坐在路边的小摊前,狼吞虎咽般地吃着面条时,天边的星星已快离去。

我们在上海的工作,还包括确定演出场所、演员下榻处、担任音乐会伴奏的乐团,落实写分谱、搞配器等事宜。

赴京跑腿奔波忙

在我们紧张工作的同时,星期广播音乐会的音乐编辑周以太和我的胞弟李建国,也在北京疲于奔命地"跑腿"。每天,建国都通过电话向我通报"跑腿"的成果。

那天下午3点,他们从上海火车站坐火车出发,次日上午10点左右到达北京。两人在新街口旅店住下,匆匆吃了一碗面,就打电话给杨洪基老师求助。素有北京文艺界好男人之称的杨洪基老师当即表示全力支持,他马上电话通知了部分歌唱家,并与总政歌剧团的领导进行了沟通。

第二天,周以太去军乐团联络,李建国则去北京军区战友歌舞团。

因战友歌舞团地处北京郊区,交通不便,坐公交车几乎要等半小时才来一班,并且还需中途换乘。李建国当晚先到车站"侦察"了一番,了解头班车的时间。第二天一大早,李建国背着水壶带了些干点,就坐公交车出发了。那天还下着小雨,经过2个多小时的颠簸,他终于来到京郊某地的战友歌舞团所在地。通过门岗与耿莲凤、张振富老师联系后,两位老师热情地出来迎接李建国。

他先拜访战友歌舞团领导,得到大力支持;而且战友歌舞团领导非常看重这场音乐会,在上海方面拟邀名单上又推荐了一些新锐演员。领导批准后，李建国便开始串门，拜访拟邀艺术家们。

首先拜访的是张振富老师家。恰巧张老师的爱人是上海人，这天中午她特意烧了一桌上海家常菜款待，这份友情让李建国感动万分。

下午，李建国敲响了男中音歌唱家马国光的家门。当时身患糖尿病的马国光正卧床调养，听到上海来人请他参加音乐会，十分兴奋。马国光坐在床上，就哼唱起刚在上海录制的《阿凡提》插曲。李建国说，歌迷们对马老师一直念念不忘啊，希望马老师能参加这次演出。马老师当即表示，"小恙无碍"，一定会如约参加这场演出。

马国光老师真有人气。后来在音乐会举行期间，一日开演前，马国光忽然面有难色地在后台找到我，说有几位与他通信多年却从未谋面的歌迷，刚才找到他，想购买当天的音乐会门票。这时，音乐会的门票早已售完了。说来也巧，我正好留了几张票，本来是准备给我的几位长辈观看的。但当时我毫不犹豫就给了马老师，解了他的燃眉之急。几天后，我在某报看到其中一位歌迷写的马国光老师"火线赠票"的感人故事。

李建国这天还拜访了马玉涛、贾世骏等歌唱家，商定了各自演出的曲目和调性。下午3点半，李建国离开战友歌舞团登上了返回新街口的公交车，又历经2个多小时才回到住所。

以后几天，周、李两人马不停蹄地走访总政歌舞团、海政文工团、空政文工团、武警文工团、军乐团、二炮文工团以及总政文艺处。有一天，吃了晚饭后的李建国来到女高音歌唱家王静家中商定曲目和调性，此时，由于连日讲话过多，李建国已经嗓音嘶哑，讲话交流显得很困难了。王静见李建国变成了"哑板"，马上找出自己珍藏的治疗嗓子不适的灵丹妙药，当场冲泡给李建国服下。到底是"专业用药"，只觉丝丝凉意浸润喉咙，李建国这只"哑板"又能叫响了。

在北京，周、李两人还拜访了李焕之和贺敬之，两人均题字祝贺。拜访总政文艺处长黄国林时，他表示总政方面将鼎力支持，答应协调好各文工团的日常任务，优先安排歌唱家参加这次演出。

黄处长还特意提议让周、李两人参加当晚在中南海怀仁堂举办的中顾委"五一歌会"，让他们直接体验和选择演员与曲目。当晚，周、李两人被安排在怀仁堂的后台，既就近欣赏了军队艺术家的演出风采，又与演员们进行了更多的交流。

温可铮临阵指点

1985年5月初，歌唱家陆续抵沪。他们的下榻处是当时南京军区管辖的延安饭店。李建国常驻延安饭店，负责24小时接待抵达的艺术家们。当时，这些国内一流的艺术家们绝没有任何的排场，他们都是自己乘坐各种交通工具抵沪来延安饭店报到的。

当年的程志如日中天，音乐会的压轴也就非他莫属。程志甫到上海就对我说："沈湘先生（程志的老师）托我捎点东西给温可铮先生，另外是否能在音乐会前，请温先生给我参演的作品把把脉……"因为沈湘曾多次对他的学生们讲，让他们若有机会去上海一定要多向温可铮讨教，他的肚子里可有真本事。程志当然不会错失此次良机。

第二天下午，程志和我就去拜访了温可铮先生。在练声开嗓后，温先生的夫人王述用钢琴伴奏，程志演唱了《走上这高高的兴安岭》《打靶归来》和西班牙民歌《格拉纳达》等作品。每曲歌毕，温先生总有一番点评。温先生对程志的总体评价很高：无论是气息的运用、声音技巧的处理，还是歌曲的表达，都相当的完美和严谨。唯一不足的是高音的放有余而收还略显不足，尤其表现在《格拉纳达》上。那天的"火线补课"，一直持续到夕阳西下。首场音乐会程志的压轴曲目就是《格拉纳达》，温先生在听后感觉"收效明显"。多年后，程志对我说："当年温先生的那堂课，深刻影响了我以后的歌唱理念。"

那天，哈米提一行抵沪。当时新疆因雪灾，交通中断，无法出行。最终为了不耽误演出，新疆军区专门派了一架军用飞机，把他们一行送到上海龙华军用机场降落。哈米提是个热情洋溢的艺术家，他刚抵达饭店，就给迎候的李建国一个大拥抱。进了客房，就见哈米提提起电话，与南京军区政委、他的老朋友郭林祥（原新疆军区政委）通话。电话中，两位老军人朗声交谈，感情真挚热烈。只听郭政委说，他要让饭店为他们安排最好的客房，专门准备清真饭菜……

由于24小时连轴转接待，我的胞弟李建国体力透支很大。在一天深夜洗浴准备休息时，忽然栽倒。好在这不是"再也没能起来"，第二天，他又抖擞精神工作了。

还要说明的是，这场演唱会，歌唱家们每场演出的报酬仅几十元。而参与策划筹备并付出许多心血的电台工作人员，并没有任何额外报酬，我和胞弟事后也仅得到100元的奖励。但大家均无怨无悔，觉得自己的奉献很有意义。

贺老的精辟总结

正是春暖花开的季节，音乐会于1985年5月16日如期举行。

这台云集了有史以来最强阵容的军队歌唱家音乐会在文化广场举办。5场演出约2万多张门票，在不到半天时间里，就被彻夜排队的热情歌迷抢购一空。在音乐会期间，每晚在文化广场外的等票者人头攒动，不计其数，其中很多人在音乐会结束后才依依不舍地与观众一起离开。为了听到场内断断续续传出的天籁之声，他们情愿站在场外仰脖聆听。

5月19日，"三军歌唱家音乐会"在上海音乐厅演出的同时，上海电台的名牌栏目"星期广播音乐会"向全国进行了直播。

这天，我奉命驱车接德高望重的贺绿汀出席盛会。一路上，贺老的心情特别好，他很急切地想与音乐界的老友们相见。在直播期间，贺老对时任总政歌舞团团长的傅庚辰说：这台音乐会有非常的意义。音乐包括歌曲，不应是个人的呻吟，而是要为人民呐喊，替时代高歌……

附录：乐评九则

歌曲创作怎么了？

世人瞩目的央视2005年春节晚会已落下帷幕。十多首新创作的歌曲中，难觅好歌踪影，近几届全国青年歌手电视大赛也是如此。

在历届央视的春晚中，曾出现过《祝酒歌》《难忘今宵》《思念》《长城长》等多首经典作品。近些年来，已很少有能传唱的好歌了。音乐爱好者们感到困惑：歌曲创作究竟怎么了？

眼下，我们的歌曲创作进入了一个怪圈。在追星媚俗的娱乐媒体大量应运而生之际，刊登歌曲创作的专业杂志，从全国原来有近50家，急剧萎缩到目前的《歌曲》《解放军歌声》等几家，着实令人失望。在歌唱家们感叹新歌少、好歌更少的状况下，坚守歌曲创作阵地的词曲作家们，有好的作品既无处发表，更不用说传唱了。这极大地挫伤了他们的创作积极性，而另一些大牌作曲家则潜心于交响乐创作，对歌曲不屑一顾。随着施光南、王酩等歌曲大家的英年早逝和许多老词曲作家的淡出舞台，歌曲创作队伍青黄不接。如今的中青年曲作者，比较重视技巧，而忽略歌曲的本质——旋律。

另外，在计划经济向市场经济转轨之际，电影、电视剧中的音乐、插曲、广播电视及音像制品中的作品，又都成了商品。

当年有句口头禅，叫"十五的月亮，十六圆"，也就是说写《十五的月亮》的词曲作者，共拿到16元的报酬。可现在的歌者，若约请词曲作家写首歌，费用少则几千元，多则几万元，甚至十几万元。而词曲作者们往往按图索骥，闭门造车，有些大牌门庭若市，来不及应付，就请学生们分包操作，再由自己改定。这些应景的、没有生活的作品，根本就谈不上它的生命力了。

遥想当年，在战火纷飞的岁月里，聂耳、冼星海、贺绿汀用生命激情写下了《义勇军进行曲》《黄河大合唱》《游击队歌》等不朽作品，他们都是战争的亲历者。

在和平年代中，我们的艺术家遵循"生活是创作的源泉"这一亘古不变的真理，纷纷下生活，去感受广大人民群众投身建设祖国的忘我精神和革命激情，极大地激发了他们的创作欲望，在生活中碰撞出艺术的灵感。《歌唱二郎山》《克拉玛依之歌》《我们走在大路上》《我为祖国献石油》等一大批脍炙人口的歌曲相继问世，广为传唱。

王云阶为影片《护士日记》谱曲时，就曾在当时条件还比较差的包头，与建设者们共同生活了半年。葛炎为体验《阿诗玛》中主人公的生活，睡猪圈、露宿山洞，在云南石林采风几个月。晨耕、唐诃、生茂、李遇秋等为《长征组歌》谱曲，更是沿着当年红军长征途经的十三个省区，"过着红军的生活"，历时多年，几易其稿，终于完成这一恢宏巨篇。由此可见生活对艺术创作的重要性。

什么时代唱什么歌，歌曲是时代的记录者。

我们正处于一个继往开来的伟大时代，需要众多艺术家尽情地讴歌。在呼吁社会给予他们更好的创作环境时，也愿我们的词曲作家们，要耐得住寂寞，克服浮躁心绪，不为物欲所惑，时时以人民艺术家常香玉"戏比天大"的座右铭来鞭策自己，用真诚的心去拥抱生活，留下无愧于时代和人民的作品。

"青歌赛"停办有感

2012年7月，曾闹腾得沸沸扬扬达半年之久的央视"青歌赛"停办消息，终于水落石出，见诸报端。我倍感惊愕和茫然。

"青歌赛"作为发掘人才、普及音乐的全国性、权威性的声乐大赛，其间虽然也出现过选手答题风马牛不相及、令人贻笑大方的尴尬场面，但对普及、提升音乐文化知识，其积极作用是不言自明的。

"青歌赛"近三十年的风雨历程，发现、成就了当今中国歌坛绝大多数的中坚力量，如宋祖英、殷秀梅、阎维文等。《我像雪花天上来》《今夜无眠》等一批优美动听的新作，在"青歌赛"上首唱后就不胫而走、广为传唱。就是这样一档以"推新人、出新作"为宗旨，深刻影响着中国歌坛进程的节目，被砍掉了。早在年初，坊间、圈内包括媒体就已传出"青歌赛"评判有不公、舞弊的情况，说因为收视率低下，将要整顿、缓办。最近业内人士证实：因为没有合适的广告商冠名"青歌赛"，赛事已难以为继，只能割爱了。

但我认为，以上诸多停办"青歌赛"的理由，都不能成立。比赛若出现评判不公和幕后权钱交易现象，完全可以用赛制、赛程变化和加强监督的机制，加以制衡。尤其要给亿万电视观众以监督和话语权。一个好的赛事，出现一些瑕疵不必大惊小怪，只要不断改进完善就好。

再说"青歌赛"收视率每况愈下，我看也不尽然。它的收视率采样群，未必就十分全面、合理。退一步讲，评判一档节目的好坏，收视率的高下只是其中一个方面，还要看它在弘扬社会正气、提升国民素质、传播文化知识等诸方面，是否有积极作用。

"青歌赛"没有了冠名，赛事将入不敷出，我想这也可用其他办法变通补救。办"青歌赛"花费很大，可以办花费小的节目。多年前，央视三套有一档"新视听"栏目，以金铁霖、马秋华夫妇用一架钢琴给学生上课的形式，再设几个点评嘉宾。每次有五六个青年歌手轮番演唱，并得到嘉宾悉心的点拨、中肯的点评，这样的"空中课堂"，给全国音乐爱好者和专业歌唱者带来了福音。

其实，无力承受经济重负的"青歌赛"，是可以借鉴"新视听"栏目的模式，节俭办赛事的。两年一度的大赛事可改为每周一次的常规比赛，每次可由三种不同唱法的、德艺双馨的名家担任评委，每次的参赛选手可控制在10人左右。赛制基本可沿用"星光大道"的周、月、年赛制，获胜者角逐年冠军，每场被淘汰的选手还可由广大电视观众用网络投票形式再复活竞争。当然，"文化素质考评"也是不可或缺的。这样的比赛既有专业性、可看性，又有群众性，坚持办一段时间，未必就赶不上"青歌赛"的影响。给年轻的歌手以均等的机会,发现、培养有潜力的未来歌唱家,传播优秀的歌唱新作,央视作为国家电视台,办节目除了考虑经济利益,还应多考虑承担一些社会责任。

对当今音乐创作的一点思索

2015年6月23日,《新民晚报·自由谭》刊登了《好歌都去哪了?》一文。文中谈及饱受世人诟病的当下音乐创作的不力,但全文只涉及些枝节末叶问题,并未触及事物的要害和本质。

这些年来,人们一直期盼中国最大的舞台——"央视春晚"和"上海之春"能出现惊鸿一瞥的经典音乐,结果连首好听的新歌也没有。百思不得其解的是:为什么在过去艰苦的战争岁月和新中国成立初期,我们的作曲家虽屈指可数,而且他们中的大多数又非科班出身,却能不断地创作出许多旋律优美、朗朗上口、广泛传唱又极富民族特色的音乐作品?事实证明:他们就是凭着对党对人民的一腔热忱、丰富多彩的人生阅历及对社会的深刻认知,投入火热的生活中,积极寻觅、采撷、挖掘取之不尽又用之不竭的音乐源泉,在创作中学习作曲。

反观今日,国家已培养了大批的专业作曲人才。尤其改革开放后,在打破了"文革"加在人们身上的文化桎梏后,我国已进入了一个全新的时代,没有了创作禁区和精神枷锁,我们的音乐创作理应百花齐放、百家争鸣,出现姹紫嫣红般的空前繁荣和发展。

可事与愿违。这么多年来,虽然各种样式的音乐作品层出不穷,但由于这种创作没有扎根于中华民族的沃土,没有深入生活,还漠视现实的中国国情,脱离了人民群众的需求,闭门造车、贪大求洋,甚至照搬西方模式。因此,这样的作品既不能打动自己,又何以能感动他人。如今,能引起亿万人民共鸣的新乐,已成了凤毛麟角。

当然,我们也不乏有社会责任和良知,有正确见地的音乐家。他们也创作了《乡恋》《今天是你的生日》《我像雪花天上来》《阳光路上》《今夜无眠》等一些人民群众喜闻乐见的好歌。《北京喜讯到边寨》是迄今唯一一首仍让人记忆犹新且怦然心动的管弦新作。但这些寥如晨星的佳作,对于时代和人民的渴求，无疑是杯水车薪。

这些年来，大批的音乐学子海归，其中很多人已成了当今中国音乐教学和创作的中坚。因此，他们的教学理念和创作思潮及态度，正左右着下一代中国音乐人的创作方向，也深刻地影响着中国乐坛的进程和未来。但遗憾的是，这些海归派虽然带来了国外先进的作曲技法和理念，却丢掉了属于自己的创作之根。他们看不起民族、传统的音乐，一味地追求高超的作曲技法，忽略甚至不了解自己国家和民族的音乐元素。对以旋律为主的歌曲和音乐小品的创作，更是不屑一顾。其实，这种不正常的思潮刚抬头时，就被乐坛巨匠贺绿汀敏锐地觉察其严重性和危害性，曾多次严厉地批评其为妄自菲薄、拾人牙慧、邯郸学步……但可惜的是，贺老的真知灼见，并未引起足够的重视，以致此风愈演愈烈。

诚然，不朽的旋律才是所有音乐创作的生命；而音乐的本质，恰恰就是人类情感的真实表达。这种情感最好的表达方式，莫过于各种动人的旋律；而世上所有的旋律，又都来自生活、民间和自然。因此，无论什么样的作曲技法，只是各种旋律表达的载体和手段而已，是一种创作的能力，而不是作品的根本。旋律与技法的孰重孰轻，千万不能本末倒置。否则，皮之不存，毛将焉附。

过去中国的音乐创作，一直有个好传统，且薪火相传。无论是中国近现代音乐的拓荒者沈心工和才高八斗的李叔同，还是创办国立上海音专的教育救国者萧友梅和家学渊源、桃李满园的黄自及忧国忧民的人民音乐家冼星海，他们虽然都有留洋的经历，但心里总是装着自己多难的国家和民族。因此，他们穷尽一生创作的音乐作品，在形式上，看似都运用了西洋科学的作曲技法，但作品的内涵和骨子里，始终充溢着鲜明浓郁的中华民族特色和风格。尤其在血雨腥风的战争年代，起着唤醒、教育和团结国人的作用，其作用胜过千军万马。

"问渠那得清如许，为有源头活水来"，生活就是一切文艺创作的源泉，音乐也亦当如此。自人民音乐家聂耳的民乐曲《金蛇狂舞》和贺绿汀的第一首中国风味的钢琴曲《牧童短笛》面世后，中国的器乐创作一直在探寻一条属于自己的发展之路。新中国成立后，从延安鲁艺走来的革命音乐家李焕之，重入中央音乐学院回炉，随苏联专家系统学习理论作曲。当年的毕业作品，就是他在河北乡村下生活采风创作的那组管弦乐《春节组曲》。全曲采用了大量当地的民间音乐和戏曲的元素，还带有河北大秧歌的旋律和节奏。这套组曲中，流传最广的当数其中的《春节序曲》，其音乐隽永流畅，充满着节日的喜庆，令人百听不厌。这也是迄今为止，每年新春佳节期间，荧屏和电波里，播出最多的乐曲。

名扬世界乐坛的中国小提琴协奏曲《梁祝》是在革命音乐家孟波的正确引导下，由何占豪和陈钢两位年轻人共同完成的。此曲虽属西洋的奏鸣曲式，但其旋律都来自我国的地方戏曲——越剧音乐。此作的成功再次证明：越是民族的，就越是世界的。

红小鬼吕其明，是在革命队伍中成长而走上音乐之路的。他对党和人民，充满着无限的深情。因此，当年他接到命题管弦作品《红旗颂》的创作任务后，能一气呵成，使之成为脍炙人口的经典。《红旗颂》的主旋律，以国歌为基调，不断地升华、发展，全曲激情澎湃、气壮山河，民族自豪感油然而生。许多记者常问吕老一生成功创作的秘诀。他的答案简洁明了：音乐为谁写？怎么写？

音乐创作理念和态度的正确与否，直接关乎着音乐作品的成败。近日欣闻中央民族乐团的主创人员，沿着当年的海上丝绸之路采风，创作了大型民族管弦乐《海上之歌》，深受欢迎。试想，这样的创作，若能在我们当代的音乐人中蔚然成风，那么中国乐坛又将繁花似锦。

中国流行歌曲浅谈

备受世人关注的"中国之星"和"隐藏的歌手"等电视节目，正在上海热播。

虽然节目名称似乎给人耳目一新，但究其内容，却没有实质突破。从"中国之星"的节目冠名到500名现场观众评审，直至歌手的末位淘汰制等，都沿袭了湖南卫视的"我是歌手"的样式，唯一不同的，就是增加了三个团队导师而已。而"隐藏的歌手"，则是多年前山东卫视的一档真人现场模仿秀的翻版。只不过，如今的模仿选手从台前藏到了幕后，以辨听歌声为新的"卖点"。

纵观近几年来，"星光大道""中国好声音""中国好歌曲""梦想星搭档""越战越勇"等荧屏选秀节目此起彼伏、层出不穷，竞相争奇斗艳。乍看之下，这些节目形式多样、风格各异，但万变不离其宗的就是突出一个"唱"字，而且基本上都是用通俗唱法去演唱当今的流行歌曲。这也在很大程度上，充分、真实地反映了眼下中国流行歌曲的创作状况和演唱水准。平心而论，没有了鲜明的民族风格，就感觉白水一杯。

娱乐化的电视节目，能给观众带来轻松愉悦，本无可厚非。但单纯追求收视率，而不积极地去引导观众，一味地迎合，还推波助澜，甚至丢弃我们民族传统经典的音乐，是极大的悲哀。这种本末倒置，使大多数年轻观众只知道也只认可电视荧屏上的此类歌曲和唱法，客观上误导了这代人的审美情趣和价值取向。

改革开放后，大量的港台、欧美音乐涌入内地，给受"文革"禁锢十年、只听八个"样板戏"的人们，带来了一股新风。尤其是邓丽君那种轻歌曼舞般通俗易唱的曲目，大家更是趋之若鹜。长此以往，这样约定俗成的演唱，几乎成了我们评判流行歌曲的标准和模式。但这种邯郸学步式的理念，不仅有失偏颇，还混淆了通俗与流行歌曲两个根本不同的概念。比如：在纪念抗战胜利70周年之际，全国唱响了30首慷慨激昂的抗日救亡歌曲，这些作品就曾是中国抗战时期的流行歌曲。

诚然，港台歌曲的风脉都脱胎、传承于"上海老歌"，但因两地文化底蕴的差异，又从未超越过"上海老歌"。相反，由于社会制度和生活方式、观念等不同，两地歌手对音乐的理解和感受也大不一样。因此，港台的邓丽君、费玉清、蔡琴们演绎此类作品，比大陆歌手更具神韵，也在情理之中。

20世纪三四十年代，仅靠电影、唱片和无线电的传播，"上海老歌"家喻户晓、妇孺皆唱，俗称"时代曲"。顾名思义，就是那个时代的流行歌曲。

歌曲和音乐一样，是时代的记录者。新中国成立后，因"极左"思潮，"上海老歌"遭禁，取而代之的是歌颂党、领袖、国家和人民的作品。《革命人永远是年轻》《戴花要戴大红花》《我们走在大路上》等许许多多群众歌曲，成了那个时代的流行歌曲。中国原创歌剧中的许多唱段，如《洪湖水浪打浪》《小曲好唱口难开》《红梅赞》等，也到处传唱。

这么多年来，我们很多有社会担当和良知的音乐家，也一直在大胆、努力地尝试、探寻创作能为我们这个社会和时代所接受而传唱的流行歌曲。像《乡恋》《边疆的泉水清又纯》《洁白的羽毛寄深情》《太阳岛上》《浪花里飞出欢乐的歌》《烛光里的妈妈》等就受到广大人民群众的喜爱和欢迎。但遗憾的是,这些作品最终没能形成一种合力,酿成大气候,而改变歌坛的格局。对此,我们媒体导向负有不可推卸的责任。

想当年,因为"上海老歌"的成功,造就了周璇、李香兰、姚莉、白光、龚秋霞、白虹等一大批歌星。但其中只有李香兰和龚秋霞受过声乐训练,而其他人基本上都是靠量身定做的歌曲包装。因此,歌曲创作的重要性,也就不言而喻了。

人们常说:什么时代唱什么歌。如今,讴歌我们新时代的"中国梦"主题新创歌曲,正如火如荼在各地展开。其实,只要我们的音乐创作者端正理念,扎根民族沃土,用心去体察社会民情,用情去拥抱火热的生活,定能谱写出具有鲜明时代精神和独特民族风格、人民群众喜闻乐见的佳作。

我们向王洛宾们学习什么?

2013年是"西北歌王"王洛宾的百年诞辰。他曾经学习、生活、工作过的北京、新疆等地,都在举办纪念他的作品音乐会。纪念这位老先生,我们首先应尽量还原他的精神世界。

20世纪90年代初,上海电台在静安区体育馆举办过三场王洛宾作品音乐会。当时,年逾耄耋又久病缠身的王老,只身从新疆赶来,亲自登台演唱了两首自己的新作。我作为音乐会的参与者,随后和他有较深的交流。这位执着的老人告诉我:抗战爆发前,他从北平艺专的音乐系毕业,并考上巴黎音乐学院作曲系。正当赴欧留学前夕,跟随一批文艺界的好友去西北采风。一日,在宁夏一个小酒店,无意中听到了老板娘深情地唱起了当地的"花儿",一首又一首,他激动得不能自拔,对同行的作家萧军说:"这里的音乐如此之美,我还去法国干吗。"从此,王洛宾扎根西北,把他的青春、才华,甚至整个生命都献给了西北民歌。即使在遭遇不幸和磨难时,他都无怨无悔。如今现存的几百首西北民歌中,绝大多数是经王洛宾抢救、挖掘、传承、创作和编配的。

老一辈的音乐家留洋学习西方音乐，多是为了发展我们的民族音乐。"五四时期"的刘天华把学习过的西洋作曲技法融入创作，谱写了《光明行》等一批现代化的民乐曲谱。他还用毕生的心血致力于民族器乐的改良，并把江南丝竹形式的民乐小合奏，扩展为用简谱替代传统的工尺谱的民乐大乐队。这为我们今天民乐的交响化，奠定了坚实的基础。近现代音乐史上，从沈心工、李叔同到萧友梅、黄自，再到聂耳、冼星海、贺绿汀等，这些音乐家无不以把毕生所学献给祖国为荣。新中国成立后，涌现了一大批人民群众喜闻乐见又能传世的经典，如《春节序曲》《梁祝》等，堪称洋为中用的典范。

但这些年，音乐创作的环境发生了很大改变，过去淡泊名利、团结合作的氛围和作风已很少见。尤其在娱乐化泛起的当下，急功近利者大有人在，不少音乐工作者贪大求洋、闭门造车，严重脱离生活。试想，既没生活、又没感悟的音乐作品，何以有广度和深度？不能打动自己的作品，又怎能感人？音乐其实就是人类情感的表达，而所有音乐创作的元素和旋律，又都来自生活、来自民间，一切音乐技巧只是表现它们的手段和载体而已。

在留洋成为常态的当今，有少数学得半桶水者，瞧不起民族音乐，甚至全盘否定，这是极其肤浅的。与科学和技术相比，唯独文化艺术是不能被同化、替代的。因为越是民族的，就越是世界的，而音乐作为文化的一部分，是凝聚中华民族的文化之魂。音乐创作和其他艺术门类一样，是需要用心、用情感的守望，去执着追求的。在人们感叹音乐新作不多，好的作品更是难得一见的今天，我们应该向王洛宾们学习些什么？

新民歌"新"在何处？

2014年，央视音乐频道多次重播了不久前录制的"星光璀璨新民歌演唱会"，不过，该台音乐会名不副实之处多多，引起了业内外人士的不解和质疑，我观后也颇感困惑。

顾名思义，"新民歌演唱会"应是新创作或最新编配或用新颖手法改编的民族民俗歌曲的演唱会。但纵观整台演唱会，能给人留下深刻印象的新作很鲜见，绝大多数作品均为旧作"新编"，但又很不尽如人意，因为在音乐的本质上，没有根本的变化。如人们耳熟能详的《唱山歌》等几首老歌，此次虽然采用了民族与通俗唱法、美声与通俗唱法的两种混搭，但在作品的挖掘、旋律的发展和音乐的编配上并没有实质突破，只是形式变化而已。

更不可思议的是，黑豹乐队用摇滚演绎了李叔同填词的《送别》。用摇滚的形式、唱法来诠释"新民歌"未尝不可，但问题是，《送别》的曲作者是美国人奥德威。因此，该歌并非真正意义上的中国歌曲，更不是民歌。因此，该歌在这台演唱会上演显然是不合适的。近百年前，中国的现代音乐还处在萌芽状态，国人并不具备作曲的能力。当时传唱的许多学堂乐歌，乃至北伐、红军时期的革命歌曲，都是用西洋歌曲的曲调填词而成的。但时至今日，还在把《送别》当作中国民歌，岂不贻笑大方。

整台演唱会，台湾歌手赵传最受欢迎。他接连演唱了《我是一只小小鸟》《我很丑但很温柔》《一颗滚石》等三首代表作，激情依然四溢。但遗憾的是，赵传的作品既不属于民歌范畴，他的演唱与过去相比也毫无突破和新意，又怎能归类于"新民歌"呢？若把这三首流行歌曲用民族或美声的状态来演绎，虽不知会是怎样一种效果，但肯定会有一番新气象，至少冠以"新民歌"就无可厚非了。

音乐会引起争论的另一焦点，就是女中音降央卓玛翻唱的《乌苏里船歌》和《马儿啊你慢些走》，这是"文革"前的两首经典民歌，原唱者郭颂和马玉涛的歌声，至今深深地烙在人们的记忆里。因此，降央卓玛的翻唱无疑有着很大的难度。究竟是颠覆原唱，还是依样画瓢，抑或另辟蹊径？但降央卓玛全没做到，在音乐会上的表现也不尽人意。虽然她的翻唱有板有眼，歌声醇厚隽永，音域辽远宽广，但所演绎的作品却没有体现出强烈的画面感和作者所要传递的那种激情和意境。这是因为，歌者对作品的理解、音乐的表达、曲风的把握都还欠火候。这些问题，其实也是当下青年歌手的通病。

"星光璀璨新民歌演唱会"的种种不足，恰恰凸显了我们音乐创作的不力。

关于"音乐评论"的评论

近日，拜读了著名音乐学者杨燕迪教授的两篇乐评：《音乐评论反思二题》和《何谓"懂"音乐》。

文章高屋建瓴，又鞭辟入里，深入浅出地剖析、阐明了当今音乐评论的现状及其重要性。

杨先生的文章指出："音乐评论，影响着公众趣味与审美导向。因此，乐评人的个人资质，就成为关键性的指标。而在当前的中国，同时具备音乐素养、审美敏感、深厚学识、辛辣文笔、广阔视野、文化理想和社会关怀的音乐评论家，确乎还为数太少。"文章还强调，"喜爱音乐者，并不等同于懂得音乐，更与学习、从事音乐者，有本质之区别。"

杨先生的一些观点，涵盖了很多同道的心声，也是他们如鲠在喉的一些看法。

众所周知，如今活跃在一些报纸杂志，连篇累牍的"乐评"撰写者，绝大多数是乐迷。这些乐迷最大的优势，就是手中握有大量的音响和中文资料，并对眼下的一些音乐动态和演出资讯，非常熟知。尤其对现场音乐会，更是乐此不疲。其爱乐之精神固然可嘉，但他们最致命的短板和软肋，就是没有学习、从事过音乐工作，是些门外汉。

试想，一个光凭喜爱和热情，但从未学习过吹拉弹唱，对自己国家的民族音乐也未必能了解多少者，却能对西洋的交响、芭蕾和歌剧的音乐，乃至钢琴及各种西乐的演奏、演唱，几乎是无所不及又无所不能地发表宏篇大论，岂非咄咄怪事。更荒唐可笑的是，他们有时居然还以"权威"的口吻点评，甚至下定论，真可谓"无知者无畏"。

显然，这些一知半解、似懂非懂的所谓乐评，评论的大多是远离国人的外国作品。既未涵盖人民大众的审美意识，也没有反映中国乐坛的现状，指出未来的方向，更没有展现当今世界的音乐潮流，而只是些他们个人的感受和喜好而已。因此这种乐评，无论从学术价值，还是史料参考角度而言，都乏善可陈，没有多大意义。

乐迷朋友喜爱、积极参与乐评，本是好事，更无可厚非。但关键是：既然爱这一行，就必须下功夫去认真学习、研究之。因为音乐本身毕竟也是一门科学，来不得半点虚假。试想，狂热的"爱乐"就能等同于"懂乐"，那么，我们国家花费巨资创办的那么多的音乐院校，岂不成了一种奢侈可笑的摆设，更是天大的浪费和莫名的笑话。这就好比，从未怀孕分娩者，不可能真正地感受、体验生育孩子的痛楚和喜悦。

音乐评论，和其他文艺评论一样，是促进音乐创作繁荣的一面镜子和一剂良药。尤其在泛娱乐化大潮的当下，音乐批评已寥若晨星，而音乐家的自我批评和反省，更是几乎不见，大众对于中国音乐创作的走向，颇感迷茫。

这么多年来，我们国家培养了一批又一批的艺术家和评论家，但却很少读到他们有针砭时弊、振聋发聩，能引起亿万人民共鸣的好文章。更令人不可思议的是：我们的专业音乐人士，把本该属于以自己为主的音乐评论阵地，在没有任何争夺的情况下，就拱手相让给乐迷们。似乎我们的专业音乐工作者，已不需要，也不在乎这个能表达、传播自己音乐理念的平台。

这几年，我一直在调研、探寻，究竟是什么缘由，致使出现上述这种本末倒置的荒唐现象。过去，大家对于批评，只要不是恶意的人身攻击，即使有错，也基本上是抱以"言者无罪，闻者足戒"的态度。如今，敢讲真话，写些抨击不良现象的文章，不仅要有根有据，更要有胆识、思想和高度。若稍有不慎，轻则招来笔墨官司，重则对簿公堂。因此，大多数人不愿招惹是非。于是，评论界出现了一团"和气"，不是碍于情面，就是畏于权势，抑或为了一己私利。更多的是对音乐事业的漠然，事不关己，高高挂起。即便有些音乐人撰文，也大多是"花花轿子大家抬"，无原则地捧场而已。所有这些，都是有悖于一个音乐人最起码的道德准则和职业良知的，更有辱于社会使命和担当。

想当年，著名音乐家、原中央乐团团长李凌先生，为了更好地弘扬中华民族多姿多彩的音乐文化，向人民群众循序渐进式地普及音乐知识，他从1960年起（除"文革"期间中断）直至生命终点，在《人民日报》的副刊开设了《听乐札记》专栏。先后用随笔、特写、评论及杂文等写作形式，从不同的侧面，记录介绍了当时人民群众最关注、最想了解的150多位不同风格流派的中国音乐家。

李凌先生的文章，精练犀利又妙语连珠，言词直白，通俗易懂，观点鲜明，至今读来仍很有学术价值。后来，他的所有专栏文章及其他一些音乐评论，被分门别类地结集出版。这些书籍，对人们了解当时中国音乐状况，引领人们正确的审美情趣和价值取向，起过很重要的作用。

无疑，李凌先生是当今音乐人学习的一个榜样，尤其是他的那些"人人心中有，他人笔下无"的好文章。因为那些文章，是他用心血写下的。

《关于乐评的断想》的断想

前不久，报载《关于乐评的断想》，对文中乐评者的"资格论"和所举的一些例证，我不敢苟同。

纵观这些年的各类招刊杂志，从未有人撰文质疑甚至提及过乐评者的资格问题。众所周知，言论自由是每个中国公民应有的基本权利，其中当然包括参与乐评。因此，不可能有人会犯如此低级的常识性错误。

不过前阵子，我确实在短文《关于"音乐评论"的评论》中，引用过杨燕迪教授关于乐评者资质的一段话。杨教授所讲的资质，根本不等同于资格，它只针对作为一名好的乐评人，所必备的一些条件和素质，也不泛指所有的乐评参与者。

我是非常赞同杨教授的鲜明观点的。但凡参与各种评论者，至少应该具备一定的专业知识。试想，不知斯坦尼、布莱希特，不懂蒙太奇、意识流等各种镜头语言，也不晓得小说结构、文学逻辑等，能写好戏剧、影视和文学评论吗？要说音乐，门类更多更复杂。光作曲就有四大件：曲式、和声、复调和配器。其中无论哪门课，都够人一辈子钻研。连看似最容易简单的歌唱，它既看不见，又摸不着，全凭老师口授心传，歌者去潜心地体会、实践。像气息的运用，声音位置的前后、稳定，各声区的统一及真假声的转换等歌唱技术问题，是学习者永远要追求的，局外人是不可能明白的。

再说，里约奥运和前不久的足球世界杯及无数场体育大赛，它的每次直播，除了主管条线的主持人外，邀请的嘉宾一定是此项运动的专家和名将，而绝非球迷。由此可见，专业知识对于各种评论是至关重要的。

但《关于乐评的断想》一文，却始终强调：热爱音乐是乐评者的首要。全文给人的感觉是一直在表明乐迷要比音乐人更热爱音乐，对音乐似乎更有见地。这显然是本末倒置、贻笑大方了。如果爱乐能等同于懂乐，那么，我们国家花费巨资创办的大批音乐院校，岂不成了一种摆设？专业音乐人绝大多数都是童子功，音乐是他们的工作、事业，甚至是生活的全部。融入他们生命的音乐，怎么可能不热爱呢？有时只是出于对音乐的敬畏，不张扬罢了。

而乐迷们热爱音乐，至多是生活的一种补充和爱好。若他们是真正的音乐热爱者，就应该义无反顾地去投身学习音乐，而不该光说不练。诚然，也只有学习了音乐后，才会明白音乐的玄妙深奥和它的天高地厚，才不会只有半桶水或几滴水就去摇晃。

这么多年来，有些乐迷最大的误区就是认为：自己听过、熟悉并拥有各种版本的古典音乐唱片和CD，及一些中文的背景资料；又长期参与现场音乐会，还发表过有关西乐作品和演奏的文章，就是懂音乐了。

其实不然。听乐、爱乐乃至熟悉音乐，与学习、从事音乐，是两种完全不同的概念。前者只触摸到音乐的表象，其最高境界，也莫过于知其然，而不知其所以然；而后者则能随心所欲地遨游于无边无涯的乐海。两者对于音乐全局观及视野的广度、深度的认知和感悟，是截然不同的。

音乐决不像有些人认为的那样，只要热爱就行，它是一门严谨的科学。即便是专业音乐人，能在音乐理论、创作上，有所突破和建树；抑或能写出些惊世骇俗、振聋发聩的乐评者，也实属凤毛麟角，更不用说还没入门的外行了。

毛主席在《实践论》中说："你要知道梨子的味道，你就得变革梨子，亲口吃一吃。"如果我们把乐评比作变革梨子，那么无疑，乐迷们只见过或闻过梨子，并没有真正尝过其肉味，因此不可能描绘出真正梨子的滋味。

说到底，音乐评论究竟应该以谁为主？乐迷的乐评又价值几何？才是真正要争论的焦点。无疑，只有在坦诚的探讨和激烈的争辩中，是非的曲直才能更清晰明了。

从《马兰村歌声》说开

2012年，央视播出了三集音乐短片《马兰村歌声》。该片讲述了老革命邓拓之女邓小岚在退休后，去踏访父辈当年工作、战斗过的太行山区。她亲眼看见了那里百姓的贫困和孩子们渴求知识的愿望。于是，学习音乐的邓小岚决定从自我做起，倾其所有的能力，这么多年，往返于京晋，穿梭于太行，为马兰村的一群孩子免费提供乐器、传授音乐知识。如今那里已有了一支像模像样的中西乐队，孩子们已能演唱优美的多声部混声合唱了。

音乐给了孩子们以温暖、力量和希望。

看了短片，我非常感动。本可享受清福、安度晚年的邓小岚，竭尽全力去奉献余热。她的此举，可能就改变了这群孩子的命运。试想，如果我们有更多这样的人，那么，国民素质会有多大的提升，社会也会因之而更加和谐。

无独有偶。前不久，我接到了翻译家薛范的来电，被告知他正在黄浦区的各个街道社区，举办苏联电影的展演及其音乐、歌曲的讲座。一个已翻译、编配了几千首外国歌曲、坐着轮椅的古稀老人，本已功成名就，却不顾年老体弱，仍在为普及先进文化操劳、奔波着。

诚然，邓小岚、薛范们的行为和精神，对于当下某些人审美情趣的偏颇、价值取向的迷茫和敬业精神的缺失，无疑有着非常积极的警示作用。

中国至今还是个发展中国家，国民文化素养还亟待普及和提高。眼下学习艺术似乎却又成了热门，尤其是学习音乐，动辄几百、上千元一课时的昂贵学费，令大多数音乐爱好者望而却步。

如今，不跟随音乐艺术院校的老师学习，已极难考入专业艺术院校；而真正具备未来艺术家潜质的苗子，又不一定在富有家庭。若这样的状况不能及时改观，未来音乐艺术院校选择生源的范围会越来越狭窄，直至枯竭。那么，全民素质的提高，中国艺坛的繁荣和人才辈出，都将成为奢望。

其实，无论什么年代，老师向学生传道授业，都是天经地义的事。在眼下的商品经济社会中，老师们为生计收取一定的报酬也无可厚非。但问题是，这种收费不能无节制地攀升，最终导致绝大多数人没有能力来学习艺术。

我一直在思考一个问题，一个老师即使赚到了很多金钱，物质欲望能得到很大满足，但精神层面未必幸福。若他能教出几个或一批出色的学生，将是无上荣光的。

遥想当年，我国许多老一辈的声乐教育家如沈湘、张权、蒋英、高芝兰等，他们教学生是不计报酬的，并把每个学生都当作自己的孩子。他们还以身作则，不仅教学生学艺，更多的是教他们做人。

在我国向文化强国迈进的今天，如何学习、继承和发扬老一辈艺术家的高贵品质和优良作风，如何克服、改正因经济转型而出现的文化、教育领域的不良现象，尤显重要。

后 记

我的第一本音乐文章结集《乐声传奇》，经上视制片人王明远的穿针引线，又得上海大学出版社的抬爱，在责任编辑陈强的用心劳作后，即将顺利面世。书中部分文章小试水温后，反响不俗，我深感欣慰，对未来的写作更是信心大增。

迄今为止，我在音乐制作和音乐写作这条道路上，已如履薄冰似的跋涉了近四十个年头。在此期间，遭遇过的困难、挫折和失败，是数不胜数的。但我对自己选择、认定的道路是咬定青山不放松的，并不因一时"人为的打击"而退却、甚至放弃。相反，坦然地权当自己前进中的动力和成长中的一种精神财富，更是人生道路上的积累。我坚信：人间自有公道在，白纸黑字的文章是最终能够说明一切的。同时我还认为：只有把自己的生命激情和满腔赤诚，毫无保留地投入到毕生追求的事业中去，才有可能使自己变得强大起来，而立于不败之地。我想，一个健康的社会，应当提倡见贤思齐、比学赶帮的氛围，从而形成人尽其才、唯才是举的良好局面。

诚然，我这一路走来，得到过束纫秋、丁锡满、金福安、何建华等新闻界领导的赏识和看好。更得到徐克仁、严建平、俞亮鑫、曾元沧、李葵南、戴文妍、龚建星、李安瑜、周丁、苗隽、盛李、祝鸣华、杨晓晖、贺小钢、全岳春、涂渝、裴璐、戴逸如、吴南瑶、王瑜明、丹长江、史佳林、徐婉青、李仲源、武璀、李坚、黄金海、翁思再、周丁、欧冠云、周骏、吴联庆、张敏贤、唐宁、张农军、姚荣铨、李菁、张晓然、朱光、朱渊、姚冬梅、赵红玲以及徐春发、汪澜、朱大路、刘绪源、吴为忠、伍斌、吴纪椿、黄汉民、汪乐春、张驰、徐大康、倪淑珍、刘巽达、皮可等新闻出版界朋友的支持。此外，还要感谢摄影师丁佳，他为本书中照片资料的翻拍整理做了大量辛勤的工作。由于时间久远，要感谢的朋友难免会挂一漏万，在此敬希谅鉴。

若没有这些朋友的帮助，我是不可能走到今天的，也不会有《乐声传奇》的诞生。对此，我通过此文再次表示由衷的感激。我更不会忘却生养、培育我的父母和心心相印的胞弟，以及这些年与我大力合作、对我提供无私帮助的许多音乐家。尤其是乐坛泰斗贺绿汀，大家李焕之、孟波、贺敬之、吴祖强、傅庚辰和温可铮一直以来的关照。正因为有了他们，我对自己的道路更矢志不渝，余生也将会一如既往地继续勇往直前，争取写出更多更好的作品与读者见面。

李定国
2021 年 6 月 9 日